韓國往生傳 (증보판)

극락 간 사람들

(하)

韓國往生傳 (증보판)

극락 간 사람들

(하)

- 근·현대편 -

엮은이 보정(普淨) 서길수(徐吉洙)

천축국에 남아 있는 간다라시대(2세기) 관세음보살과 보관 위의 아미따불 모습
(파키스탄 페샤와르 박물관 간직, 2014년 3월 4일 엮은이 찍음)

13세기 서하(西夏) 시대 '아미따불이 극락으로 맞이하는 그림'.
(러시아 에르미타주 박물관 간직, 2014년 8월 30일 엮은이 찍음)

머리말

『극락 간 사람들(韓國往生傳)』을 집필하는 당위성과 인연, 그리고 용어해설 등은 이미 상권 머리말에서 자세하게 하였기 때문에 하권에서는 극락 가는 사람들을 어떤 잣대를 가지고 보았는지를 보기로 한다. 정토삼부경에는 극락을 가려면 이렇게 해야 한다는 '극락 가는 씨앗(往生因)'들이 나와 있다. 이하 그 내용을 간추려 본다.

1. 극락에 대한 오해 · 극락이란 무엇인가?

국어사전에서 찾아보면 '지극히 안락하고 아무 걱정이 없다고 하는 곳'이라고 나온다. 기독교의 천당과 같은 곳이라는 말도 있는데, 틀린 말이 아니다. 극락에 가면 괴로움이란 없고 즐거움만 있는 곳이다.

그러나 불교를 믿는 사람들이 극락에 가는 것은 즐거움만을 누리기 위해 가는 것이 아니다. 이것이 천당과 다른 것이다. 결론부터 이야기하면 극락은 '붇다가 되는(깨닫는) 과정'을 밟는 대학이다. 그것도 학사과정 3단계(하품 : 상·중·하품), 석사과정 3단계(중품 : 상·중·하품), 박사과정 3단계(상품 : 상·중·하품)란 단계가 있고, 마지막에는 박사학위(붇다)를 받는 것이 목적이다. 절대로 편하게 쉬러 가는 것이 목적이 아니다. 물론 그러므로 힘들다는 것은 아니다. 입학만 하면 평생 장학금이고, 다시 아래로 뒷걸음치지도 않는, 다시 말해 6도 윤회를 하지 않는 유토피아대학이다. "아미따경"을 보면 알 수 있다.

그렇다면 극락에서는 어떻게 공부하는 것인가?
아미따경에 보면 이 극락대학에서 공부하는 기막힌 방법이 나온다. 바로 물소리 새소리 바람 소리가 모두 총장인 아미따불의 강의내용이다. 강의과목도 자세하게 나온다. 평소에 붇다를 새기고(念佛), 가르침을 새기고(念法), 쌍가를 새기는(念僧) 공부를 늘 하면서, 37가지 깨우침에 도움이 되는 여러 가지 과목(三十七助道)을 공부한다. 그 과목은 이 세상에서 수행하는 과목하고 다름이 없고, 이 세상에서도 다 공부하는 것이다. 이 아미따경을 보면 그 과목이 자세하게 나와 있다.

2. 어떻게 해야 극락에 갈 수 있는가? (1) - 『아미따경』

　흔히 정토를 닦는 데는 믿음(信) 바람(願) 닦음(行)이 극락 가는 가장 중요한 밑천이라고 한다. 어떤 믿음을 갖고, 어떻게 바라고, 어떻게 닦는가 하는 것이 『아미따경』에 아주 잘 나타나 있다.

　① 극락 가는 길(1) [바람(願)] - 이곳에는 많은 괴로움이 있는 사하(娑婆) 세계와 달리 성문과 보디쌑바 같은 어진 사람들과 함께 수행하기 때문에 그곳에 가서 태어나기만 하면 다시는 괴로움으로 떨어지지 않고 붇다가 될 수 있다. 그러므로 반드시 극락에 가서 태어나길 바라야 한다(願)는 것을 강조한다. 이것이 극락을 가기 위한 첫 조건이다.
　② 극락 가는 길(2) [닦음(行)] - 두 번째 극락을 가기로 바라는 마음을 낸 사람은 열심히 붇다의 이름을 마음에 새겨야(念佛) 한다. 이것이 두 번째 조건이다.
　"만일 선남·선녀가 아미따 붇다에 대한 설법을 듣고, 그 이름을 새기되 하루나 이틀이나 사흘이나 나흘이나 닷새나 엿새나 이레 동안 한마음 흐트러지지 않게 이어 가면, 그 사람의 목숨이 다할 때 아미따불이 여러 성인과 함께 그 앞에 나타나므로, 그 사람의 목숨이 끊일 때 마음이 무너지지 않고 바로 아미따불 극락세계에 가서 태어난다."
③ 극락 가는 길(3) [믿음(信)] - 이 경의 이름은 「모든 붇다가 보살피는 경(經)」이다. 그것은 지금 이 경을 말씀하시는 사꺄무니 붇다뿐 아니라 동서남북 위아래 사방의 모든 붇다들이 다 보살피는 경이기 때문이다. 그리고 그 모든 붇다들이 각자 자기 나라에서 이 경을 믿으라고 말씀하고 있다는 것을 말씀하므로 해서 더 굳은 믿음을 갖게 하였다.

많은 불자들이 가장 많이 읽는 이 『아미따경』에서 극락 가는 행行은 그렇게 쉽지 않다. 염불을 "하루나 이틀이나 사흘이나 나흘이나 닷새나 엿새나 이레 동안 한마음 흐트러지지 않게 이어 가야" 하기 때문이다. 이른바 '일심불란一心不亂' 이란 사실상 염불삼매에 들어가지 않으면 안 되기 때문이다. 한 걸음 더 나아가 "사리뿌뜨라여, 선근과 복덕을 적게 쌓은 인연으로는 그 나라에 태어날 수 없다(不可以少善根福德因緣 得生彼國)"라고 강조하고 있다. 그러므로 『아미따경』에 따라 극락에 가려면 염불선을 해야 한다.

3. 어떻게 해야 극락에 갈 수 있는가? (2) - 『무량수경』

『무량수경』은 수행 경계에 따라 3가지 단계로 나뉜다. 많은 정토행자들이 강조하는 '10념 염불', 곧 열 번까지만 염불하면 극락에 간다는 조건이 여기서 나온다. 그러나 그 조건에 반드시 '깨닫겠다는 마음을 낸다(發菩提心)'는 것과 염불공덕을 '극락 가서 태어나겠다' 발원에 회향해야 한다는 것을 잊은 불자들이 많다. 앞에서 극락은 유토피아대학이라고 했다. 먼저 그 대학을 가기 위해 어떤 과목에 합격해야 하는지 『무량수경』에 나타난 으뜸 동아리(上輩, 박사과정), 가운데 동아리(中輩, 석사과정), 아래 동아리(下輩, 학사과정)에 따라 간추려 보면 다음과 같다.

1) 으뜸 동아리(上輩者) 입학 조건 - 박사과정,
① 집을 떠나 욕심을 버리고 스라마나(沙門)가 되어,
② 깨닫겠다는 마음을 내고(發菩提心),
③ 한결같이 무량수불만 새기고(念無量壽佛),
④ 갖가지 공덕을 닦으며(修諸功德),
⑤ 그 나라에 태어나고자 하는(願生彼國) 무리이다.

2) 가운데 동아리(中輩者) 입학 조건 - 석사과정,

　① 스라마나(沙門)가 되어 큰 공덕을 닦지는 못하더라도,
　② 깨닫겠다는 마음을 내고(發菩提心),
　③ 한결같이 무량수불만을 새기고(專念無量壽佛),
　④ 착한 일도 조금 닦고(多少 修善), 계를 받들어 지키고(奉持齋戒), 탑과 불상을 세우고(起立塔像), 스라마나에게 먹을 것을 이바지하고(飯食沙門), 비단을 걸고 등불을 밝히고(懸繒燃燈), 꽃 뿌리고 향을 사르며,
　⑤ 그러한 공덕을 극락에 가서 태어나겠다는 바람에 회향하는 무리다.

3) 아래 동아리(下輩)란 - 학사과정,

　① 설사 여러 가지 공덕功德을 닦지 못한다고 하더라도
　② 위 없는 깨닫겠다는 마음을 내고(發菩提心),
　③ 뜻을 오로지 하나로 합쳐(一向專意) 10번(乃至十念)까지 무량수불을 마음에 새기면서(念無量壽佛)
　④ (복덕도 쌓지 못하는 사람이다. - 원문에 나오지 않는다.)
　⑤ 그 나라에 태어나길 바라는 무리이다.

위에서 본 입시 과목(극락 가는 조건) 가운데 각 단계의 ②번

은 깨닫겠다는 마음(붇다가 되겠다는 마음, 發菩提心)을 갖는 것으로 필수과목이라는 것을 볼 수 있다. 다시 말해 대학을 갈 때 반드시 박사학위까지 받겠다는 결심을 해야 한다는 것이다. 이것이 바로 극락에 가면 깨달을 수 있다는 믿음(信)이다. 불교에서 믿음이란 무조건 붇다를 믿으면 복 받는다는 것이 아니라, 우리도 붇다 말씀처럼 하면, 언젠가는 붇다가 될 수 있다고 스스로 속으로 결심하는 '굳은 믿음(確信)' 이다. 이런 믿음이 있어야지만 다음에 나오는 뚜렷한 목표가 선다.

마지막 ⑤번은 극락에서 태어나는 것을 바라는 바람(願)인데, 『아미따경』에서는 이 '바람' 을 아주 몇 번이고 강조한다. 이것도 필수과목이다. 우리가 차를 몰고 가더라도 어디를 가겠다는 목표가 없다면 절대로 그 목적지에 다다를 수 없는 것과 마찬가지로, '나는 극락 가서 붇다가 되겠다' 라는 굳은 결심이 없으면 절대로 극락에 갈 수 없다. 그러므로 뚜렷한 목표를 세워 '꼭 가겠다' 라는 바람(發願)을 갖는 것이 중요하고, 이런 결심이 얼마나 굳은가에 따라 다음에 보는 수행이 잘되느냐 안 되느냐가 결정된다.

마지막으로 닦는 수행(行)은 2가지가 있다. 하나는 ③번에서 보는 바와 같이 열심히 염불하는 것이고, 다른 하나는 ① 출가하여 공덕을 쌓거나 ④ 복덕을 쌓는 것이다. 여기서 ③번 염불하는 것은 당연히 필수과목이고, ①번과 ④번은 선택과목으로 이 선택과목은 어떤 과정을 목표로 하느냐에 따라 다르다. 각 단계에 따라 요구사항이 다르므로, 만일 바로 박사학위 과정으로 가고 싶으면 출가해서 공덕과 복덕을 열심히 쌓아야 하고, 만일 살면서 이 두 과목을 전혀 실천하지 못했으면 아랫동아리를 목표로 하면 되는 것이다.

위에서 본 바와 같이 『무량수경』에 따라 극락에 가는 것은 위의 여러 가지 가서 태어날 수 있는 씨앗(往生因)에 따라 상, 중, 하로 갈 수 있다. 『아미따경』에 비해 극락을 갈 수 있는 범위가 넓어진다. 여기서 하나 잘 봐 두어야 할 것은 하권에 나오는 다음 문장이다.

모든 중생이 (아미따불이란) 그 이름을 듣고 믿는 마음으로 기뻐하고, 한 마음(一念)으로 마음 속 깊이 회향하여, 그 나라에서 태어나기를 원하면 바로 왕생을 얻어 불퇴전에 머문다. 다만 오역죄와 정법을 비방한 자는 제외된다. (諸有衆生 聞其名號 信心歡喜 乃至一念 至心迴向 願生彼國 即得往生 住不退轉 唯除五逆 誹謗正法).

여기서 오역죄란 5가지 지극히 무거운 죄를 말하는데, 대표적인 것은 ① 아버지를 죽임, ② 어머니를 죽임, ③ 아라한을 죽임, ④ 쌍가(僧伽)의 화합을 깨뜨림, ⑤ 부처의 몸에 피를 나게 함이다. 이 5가지는 무간지옥에 떨어질 지극히 악한 행위이므로 오무간업(五無間業)이라고도 한다. 5가지를 보면 오역죄는 실제로 짓기 어려운 것들이다. 그러나 부지불식간에 자기도 모르게 많이 지을 수 있는 것이 '④ 쌍가(僧伽)의 화합을 깨뜨림'이다. 정토행자 가운데도 자기 조사의 염불법이나 경전해석이 다르다고 해서 다른 염불행자를 비판하는 일이 많은데 이런 행위가 바로 '④ 쌍가(僧伽)의 화합을 깨뜨리는 것'이다. 그 경우 대부분 '자기가 믿는 법이 정법이다' 라며 정법을 비판하는 경우가 많다. 조심하고 조심하여야 할 것이다.

4. 어떻게 해야 극락에 갈 수 있는가? (3)
　- 『관무량수경』

『관무량수경』은 16관법을 설하였는데, 먼저 13가지 관상법觀想法은 어떤 주제 한 가지를 집중적으로 관하여 삼매를 이루어 스스로의 힘으로 극락 가는 자력 왕생自力往生이 가능한 관법이다. ① 해 모양을 관한다(日想觀). ② 물 모양을 관한다(水想觀). ③ 보석 땅을 관한다(寶地觀). ④ 보석 나무를 관한다(寶樹觀).

⑤ 팔공덕수를 관한다(八功德水觀). ⑥ 보석 주락을 관한다(寶樓觀). ⑦ 꽃자리를 관한다(花座觀). ⑧ 붇다의 모습을 관한다(像想觀). ⑨ 붇다의 진신을 관한다(眞身觀). ⑩ 관세음보살을 관한다(觀音觀). ⑪ 대세지보살을 관한다(勢至觀). ⑫ 3존을 한꺼번에 관한다(普想觀). ⑬ 극락의 여러 가지를 함께 관한다(雜想觀).

마지막 ⑭ 상배관上輩觀, ⑮ 중배관中輩觀, ⑯ 하배관下輩觀은 수행 경계에 따라 아미따불의 도움을 받아 극락에 가는 단계이다. 이 경에서는 극락세계에 태어나는 등급을 앞에서 본 『무량수경』처럼 위 동아리(上輩) · 가운데 동아리(中輩) · 아래 동아리(下輩)로 나누고, 다시 각각 상 · 중 · 하로 나누어 9개 단계로 나눈다.

이 가운데 오탁악세에서 힘들어하는 중생에게 가장 희망을 주는 것은 바로 하품하생이다.

"하품하생이란 어느 중생이 선업은 짓지 않고 <u>5역죄와 10악업을 지으며 온갖 착하지 못한 짓을 하였을 경우</u>, 이처럼 어리석은 사람은 악업을 지은 까닭에 마땅히 악도에 떨어져 오랜 겁이 지나도록 끝임없는 고통을 받아야 하느니라.

이같은 어리석은 사람이 목숨을 마치려 할 때 우연히 선지식을 만나고 선지식이 여러 가지 방법으로 편안하도록 위로하고 묘한 법을 설하면서 염불하라고 시켜도 이 사람은 괴로움이 극심하여 염불할 경황이 없느니라. 그래서 착한 벗이 말하기를 "그대가 만약 염불할 수 없다면 마땅히 무량수불을 부르거라. 그렇게 지극한 마음으로 소리가 끊어지지 않도록 '나모아미타불' 10번을 갖추면 부처님의 이름을 부른 까닭에 염불과 염불 사이에 80억 겁 생사 죄업이 소멸되고 목숨이 마치면 금빛 찬란한 연꽃을 보게 되는데 마치 둥근 해와 같아 그 사람 앞에 머무느니라. 한 생각 하는 사이 바로 극락세계의 연꽃 속에 왕생하니 12대겁이 가득 차면 연꽃은 열리고 관세음과 대세지가 대자비의 음성으로 모든 법의 실상과 죄업을 없애는 가르침을 자세하게 설하느니라. 이것을 들으면 환희심이 나고 바로 깨닫겠다는 마음(菩提心)을 일으키느니라. 이것을 이름하여 하품하생下品下生한다 하고 이것을 이름하여 하배下輩로 태어나는 모습을 생각한다고 하며 16번째 관觀이라 부른다."

여러 경전 가운데 『관무량수경』의 이 대목이 가장 극락 가기 쉬운 방법이다. 5역죄와 10악업을 지은 사람도 마지막에 '나모아미따불' 10번만 부르면 죄업이 없어지고 극락에 갈 수 있기 때문이다. 그러나 너무 『관무량수경』 해석을 바탕으로 염불하는 것은 위험할 수도 있다. 엮은이가 정토삼부경 전체의 극락 가는 씨앗(往生因)을 바탕으로 사례를 본 까닭이다. 정토삼부경을 옮기면서 『관무량수경』만 산스크리트 원문이 아직 발견되지 않은 사실을 알게 되면서 더 조심하게 되었다.

5. 어떻게 해야 극락에 갈 수 있는가? (3)
- 『무량수경』 48대원

법장비구의 48대원 가운데 극락을 갈 수 있는 조건에 대해 언급한 것은 다음 3가지 발원이다.

⑱ 제가 부처가 될 때, 시방 중생들이 마음 깊이(至心) 믿고 기뻐하며(信樂) 저의 나라에 태어나고자(欲生) 제 이름을 열 번까지 새겼는데도(十念) <u>태어날 수 없다면 깨달음을 얻지 않겠습니다.</u>

⑲ 제가 부처가 될 때, 시방 중생들이 깨닫겠다는 마음을 내어(發菩提心) 온갖 공덕功德을 닦아 마음 깊이(至心) 발원(發願)하며, 저의 나라에 태어나고자(欲生我國) 하였으나 목숨이 다할 때 제가 대중과 함께 그 사람 앞에 <u>나타날 수 없다면 깨달음을 얻지 않겠습니다.</u>

⑳ 제가 부처가 될 때, 시방 중생들이 제 이름을 듣고(聞我名號) 저의 나라를 생각하고 온갖 선근善根을 심어 마음 깊이(至心) 회향迴向하며, 저의 나라에 태어나고자(欲生我國) 하였으나 <u>이루지 못한다면 깨달음을 얻지 않겠습니다.</u>

정토 교리사에서 이 3가지 발원에 대해서는 많은 조사가 참으로 많은 논란을 해 왔다. 그런 복잡한 논리를 비교해서 이해하려고 하면 평생 해도 모자라고, 너무 따지고 들어가다 보면 오히려 말속에 빠질 수 있다. 그러므로 여기서는 주제가 되는 3가지 원(三願)을 그대로 놓고 한번 보자. 이 3가지를 아무런 선입견 없이 그대로 받아들인다면,

⑱원의 10념 하는 사람도 극락에 태어나고,
⑲원의 온갖 공덕을 닦는 사람도 극락에 태어나고,
⑳원의 온갖 선근을 심은 사람도 모두 극락에 태어나야지,

그렇지 않으면 깨달음을 얻지 않겠다(不取正覺)고 했다. 그리고 아미따불께서는 이미 수많은 보살행을 마치고 이 서원들을 다 완성한 것이 바로 극락이다. 그러므로 극락이란,

⑱원도 이루어졌고,
⑲원도 이루어졌고,
⑳원도 이루어졌다.

그러므로 전입, 순차왕생, 권방편 같은 수많은 논리로 ⑱원·⑲원·⑳원을 차별하는 것은 아미따불의 참뜻이 아니다. ⑱원만 세워 으뜸으로 만든 것이 홍원弘願이 아니고 ⑱·⑲·⑳원 모두가 다 으뜸이다. 48원 모두가 이루어져 하나 된 것이 극락

이므로 ⑱원만 왕발원이고, 다른 것은 하천한 발원이란 논리는 받아들일 수 없다.

6. 아쉬움과 사죄의 말

이『극락 간 사람들』에 실린 내용은 실제 극락에 가신 분들의 몇만 분의 일도 안 될 것이다. 따라서 엮은이가 다른 극락 가신 분들께 용서를 빌고, 앞으로 후학들이 더 많은 분을 발굴하여 계속 책이 나올 수 있기를 빕니다. 저도 남은 생 동안 증보판을 계속 내려고 합니다.

새로운 사례를 발견하신 분은 kori-koguri@naver.com (보정 서길수)에 연락 바랍니다.

2000년 이후 사례들은 여러 가지 어려움이 있었습니다. 대부분 도움염불(助念)을 하는 과정에서 나온 사례들이기에 도움염불을 열심히 하였다는 내용이 대부분이고 막상 극락에 가신 분은 이름도 모르는 경우가 많았습니다. 이 책이『극락 간 사람들』인데 인터넷에 나온 글들을 모아 놓으면『극락 가게 한 사람들』이 되어버릴 정도였습니다. 연락되신 분들에게는 극락 간 분들의 행장이나 평소 염불수행 같은 극락 갈 수 있는 씨앗(往生因)

을 물어서 보강했으나 기록이 거의 없고 기억으로만 구술하여 난감한 경우가 대부분이었고, 실제 책에 싣지 못한 경우가 많았습니다. 본문에 보면 일타 스님 같은 명문장에도 극락에 간 연도가 빠져 있어 차례를 만들기 어려움이 있었습니다.

이 책의 세 번째 마당은 연도를 찾아 순서를 맞추었으나 다음 7편은 모두 정확한 연대가 없고 내용도 극락 간 성인에 대한 기록이 부족하여 더 보충이 필요하다고 생각하고 뒤로 미룹니다. 마지막 3편은 모두 비디오 영상이라 받아 적을 수가 없어 싣지 못했습니다. 몇 분에게는 연락했으나 연결이 되지 않은 것도 아쉬운 점입니다.

① 만사를 염불에 맞춰 행동해 극락 간 도일 스님 부친 〈카페 나무아미타불〉
② 30년 간 대중 스님 공양하고 염불하여 극락 간 전주보살 〈카페 나무아미타불〉
활안 한정섭, 「이름 없는 전주보살」, 『내가 만난 선지식』 (불교통신교육원, 2012)
③ 마지막에 정토선 염불하고 극락 가신 89세 법연화 친정 아버지 〈카페 나무아미타불〉
④ 도움 염불(助念)로 극락 가서 꿈에 알린 설오 스님 할머니 〈카페 나무아미타불〉

⑤ 9년 투병 할머니가 웃으며 미타수인彌陀手印을 짓고 왕생하다(정읍 석탄사 주지 현지 스님 조념염불 견문기) - 〈무량수여래회 카페〉 전화 통화 실패.

⑥ 최근에 왕생한 이범용각 불자 (서울 보국사 신도) 〈카페 나무아미타불〉 진여문 2006.10.11. 태원스님 불교방송 강의가 링크되어 있는데, 클릭해도 연결되지 않았다.

⑦ [조념염불 영험사례] 임실 상이암 자명심 보살님 시부(媤父)의 불가사의한 왕생 (2019.11.23. 선운사 염불철야) 〈카페 나무아미타불〉 녹음 소리가 울려서 받아쓸 수가 없고 선운사 동효 스님에게 여러 번 연락했으나 통화가 안 됨.

이런 사례들은 앞으로 더 보충하여 증보판에 실으려고 합니다.

끝으로 '극락으로 가는 정거장' 역할을 하는 정토마을 자재요양병원 능행 스님이 여러 사례를 발표하여 『섭섭하게, 그러나 아주 이별이지는 않게』, 『숨』 같은 책에 실려 있으니 참고하시기 바랍니다.

7. 감사와 발원

먼저 잠자고 있는 이 불사를 일으켜 세워 주신 대구 자운사 혜명 스님에게 감사드리며, 자료 수집에 도움을 주신 천은사 은산 스님, 서방사 등정 스님, 옥천사 적멸보궁 지성 스님, 청련암 원명 스님, 해인사 능혜 스님, 만경사 등인 스님, 운흥사 야은 스님 그리고 자료 수집과 교정을 맡은 불모화 보살에게 감사드립니다. 특히 증보판 때 아주 꼼꼼하게 교정을 봐 주신 등원 스님과 공원 스님에게 감사드립니다. 끝으로 불사를 마무리해 준 맑은나라 맑은소리 김윤희 대표에게도 감사드립니다.

이번 불사를 계기로 법계의 모든 중생이 극락에 가서 태어나길 빌며 14년 역사를 마칩니다.

2022년 6월 20일 새벽.
맑은나라(普淨) 서길수 합장

차례

머리말   6

첫째 마당 : 일제강점기(1910~1945) 극락 간 사람들   27

1. 1918년, 건봉사 5회 만일회 베푼 만화당과 서쪽으로 뻗친 무지개   28
2. 1904년, 조선시대 건봉사 만일연꽃회-극락보다 사리를 좇았다(?)   37
3. 1920년대 초, 염불하여 목숨 다할 때 일주일 빛을 낸 평등월 보살   47
4. 1926년, 염불수행을 스스로 실천하고 조직화한 성월 스님과 안양암   57
5. 1906년, 극락 간 안양암 신도(1) : 이광명 처사   68
6. 1906년, 극락 간 안양암 신도(2) : 황도운 선생?   70
7. 1926년, 극락 간 안양암 신도(3) : 사리심 보살   71
8. 1926년, 극락 간 안양암 신도(4) : 이선행 외   72
9. 1930년, 극락 간 안양암 신도(5) : 김정인(金正因) 선생   73
10. 1933년, 극락 간 안양암 신도(6) : 김원성 처사   75
11. 1933년, 서기 방광에 소방대 출동한 진주 연화사 선덕화 보살   77
12. 1940년, 견성성불과 왕생극락을 한꺼번에 찾은 용성 스님   86

둘째 마당 : 해방 뒤 극락 간 사람들   115

1. 1949년, 늙으면 화두 놓고 골똘히 정토 발원-법주사 신수 대종사   116
2. 1949년, 염불만일회 되살리고 극락 간 송광사 대우 스님   122
3. 1950년, 만일염불계 만들어 극락 가기 앞장섰던 서응 스님   127

4. 1961년, 해인사 인곡 스님-내 염불 내가 하는데 왜 슬퍼하는가?　138
5. 1966년,『연종집요』 널리 펴고 염불삼매로 조용히 극락 간 홍인표 거사　148
6. 1967년, 나이 들어 염불하여 환한 빛 남기고 극락 간 동인암 송덕 스님　165
7. 1960년대, 우리 시대 염불 도인 하담 스님과 법산 스님 이야기　170
8. 1971년. 조계종 초대 총무원장 청담:"극락 가면 우리 다 만납니다"　189
9. 1972년, 일생 '나무아미타불 관세음보살' 염불하여 극락 간 부부　225
10. 1974년, 평생 정토, 말년 출가하여 극락 간 사천 백운암 혜타 스님　238
11. 1976년, 간곡한 아들 권유와 인도로 극락 간 강해월 거사　241
12. 1980년, "나무관세음보살"로 암 극복하고,
　　　　"나무아미타불"로 극락 간 김병천 거사　253
13. 1983년, 죽었다 살아난 삶을 극락으로 이끈 대덕화 보살　267
14. 1993년, 말년에 '염불왕생' 발원하여 극락 간 해인사 자운 대율사　272
15. 1994년, 36년 염불하여 고생 여의고 잠자듯이 극락 간 정보살　292
16. 1996년, 일생을 오로지 염불 정토를 펴시다
　　　　극락 간 대구 염불선원 수산 스님　295
17. 1996년,『연왕생 예찬집』품고 염불하여 극락 간 김을출 보살　304
18. 1998년, 마지막 불꽃으로 연꽃 피워 극락 가신 충담 스님　312
19. 1998년, 하루 10만 독 30년 염불로 붇다 영접받은 법륜각 보살　324
20. 1999년, 화두 타파했는데도 마지막 깨달음(究竟覺)이 안보이더라!
　　　　- 화두 놓고 정토 발원한 월인 스님　329
21. 1999년, 한평생 염불하고 극락 가는 날 귀띔한 박청업 보살　346
22. 1999년, 극락에서 찾아낸 연변 강윤철 아버님　349

셋째 마당 : 최근 2000년대 극락 간 사람들　　　　　　　　**365**

1. 2003년, 『정토삼부경』으로 현대 정토법문을 여신 청화 스님　　**366**
2. 2010년, 가족에게 웃음 보여 극락 간 사실 알린 할머니　　**381**
3. 2012년, 1년 염불하고 도움염불(助念)로 극락 간 고춘순 보살　　**394**
4. 2013년, 도움염불(助念)로 서쪽 가리키며 극락 간 안석순 보살　　**406**
5. 2014년, 자식 위한 생명보험보다 자신 위한 극락보험-법령 스님　　**414**
6. 2015년, 염불로 윤회 벗어난 선禪·유식唯識 통달한 동현 거사　　**428**
7. 2015년, 단 15일 만에 스스로 극락 왕생하신 조영진 거사　　**437**
8. 2015년, 15년 염불로 마지막 빛을 내며 극락 간 현정심 보살　　**440**
9. 2016년, 고2 아들 출가시키고 염불하여 극락 간 백련화 보살　　**444**
10. 2019년, 50년 넘게 염불하고 101살에 극락 간 보국 스님　　**450**
11. 2019년, 아들 출가 뒤 정토 염불하여 극락 간 천수화 보살　　**456**
12. 2021년, 다라니 내려놓고 '나무아미타불'로 극락 간 시영始寧 스님　　**477**
13. 2021년, "나모아미따불을 해라" 한 마디에 나를 찾고 극락 간 도관 스님　　**481**
14. 2022년, 곡기 끊고 8일 만에 극락 간 연관 스님(1949~2022)　　**508**
15. 2022년, 32년 동안 하루 1만 번 염불하고 극락 간 만불심　　**536**

옮긴이 약력　　**542**

첫째 마당

일제 강점기 극락 간 사람들
(1910~1945)

1. 1918년, 건봉사 5회 만일회 베푼 만화당과 서쪽으로 뻗친 무지개

고종 23년(1918)
「高城 乾鳳寺 萬化堂 寬俊 大禪師 碑文」,『乾鳳寺本末寺蹟』
강원 고성군 거진읍 건봉사로 723

부종수교전 불심인 대각등계존자 전수호오대산적멸보궁 겸
팔도승풍규정원장 만화당 대선사 비문과 머리말

　　전가선대부 비각지제고 동궁시독 해평 윤희구尹喜求가 짓고, 전통정대부 검사 월성 김돈희金敦熙가 쓰고 새기다.

　　같은 한 가르침인데 어떤 이는 동쪽 진단국이라 하고 어떤 이는 서쪽 천축국이라 하며, 말세가 된 나머지 옛날처럼 덕이 높은 스님이 없게 되었다고 하나, 이것은 절대 그렇지 않다.

　　스스로를 이롭게 하든(自利) 남을 이롭게 하든(他利), 또 크든 작든, 정진하면 같은 수행이고, 원만하면 같은 공덕이다. 내가 여러 붇다의 가르침을 들어 보면 만일염불회를 말하는 사람이 비록 저쪽 (천축의) 화엄도량이 지금까지 7곳에서 9번 열렸다는데 지금 건봉사 1곳에서 만일회가 4번에 이르니 대단한 것이고, 일찍이 없었던 일이다. 건봉사는 금강 정토이니 신라 경덕왕 14년(755) 발징 화상發徵和尙이 1회 (만일염불회를) 만들어 원성왕 2년(786)에 10,000일 불사가 끝나서 선남선녀 31명 몸뚱이가 하늘로 올라갔다고 하였다. 우리나라 순조 2년(1802) 용허聳虛 대사가 2회를 세우고, 철종 2년(1851) 벽오碧梧 대사가 3회 세워 모두 법대로 마쳐 회향하였다.

고종 18년(1881)에 4회를 세우니 바로 만화당 대사萬和堂大師가 그 사람이다.

스님 이름은 관준寬俊, 본디 정 씨 집 자손이니, 개국공신 삼봉三峰 정도전의 후손이다. 아버지는 가선대부 진록振錄, 어머니는 최 씨다. 꿈에 쌍룡을 보고 감응하여 태기가 있었다. 황제 원년 경술(1850) 11월 23일 간성군 용포龍浦 시골에서 태어나 자를 쌍용雙龍이라 하였다. 성품이 총명하여 영민하길 마치 깨친 사람과 같았다. 나이 13세에 이르자 출가할 뜻이 있었는데 부모가 난색을 보이자 허락하지 아니하면 돌아오지 않겠다고 하여 드디어 승낙을 받았다. 드디어 건봉사에 이르러 금현錦玹 장로를 따라 머리 깎고 물들인 옷과 바루를 받았으니 이는 호암 정공虎岩淨公으로부터 9세손이다. 정계淨戒는 대허 유공大虛遊公에서 받고 선참禪懺은 성봉 안공聖鳳安公에서 받았다.

임신년(1872) 23세에 이미 석왕사釋王寺 향관香官 일을 맡고,

이어 건봉사의 탱화 화주幀畵化主에 뽑혔으며, 이룬 공이 매우 컸다. 이듬해 갑술년(1874) 승통에 오르고, 3년 뒤 정축년(1877) 전등사 총섭總攝으로 자리를 옮겼다. 얼마 안 가 우리 절이 불타 버리자 모든 것 떨치고 돌아와 발로 뛰어 몇 해 가지 않아서 모조리 다시 세웠다.

만일회 일을 맡게 된 것은 신사년(1881)이니 대사의 나이 32세 때였다. 덧붙여 화엄법회를 연 것이 50회가 넘고, 참석한 신도만 8천을 헤아린다. 오랫동안 우리 절을 다시 세우는 데 화주가 되어 팔상전, 극락전, 음향전 등을 다시 세웠다.

광무 5년(1901)에 승진하여 부종수교전扶宗樹敎傳 불심인佛心印 대각등계존자大覺登階尊者 수호오대산적멸보궁守護五臺山寂滅寶宮 겸 팔도승풍八道僧風 규정도원장糾正都院長이 되었다. 간간이 관동도교정關東道敎正이 되기도 하였다. 이미 우리 절에 세운 비석에 매우 자세하게 기록되어 있는데, 이것은 그 인연이 작용한 나머지일 것이다.

(만일)회의 만기일이 다가옴에 나라와 임금의 조상, 온 법계의 유령을 위하여 먼저 1,000일 동안 참석자의 제한을 두지 않는 법회(無遮大會)를 열었으며, 융희 2년(1908) 9월에 마쳤다.

이렇게 영·호남으로 지팡이(錫杖)를 바삐 옮기고, 서울에 가서 방할(棒喝)[1]에도 차례대로 따랐으나 기봉機鋒을 전혀 드러내지 않으니 탄복하여 혀를 차지 않는 사람이 없었다. 어떤 승려가 묻기를 "쇠로 만든 당간 하나 100길이나 되고 둘레가 열 아름이나 되며, 가져다 댈 만한 땅이 없는데 이것을 사람들을 위하여 세울 수 있겠습니까?"라고 하니, 스님이 말하기를 "이걸 들 수 있는 자가 있으면 내가 주먹으로 부숴 버리겠다"라고 하였다.

무오년(1918) 가을 모시는 사람에게 "너는 알고 있어라. 올 9월 13일 나는 참으로 돌아가겠다."라고 하였는데 과연 그날 아침 일어나서 목욕하고 옷을 갈아입으시고, 대중을 불러 마지막 말을 남기셨다.

　　극락자심지(極樂自心地) 극락은 스스로 마음자리에 있으니
　　하용삼세불(何用三世佛) 3세 붇다 무엇에 쓸 것인가.
　　삼세수장엄(三世雖莊嚴) 삼세 비록 장엄하다고 하나
　　불불자심불(佛佛自心佛) 붇다마다 자기 마음의 붇다니라.
　　시방허공중(十方虛空中) 시방 허공 가운데
　　아불본여연(我佛本如然) 내 붇다는 본디 그러하니라.

---

1) 말로 표현할 수 없는 직접 체험의 경지를 나타낼 때, 또는 수행자를 꾸짖거나 호통칠 때, 주장자를 세우거나 그것으로 수행자를 후려치는 것을 방(棒)이라 하고, 그러한 때 토하는 큰소리를 할(喝)이라 함.

말을 마치자 바르게 앉아 서쪽을 향하고 숨을 거두었다(說已 端坐 向西而化). 이때 속세의 나이 69세 법랍은 57세였다. 바야흐로 열반에 들 때 7가지 빛깔 무지개가 서쪽으로 뻗쳤다(有彩虹 亘于西). 다비식을 끝내자 사리 한 알이 나왔다.

스님은 키가 8자가 넘고, 입에는 이가 40개나 되었으며, 몸은 매우 무거웠고, 목소리는 종소리 울리는 것 같고, 앉아 바라보는 모습이 높은 산 같았다. 또 선정에서 나와 대할 때는 여자나 아이들도 편하게 따랐다.

서울이나 시골에서 못된 소년들이 놀려도 그냥 웃으며 끄덕거릴 뿐이었다. 스님 아래 용이나 코끼리 같은 제자가 자그마치 수천 명이나 되었으며, 지금 그 문도들이 비를 세우고자 하여 나의 벗 영호 정호映湖鼎鎬가 대사의 간추린 행장을 가지고 와서 비해 새길 글(銘)을 지어 달라고 하였다. 불법에 어두운 내가 어떻게 대사 같은 분을 잘 알겠는가. 다만 정호 상인이 알려준 것이다. 비에 새길 글은 이렇다.

日十二時 一時八刻 分分秒秒 念念正覺
하루 12시간, 1시간 8각(15분),
분마다 초마다 생각생각 깨어 있고
一日二日 至于萬日 念念正覺 萬日如一

하루 이틀 1만 일까지,
생각생각 깨어 있길 1만일이 하루 같았네.

是卽修行 修行功德 天上天下 無他別法
이것이 수행이고 수행이 공덕이지
천상천하에 따로 다른 법 없으니

誰與爲者 爲萬化師 師在何處 念之則來
누구 위함인가 만화 스님 위함이지,
스님 어디 계시나 생각하면 바로 오니

師在之處 碑則在此 後五百年 如是如是
스님이 계신 곳 비가 있는 이곳,
500년 뒤에도 또한 그러겠지.

옛날 이른바 위인 호걸들이 비록 책에 극히 많이 실려 있으나, 천년 지나면 아득하여 어렴풋하다. 내가 직접 보지 못하였으니 어찌 다 믿을 수가 있겠는가! 그런 인물 가운데 세 분을 볼 수 있으니 조계의 함명函溟 노스님, 금산의 용명龍溟 노스님, 그리고 이 풍악의 만화 노스님이다. 노스님은 참으로 위인 호걸이라는 이름에 부끄럽지 않았다. 거의 산문에만 계시어 빛이 감추어졌기 때문에 천하 국가에 크게 쓰인 적이 없고, 두드러지게 능력을 발휘하지는 못하였지만, 숨길 수 없는 타고난 소질이었다 그러므로 높고 빼어난 기백과 준수하고 위엄 있는 풍채는 가만히 여산廬山의 원적遠赤 · 안종眼宗과 견줄 수 있다.

아! 이제 노스님의 땅속에서 빛나는 봉황 숲, 동산의 고요, 푸른 바다의 꿰져 흐름, 단정한 바위의 푸른 서슬 같은 모습과 행동을 어느 날 다시 뵐 수 있단 말인가! 노스님 자리를 이은 훌륭한 제자들에 힘입어 조사의 길을 잘 펴고 드날리며, 돌아가신 스님의 뛰어난 공훈이 영원하기를 도모하노라.

우당 윤희구尹喜求의 훌륭한 글과 성당 김돈희金敦熙의 꿋꿋한 전서篆書를 얻어 비석을 세우고 글을 새긴다. 영호 정호映湖鼎鎬는 일찍이 가풍을 흠모하여 감히 뒤를 잇는다고는 할 수 없으나 이같이 훌륭한 글 뒷자리에 한마디 말을 덧붙이지 않을 수 있겠는가!

갑자년(1924) 4월 영호 정호가 삼가 기록하노라.

「만화당 비석」(국역 건봉사의 역사적 발자취)

卍 보정의 꼬리말

 이 비석도 만화당 스님(1850~1918)이 입적하신 지 6년이 지난 뒤 세우면서 벽오당이 3회를 만화당이 4회라고 해서 벽오당 비문이나 「대한국 간성 건봉사 1만일 연꽃모임 전해 오는 이야기(大韓國杆城乾鳳寺萬日蓮會緣起)」에서 벽오당이 4회, 만화당이 5회라는 것과 달라 기록의 정확성이 떨어진다는 것을 알 수 있다.
 마지막 목숨이 다할 때 "서쪽을 향하고 숨을 거두었다"라고 해서 극락 가서 태어난 것이 아주 뚜렷하다. 다만 임종게에서 유심정토를 강조한 것과 틈이 있다. 임종게보다는 마지막 서쪽을 향하여 (염불하며) 숨을 거두었다는 것이 진실일 것이다. 실제 정토삼부경을 바탕으로 1만일 연꽃모임을 만들어 운영한 만화당 스님은 당연히 극락 가서 태어나기 위해 염불을 했을 것이기 때문이다. 이른바 유심정토唯心淨土란 경전에 나오는 말이 아니고 당나라 때 이통현李通玄 거사가 719년 신화엄경(80권)을 가지고 『화엄경론』을 지었는데, 여기서 각종 경전과 경학가들의 논서論書에 나오는 10가지 정토 가운데 '오로지 마음이 정토다(唯心淨土)'라는 정토를 처음 만들어낸 것이다.[2] 따라서 만화당 스님이 붇다의 말을 따랐지, 당나라 때 거사 말을 따랐을 리 없기 때문이다.

---

2) 자세한 것은 서길수 『정토로 가는 사람들』 (맑은나라, 2015) 1,053쪽 이하 「유심정토론의 연원」 참조.

2. 1904년, 조선시대 건봉사 만일연꽃회
   - 극락보다 사리를 좇았다(?)

1904년 (고종 41년, 광무 8년)
「大韓國干城乾鳳寺萬日蓮會緣起」

1) 1742년, 셋째 만일 연꽃모임(萬日蓮會)

조선에 이르러 열산현을 고쳐 간성군이라 하고 절의 이름도 건봉이라 하였다.

영조 임술년(1742) 용허聳虛 석민碩旻 스님이 <u>세 번째 연꽃모임(蓮會)을 만들고 상서로운 조짐이 많이 나타났으나 안타깝게도 자료가 흩어 없어져 더 이상의 고찰을 할 수가 없다.</u>

2) 1851년, 넷째 만일 연꽃모임

철종 신해년(1851) 겨울 벽오당 유총(碧梧侑聰) 스님이 영암 취학靈嚴就學 · 동화 축전東化竺典 두 분과 함께 넷째 (만일)연회蓮會를 만들어 널리 모으려고 다짐했지만 몇 년 가지 않아 두 분은 입적하고, 벽오 스님 혼자 부지런히 애를 쓰자 향도가 구름

같이 모여들었다.

4년이 되는 갑인년(1854, 철종 5년) 여름 두타 영수永守에게서 이 사리(齒珠) 2과, 윤의潤宜에게서 이 사리 1과, 금윤錦允에게서 눈 사리(眼珠)를 각각 하나씩 얻을 수 있었다.

5년 을묘년(1855, 철종 6년) 직각 여옥直覺呂玉을 다비(闍維)[3] 할 때 상서로운 빛이 비쳤으며 사리 17과를 거두었다.

6년 병진년(1856, 철종 7년) 4월 해월쾌준海月快俊의 이 사리 1과를 얻었고, 7월에는 선일善日 · 의활宜活의 이 사리를 각각 1매씩 거두었으며, 동자 신응준이 공양 참여를 마치자 이 사리 1과를 얻어 모두 26과를 얻었다. 모두 돌 종처럼 생긴(石鐘形) 부도를 세워 간직하였다. 옛날 이 절은 1,000기의 부도가 있던 도량이라 하였는데, 지금도 그러하니 기이하다고 하지 않는 사람이 없다.

29년 기묘년(1878, 고종 16년)에 공덕(만일연회)을 마치니 10,000일에서 2년이 더 지난 것이다.

---

3) 사유(闍維) : 팔리어 자빼띠(jhāpeti)를 소리 나는 대로 옮긴 것. 뜻으로는 소연(燒然) · 분소(焚燒)라고 옮겼는데 주검을 불살라 장사 지내는 일이다. 다비와 같이 쓰인다.
4) 조개에서 나온 보살(蛤蜊之菩薩)이란 조개관음(蛤蜊觀音)을 말하는 것으로, 조개에서 나타나 황제가 감격하여 눈물을 흘리게 한 관세음보살을 말한다.
5) 문수상현어죽확상 사이교죽비편타(文殊常現於粥鑊上 師以攪粥篦便打) : 문수는 늘 죽 솥 위에 나타나 죽 젓는 주걱으로 때려 깨닫게 한다(卍新續藏第 13 冊 No. 0287 楞嚴經 疏解蒙鈔).

3) 1881년, 다섯째 만일 연꽃모임

　내가 황제 폐하의 승운을 위하는 천명을 받은 황제 폐하가 자리에 오른 지 18년 신사(1881)에 만화 관준萬化寬俊 스님이 다섯째 (만일)연꽃모임을 열고 참선방을 건립하였다. 올해가 24년이니 옛일을 짚어 보면 5년이 지나 준공을 보게 된 셈이다.
……
　누군가가 말했다.
　<u>"첫째 (만일연회)에서는 붇다가 나투시는 것을 직접 보았고, 둘째는 허공에서 난 (붇다의) 음성을 들었는데, 네 번째는 사리만을 얻었으니 지금은 예전에 미치지 못하고, 갈수록 떨어지고 갈수록 줄어들어 약해지지 않는가?"</u>
　이는 절대 그렇지 않다. 옛날 우리 여래께서 시절 따라 연을 맺고, 몸소 알아듣게 설하셨다. 제자들을 나누어 보내 모습을 나타내기도 하였고, 배우는 사람이 스스로 실천해 보이거나 몸소 (니르바나에) 들어간 사람도 있었다. 자취는 달라도 이치는 하나이다. 이제 다시 관준이 원력을 가지고 아름다운 발자취를 이어 열심히 일념 정진하고 있다. 시절과 인연이란 과일이 익으면 떨어지는 것이니, 어찌 조개에서 관음보살이 나온다는 것(蛤蜊之菩薩)을[4] 알지 못하겠는가! 또 죽 가마 위에 문수보살(粥鑊文殊)[5] 몸소 내려와 끌어 맞이하여 계단을 넘어 상품상생

으로 태어나게 하시니 뛰어나지 않은가!

  본 사찰의 스님 운파대련雲坡大蓮이 장차 다섯 차례 연꽃모임(蓮會)에 대한 고사를 돌에다 기록하여 영원히 산문에 남기려고 오백 리 밖에 있는 곳까지 달려와 나에게 비명碑銘을 청하므로 내가 글을 지어 이른다.

  착하고 아름답도다!
이는 삼대가 지나, 천여 년 세월이 흘렀는데도
아직 틈을 내지 못해 이루지 못한 성대한 일이다.
또 불문과 스스로 인연 맺어 명성을 부탁하니 다행한 일이 아니겠는가!
이에 그 옛 자취를 살펴 간략히 글로써 기록하여 계승하고자 하노라.
그 비명에 이르기를, 도의 으뜸이 서역에서 동방에 이르렀으니,
백마에 경전을 싣고 가시덤불을 헤치고 비로소 통하게 되었도다.
동쪽으로 또 동쪽으로 계림의 나라에 이르니,
발해는 푸른 파도요, 금강산은 눈썹을 그린 듯 곱도다.
하늘이 뛰어난 승지를 만들도다.
열산현 한쪽에서 북쪽으로 오직 붉은 새가 비상하는 것

같아,

이에 신인이 내려와 곧바로 대승의 교법을 뛰어넘도다.

자연 절경을 좇음은 훌륭한 선비와 고승이었네.

스승 되는 스님이 법요를 베푸는 날 동방 나라에 불보살 지혜 빛나도다.

광명 치달으며 밝은 빛 내달으니 모두가 한곳으로 모여들도다.

아미타 붇다가 곳곳에서 도우니

불도가 높은 도량에 향과 동반자 되어 분골쇄신하도다.

인도 강가강(恒河)⁶⁾이 거꾸로 흐르니 가벼운 바람은 돛단배를 이끌도다.

불당을 장식한 깃발은 꽃으로 덮였으니, 아득히 거두어

---

6) 강가강(Gaṅgā-nadi, 恆河 또는 恒河) : 산스크리트 본에 강가-나디(Gaṅgā-nadi), 곧 강가강(江)이라고 되어 있다. 흔히 경전에서 헤아릴 수 없이 많은 단위를 이야기할 때 '항하의 모래(恆河沙)=항하사(恆河沙)'라고 표현한 강이 바로 이 강이다. 불교 경전을 산스크리트에서 한문으로 옮길 때, 강가(Gaṅgā)를 소리 나는 대로 강가(強迦) · 긍가(殑迦) · 긍가(恆迦)로 옮기고, 그 뒤에 한문의 강(江)을 뜻하는 하(河)나 수(水)를 더해 긍가하(恆迦河) 또는 긍가수(恆迦水)라고 하였다. 그리고 한문의 운(韻) 때문에 긍가(恆迦)에서 1자를 줄여 긍(恆)하다가 하(河)나 수(水)를 붙여 긍하(恆河) 또는 긍수(恆水)라고 불렀다. 본디 [恆=恒]이라는 한문 글자에는 [긍]과 [항]이라는 2가지 소리가 있고, [恆]은 산스크리트에서 옮긴 외래어이기 때문에 반드시 [긍]이라고 읽어야 하는데, 평소 많이 쓰는 [항]으로 잘못 읽었기 때문이다.

감추는 것 같도다.

인생으로 태어나 하늘에서 죽으니, 부처님의 명으로 왕생하도다.

좋은 인연 뿌려 좋은 과보 얻으니, 형체 있는 것 같고 형체 따르는 것 같도다.

계집종이 공양미를 찧어 바치니, 용왕의 딸이 그 앞에서 뛰어나다 하도다.

머리를 늘어뜨린 어린아이도 공양에 참여하니, 달빛이 뒤에서 맞이하도다.

벌려선 뭇 별이 높은 곳에 있지 아니하니 대지도 넓지 않도다.

인간 세상 백 겁은 하늘나라 한순간, 천년 고찰은 석가세존이 지나간 곳이로다.

삼신산 다섯 봉우리, 어찌 같은 해가 비춘다고 말하리오.

북두칠성 무지갯빛 띠니, 불탑에 목탁 소리가 가랑비 내리듯 분분하도다.

우뚝 솟은 높은 산에 비 세우니 상서로운 구름 그 위 감싸도다.

팔부八部가 보였다 안 보였다 하니 천차만별이 의지하도다.

내가 이 비명을 짓노니, 조서를 받든 뒤에 먹물 옷(緇衣)

입었다 하소서.[7]

광무 8년 갑진(1904) 3월에 세우노라.

4) 1921년 여섯째 만일회

1921년 당시 건봉사 주지 이대련李大蓮, 감무 이금암李錦庵, 전 주지 이운파李雲坡 등이 만일원에 선원을 새로 설립하기로 하고 장안사長安寺에 주석하고 있던 방한암方漢岩 스님을 청하여 만일계를 만들었다. 20여 년 뒤인 1940년대에 건봉사에 살았던 정두석鄭斗石 선생의 증언에 따라 건봉사 만일계의 수행방법을 알 수 있다. (洪潤植,「건봉사 가람의 성격」,『건봉사지 지표조사보고서』, 고성군, 1990, 43쪽)

(1) 만 일을 기하여 염불을 하되 한 사람이 만 일간을 계속하는 것이 아니라 만일원에서의 염불은 만일 간 지속하되 염불승은 바뀐다.

---

7) 정향교 역,「大韓國杆城乾鳳寺萬日蓮會緣起」,『국역 건봉사의 역사적 발자취』, 고성문화원, 2001; 이영선,『금강산 건봉사사적』, 동산법문, 2003.02.28.

(2) 하루의 염불 시간은 오전에 10시부터 12시까지 오후에 3시부터 5시까지 4시간 정도 한다.

(3) 염불의 방식은 굉쇠와 북을 치면서 그 장단에 맞추어 나무아미타불을 큰 소리로 염불한다.

건봉사 만일염불원 (2008. 10. 30)
http://www.goseongcul.com/goseongcul/pdf/geon.pdf

卍 보정의 꼬리말

제1차 발징화상의 만일회를 계승하는 제2차 만일회가 1801

년에 개설되었다고 되어 있다. 앞에서 보았지만 2차가 이미 고려(高麗) 시대에 있었을 것이라고 본다. 그리고 이어서 제3차 만일회가 1851년, 제4차 만일회가 1881년, 제5차 만일회가 1908년, 제6차 만일회가 1921년에 조직됨으로써 건봉사는 만일염불회의 성지가 되었다. (위키피디아).

　이 비문에서 보는 바와 같이 3차와 4차에도 극락 가서 태어난 사람들이 많이 있었을 것이라고 보는데 제대로 된 기록이 없다는 것이 크게 한스러운 일이다. 5차에 연꽃모임을 언급하면서 <u>"첫째 (만일연회)에서는 붇다가 나투시는 것을 직접 보았고, 둘째는 허공에서 난 (붇다의) 음성을 들었는데, 네 번째는 사리만을 얻었으니 지금은 예전에 미치지 못하고, 갈수록 떨어지고 갈수록 줄어들어 약해지지 않는가?"</u>라는 현황 파악에 대해 스스로 반론을 펴는 긴 글이 있지만 아름다운 말재주만 부려 아주 설득력이 떨어진다. 실제로 조선 후기 많은 사람이 '사리'에 대한 신앙 때문에 '극락 간 사람'에 대한 기록은 거의 하지 않은 풍토가 있었던 것은 사실이다.

　엮은이의 38년 전 수첩에 실린 사리에 대한 글이 남아 있다. 당시 처음 발간되는 『불교사상』이란 월간지를 볼 때인데 1984년 8월호에 "100살의 혜암 선사에게 인생을 묻는다"라는 글이 실렸는데, 스님이 선산 도리사의 사리를 친견하고 읊은 시가 있다.

태조산 도시에

옛적에 감추어졌던 사리가 나타났다고 하니

자기 사리는 보지 못하고

사부대중이 친견코자 타고 달리는구나!

내가 부처님 사리를 보니

부처는 사리에 있지 않은지라

사리는 부처로 쫓아 나왔으나

보는 부처가 부처 사리를 본다.

1998년 8월 김해장 스님(건봉사 주지), 한보광 스님(동국대 교수), 김재일 법사(동산반야회장) 같은 공동대표와 3,000명의 불자가 참여하는 6차 만일염불회를 시작하였는데 1921년 만일염불회는 셈하지 않았다. 2021년 '아미타 정토 극락도량'인 금강산 건봉사가 100년 만에 제7차 염불 만일기도에 입재하며 남북통일과 코로나19의 조기종식을 발원했다. 강원도 고성 건봉사(주지 현담 스님)는 8월 24일 경내 극락전에서 '제7차 아미타 염불 만일기도 입재식'을 갖고 27년 5개월간의 염불수행 대장정에 들어갔다(『불교신문』). 많은 '극락 간 사람'이 나오길 빈다.

3. 1920년대 초, 염불하여 목숨 다할 때
   일주일간 빛을 낸 평등월 보살

일타, 『기도』(도서출판 효림, 1995)

일타 스님

내 가족은 친가 · 외가를 모두 합하여 모두 41명이 승려가 되었습니다. 이 41명의 출가는 석가모니 부처님과 그 일족의 출가 이후 가장 많은 숫자로 기록되고 있습니다. 그렇다면 이 41명의 출가는 우연히 이루어진 것인가? 아닙니다. 나의 외증조할머니인 이평등월 李平等月 보살의 기도와 입적入寂, 그리고 방광의 이적이 그 밑바탕에 깔려 있습니다.

안성이씨安城李氏 평등월 보살은 일찍이 우리나라 제일의 양반으로 치던 광산김씨光山金氏 집안으로 시집을 갔습니다. 그녀는 남편 김영인金永仁의 아낌없는 사랑 속에서 3형제를 낳아 기르며, 학식 있는 양반집 안방마님으로 부족함 없이 살았습니다.

그런데 나이 60이 조금 지났을 때 갑자기 불행 닥쳐 왔습니다. 남편이 남의 빚보증을 섰다가 재산을 대부분 날려버렸고, 연이어 시름시름 앓던 남편은 끝내 저세상 사람이 되어버린 것입니다.

평등월 보살님이 실의에 잠겨 헤어나지 못하고 계시니 이미 장성하여 가정을 꾸리고 있던 만수萬洙, 완수完洙, 은수恩洙 세 아들은 머리를 맞대고 상의했습니다. "이제 시대는 바뀌었다. 우리가 양반이라고 마냥 이렇게 살 것이 아니다. 노력하여 돈을 벌어야 한다" 이렇게 결의한 세 아들은 어머니를 찾아갔습니다. "어머니께서는 조금도 염려 마십시오. 이제부터 저희가 집안을 꾸려 어머니를 편안하게 모시겠습니다." 그러고는 남은 재산을 모두 처분하여 목화를 솜으로 만드는 솜틀 기계 한 대를 일본에서 샀습니다. 기계를 발로 밟으면서 목화를 집어넣으면 껍질은 껍질대로, 씨는 씨대로 나오고 솜은 잘 타져서 이불 짝처럼 빠져나오는 당시로서는 최신식 기계였습니다. 이렇게 공주 시내 한복판의 시장에다 솜틀공장을 차린 3형제는 작업복을 입고 하루 여덟 시간씩 3교대로 직접 솜틀 기계를 돌렸습니다. 기계는 24시간 멈출 때가 없었습니다. 공주 사람들은 그 솜틀 기계 돌아가는 소리를 듣고 "공주도 이제 개명하는구나" 하면서 '공주개명公州開明! 공주개명!'을 외쳤습니다. 마침내 공주 주변에서 생산되는 목화는 모두 이 공장으로 들어왔고, 산더미같이 쌓인 목화가 솜이 되어 나오는 양이 많아지면 많아질수록 집안에는 돈이 쌓여 갔습니다. 월말이 되면 3형제는 한 달 번 돈을 나누었습니다.

그런데 세 몫이 아니라 네 몫으로 나누었습니다. 남는 한 몫은 누구의 것이겠습니까? 바로 어머니 평등월 보살의 것이었습니다. 하지만 그 돈을 어머니께 직접 드리지는 않았습니다. 어머니께서 한 달 동안 '3형제 가운데 누구 집에 며칠을 계셨느냐'에 따라 그 집에 직접 나누어 주는 것입니다. 막내아들 집에 열흘을 계셨으면 3분의 1을 막내아들 집에 주었습니다. 이렇게 하니 며느리들은 서로 시어머니를 잘 모시기 위해 갖은 정성을 다 부렸습니다. 집마다 어머니 방을 따로 마련하여 항상 깨끗하게 꾸며 놓았고, 좋은 옷에 맛있는 음식으로 최고의 호강을 시켜 드렸습니다. 때때로 절에 가신다고 하면 서로 시주할 돈을 마련해 주는 것이었습니다.

마침내 이 집안은 공주 제일의 효자 집안으로 소문이 났고, 벌어들인 돈으로는 논 100마지기를 다시 사들이기까지 하였습니다. 평등월 보살은 신이 났습니다. 그렇게 행복할 수가 없었습니다.

이렇게 매일 평안함과 기쁨 속에서 지내던 할머니가 막내아들 집에 가 있던 어느 날, 한 비구니스님이 탁발하러 왔습니다. 그 스님을 보자 할머니는 눈앞이 밝아지는 듯했습니다. "아! 어쩌면 저렇게도 잘생겼을까? 마치 관세음보살님 같구나." 크게 반한 할머니는 집안에서 가장 큰 바구니에다 쌀을 가득 퍼서 스님의 걸망에 부어 드렸습니다. 그때까지 비구니스님은 할머니를 조용히 보고만 있다가 불쑥 말을 했습니다.

"할머니! 요즘 세상사는 재미가 아주 좋으신가 보지요?"

"아, 좋다마다요. 우리 아들 3형제가 모두 효자라서 얼마나 잘해 주는지 …. 스님 제 말좀 들어보실래요?"

할머니는 신이 나서 아들 자랑을 시작했고, 며느리 자랑, 손자 자랑까지 일사천리로 늘어놓았습니다.

마침내 할머니의 자랑은 끝에 이르렀고, 오랫동안 아무 소리 않고 듣고만 있던 스님은 힘주어 말했습니다.

"할머니, 그렇게 세상일에 애착을 많이 두면 죽어서 업業이 됩니다." "업?" 충청도 사람들은 '죽어서 업이 된다' 라고 하면 구렁이가 된다는 것으로 알고 있습니다. 죽어서 큰 구렁이가 되어 광 안 쌀독을 칭칭 감고 있는 업! 할머니는 그 '업' 이라는 말을 듣자마자 머리카락이 하늘로 치솟는 것 같았습니다.

"아이고 스님! 어떻게 하면 업이 되지 않겠습니까?"

"벌써 업이 다 되어 가는데 뭐 지금 와서 나에게 물은들 뭐하 겠소?"

스님은 벼랑을 짊어지고 돌아서서 가버렸습니다. 그러나 할머니는 포기할 수 없었습니다. '업만은 면해야 한다' 라는 일념으로 5리, 10리 길을 쫓아가면서 스님께 사정했습니다.

"스님, 제발 하룻밤만 우리 집에 머무르시면서 업을 면하는 방법을 가르쳐 주십시오. 스님, 제발 저 좀 살려 주십시오."

간청에 못 이겨 다시 집으로 온 스님은 할머니가 이끄는 대로 방으로 들어갔습니다.

그러나 스님은 윗목에서 벽을 향해 앉아 말 한마디 없이 밤을 새웠고, 할머니 역시 스님의 등 뒤에 앉아 속으로만 기원하고 있었습니다. "제발 업이 되지 않는 방법을 일러 주십시오. 제발."

마침내 날이 밝아오기 시작하자 스님은 할머니 쪽으로 돌아 앉았습니다. "정말 업이 되기 싫소?"

"아이고. 제가 업이 되어서야 하겠습니까? 안 됩니다. 스님. 절대로 안 됩니다. 인도환생人道還生 하든지 극락세계에 가도록 해주십시오."

"정말 업이 되기 싫고 극락에 가기를 원하면 오늘부터 행실을 바꾸어야 하오."

"어떻게 해야 합니까?"

"오늘부터 발은 절대로 이 집 밖으로 나가지 않도록 하고, 입으로는 '나무아미타불' 만 부르고, 일심으로 아미타불을 친견하여 극락에 가기만을 기원하시오."

스님의 '집 밖으로 나가지 말라' 는 말씀은 몸단속하라는 것이고, '나무아미타불을 불러라' 라는 것은 입을 단속. '일심으로 극락왕생할 것을 기원하라' 라는 것은 생각 단속입니다. 곧 몸(身)과 입(口)과 생각(意)이란 3가지 업이 하나가 되게 염불할 것을 가르쳐 준 것입니다. 그러나 할머니는 쉽게 이해가 되지 않았습니다. "스님, 다시 한 번 자세히 일러 주십시오."

"보살님 나이가 70이 다 되었는데, 앞으로 살면 얼마나 살겠소? 돌아가실 날까지 '나무아미타불' 을 열심히 부르면 업 같은 것은 십만 팔천 리 밖으로 도망가 버리고, 극락세계에 갈 수 있게 됩니다. 그러니 오늘부터는 첫째나 둘째 아들 집에도 가지 말고, 이웃집에도 놀러 가지 마십시오. 찾아오는 사람에게 집안 자랑하지도 말고. 오직 이 집에서 이 방을 차지하고 앉아 죽을 주면 죽을 먹고 밥을 주면 밥을 먹으면서 '나무아미타불' 만 외우십시오. 그리고 생각으로는 극락 가기를 발원하십시오. 그렇게 하겠습니까?" "꼭 그렇게 하겠습니다."

할머니는 다짐하면서 큰절을 올렸고, 스님은 옆에 놓아두었던 삿갓을 들고 일어서서 벽에다 건 다음 슬며시 방문을 열고 나갔습니다. 걸망도 그대로 둔 채…. "변소에 가시나 보다." 그러나 한번 나간 스님은 영영 돌아올 줄 몰랐습니다. 사람을 풀어 온 동네를 찾아보게 하였으나 '보았다' 라는 사람조차 없었습니다. '아! 그분은 문수보살님이 틀림없다. 문수보살님께서 나를 발심시키기 위해 오신 것이 분명하다.' 생각이 여기에 미치자 더욱 발심發心이 되었습니다. 할머니는 방의 가장 좋은 위치에 스님의 삿갓과 걸망을 걸어 놓고, 아침에 눈만 뜨면 몇 차례 절을 올린 다음 '나무아미타불'만 불렀습니다.

어느덧 할머니는 앞일을 내다보는 신통력神通力이 생겼습니다. "어멈아! 오늘 손님이 다섯 온다. 밥 다섯 그릇 더 준비해라."

과연 끼니때가 되자 손님 다섯 사람이 찾아오는 것이었습니다. 또 하루는 막내아들을 불러 각별히 당부하였습니다.

"애야. 너희들 공장에 화기火氣가 미치고 있다. 오늘은 기계를 돌리지 말고 물을 많이 준비해 놓아라. 위험하다."

그 말씀대로 세 아들은 아침부터 솜틀 기계를 멈추고 물통 준비와 인화물질 제거에 신경을 썼습니다.

그런데 오후가 되자 바로 옆집에서 불길이 치솟는 것이었습니다. 그들은 서둘러 옆집 불을 껐습니다. 만약 목화솜에 불이 옮겨붙었다면 솜틀공장은 삽시간에 잿더미로 변하였을 것입니다. 다행히 할머니의 예언으로 조금도 손상을 입지 않았을 뿐 아니라, 이웃집의 피해까지 줄일 수 있었습니다. 그리고 우리 아버지와 어머니의 결혼도 외증조할머니의 말씀에 따른 것입니다. 손녀인 어머니가 결혼 적령기가 되었을 때, 외증조할머니는 큰아들을 불러 말씀하셨습니다.

"여기에서 북쪽으로 30리가량 가면 구름내(雲川)라는 마을이 있다. 김창석 씨네 둘째 아들과 네 딸 상남上男이와는 인연이 있으니, 찾아가서 혼사를 이야기해 보아라."

이렇게 외증조할머니는 가 보지도 않고 신통력으로 나의 부모님을 결혼시켰습니다. 마침내 주위에서는 외증조할머니를 일컬어 '생불生佛'이라고 부르기까지 하였습니다.

그런데 어찌 된 일인지, 어느 날부터인가 외증조할머니가 '나무아미타불'을 부르지 않고 '문수보살'을 찾는 것이었습니다. 갑작스러운 변화를 걱정한 아들 3형제는 인근 마곡사의 태허太虛(鏡虛 대선사의 사형) 스님을 찾아가 상의했습니다. "문수보살을 부르는 것도 좋지만, 10년 동안이나 아미타불을 불렀으면 끝까지 아미타불을 부르는 것이 좋다. 그리고 앞일을 자꾸 예언하다 보면 자칫 마섭魔攝이 될 수도 있다. 내가 '상방대광명常放大光明'이라는 글을 써 줄 테니 벽에 붙여 놓고 '나무아미타불'을 항상 부르도록 말씀드려라." 상방대광명常放大光明! 언제나 대광명을 뿜어 낸다는 이 글을 보면서 할머니는 다시 '나무아미타불'을 열심히 불렀습니다. 그리고 앞일에 대해 말씀도 하지 않았습니다. 이렇게 부지런히 염불 기도를 하다가 할머니는 88세의 나이로 입적入寂하였습니다.

그런데 그때야말로 기적이 일어났습니다. 7일장을 지내는 동안 매일같이 방광放光을 하는 것이었습니다. 낮에는 햇빛에 가려 잘 보이지 않았으나, 밤만 되면 그 빛을 본 사람들이 '불이 났다'라며 물통을 들고 달려오기를 매일같이 하였습니다. 그리고 문상객으로 붐비는 집안 역시 불을 켜지 않아도 대낮같이 밝았습니다. 상방대광명常放大光明! 그야말로 외증조할머니는 염불 기도를 통하여 상방대광명을 이루었고, 그 기적을 직접 체험한 가족들은 그 뒤 차례로 출가하여, 우리 집안 친가·외가 41인 모두는 승려가 되었습니다. 몸과 말과 뜻을 하나로 모아 염불하고 기도하는 공덕. 그 공덕을 어찌 작다고 하겠습니까? 그리고 부처님의 불가사의가 어찌 없다고 하겠습니까? 외증조할머니의 염불 기도는 우리 집안을 불심佛心으로 가득 채웠고, 41명 모두를 '중노릇 충실히 하는 승려'로 바꾸어 놓는 밑거름이 되었던 것입니다.

나무아미타불

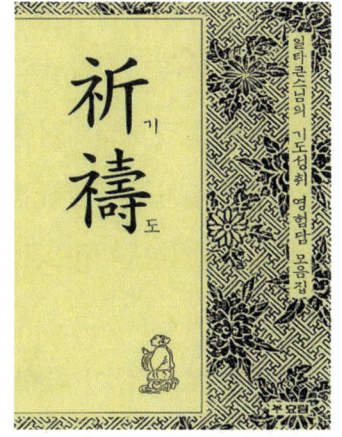

일타, 『기도』, 도서출판 효림, 1995.

卍 보정의 꼬리말

일타 스님이 밝힌 외증조모의 방광 이야기는 이미 많이 알려져 유명하다. 이평등월李平等月 보살의 염불 수행과 이적은 보살이 극락에 갔다는 것을 아주 뚜렷하게 보여 주는 본보기라고 할 수 있다. 그런데 막상 이 실화를 『극락 간 사람』에 실으려고 하니 난처한 일이 생겼다. 이평등월李平等月 보살이 언제 세상을 떴는지 날짜는 물론 연도도 나와 있지 않기 때문이다. 이 이야기는 보정이 꼬리말을 달 필요가 없을 만큼 완벽하지만 '언제' 문제로 꼬리말을 달 수밖에 없다.

지금까지 평등월 보살이 극락 간 해를 정확하게 밝힐 수가 없지만 적어도 1924년 이전이라는 기록이 있다.

일타 스님 집안 41인 승려 가운데 가장 먼저 출발한 분은 (일타)스님의 큰외삼촌인 김학남金學南으로, 일타 스님 어머니인 성호性浩 비구니의 바로 밑 동생이시다. 큰외삼촌은 할머니 평등월 보살의 기이한 입적을 접하고 열심히 절에 다니다가, 23세의 나이로 1924년에 출가하였다. (김현준, 『아! 일타 큰스님』, 효림, 2001, 20쪽).

그러므로 보살이 극락 간 해는 1924년 이전이 된다. 그러므로 이 책에서는 '1920년대 초'로 기록한다.

4. 1926년, 염불수행을 스스로 실천하고 조직화한 성월 스님과 안양암

김태흡(金泰洽)[8] 지음, 『불교입도 신앙실화 성월대사』, 1935(乙亥)년 9월 9일.
『안양암지(安養庵誌)』(부산시 동구 초량동 4가 843. 金水寺 내, 발행자 李法弘), 1958.

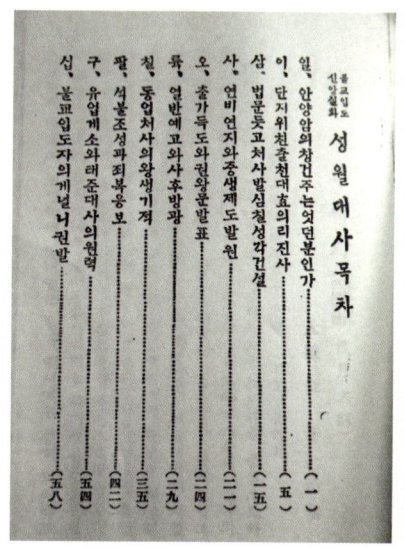
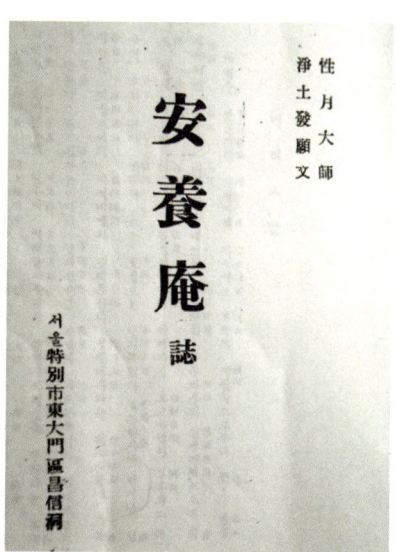

---

8) 대은(大隱) 김태흡 : 대본산 廣州郡 奉恩寺 京城 포교사.

1) 성월 거사의 무량회 결성과 안양암 건축[9]

1876년 가을 이창진李昌鎭 진사의 아버지 이재청이 세상을 떠나면서 이런 유언을 남긴다.

"염불, 염불, 염불해야 하느니라. 지성으로 염불해야 극락을 간다."

그 뒤 이 진사는 아버지 유언 따라 염불 공부를 시작하고, 시골·서울 할 것 없이 산중에 있는 사찰을 많이 다녔다. 그러나 염불은 시작하였으나 염불 정진이 그다지 잘 되지를 않았다. 10년쯤 부처님에 대한 믿음만 가지고 있다가 어느 날 욕 잘하기로 유명한 환옹幻翁 큰스님을 뵙고 불법을 물었다.

"불법 공부를 하려거든 염불을 하게. 우리는 어찌하든지 극락 가야지, 이 세상에는 견성성불하였다 하더라도 해이하고 게으를 때가 있느니, 자네는 6자 염불을 밤낮으로 독송하고 생각하여 극락길을 찾게나."

이 진사는 이때 출가를 바랐으나 큰스님은 처자가 있어 안 된다며 거사 5계를 받게 하였다. 그래서 1889년 39살에 성월性月 처사가 된다. 그 뒤 성월 처사는 이 뒤부터『연종보감』이니『정

---

[9] 안양암에 관한 내용은 대은(大隱) 김태흡(金泰洽)이 지은『안양암지(安養庵誌)』를 바탕으로 간추리고 다듬은 것이다.

토요집』 같은 극락정토에 대한 문집을 많이 보다가, 당나라 때 여산 혜원 법사가 48명을 모아서 백련결사白蓮結社를 하고 염불을 하다가 왕생극락한 옛 기록을 보고 깊이 감동하여, 자기도 도반을 모아 정 가는 곳에 절을 지어 놓고 염불이나 하다가 남은 삶을 마치려는 생각이 불같이 일어났다.

그해 9월, 사방으로 터를 구하러 다니다가, 동대문 밖 창신동에 초가집을 사서 칠성각 3칸을 짓고, 무량회를 조직하여 염불도량을 열었다. 그리하여 김정인金正因, 한여여韓如如, 전성파全性坡 같은 여러분과 같이 정토발원을 하고 염불회를 열어서, 지성으로 염불을 계속하였다. 그 뒤 너도나도 염불 왕생을 목적으로 모인 처사가 30명 남짓 되었으므로 칠성각은 처사의 사찰이라는 이름이 장안에 화제가 되었다.

그 뒤 성월 처사는 후세를 내다보고, 그 뒤 형편이 되는 대로 1,300평이 넘는 땅을 사서 1899년 절 이름을 안양암安養庵이라고 붙였다. 안양이란 바로 극락을 말한다.

2) 출가득도(出家得度)와 권왕문(勸往文) 발표

성월 거사는 이처럼 공부하며 안양암 불사를 하다가 신축년(1901) 5월 도봉산 망월사에 가서 회광悔光 스님께 비구계와 보

서울 종로구 창신5길 61 (창신동 130-1, 02-763-410)

살대계를 받고, 다시 6월에 만하萬下 스님에게 건당식建幢式[10]을 하니, 호를 평등당平等堂이라고 부르게 되었다. 그러나 세상에서는 이미 '성월당'으로 입에 익어 왔기 때문에, 그 뒤에도 성월 대사로 부르게 된다. 성월 대사는 이후부터 사문의 몸으로 더욱 염불수행에 힘쓰며 널리 염불수행을 권하였다.

"십지보살[11]은 신통 변화가 부처님과 다르지 않습니다. 공덕

---

10) 법당(法幢)을 세운다는 뜻으로, 수행의 도가 높아 다른 사람의 사표(師表)가 되는 전법사로부터 법맥을 이어받는 것을 말한다. 이것을 건당(建幢) 또는 입실(入室)이라고 한다.
11) 십지보살(十地菩薩) : 보살 수행 52단계 가운데 41~52단계에 있는 보살. 보살로는 최고의 경지에 도달한 보살.

이 이처럼 무궁한데 어찌 천상천하에 제일가는 법을 내 놓고 무슨 다른 공부를 할 것인가? 나무아미타불."

"애지중지 사랑스러운 재물들, 어느 곳에 쓸 것인가? 나무아미타불."

"봄에 씨를 심어 가을에 거두는 것과 같거늘 어찌 심지 않을 것인가? 나무아미타불."

"이 몸을 이승에 제도하지 못하면 다시 어느 때 제도하여 보오리까? 나무아미타불."

"부처님께서 이르시되, 망상을 내지 말라 하셨으니, 공부(염불수행) 밖에 내는 마음은 모두 망상이니, 짐짓 그 마음을 내지도 말며, 또 탐심을 내지 마오. 탐하는 마음은 악업을 이루니, 화내는 마음(嗔心)을 내지 마오. 화내는 마음을 참지 못하면 지혜 마음이 상하오. 밖의 마음에 망상이 나거든 칼로 반드시 날려 버리오. 다만 화두 생각하고 회광반조廻光返照하되, 염불이 바로 화두이니 갓난아기가 젖 생각하듯, 배고픈 사람이 밥 생각하듯, 하루 종일 밥 먹을 때, 가고 오고 일할 때, 도량 쓸고 손님 영접할 때도 조금도 쉬지 말고 부지런히 염불하면, 자연히 천묘성天妙聖에 들어맞게 되려니, 속히 될 마음도 내지 말고 나태심도 내지 말고, 밤낮 쉼 없지만, 염불하오. 생사의 큰 바다를 건너가는 길 염불수행밖에 없습니다."

3) 열반을 미리 알리고(涅槃豫告) 죽은 뒤 방광(死後放光)

성월 대사는 이러한 권왕문을 가지고 많은 사람에게 권고하며 불법의 신심을 일으키게 하더니 1926년 8월 2일, 몸이 불편함을 느꼈다. 그래서 먹고 마시는 것을 끊고 문도들을 모아 놓고 말했다.

"내가 지금부터 7일 지난 뒤 극락 왕생할 터이니, 너희들은 그리 알아라."

이처럼 입적을 미리 알렸으나 문도들은 들은 둥 만 둥 하였더니, 과연 7일을 지나서 입적하였다.

그런데 바로 대사가 입적하던 8월 초 8일, 오후 7시에 신도 안양행安養行이 대사를 간호하며 탕약을 준비하다 졸고 있었는데 비몽사몽간에 갓 쓴 노인 한 분이 동자를 데리고 대사가 있는 마루 위로 올라오는 것을 보았습니다. 그래서 이 씨는 '정말 누가 왔는가?' 하고 병실로 들어가니까 대사는 원기를 내 앉아서 말했다.

"지금 지장보살이 문수동자와 같이 오셨구려. 그래서 내가 인사를 드리기 위해 일어났소이다. 그리하니 나에게 장삼과 가사를 입혀 주시오."

안양행으로부터 이 말을 전해 들은 문도들이 대사의 거동이 하도 이상하여 함께 모여서 보니, **대사는 서쪽을 향하여 3번 절**

하더니 큰 소리로 "나무아미타불" 6자 염불을 10번이나 부르고 가부좌를 틀고 앉았다. 그리고 문도들께 말했다.

"내가 지금 극락으로 가는 길이니, 너희들은 울지 말고 도움 염불(助念)을 하여 나의 앞길을 도우라."

하시더니 오후 8시에 앉아서 자는 듯이 입적하였다.

그런데 대사가 돌아가신 뒤에는 여러 번 빛을 내는(放光) 상서로운 현상이 있었으니, 입적하고 나흘 되던 8월 11일 오후 8시에 안양암에서 밝은 빛이 비쳤고, 그 이튿날 길을 떠나 서대문 밖 봉원사에서 화장할 때 두 번째 밝은 빛을 냈는데(放光), 오후 4시부터 5시까지 밝은 빛이 꺼지지 않았다. 그리고 칠칠일(49일) 동안 기도 날을 정하고 기도승이 지장보살의 정진을 하되 매일 만 번 정근을 하였는데, 여섯 번째 칠 일 되는 날에는 세 번째 번개 빛(電光)을 쏘는 듯한 상서로운 현상이 있었다.

이것을 본 대사의 아드님 양학당 태준養鶴堂泰俊 대사는 더욱 감동되어 49일 입재 날, 첫째는 선친을 위하고, 다음에는 법계의 중생제도를 다짐하고, 부처님 앞에서 오른손 약손가락을 한 마디씩 태웠다. 이날 천 명이 넘는 승려와 신도들은 모두 감격해 "그 부자는 부처님을 위하여 난 분이다"라고 말하고, 또는 "어찌하면 부자가 그렇게도 한 뜻인가?" 하며 찬탄하며 놀라는 사람들이 많았다.

안양암 입구   안양암 전경 (2008.9.20.)

4) 성월 대사의 업적

대사는 칠성각 3간을 건설하기 시작하여 다시 이것을 허물어 버리고 큰 가람을 건설하였으니, 안양암 도량 내에 북쪽으로는 수년간의 대웅전을 건축하고 서쪽으로는 관음전을 건축하고, 동쪽으로는 명부전을 건축하고, 다시 금륜전金輪殿과 독성각獨聖閣을 건축하고 또 앞에는 큰 염불당念佛堂을 수년간을 건축하였습니다.

그리고 연중행사와 월중행사로 시행하여, 해마다 원만계단 圓滿戒壇을 모아서 보살계를 설하게 하고 달마다 미타현행회·

지장회 · 관음회 · 칠성회를 열어서 신도들을 지도하고 신도가 세상을 뜨면 반드시 불보살의 번개幡盖(가리고 덮는 것)를 가지고 가서 지성으로 염불하여 위로하였다. 이것은 대사께서 이 절 안 사람들과 다 한가지로 거행하는 행사였지만, 대사 자신에게도 특별한 행사였으니 해마다 방생회를 열고 살생계를 가르쳤으며, 또 글씨 쓴 종이를 공경하고 아끼는 성격이 있어 오가며 길에서 글씨 쓴 종이가 떨어져 있으면 주워다가 정하게 태웠다. 불교에 입도한 뒤 40년 동안 꾸준히 지장정근과 아미따경 염송 · 육자염불로 공부하였으며 만일회 염불당 화주가 되어 염불사업을 계속하였다.

그리고 또 항상 시식단을 모아 놓고 삼계에 떠도는 외로운 넋에게 먹을 것을 베풀었고, 길 가다 가난한 거지를 만나면 꼭 먹을 것을 사 주거나 돈을 주거나 옷을 주어 도왔다. 대사의 모든 생활은 옛날의 혜원 대사와 영명 연수 대사의 감화를 받은 자취가 많았다. 안양암은 당시 조선의 훌륭한 스님들이 대부분 한 번씩 법문을 설하시고 가셨으니 석주대사石柱大師, 환옹대사幻翁大師, 사바하 스님, 보운 대사寶雲大師, 운파 대사雲破大師, 만하 대사萬下大師, 관허 대사寬虛大師, 회명 대사晦明大師, 진하 강백震河講伯, 용성 강백鎔城講伯, 경운 강백, 월하 강백月河講伯, 청호 강백晴湖講伯, 회광 강백晦光講伯 같은 교종敎宗의 거장들이 다 한두 달이나 혹은 며칠씩이라도 설법을 하시고 지나가셨고, 선승으로는 유명한 수월, 용성, 만공, 한암 같은 선지식 스님들이 한두 번씩 이 안양암을 들러가시며, 불법 종자를 터트리고 가셨다.

성월 대사의 업적 가운데 가장 큰 것은 많은 불자를 모아 함께 공부해 극락에 가서 태어나도록 했다는 것이다. 성월 대사는 37년 동안 많은 사람에게 염불 정진시켜 그들이 임종 때 기적을 보이게 한 일이 많다. 성월 대사는 훌륭한 법사·선사를 청하여 법문을 설하게 해서 대사도 무량한 법리와 넉넉한 이익을 얻는 동시에 많은 사람에게 마음의 눈을 뜨게 해 주었다. 그래서 칠성각 시대에 30여 명이나 모여서 공부하는 처사님들은 이러한 선지식 스님들의 법문을 들으며 30년 넘게 만일회 염불을 마치고 왕생극락을 한 기적을 두고 가신 이가 많다.

안양암 대웅전

권 보정 꼬리말

 엮은이가 2008년 『극락 간 사람들(韓國 往生傳)』을 쓰기로 원을 세우고 가장 먼저 찾아간 곳이 안양암이었다. 서울에 있어 가깝고 기록과 함께 현장이 그대로 남아 있기 때문이다. 칠성각으로 시작된 절이라 비좁고 옹색한 느낌이 들지만, 정토수행의 전통이 곳곳에 남아 있고, 극락에 간 성인들을 많이 낸 절이다.
 지금은 성월 스님 때처럼 뜨거운 염불수행 분위기는 보이지 않지만 정토수행의 가람으로 잘 보존되어 있었다. 근대에 들어와서 세워진 절 가운데 극락 간 사람들을 무더기로 발굴해 낸 보기 드문 도량이다. 성월 스님을 빼놓고도 적어도 6명의 수행자가 극락을 간 사실이 기록되어 있다. 비록 자세하지는 않지만, 연도와 간단한 임종 상황을 기록해 놓아 이 책에 모실 수 있었다.

5. 1906년, 극락 간 안양암 신도(1) : 이광명 처사

    종로 5정목[12]에 살던 이광명李光明 처사 역시 칠성각 때 성월 대사와 같이 발심하여 염불에 힘쓰고 항상 지장경을 독송하였던 분인데 1906년 돌아가시기 사흘 전 집안사람들을 모아 놓고 말했다.
    "나는 사흘이 지난 뒤에는 극락에 가게 될 터이니, 너희는 아무쪼록 집안 살림에만 파묻혀서 죄업만 짓지 말고 염불을 하기를 바란다. 그리고 내가 갈 때 울지 말고 나무아미타불 염불을 많이 하여 내가 갈 때 듣게 해 다오."
    하시고 예언대로 정확히 3일 뒤 돌아가셨다.

---

12) 정목(丁目)은 일제시대 거리 이름으로, 종로 5가다.

안양암 만일회 염불당

6. 1906년, 극락 간 안양암 신도(2) : 황도운 선생

또 시내 충신동忠信洞에 사는 황도운 선생 역시 칠성각 시절 때 함께 발심하여 처사로서 염불수행을 많이 하신 분인데 1906년 돌아가실 때, 어느 날 목욕·재개하시고 장삼과 가사를 입은 뒤, 서쪽을 향해서 절을 하고 아미따경(彌陀經)을 외우고 큰소리로 10번 염하는 염불(十念念佛)을 하더니 앉아서 자는 듯이 돌아가셨다.

7. 1926년, 극락 간 안양암 신도(3) : 사리심 보살

　조씨趙氏 사리심舍利心 같은 이는 **1926년에 돌아가신 분인데**, 돌아가실 적에 염불하고, "나는 붇다 나라로 간다"라고 유언을 하더니 돌아가신 뒤 화장하고 모시니 사리 3과가 나왔다. 그래서 지금 그 사리는 안양암 뒷산 바위 속에 깊이 모셨습니다.

뒷산 바위의 사리함　　　사리함 확대

8. 1926년, 극락 간 안양암 신도(4) : 이선행 외

그리고 또 **이선행**李善行**이라고 하는 분도 안양암에 다니다가 1926년 합천 해인사에 가서 돌아가셨는데, 그분도 지극정성으로 염불을 한 공덕으로 화장한 뒤 정골사리 1개가 나왔다.** 그래서 그 사리를 지금 동서문 밖 삼선평 바위 속에 모셨다고 한다.

이 밖에도 이상스러운 기적을 나투고 돌아가신 처사님과 부인네가 정말 많다. 나투시고 간 사례가 너무나 많습니다만 이만큼만 소개하기로 한다. 지금 이 사례는 하나도 거짓이 없는 진실이며 사실이다.

지금도 그 집안사람으로서 그러한 기적을 보고 발심하여 본 암에 다니며, 염불 수행하는 사람이 많이 있다. 불법이란 의심 없이 믿고 공부만 잘하면 별별 불가사의한 일들이 다 있다. 그러므로 현대라고 불교를 의심하고 믿지 않고 비방하는 이는 죄로 갈 것이다.

9. 1930년, 극락 간 안양암 신도(5)
　: 김정인(金正囙) 선생

　1930년 안팎에 돌아가신 김정인 선생은 안양암 창건주 성월 대사와 같이 발심한 분으로, 안양암 만일회 염불당에서 20년간 입승立繩[13])이라는 직책을 가지고 여러 사람에게 염불공부를 지도하고 공부시키던 분이었다. 그런데 그분이 돌아가실 때 집안사람들에게 말하였다.

　"내가 지금 극락으로 가는 길이니 어찌 걸어서 가겠느냐, 극락세계에서 가마(輦)[14])를 타고 오라고 가마를 보냈으니 어서 가마를 놓아다오. 저기 가마(輦)가 보이지 않느냐. 어서 이리 가깝게 갖다 놓아라."

　하시면서 아주 즐거우시고 편안한 모습으로 노랫가락같이 고성염불을 하였다.
　그리고 "내가 간 뒤에 너희들은 절대로 울지 말고 염불해라. 그리고 절에 가서 스님을 부르지 말아라. 스님도 염불 수행하고

---

13) 절 안의 규칙을 맡은 스님.
14) 엮은이 주 : 이때 연은 연꽃 연(蓮)일 가능성이 크다.

공부가 있는 법대사 같으면 모르지만 그렇지 못한 사람은 공연히 법문의 뜻도 모르고 웅얼거리기만 하니까 나의 영혼이라도 듣기 싫은 것이다" 이같이 말씀하고 『다비작법茶毘作法』과 『시다림의문屍多林儀文』15)이라는 책을 내 놓고 목소리를 길게 빼서 처음부터 끝까지 다 읽고 그대로 앉아서 돌아가셨다.

안양암 대웅전 아미따붇다와 두 보살.

---

15) 원문에 『다비작법시다림(茶毘作法屍多林)』이라고 했는데 그런 책을 찾지 못했다. 『조선불교통사』(하) 「寺庵, 塔像及件名細目」에 비추어 『다비작법(茶毘作法)』과 『시다림의문(屍多林儀文)』이라고 옮겼다. Sītavana

10. 1933년, 극락 간 안양암 신도(6) : 김원성 처사

시내 누상동樓上洞 사는 김원성金圓惺 처사도 칠성각 시대 때 함께 발심한 분인데, 1933년 돌아가실 때까지 지극정성으로 염불하셨던 분이다. 그런데 이 어른도 돌아가실 때 가는 날을 아시고 목욕·재개하고 장삼과 가사를 입고, 서쪽을 향해 예배하고 목탁을 치면서 6자 염불 '나모아미따불'을 하시더니 자손들께 말씀하시길,

"지금 관음보살님이 너희 어머니로 변신하시어 오대산을 가시더니 문수동자를 데리고 오시는구나. 나는 이 동자를 앞세우고 오대산을 거쳐 극락세계로 갈 것이다"

라는 말을 마치고 목탁을 든 채로 서서 돌아가셨다. 그런데 이 김 처사는 진실로 정성이 지극하신 분입니다. 말년에는 집에 있으면서도 한 달에 한 번씩 꼭 스스로 붇다께 올릴 공양미를 등에 걸머지고 안양암을 찾아오는 분이었다.

11. 1933년, 서기 방광에 소방대 출동한
　　진주 연화사 선덕화 보살

청담 스님 『금강경 대강좌』 「금강경 지경공덕분」 제15 (양우당, 1977)
「은진송씨 선덕화 보살 사리탑 비」

■ 청담 스님이 『금강경』 강의 때 선덕화 보살의 왕생 이야기를 했다.

　경상남도 진주에 가면, 송 보살이라고 내가 어려서 봤는데, 길가에 다니다가 만나서 우리가 "어디 가십니까?" 인사하면 "응"하고 사람은 쳐다보지도 않고 그대로 가기만 하는 그런 여자가 한 분 있었습니다.
　내가 중이 된 뒤 그이가 거의 구십 살이나 살다가 돌아가셨는데, 그 집이 가난한 살림인데 절에 불공이 있으면 와서 거들어 주고 떡 부스러기나 얻어다 아이들 먹이는 이런 형편입니다. 그렇게 가난하게 살면서도 염불을 자나 깨나 하던 그런 보살입니다.
　그분이 돌아가신 뒤에 내가 진주에 가보니까 시내 연화사蓮華寺(경남 진주시 옥봉동 449번지) 포교당에 낯선 탑이 하나 생긴 것을 보고 "이게 무슨 탑이냐"라고 물었더니 이렇게 얘기하는 것을 들었습니다.

이 송 보살이 자기가 죽기 나흘 전에 진주 신도를 다 찾아보면서 "내가 나흘 뒤 저녁을 먹고서 어둑해질 때 가겠으니 부디 염불 잘하십시오. 나는 먼저 극락세계 가니까 같이 거기 가서 만납시다" 이런 인사를 하고 다니는데, 사람들은 아마 나이가 하도 많은 노인이라 망령이 들어서 정신이 좀 이상해진 것 같다고 모두 곧이 듣지를 않고 지나쳐 버렸습니다.

그런데 그날 아침 먹고 나서 손자고 누구고 식구들을 아무 데도 못 가게 하고 불러 앉혀 놓더니,

"내가 오늘 저녁 해 질 무렵에 간다. 너희들은 부디 딴짓하지 마라, 극락도 있는 거고 천당도 있고 지옥도 있는 줄 알고, 또 사람이 붇다가 되는 법이 있으니 잘 명심하고 신심으로 살아야 한다."

라고 당부를 하더라는 겁니다. 일념으로 마음이 통일되어 놓으니까 그 무식한 노인이지마는 밝은 마음의 혜慧가 열려서 무얼 알던 모양입니다. 그리고 오후가 되니까 가서 물 데워 오라고 해서 목욕을 하고, 그리고 새 옷으로 갈아입고는 "너희들 밥

먹고 나서 아무 데도 가지 마라. 저녁 일찍 해 먹어라"라는 겁니다. 그래서 식구들은 할머니가 뭐 정신이 돌았거나 망령이 든 것 같지도 않게 태연하고 엄숙하니까 행여나 싶어서 식구들이 모두 시키는 대로 저녁 일찍 해 먹고 모두 아이들도 못 나가게 하고 그랬는데 어두워지기 시작하니 요를 펴라고 해서 요를 펴니까 요 위에 앉아서 또 얘기합니다.

"이 세상이 다 무상하고, 여기는 고해苦海고, 불붙은 집이고, 그러니 아예 방심하지 말고 네 일 좀 해야지 맨날 육체 · 몸뚱이 그렇게 가꾸어 봐야 갈 때는 헛수고했다고 인사도 안 하고 나를 배반하고 가는 놈이며, 몸뚱이라는 건 그런 무정한 놈이니 그놈만 위해서 그렇게 살지 말아라. 나도 평생 염불해서 이런 좋은 수가 있지 않느냐. 구십 살까지 장수도 하고, 병 안 앓고, 꼬부라지지도 않고, 그리고 가는 날짜 알고, 내가 지금 말만 떨어지면 간다. 곧 갈 시간이 되었어. 이러니 너희들도 그랬으면 좀 좋겠느냐. 두 달이고 일 년이고 드러누워 똥을 받아 내고, 이래 놓으면 그 무슨 꼴이냐. 너희한테도 벌어먹을 것도 못 벌어먹고 모자간에 서로 정도 떨어지고 얼마나 나쁘냐. 부디 신심으로 염불도 하고 부디 그렇게 해라."

이렇게 말한 뒤 살며시 눕더니 사르르 잠든 것처럼 가 버렸는데 그리고 얼마 있다가 그만 그 집에서 굉장히 좋은 향내가 나고 또 조금 있으니 서쪽을 향해서 환히 서기방광을 해서 소방대

가 불났다고 동원이 되기까지 했다는 겁니다.

불교 신도들이 이 소문을 듣고 송 보살이 예언한 대로 돌아갔다, 열반했다, 이래 가지고 진주 신도라는 신도는 수천 명이 모여 와서 송장도 붇다같이 생각하고 수없이 예를 올리고 마당에서 길에서 뜰에서 신도들이 꽉 차게 모여서 절도 하고 돈도 내고, 이래서 장사를 아주 굉장하게 화장으로 지내는데 사리가 나와서 사리탑을 지어 모셔 놓은 것이 연화사에 있는 낯선 저 탑이라는 것입니다.

그러니 "나모아미따불 나모아미따불" 그것만 불러도 이렇게 됩니다. 아무 뜻도 모르고 극락세계 갈 거라고 그것만 해도 공덕이 되고 정신통일이 되어 혜慧도 열립니다.

■ 은진송씨 선덕화 보살 사리탑 비 (진주시 옥봉동 1-513, 연화사)

이 塔은 恩津宋氏善德華菩薩의 舍利塔이다.

佛紀 二三九六(壬子)年 陰四月一日에 出生하여 동 二四七七(癸酉) 年 陰五月二十三日 入寂하신 보살은 八歲 때부터(?) 부처님께 歸依하여 一生동안 信仰이 敦篤하여 念佛과 坐禪戒行에 精進하였으며 극빈한 생활 속에서도 부처님의 大慈大悲思想을 實踐俱現하신 菩薩님이시다.

入寂하신 後 四日째 되는 밤 十時頃 十餘年間 繼續 參禮修道하신 因緣깊은 蓮華寺에 奉安한 菩薩님의 舍利에서 瑞氣放光이 水晶山 草木 잎을 鮮明하게 보일 정도로 밝게 비추었다.

이를 親見한 善男善女들을 代表하여 當時 蓮華寺 住持 晩山 스님과 固城郡 玉泉寺 宗務院 晋州佛敎信徒會員 一同 및 晋州佛敎靑年會員 一同이 同年 陰七月十一日 菩薩님의 四十九齋日을 期하여 이 舍利塔을 法堂 右便에 建立하여 紀念하여 오던 中 法堂 左便으로 옮겨 모시다.

佛紀二五二四(庚申)年 十月十五日

蓮華寺 住持 釋道善　蓮華寺 信徒會員 一同
孫 閔壽英 閔石根 閔点壽
孫壻 金永桓

이 탑은 은진 송씨恩津宋氏 선덕화善德華 보살의 사리탑이다. 불기 2396(임자, 1852)년 음력 4월 1일에 출생하여 불기 2477(계유, 1933)년 음력 5월 23일 입적하신 보살은 8세 때부터 부처님께 귀의하여 평생 신앙이 돈독하여 염불과 좌선계행坐禪戒行에 정진하였으며, 극빈한 생활 속에서도 부처님의 대자대비 사상을 실천 구현하신 보살님이시다.

입적하신 후 4일째 되는 밤 10시경 10여 년간 계속 참례수도參禮修道 **하신 인연 깊은 연화사**蓮華寺**에 봉안한 보살님의 사리에서 서기방광**瑞氣放光**이 수정산**水晶山 **초목 잎을 선명하게 보일 정도로 밝게 비추었다.**

이를 친견한 선남선녀들을 대표하여 당시 연화사 주지 만산晩山 스님과 고성군固城郡 옥천사玉泉寺 종무원宗務院 진주晉州불교신도회원 일동 및 진주불교청년회원 일동이 같은 해 음력 7월 11일 보살님의 49재일을 기하여 이 사리탑을 법당 오른쪽에 건립하여 기념하여 오던 중 법당 왼쪽으로 옮겨 모시다.

불기 2524(경신, 1980)년 10월 15일

연화사 주지 석도선釋道善, 연화사 신도회원 일동

손자 : 민수영閔壽英 민석근閔石根 민점수閔点壽

손자사위 : 김영환金永桓

은진송씨 선덕화 보살 사리탑(이은금 찍음)   은진송씨 선덕화보살 사리탑비(2022.5.29)

卍 보정의 꼬리말

2008년 12월 29일, 연화사에 이르러 입구에 탑이 있어 보니 "청신녀 오정토화 사리부도"(불기 2992년 을사)라고 기록되어 있다. 1965년 세운 것이니 송보살 것이 아니다. 극락보전에서 아미따붇다께 절하고 나오니 유치원 3층에서 노보살들이 몇 명

나와 부지런히 좌선실로 간다. 소문처럼 이곳에는 나이 많은 보살들이 많았다.

송보살 사리탑은 염불실 옆에 있다고 해서 가 보니 염불실에는 참선 수행 중이라 "외부인 출입 금지"라 들어가지 못하고 망설이는데, 노보살이 안내를 해 주어 염불실을 돌아가니 꽉 막힌 좁은 공간에 잘생긴 탑이 하나 서 있고, 바로 옆에 비석이 서 있다. 바로 송보살 사리탑이다. 칙칙한 대밭에 가려 있어 밝은 대낮에도 빛이 부족해 사진 찍는 데 어려움이 많았다. 비가 너무 낮아 엎드려 읽기도 어려웠다. 다행히 디지털카메라의 빛나는 성능 때문에 집에 돌아와 2시간 정도 걸려 판독을 마쳤다.

비록 사리에서 빛을 발했다는 사실만 기록하고 청담 스님이 연화사에서 들은 왕생의 증거는 제대로 기록이 되어 있지 않지만 송 보살의 집안과 정확한 연월일을 찾아낼 수 있어서 아주 귀중한 자료 가치가 있다. 혹시 더 자세한 기록을 찾을 수 있을까 해서 종무소에 들렀다. 젊은 여신도가 종무를 맡아 보는 모양이다. 다른 기록은 전혀 없고, 사찰의 역사나 절에서 발행하는 간행물이 전혀 없다고 한다. 만일 사리탑과 비문이 없었다면 자료가 완전히 사라질 뻔한 사례이다.

한국의 사찰을 검색해 보니 "연화사는 특이하게도 보살선원

(금당선원)이 잘 운영되고 있는 대표적 사찰이다. … 지금도 연화사에 가면 80세가 훨씬 넘은 노보살들이 허리를 곧추세우고 정진하는 모습을 볼 수 있다. 가히 연화사의 보배로운 모습이라 할 수 있을 것이다"라고 한껏 높이 평가하고 있다. 같은 절에서 염불로 극락 가서 불퇴전을 이룬 분이 있음을 알고 본받았으면 하는 생각이 들었다.

2022년 5월 29일 다시 찾았을 때 경내는 아무도 없이 조용하였다. 탑에 가 보니 탑 주변을 잘 정비하여 비석도 쉽게 사진을 찍을 수 있었다.

12. 1940년, 견성성불과 왕생극락을 한꺼번에 찾은 용성 스님

1940년
「용성대선사 사리탑비명 및 머리말(龍城大禪師 舍利塔碑銘 幷序)」
해인사 용탑선원(1941)
번역본 〈백용성 대종사 총서〉(동국대학교 홈페이지)[16]

한용운 지음 「용성대선사 사리탑 비명 및 머리말(龍城大禪師 舍利塔碑銘 幷序)」

용성 스님

대선사께서는 조계종의 법맥을 곧바로 이으신 제35대 법손 환성 지안喚醒志安 선사의 후예로, 법휘는 진종震鍾이고, 호는 용성龍城이다. 백씨의 자제로, 본관은 수원이며, 대대로 전라도 남원 죽림리에 살았다. 아버지의 이름은 남현南賢이며, 어머니는 손 씨다. 어머니가 비범하고 기이한 승려 한 분이 법의를 입고

---

16) http://ys.dongguk.edu/Contents/Index?dcode=MBC0001_0036_0001001&ctype=10

방으로 들어오는 꿈을 꾸고 나서, 스님을 잉태하였다. 그리고 조선 고종 갑자(1864)년 5월 8일에 스님을 낳았다.

스님은 태어날 때부터 총명하였고, 비리거나 매운 음식(羶葷)을 좋아하지 않았다. 그리고 차마 하지 못 하는 행동도 있었으니, 6~7세에는 아버지께서 낚시하는 것을 보고는, 살아 있는 물고기들을 골라서 물에 놓아 주었다. 아버지께서 그것을 꾸짖자, 스님이 말하길 "어찌 차마 죽는 것을 보고만 있겠습니까"라고 말하여서 아버지를 놀라게 하였다. 9세에 이미 시를 잘 지었는데, 아이가 꽃을 따는 것을 보고는, 그 자리에서 "꽃을 따자 손 안에서 봄마음 꿈틀대네(摘花手裏動春心)"라고 읊어, 사람들이 그 재주를 칭찬하였다.

일찍이 부모님께 출가하겠다고 알리자 처음에는 부모님께서 반대하였지만, 생사라는 중대사 인연을 끝내 막을 수 없었는지 결국 허락하였다. 19세에 가야산 해인사에 들어가서 화월華月 화상에게 의탁하여 머리를 깎았다. 후에 의성 고운사孤雲寺의 수월 장로를 찾아뵙고, "생사는 중대한 일이며 세상은 덧없고 빨리 변하는데, 어떻게 해야 불성을 깨달을 수 있습니까?"라고 물었다. 이에 장로는 "세속은 말세(像季)이고 법은 멀어졌으며 근기는 둔해져서, 정진하여 성인의 경지에 다다르기가 어려워졌으니, 우선 대비주를 외워 업장을 사라지게 하고 마음의 빛이 피어나게 하는 것만 못하다."라고 대답해 주었다. 스님께서 그 말을 굳게 믿고 의심하지 않아서 그때부터 대비주를 외웠는데, 입으로는 소리 내어 외우고 마음으로는 묵묵히 생각에 잠겼다. 나중에 양주 보광사普光寺 도솔암에 가서, 맹렬히 정진에 박차를 가하였다. 그러던 가운데 어느 날 문득 '삼라만상에 모두 뿌리가 있는데, 나의 견문각지見聞覺知는 어디서 생겨났는가?' 하는 의심이 들었다. 끊임없이 의심이 들기를 6일 만에 모든 것을 단박에 깨닫자, 마치 물통의 밑바닥이 빠지듯 훤히 깨닫게 되었다. 금강산 무융無融 선사를 찾아가서 찾아온 이유를 자세히 말하니, 무융 선사가 말하길 "그 깨달음이 옳지 않다고 말할 수는 없으나, 다시 화두를 참구해 보아라."라고 하였다.

스님은 이때부터 '개에게는 불성이 없는가(狗子無佛性)'라는 화두를 깊이 생각하였다. 도솔암에 돌아와서 정진하던 어느 날, 문득 자기도 모르게 웃으며 "작년 가난은 가난도 아니라(去年貧未始貧) 송곳 꽂을 땅도 없더니(無立錐之地), 금년 가난이 진짜 가난이라(今年是始貧) 송곳마저 없다네(錐也無), 이 말이 바로 나를 위해 준비된 말이구나"라고 말하였고, 이로부터 큰 도에 부합함이 있었다.

27세에 통도사 금강계단에서 선곡禪谷 율사로부터 비구계와 보살대계를 받았다. 조계산 송광사 삼일암三日庵에서 하안거할 때 『전등록傳燈錄』을 보다가 황벽 선사 법어 가운데 "달은 활처럼 휘어 있고(月似彎弓), 비는 적고 바람은 많네(少雨多風)"라는 구절에 이르러 일순간 크게 깨달았다. 그리하여 '월면불月面佛도 일면불日面佛'이라는 화두뿐만 아니라, '개는 불성이 없다'라는 화두에 이르기까지 모두 밝고 분명해졌으며, 셀 수 없이 많은 공안이 모두 얼음 녹듯 환하게 풀렸다.
  이에 다음과 같이 게송을 읊었다.

    金烏千秋月(금오천추월)   금오산 천추의 달
    洛東萬里波(낙동만리파)   낙동강 만 리의 파도
    漁舟何處去(어주하처거)   물고기 잡는 배 어디로 갔나
    依舊宿蘆花(의구숙로화)   여전히 갈대꽃에 머무는구나.

  붓다의 모든 가르침을 보고 중생을 괴로움에서 건지는 일을 자신의 임무로 삼아, 온갖 궂은일을 마다치 않고 서울과 지방 곳곳에서 조사의 가르침을 높이 들고 여래의 넓은 법을 크게 떨쳤다. 얼마 지나지 않아 대각교회大覺敎會를 비롯하여, 완전한 깨달음(大覺)이란 깊은 이치를 밝히는 데 특별히 노력하였고, 해외까지 포교를 크게 넓히기 위해 따로 간도에 지회를 세웠다. 또한 간도에서 『화엄경』·『원각경』·『능엄경』·『금강경』·『기신론』 같은 여러 경을 국문으로 옮겨 나라 안팎에 널리 폈으며,

그 밖의 저술도 적지 않다. 늘 산목숨을 놓아주길 좋아하여 그 수를 이루 다 헤아릴 수 없을 정도로 많았으니, 가히 '6바라밀(六度)을 함께 행하여 하나라도 빠짐이 없다'라고 말할 만하였다.

61세에 사리 한 알이 이 사이에서 나왔는데, 자줏빛에 윤택이 났으며 생김새는 윗머리 뼈(頂骨)를 닮아 있었다.

경진(1940)년 봄에 갑자기 아프자, 문도들을 불러 "내가 장차 입적할 것이니, 절대 울지 말고, 상복을 입지 말라."라고 당부하였으며, (육조단경에 나오는) "위 없이 큰 니르바나(無上大涅槃) 둥글고 밝아 늘 고요히 비추네(圓明常寂照)"라는 구절만 암송해 주면 충분하다."라고 하였다. 2월 24일 새벽 숨을 거둘 때 문도들이 묻기를 "이제 어디로 가시겠습니까?"라고 물으니, 스님께서 "박꽃이 울타리를 뚫고 나가고(匏花穿籬出), 삼밭 위에 한가로이 눕노라(閑臥麻田上)"라고 대답하였다. <u>미소를 지으며 입적하였는데, 기이한 향기가 사람들을 감동을 줬으니, 일대사 인연이 여기에 이르러 마쳤다. 세수는 77세였고, 승랍은 59세였다.</u>

다음 해에 문도 등이 해인사의 서쪽 기슭에 탑을 세워 사리를 안치하였고, 비석을 세웠다.

그 비에 새긴 글(碑銘)은 다음과 같다.

法貴度生(법귀도생)	중생 제도를 귀히 여겨
隨機從緣(수기종연)	근기 따르고 인연 따라
恒沙方便(긍사방편)	셀 수 없는 방편 쓰되
無關不玄(무관불현)	현묘하지 않음이 없네.

以燈傳燈(이등전등)	등불에 등불을 전하되
有正無像(유정무상)	갖추어 있되 상이 없으니
是故大德(시고대덕)	이 때문에 대덕께선
旣龍且象(기용차상)	용인데다 코끼리로다.

有師龍城(유사용성)	대선사 용성스님께선
錐也不留(추야불류)	송곳 틈조차 안 주어
未說一偈(미설일게)	한 게송도 아니 말해도
山河點頭(산하점두)	산하가 모두 끄덕였네.

非珠有珠(비주유주)	사리 아닌 사리 있어
離色離空(이색이공)	색도 공도 다 떠나
塔而安之(탑이안지)	탑을 세워 안치하니
伽倻之中(가야지중)	옛 가야의 안이라네.

知音千載(지음천재)	천년토록 날 알아줄 이

少亦何傷(소역하상)	적다고 어찌 마음 상하나
古桐離絃(고동이현)	옛 거문고의 줄이 끊겨도
山峩水洋(산아수양)	산은 높고 바다는 넓구나.

불기 2968년 신사(1941) 7월 일. (한)용운 삼가 짓고, 오세창 새기고, 일제 최종한崔宗瀚 쓰다.

해인사 용탑선원 용성 스님 사리탑과 비문 (민병문 2022.9.11)

卍 보정의 꼬리말

저물어 가는 조선과 일제강점기라는 세월은 용성 스님을 더 강하고 빛나게 했다. 모진 역사 가운데서 스님은 마지막 호흡을 내려놓는 순간까지 선사 · 율사 · 강백 · 역경사 · 전법사 · 개혁가로 살았던 다방면의 선지식이었다. 1940년 조국의 광복을 보지 못하고 입적한 용성 스님은 그 뒤 어디로 가셨을까? 지금까지 용성 스님 사상과 행적에 관한 많은 연구가 있었지만, 이 문제에 대한 물음도 없었고 대답도 없었다.

엮은이는 용성 스님의 정토와 극락에 관한 여러 자료를 면밀하게 검토하여 보았다.

1) 미타회 창설과 대각사의 아미따불상

용성 스님은 대표적인 선승이면서 동시에 아미따불에 대한 염도 소홀히 하지 않았다. 46세 시절인 서기 1909년 대한제국 순종 융희 3년 3월 3일에 합천 가야산 해인사 원당암에서 미타회를 창설하여 염불수행 삼매현전念佛修行 三昧現前의 염불 수행을 향도하고, 참선수행 의단독로參禪修行 疑團獨露와 염불수행 왕생정토念佛修行 往生淨土인 선정일치를 창도하였다. (『혜총 스님의 아미타경 강설』 222쪽)

1910년 일본이 대한제국을 강점하자 48세 때인 1911년 서울로 올라와 다른 종교들이 활발하게 포교 활동을 하는 것을 보고 신도 집에서 선회禪會를 만들고 4월 8일 대각사大覺寺를 세웠다 (봉익동 1번지)[17]. 그런데 이 절에 모신 붇다가 바로 아미따붇다였다.

스님께서는 예부터 모시고 있던 목조 아미타 불상을 본존불로 모시고 목재로 된 관세음보살, 지장보살상을 좌우로 봉안하셨습니다. 본존 아미타 불상은 15세기 후반기의 불상이므로 미술사적 가치가 매우 높다고 평가되고 있습니다.[18]

2021년 2월 26일 BBS NEWS에서 대각사 주지 종원 스님이 증언한 바에 따르면 용성 스님은 대각사를 세우기 이전에 이미 15세기 목조 아미따붇다의 상을 모시고 있었던 것을 알 수 있다. 해인사 원당암에서 미타회를 만들었을 때 이미 모시고 있던 불상으로 보인다. 이처럼 스님이 아미따붇다를 모시고 있었고, 서

---

17) 대각사 홈페이지 「용성 스님 연보」
18) BBS NEWS [뉴스파노라마 3.1절 특집] 「종원 스님 "용성스님 다시 오셔도 '독립운동=중생구제' 하실 것…기념교육관 건립 추진"」, 2021.02.26.

울에서 처음 세운 대각사의 본존불로 모셨다는 것은 아미따붇다와의 인연이 깊고 아미따붇다를 염念하고 있었다는 것을 보여주는 것이다.

대각사 아미따불 삼존 (현재 용성선원에 모심, 2022,9.19.)

2) 용성 스님의 왕생가(往生歌)

용성 스님은 또한 대중들에게 염불하여 극락에 갈 것을 적극적으로 권하였다는 것은 스님이 지은 '극락 가서 태어나는 노래(往生歌)'와 몸소 작곡한 왕생가의 악보를 통해서 알 수 있다.

1927년 경상남도 함양에 화과원華果園을 세우며 수행과 일을 다 함께 힘쓸 것을 내용으로 하는 선농불교禪農佛教를 주장하였다. 그리고 이듬해에는 삼장역회三藏譯會의 기관지로 『무아無我』를 발행함으로써 대중포교에 더욱 힘을 쏟았는데, 이 잡지는 아직까지 계속 발행되고 있다. 같은 해 64세 때에는 『대각교의식집大覺敎儀式集』을 발간하면서 왕생가往生歌, 권세가勸世歌 같은 국악 조의 창작 찬불가를 처음으로 작시, 작곡하여 이 분야에서는 국내에서 처음이라고 할 수 있다. 노구에도 불구하고 대각사에 일요 학교를 설립하여 오르간을 손수 치기도 하였으며, 한문으로 된 불교 의식을 한글화하여 불공, 제사 등을 지내기도 하였다. [19)]

『대각교의식』은 모두 21장으로 구성됐다. 제1장부터 제12장까지는 항례, 성공절차, 원각경 문수장, 보문품, 반야심경, 시식(약례), 시식(광례), 구병시식, 거량, 혼례, 병인간호, 상례가 담겼다. 찬불가도 7편 수록됐다. 제13~19장에 왕생가, 권세가, 대각교가, 세계기시가, 중생기시가, 중생상속가, 입산가 등이 실렸다. 제20장은 극락세계 노정기가, 제21장은 육자주 이행관법이 소개돼 있다.

---

19) 『발보리심 일향전념 아미타불』「용성 스님 왕생가」

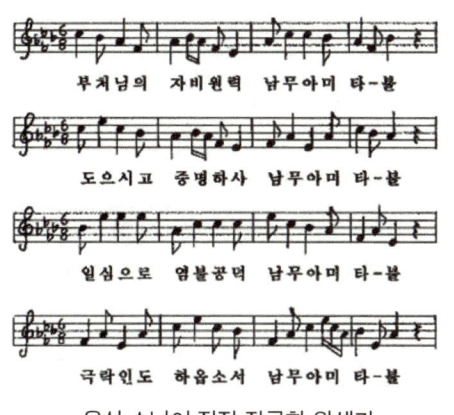
용성 스님이 직접 작곡한 왕생가

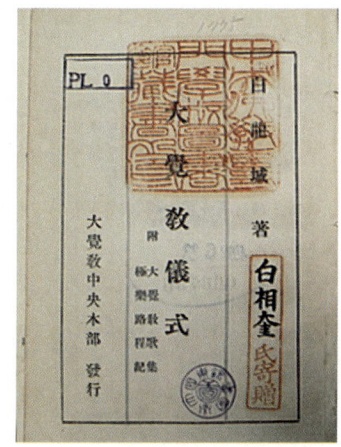
『대각교의식』(동국대학교)

1. 부처님의 자비원력 도우시고 증명하사,
   일심으로 염불공덕 극락인도 하옵소서
2. 삼계윤회 화택이오 육도왕래 고해로다
   어서어서 크게깨쳐 적광세계 수용하오
3. 원각적멸 둘이없어 처처극락 즐거워라
   항사세계 공화같고 백년광음 번개같소
4. 하늘나라 좋다하나 오쇠상이 나타나서
   복다하면 타락되니 생사윤회 못면하오
5. 만고제왕 영웅호걸 북망산에 티끌되고
   문장재예 부귀가도 장생불사 하나없소
6. 다생겁에 익힌업장 길음결듯 한없으나

지성으로 정진하면 해탈하고 복받으오
7. 자비하신 제불전에 지성으로 참회하면
　　　무명흑업 녹아지고 청정세계 나타나오
8. 초로인생 우리몸은 꿈결같이 무상하다
　　　물위에 뜬거품이요 바람에켠 등불일세
9. 어서어서 염불하여 왕생극락 하올적에
　　　영겁생사 끊어지면 불생불멸 즐겁도다
10. 삼계가 다마음이오 만법이 다알음이라
　　　마음맑혀 청정하면 부처나라 따로없오
11. 세속범부 마음이오 제불성인 마음이라
　　　천진면목 둘아닌데 집착하면 길닲으오
12. 선지은자 천당가고 악지은자 지옥가니
　　　선악차별 분명하여 인과보응 못면하오
13. 생각돌려 애착말고 몸을잊어 원결풀면
　　　걸림없이 자재하여 세상고통 자연없소
14. 곧게자란 솔나무는 그림자도 굽지않고
　　　비인골에 메아리는 소래좇아 대답하오
15. 자비심은 관음이요 희사심은 대세지요
　　　청정심은 석가시오 평등심은 미타로다
16. 악심바다 망상물결 독해악룡 진노어별
　　　간탐지옥 우치축생 맘이된것 분명하오

17. 하염없는 적광토는 만상삼라 공적하야
    밝은혜성 큰광명이 미진세계 뚫었도다
18. 탁한물이 맑은대로 그림자가 나타나듯
    무명혹업 녹는대로 구품연대 차별있오
19. 극락세계 한번가면 한량없는 종종방편
    고생된일 볼수없고 영히즐검 변함없오
20. 칠중난간 칠중그물 칠중보수 모든장엄
    금은유리 좋은보배 줄을맞춰 벌여있오
21. 일곱보배 못가운데 팔공덕수 충만하고
    못밑에는 순금모래 광명놓아 청정하오
22. 향기좋은 큰연화여 청색청광 황색황광
    적색적광 백색백광 미묘하고 정결하오
23. 아름다운 하늘풍악 주야육시 간단없이
    제일가는 하늘꽃비 허공으로 나려지오
24. 궁전타고 하루아침 십만억불 공양한후
    본국와서 밥먹으니 자재왕래 걸림없오
25. 가릉빈가 공명새여 주야없이 맑은소리
    무진법문 연설하니 미타신력 분명하오
26. 맑은바람 슬슬불면 백천종악 풍류소리
    번뇌망상 녹아지니 어서어서 왕생하오
27. 국토설법 중생설법 무정초목 설법하니

미타변신 묘한신력 즐겁도다 극락세계
28. 시방제불 찬탄하고 항사보살 유희하니
　　불생불멸 나의본분 즐겁도다 극락세계
29. 시방제불 성도하사 광제중생 하오시니
　　우리들도 마음닦아 자타없이 깨칩시다

■ 극락은 어떤 곳이고 어떻게 가는가?

　29절로 된 왕생가는 첫 소절에서 극락 가기를 빌고, 극락에 왜 가야 하는지 그 까닭을 설명해 간다. 삶이란 괴로움이 덧없다는 점을 강조하고 9절에서 염불하여 극락에 가면 나지도 죽지도 않는다고 설득한다. 10~11절에서는 모든 것이 마음이라는 점을 설하고, 12~14는 인과를 설명하고, 15에서 불보살의 자비·희사·청정·평등을 기린다. 16절은 싸하세계를, 17절에서는 법신불의 적광정토를 대비시킨다. 18~26절은 아미따경에 나오는 극락세계를 간추려 소개하고 있다. 27~28절에는 시방 붇다들이 찬탄하고 수많은 보살이 노니는 극락세계를 찬탄하고, 마지막 29절에서는 이처럼 도를 이룬 붇다들이 중생을 널리 제도하니 우리도 따라서 닦아 깨우치자는 외침으로 끝난다.
　대체로 마음과 적광정토를 내세우는 화엄의 세계를 이야기하지만, 뒤에 가면 아미따경의 극락세계 가서 태어나 마음 닦아 깨우치자는 '왕생가'이다. 그리고 실질적인 수행은 아미따경에서 아미따불이 새소리 물소리로 가르침을 설하듯 용성 스님은 노래로 설하는 방법이고 이 노래를 따라 부르는 것만으로 수행이 되는 극락식 교육법을 고른 것이다.

악보에서 보듯이 한 절에 '남무아미타 - 불'[20]을 4번씩 부르게 되었기 때문에 29절을 다 부르고 나면 116번 부르게 되어 있다. 그러므로 왕생가만 열심히 불러도 자연히 염불이 되고 이 염불공덕으로 극락에 갈 수 있다는 기본 논리가 바탕이 된 왕생가이다.

---

20) 한문 남무(南無)를 그대로 읽는 것도 당시의 상황을 잘 전해 준다. 본디 산스크리트는 나모(namo)이고 아미따경을 한문으로 옮길 때는 'namo=南無'였다. 그래서 한자로 南無=나모(namo)라고 읽어야 하는데 조선시대 18세기 이후 '南無=나무' 또는 '南無=남무'로 잘못 읽기 시작하였다. 용성 스님이 활동하던 일제강점기는 南無를 나모·나무·남무로 섞어 쓰다가 1935년 신활자 판으로 나온 『석문의범』에서 '남무(南無)'를 '나무(南無)'로 확정하였다. 『석문의범』에서 확정된 '나무'는 해방 이후 『행자수지(行者受持)』(1969)로 이어지고, 끝내는 현행 『천수경』까지 이어져 불자들에게 '나무'가 일반화되었다. 자세한 것은 다음 논문을 볼 것. 서길수,「'南無阿彌陀佛'의 소릿값(音價)에 관한 연구」(1), 『정토학연구』 34집, 2020; 서길수「'南無阿彌陀佛'의 소릿값(音價)에 관한 연구」(2), 『불교음악연구』(2), 2021.

3) 『대각교의식』 제20장 「극락세계 노정기」

(1) 극락세계 주인공 아미따불을 찾을 것

❶ 학인이 묻기를
『극락세계를 가고자 할진대 어떠한 도를 닦아야 갈 수 있나이까?』
용성龍城이 대답하기를
『아미타공안阿彌陀公安을 힘써 참구參究하여야만이 극락세계에 가서 주인공인 아미타불을 친견하고 위 없는 도를 성취하리라.』

❷ 다시 학인이 묻기를
『경에 말씀하시되〈이 사바세계로부터 서방으로 십만 억 국토를 지나가서 극락세계가 있고 그 세계에 대각 성존인 아미타불이 계시어 지금 법을 설하신다.〉고 하시니 어찌 아미타공안만 참구하여 멀고 먼 극락세계를 갈 수 있겠습니까?』
용성이 다시 대답하기를『사바세계이니 극락세계이니 광대한 허공에 한량없이 건립된 세계들이 다 건립된 것이니 그 마음만 청정하면 극락세계가 스스로 오는 것이다.』

❸ 학인이 묻기를

『아미타공안을 어떻게 참구하여야 하겠습니까?』

용성이 대답하되

『아미타불을 한문으로 번역하면 무량수각無量壽覺이라 하고 우리말로 번역하면 광명이 넓게 비치고 수명이 한량없다는 말이니 이것이 다 우리의 본원각성本源覺性을 말한 것이니라. 이것은 이름 붙이고 모양 지어 형용할 수도 없지만, 이름 지어 본성이라 하며, 본원성이라 하며 대원각성이라 하며, 묘각이라 하며, 성각이라 하며, 묘명진심이라 하며, 일진법계라 하며, 대각이라 하며, 아미타불이라 하며, 주인공이라 하나니, 〈아미타〉는 삼세등정각三世等正覺의 총명總名이니 우리의 〈주인공〉이라. 그러므로 아미타불은 우리의 본심본성本心本性의 〈주인공〉이 되는 것이니라. 어찌하여 그런가 하면 무슨 물건이 광명이 간단없이 항상 비치며 목숨이 한량없이 사는 것이 어디에 있겠는가? 이 한 물건이 우리의 옷 입고 밥 먹고 동정動靜하는 가운데 있되 알 수 없는 이 〈주인공 아미타〉가 무엇인고? 어떠한 것이 〈아미타불〉인고? 또 어떠한 것이 〈아미타불〉인고? 하며 깨끗하고 깨끗하게 고요히 고요히 깨끗하게 의심하되 행주좌와行住坐臥 어묵동정 간에 의심하여 찾아볼지어다. 이처럼 아미타공안을 참구하면 자력自力과 타력他力을 합하여 공부가 일치하게 되어질 것이니 어찌 묘하고 묘하지 아니하리오! 아미타공안을 잘 참구하여 가면 참선과 염불이 둘이 아니며 견성성불과 왕생 극락이 자기의 방촌에 있나니라.』

❹ 학인이 묻기를
『극락세계가 서방으로 십만 억 국토를 지나가서 있다고 하셨거늘 어찌 아미타공안만 타파하면 극락이 되겠나이까?』
용성이 대답하되
『학인이여, 그대가 참으로 알지 못하는 도다. 상근기 중생을 위하여서는 극락세계가 자기의 마음 가운데 있다고 하고 중하근기 중생을 위하여서는 극락세계가 서방으로 십만 억 국토 밖에 있다고 하셨나니 말부합위일리未復合爲一理라는 말과 같이 모든 한 이치라 둘이 없나니 학인이여 그대는 자세히 들어 볼지어다. 동방東方은 봄을 표준한 것이니 날(日) 기운이 서늘하고 찬 것을 따라서 만물이 숙살하여 무상으로 돌아가는 것이니라. 다만 무상한 뜻만 취하고 죽는 것을 취하는 것이 아니라 오직 근본 마음으로 돌아가는 것을 말한 것이니 우리의 대원각성大圓覺性은 일체의 이름과 모양이 없되 지극히 청정하여 항상 고요하고 항상 밝아 모든 고락이 없는 것이고 십만 억 국토를 지나간다는 말은 한 찰나 사이에 9백 생멸이 있고 한 생각 가운데 9십 찰나가 있으니 모두 합하면 한 생각 동안에 8만 1천 생멸이 한 생각으로부터 생각 생각이 수없는 번뇌 망상이 있으니 이것을 대수大數로 쳐서 십만 억 국토라 하는 것이니 십십무진十十無盡한 것을 표시한 것이니라. 이 생멸심행生滅心行의 텅 비고 본각심本覺心이 청정하면 무의탕탕 자재하니 이것이 무위불국無爲佛國이라 하며 극락세계라 하나니라.』

❺ 학인이 또 묻기를

『극락세계에 구품연대九品蓮臺가 있다고 하니 어찌 마음만 청정한 것으로 극락세계라 할 수 있겠나이까?』

용성이 다시 대답하기를

『학인이여, 그대는 말만 따르고 이치를 요달하지 못하는 도다. 우리의 마음 가운데 구품혹九品惑이 있으니 혹이 점점 맑아짐에 따라 구품연대가 나타나 지나니라. 우리의 마음이 청정한 것은 근본이 되고 보토극락報土極樂은 끝이 되는 것이니 그 근본만 청정하게 닦을지언정 그 끝을 근심하지 말지어다. 비유하건대 흐린 물이 점점 맑아짐에 따라 그 그림자가 소소하게 나타나는 것과 같아서 극락세계 구품연대도 이와 같나니라. 물이 맑아진 것은 중생의 본 마음에 비유한 것이고 물이 흐린 것은 끝이 되는 것이니 중생의 업혹業惑에 비유하고 흐린 물이 점점 맑아지는 것은 중생의 업혹이 점점 녹는 데 비유한 것이고 그 그림자가 소소하게 나타나는 것은 보토극락 구품연대가 소소하게 나타나는 데 비유한 것이니라. 마음이 청정하면 보토극락이

스스로 오고 마음이 탁하면 육도六途(하늘 · 사람 · 수라 · 축생
· 아귀 · 지옥)와 오온五蘊(빛 · 받아들이는 것 · 생각 · 행하는
것 · 알음알이)이 스스로 나타나느니라.

❻ 학인이 묻기를
『마음이 청정하면 곧 극락세계라 하니 그러면 극락세계가 따로 없는 것이 아니나이까?』
용성이 대답하기를
『바로 대원각성을 깨달으면 천당과 극락이 다 꿈과 같으나 학인이여 그대가 또 자세히 들을지어다. 〈원각경 보안장〉에 말씀하시되 〈원각이 넓게 비치어 적寂과 멸滅이 둘이 없는지라. 저 원각체성圓覺體性이 뚜렷이 밝고 고요히 비치는 곳에 앉아 보면 백 천 항하사 아승지 모든 불 세계가 마치 허공 꽃과 같아서 곧 그것도 아니고 여읜 것도 아니니 알지어다, 중생이 본래 부처를 이룬 것이라〉 하시니 이것이 진실한 법신의 극락세계이니라. 또 모든 불타께서 중하근기 중생을 불쌍히 여기시사 시방 허공 중에 수없는 화신정토化身淨土를 건립하시니 서방 극락세계는 수 없는 대각大覺의 나라 중의 하나이니라. 어떻게 하든지 〈아미타공안〉만 일심으로 참구하면 법신극락과 화신극락이 다 스스로 나의 방촌 가운데 있는 것이니라.』

용탑선원 입구 (민병문 2022.9.11)

(2) 법신세계와 화신세계가 둘이 아닌 것

❼ 학인이 묻기를

『법신 극락세계에 왕생하기를 원할 것이지 화신 극락세계에 왕생할 것은 없는 것이 아니옵나이까?』

용성이 대답하기를

『학인이여 그대가 허공을 나누어 두 조각을 내는도다. 법신을 내놓고 화신이 어디에 있으며 화신을 내놓고 법신이 어디에 있으리요. 다만 어떠한 것이 〈아미타불〉인고? 의심하여 참구하고 고요히 깨끗하게 의심하여 일심으로 공부를 할지어다. 하루

아침에 낯을 씻다가 코 만지듯 홀연히 깨달으면 탐·진·치를 돌이켜서 계戒·정定·혜慧를 이룰 것이며 6식六識을 돌이켜서 육신통六身通을 이루어 긴 강물(長河水)을 저어 소락제호酥酪醍醐를 이루며 대지를 변하여 황금을 이루며 지옥을 변하게 하여 극락세계를 이루나니 무슨 법신과 화신의 세계가 따로 있으리오. 우리의 광명이 넓게 비치고 수명이 한량없는 자성의 주인공인 〈아미타불〉이 사방 허공을 다 집어삼키어 조금도 다를 것이 없도다. 허공 변법계가 다하여 풍류하고 모든 세계가 노래하고 춤추도다. 〈아미타불〉을 화두 삼아 의심하여 참구하되 처음 시작할 때마다 어떠한 것이 나의 자성인고? 하되 자나 깨나 누울 때나 먹을 때나 일할 때나 어느 때를 막론하고 참구하여 가면 아미타불의 가피력과 합하여 일치되므로 나의 자성 〈아미타불〉과 저 〈아미타불〉이 둘이 아니어서 극락세계를 성취하나니라.

　학인이여, 그대가 극락세계의 행상行狀을 대강 들어 볼지어다.
　극락세계는 모든 고통이 없고 다만 한량없는 즐거움만 받는 고로 극락세계라 이름하느니라. 황금궁전이 칠보로 장엄되어 천 층이나 높아서 반공중에 솟아 있느니 이처럼 궁전이 중중무진重重無盡하여 온 극락세계에 충만하여 칠 중 난간으로 궁전을 장엄하여 칠중으로 보배그물을 둘러 장엄하며 칠중으로 보배나무가 줄줄이 행렬을 지어 벌렸으니 이것들이 다 금·은·유리·자기·마노 등으로 되어 두루 둘렀으며 곳곳마다 그 웅장한 경치를 한 입으로 말할 수 없는 까닭에 극락이라 이름하나니 이것은 칠과도품七科道品과 상락아정常樂我淨 4덕을 닦는 원인으로 이러한 거룩한 과보를 얻는 것이니라.

또 곳곳마다 일곱 가지 보배연못이 있으니 팔공덕수八功德水가 그 가운데에 가득하여 사변으로 금·은·유리·진주 등으로 축대를 쌓았으니 그 맑은 물이 맑고 깨끗하여서 보배 빛이 영롱 찬란하며 또 그 위에다 누락을 지었으니 칠보로 장엄하였으며 못 가운데에는 연꽃이 수없이 피었으되 크기가 금륜성왕金輪聖王의 천륜보거千輪寶車와 같아서 주위가 40유순 가량이며, 그 연하가 푸른색에 푸른빛을 내며 누른색에 누른빛을 내며 붉은색에 붉은빛을 내며 흰색에 흰빛을 내나니, 형상은 미묘하고 향기는 정결하여 이루 말로 다 할 수 없으며 또 극락세계는 황금으로 땅이 되었는지라. 밤낮 육시六時로 하늘 꽃이 분분히 나리며 그곳 중생들은 그 꽃을 담아다가 맑은 아침에 궁전을 타고 다른 곳의 십만 억 처소에 가서 공양을 올린 뒤에 본국으로 돌아와 밥 먹으며 또 극락세계에 종종의 기묘한 새가 있되, 백학·공작이며 앵무·사리며 가릉빈가와 공명새들이 화창한 소리를 내어 법을 연설하니 그곳 중생들이 자연히 염불念佛 염법念法 염승念僧 하나니, 이것은 죄보로 된 새가 아니라 〈아미타불〉이 부사의한 신통력으로 화현된 것이며 또 이 세계는 춥고 더운 것이 없어 항상 사람의 뜻에 맞으며 농사짓는 법이 없고 옷과 밥이 마음먹는 대로 스스로 오느니라.

또 이 세계에서는 가는 바람이 불면 모든 보배나무와 보배그 물에서 한량없이 미묘하고 화창한 소리가 나는 것이 백천 가지 하늘 풍악을 울리는 것과 같아서 모든 법문 소리가 나니 이 소리를 듣는 자는 자연히 염불 염법 염승을 하나니라. 또 아미타불의 광명이 시방세계에 비치나니 참 이것이 〈화엄경〉의 진리와 같이 세계가 이 법을 설하고, 중생이 이 법을 설하고, 삼계 일체가 이 법을 설하느니라.

선남자 선여인이여! 〈아미타공안〉을 일심으로 참구하여 참선과 염불이 둘이 아니어서 견성성불과 왕생극락 하기를 바라는 바이노라.』 [출처 : 불광미디어(http://www.bulkwang.co.kr)]

■ 「극락세계 노정기」를 통해서 본 용성 스님 극락관

극락세계 가는 길에 대한 기록이다. 앞에서 왕생가가 일반인들이 노래만 불러도 극락에 갈 수 있도록 한 것이라면 이 「극락세계 노정기」는 참선을 하는 학인들에게 '아미타공안阿彌陀公安'을 참구하여 깨우치면 극락에 간다는 이야기다.

❶에서 먼저 학인들에게 '아미타공안阿彌陀公'을 참구하라는

화두를 준다.

❷에서 10만 억 국토 떨어진 극락에 가는 의문에 대해 마음 안에 거리가 없음을 설명한다. 사실이 ❷번의 질문이 바로 '아미타공안阿彌陀公'의 첫 번째 의정疑情이 된다.

❸에서 아미타공안 참구 방법을 설명한다. 간단히 아미타불의 아미타는 그지없는 생명과 빛이고 불=깨달음(覺)이니 이것만 가지고 의정을 이어 가도 의단이 계속될 것이라고 보았다. 그렇게 되면 참선의 자력과 염불의 타력이 밑천이 되어 참선과 염불이 다르지 않고 참선의 견성성불과 염불의 왕생극락이 마음(方寸)에 있다는 것을 깨닫게 된다는 대답이다.

❹ 다시 10만 억 국토 이야기가 나오는데, ❷번이 공간에 대한 질문이라면 이것은 시간에 대한 개념이다. 마음에 깨달음을 얻어 거침이 없어지면 43억 2천만 년의 깔빠(劫, kalpa)와 0.013초인 끄사나(刹那, ksana) 같은 단위를 벗어난다는 대답이다. 이것도 '아미타공안'을 참구하면서 일으켜야 할 중요한 의정 가운데 하나이다.

❺ 극락의 구품연대에 대한 의정이다. 마음을 닦는 것은 씨앗(因)이 되고 보토인 극락은 그 열매(果)가 되는 것이니 바르게 씨앗을 심는 마음만 닦으면 자연히 그 결과인 열매가 열리는 것이니 마음을 닦는 데 집중하라고 했다. "보살은 인(因)을 중시하고 과果를 중시하지 않는다"라는 대승사상을 바탕으로 참

선 참구의 의정을 제시한 것이다. 이는 인과를 믿는 것이 중요하고 분별심을 일으키지 않게 함이다.

❻ 유심정토와 극락에 대한 의정을 설명해 준다. 보살을 상대로 설한 원각경의 붇다 세계는 법신의 극락세계이고 중하근기 중생들을 위해 만든 화신정토가 극락세계인데, 화두를 참구하여 이런 분별심을 여의면 법신극락이나 화신극락이 모두 마음 안에 있다는 대답이다.

❼ "상근기 법신정토로 바로 가지 중하근기 화신정토로 갈 필요가 없지 않은가!"라는 의정에 대한 대답이다. 이런 질문은 화신과 법신을 분별하는 분별심에서 나오는 것이므로 이런 분별심 내지 말고 열심히 어떤 것이 아미따불인지 화두를 깨치면 법신과 화신이 따로 없는 경지에 이른다고 답한다.

일반적으로 많은 공안에서 골라 화두로 삼는데 이처럼 아미따불을 화두로 삼으면 아미따불의 가피력도 더해져 아미따불과 하나가 되면 극락세계가 이루어진다는 것이다. 이는 확실히 일반 화두에 비해 가피라는 타력의 도움을 받을 수 있는 안심법문 속의 참선법이다.

그리고 이어서 극락세계가 어떤 것인가는 『아미따경』에 나오는 극락세계를 간추린다. 이 점은 앞에서 본 왕생가와 마찬가지다. 오히려 왕생가보다 더 자세하다. 그리고 이 아미따불 극락은 『화엄경』의 진리와 같다고 답한다.

결론은 아미타공안 참구를 통해 ① 참선과 염불이 둘이 아니라는 것을 깨닫고 ② 견성성불과 왕생극락을 함께 이루라는 것이다.

이상 용성 스님의 정토관과 정토수행에 대해서 본 결과 상근기 학인에게는 참선을, 중하근기 학인에게는 염불을 시켰다. 그리고 참선의 과인 법신정토나 염불의 과인 화신정토나 모두 아미따불이라는 무한한 생명과 빛의 깨달음으로 연결하여 극락을 설명하고 있다는 것을 알 수 있다.

실제 많은 사람이 극락은 오탁악세를 벗어나 편하게 지내는 곳 정도로 오해하고 있다. 그러나 극락에는 업을 가지고 태어나는 하품에서 10지 보살도 가는 상품에 이르는 모든 수행자가 가서 물러섬 없이 수행하는 곳이다. 다시 말해 그릇에 따라 9품으로 나뉘어 다시 6도에 떨어지지 않고 수행을 계속해서 마침내 깨달음을 얻는 붇다 양성 학교이다.

『아미따경』에는 "사리뿌뜨라여, 또한 극락세계 중생으로 태어나는 이들은 모두 물러서지 않는 자리(阿鞞跋致)에 이른 보디쌀바(菩薩)들이며, 그 가운데 한 번만 더 태어나면 (붇다가) 되는(一生補處) 보디쌀바(菩薩)들도 많다. 그 수가 너무 많아 헤아려서는 알 수가 없으며, 그지없고(無量) 가없어(無邊) 셀 수가 없다"라고 하였다. 『무량수경』에도 미륵이 "이 세계에서는 불법에서 물러나지 않는 불퇴전의 자리에 오른 보살들이 얼마나 저 극락세계에 태어나게 되옵니까?'라고 물었을 때 "이 사바세계에는 67억이나 되는 불퇴전 보살들이 있는데, 그들이 모두 극락세계 가서 태어날 것이니라. 이러한 보살들은 일찍이 헤아릴 수 없이 많은 붇다들을 공양하였으며, 그 높은 공덕은 거의 미륵 그대와 같으니라. 그리고 아직 수행 공덕이 부족한 여러 보살과 작은 공덕을 닦는 소승小乘 수행자의 수가 헤아릴 수 없이 많은데, 그들도 또한 모두 극락세계 가서 태어날 것이니라"라고 하였다.

    따라서 만일 용성 스님이 살아생전 이미 법신과 화신이 따로 없는 경지에 이르렀다면 견성성불과 왕생극락을 한꺼번에 이루어 상품상생 극락에 가서 바로 아미따불의 인가를 받고 불퇴전을 얻을 것이고, 아직 더 닦을 부분이 있다면 아미따불의 지도를 받아 헤아릴 수 없이 많은 다른 보살들과 함께 극락에서 수행하고 계실 것이다.

용탑선원 미타굴 (민병문)

미타굴 아미따불 삼존 (2022.9.11)

둘째 마당

대한민국 설립 후 극락 간 사람들

1. 1949년, 늙으면 화두 놓고 골똘히 정토 발원
- 법주사 신수 대종사

불기 2976년 기축(1949)
報恩 法住寺 石霜堂 信首大宗師碑文 (1872-1947)
忠淸北道 報恩郡 內俗離面 舍乃里 俗離山 法住寺
智冠, 『韓國高僧碑文總集』-조선조 · 근대편, 972쪽

조선불교조계종 대종사 석상당 탑 비문[21]

붇다 법이 세상에 알려진 지 2,976년이며[22], 중국을 거쳐 우리나라에 옮아온 지 1,578년이다. 이 사이에 닦음이 높고 덕과 배움이 훌륭한 스님네와 왕사 국사 많이 나시어 크게 사람을 건져 이롭게 하고 부처님 법을 넓게 펴셨으니, 우리 스님 또한 갸륵한 계행과 우람한 학덕을 가지셨다.

---

21) 지관 편, 『한국고승비문총집』-조선조 · 근현대- (가산불교문화연구원, 2000) 972쪽에 탁본을 바탕으로 순 우리글 비문이 실려있다. 원문은 그 책에서 볼 수 있으므로 여기서는 현대인들이 쉽게 내용을 알 수 있도록 다시 옮기고, 쉽게 읽을 수 있도록 연도를 비롯한 셈씨(數詞)는 모두 아라비아 숫자를 썼다. 맞춤법도 현재 맞춤법으로 통일해서 읽은이들이 쉽게 볼 수 있게 하였다. 가능한 한 원문을 다치지 않으려고 했고 필요한 부분은 한문을 넣거나 주를 달았다.
22) 2978년부터 국제적으로 새로 통일 불기를 써서 2505년이 된다. 새 불기는 옛날 불기에서 473년을 빼야 하므로 2503년이 된다.

스님의 법명은 신수, 법호는 석상, 속성은 장 씨이니, 충청남도 부여에서 태어나셨다. 아버지는 인동 장씨 홍근씨요, 어머니는 은진 송씨시니, 그의 셋째 아들님으로 18살까지 공자님 글을 모조리 배워 마치시고, 19살 적에 강원도 금강산 신계사에서 진하 큰스님을 스승 삼고 머리 깎고 오계 받아 부처님 제자 되시니 곧 청허 휴정 스님의 열 여섯째 법손이시다. 일찍이 여러 곳 학자에 두루 3장 12부를 배워 끝내시고 화두 듦으로 일삼으면서 금강산 건봉사와 속리산 법주사와 계룡산 동학사의 불교 전문강원 주실을 맡아 지내셔 눈 푸른 강사를 많이 낳으셨다. 교리에는 화엄원교에 더욱 밝게 아시어 힘 얻음이 많더니 드디어 교를 버리고 선에 드사 몰록(?) 크게 깨달음을 얻어 선과 교가 하나되는(禪敎一如) 지경을 체득하여 하택 신회[23] 스님의 법 바다에 배 타고 노니시다가, 마침내(畢竟) 지해知解를 멀리 물리치시고 맑은 바람 밝은 달로 벗하고 우는 새 흐르는 물로 짝하여 희롱하고 노니시며 곳곳으로 중생교화에 여러 해 동안 애쓰시되 꾸밈과 자랑과 치레와 빛냄을 몹시 꺼리시는 성질이셨다.

---

23) 하택 신회(荷澤神會) : 7세기 육조 혜능의 제자로, 당나라 낙양 하택사에 머물러 하택 신회라고 부른다. 글을 모르는 6조를 대신하여 『육조단경』을 썼는데, 『육조단경』이 사실은 신회의 저작이라는 말이 나올 정도로 남종선을 대표한다.

단기 4262년 기사(1929)부터 제4대 주지를 맡아 열두 해 동안 법을 위하여 몸을 잊으시니 복천선원 창설, 절과 포교당의 건축, 대동강습소 설립, 청년도제 교육과 및 가산 김수곤 처사와 서로 서원을 맺으셔 세계에서 제일 큰 미륵불상 조성하기 시작하셨다. 말하잖아도 일이 스스로 되어 가고 구하잖아도 정재淨財가 저절로 모아들었다.

우리 스님 우람스러운 몸집에 진중하고 둥근 머리 아늑하고 조촐하시며 아담하고 은은한 얼굴, 사람이 그리워하고 짐승도 닮고자 하며 부드럽고 희망 머금은 삶이 있는 목소리 한갓 믿음의 뿌리며 중생의 숫된 마음을 자아내신다. 수줍은 몸가짐과 조심스런 말씀과 태도 그 성스러움을 범할까 사람들이 어려워하며, 높고 높은 하늘 밑에 발 지겨(제겨) 드디지(디디지) 않고, 땅 두테(두께) 한이 없되 가볍게 거르시며, 땅 넓이 갓이 없되 오고 감이 드무시며, 눕기를 싫어하고 앉음을 좋아하되 책상다리함을 꺼리시며, 요 이불 깔덮잖고(깔고 덮지 않고) 오똑이 누으시며, 아프면 찡그리고 기쁘면 웃어 즐기시되 싫다 좋다함이 없으며, 꾀도 없고 수도 없으셨다.

<u>임이 늙어서 모든 인연을 끊어 놓아 버리시고 오즉(오직) 마음머리를 밝히시는 한편 정토발원에 골똑히(골똘히?) 정진하셨다. 세상 인연이 다하여 꼴두아비몸(?)과 꿈집을 떨쳐 버리시고</u>

열반에 드시니 때는 단기 사천이백 팔십삼년 정해[24] 동짓달 열이튿날이셨으니 이제 중 된 나이 쉰일곱 살 속가 나이 일흔 다섯 살이셨다. <u>입적하시던 날 밤에 몰란절(?)에 상서 구름이 서쪽으로 길게 뻗쳐 희디 힌 광명이 하늘에 찔러 솟았었다.</u>

이제 스님의 수행을 높이 본보기 위하여 이때 주지 호광 화상이 부도 조성을 발기하매, 각지 사부대중이 흔연 찬동하여 정재 육십여 만 원을 거둬 모아 스님의 정골탑을 받들어 모시고, 다시 한 장의 빗돌을 세우니 애오라지 뒷사람을 가르치자 함이오 스님을 세상에 자랑하려 함이 아니다. 내 이에 스님의 모습의 한 모(구석?)와 법의 한 갈래를 들어 읊주리어(읊조리어) 보리라.[25]

  빗긴볕소등우에 피리부는저아희야
  너의소짐없거든 내아들실어주렴
  신기는어렵잖아도 부릴사이없어라
  바람아부지마라 솔남게휜꽃진다

---

24) 단기 4283년은 1950년 경인(庚寅)인데 여기서는 정해(丁亥)이라고 했다. 정해(丁亥)년은 1947년이다. 지관 스님도 제목에 1872~1947년이라고 한 것으로 봐 정해년 1947년이 맞는 것으로 보인다.
25) 다음 게송은 다듬지 않고 그대로 싣는다.

말없는청산속에	값없는물마시고
산집에무심한설월로	함께놀다가리라
한뉘를그냥저냥	단칸방지켜오니
반칸은내차지나	반칸은구름차지
강산은디딜데없어	둘러두고보리라
덧없는세상에	눈같은맑은계행
숭업은싸움적에	뫼같은굳은선정
지혜칼밝혀들어	올바른길가시네
오똑한둥근부도	영원에빛드리니
봉오리높은산도	부끄러워여기는양
두어라돌사람깰까	마음저워하노라
숲새에우는학이	솔남게깃들이니
고라니짖는밤달	이슬에젖겼어라
이대로분명하니	내잠잡고가리라
봄바람부는곳에	마른가지잎이피고
가을잎지는적에	돌사람우짖으네

불기 2976년 기축(1949[26]) 5월 5일

속리산 사문 호경 기환 湖鏡基煥 짓고,
법응 규식 法應圭植 쓰다.

〈단월 명단 줄임〉

소임 : 주지 호경湖鏡, 감무 벽월碧月, 법무 제운霽雲, 감사 지암芝庵, 서기 성해性海 · 하영夏榮

석공 : 김성배金聖培

조각 : 김유식金有植, 김옥연金玉淵

이 공덕이 우리와 중생 모두에게 두루 미치어 꼭 극락 나라에 태어나서 함께 아미따유스(無量壽)(붇다를) 뵙고, 모두 함께 붇다의 길 이루어지길 바랍니다(願以此功德 普及於一切 我等與 衆生 當生極樂國 同見無量壽 皆共成佛道).

---

26) 비문에서는 서력 기원을 북전(北傳) 불기(佛紀)라고 했다.

2. 1949년, 염불만일회 되살리고 극락 간
　　송광사 대우 스님

불기 2976년 기축(1949)

順天 松廣寺 大愚堂 金秋大禪師碑文 (1875-1949)

全羅南道 順天市 松光面 新坪里 曹溪山 松廣寺

智冠, 『韓國高僧碑文總集』-조선조·근대편, 988쪽

부휴(浮休) 14세손 대승선종 송광사 대우(大愚) 대선사 비문

　이 조계산의 선을 닦는 모임(修禪社)은 통도사의 불보, 해인사의 법보와 함께 해동 한국의 자랑스런 승보僧寶 사찰이다. 보조국사로부터 16명 국사를 이었고, 사람 마음을 바로 가리켜(直指人心) 성품을 보아 붇다가 된다(見性成佛)는 종풍을 이은 부휴浮休 14세손 대우大愚 선사는 서기 1895년 8월 20일 전남 곡성군 석곡면 운용리雲龍里 용두龍頭에서 돌아가신 증숭록대부贈崇祿大夫 김해 김공, 이름 창준昌俊 부인 정부인 광산김씨의 네 아들 가운데 셋째 아들로 태어나 14세에 입산하여 중이 되었으니 스승은 용호龍湖요 법명은 멋있어라 크게 어리석은 대우大愚였다.

　그리고 여러 절 선원을 두로 다니며 안거하며 좌선하였다. 용호龍湖 문하에 세 제자가 있었는데 그 물物은 성봉性峰이 물려받았고, 교敎는 연파蓮坡가 물려받았으며, 대우大愚는 홀로 그 선禪

을 물려받았다. 아파 누워 계시던 스님이 하루는 갑자기 일어나 앉아 대우를 불러 좌우 두 손에 지팡이 2개를 보이며 "너는 가질 수 있느냐?" 하자 답하기를 "하나는 전할 마음(傳心)이요 하나는 전할 재산(傳産)이라" 하였다. 용호는 무릎을 탁 치면서 "아아, 그렇다"라 하고, 드디어 입 닫고 마실 것 끊은(杜口絶飮) 3일 뒤 89세로 서쪽을 향해 앉아서 돌아가셨다(西向坐化). 일제 강점기(倭政時代) 백양사 출신 큰 학자 영호映湖 박한영 선생은

紹隆上古風　먼 옛날 풍속 극진히 이어
一生淸愼勤　삶 내내 삼가고 부지런했네.
允合至道中　진실로 화합하여 도에 이르고
統記蓮華會　연꽃모임 실마리를 적었네.
慈光日日新　자비로운 은총 나날이 새로워
載音念佛鳥　염불 새소리 실어 보내니
和鳴覺樹春　어울린 새소리 나무와 봄을 깨우고
莊嚴古道場　옛 도량을 장엄하게 꾸미네.
心正地亦平　마음 바르니 땅도 평평하고
持地有紹隆　땅을 간직하여 극진히 이어 가고
上古風一生　먼 옛날 바람 삶 내내 부니
淸愼勤允合　삼가고 부지런하여 진실로 하나 되네.
至道中統記　도에 이르러 실마리 적으니

蓮處叔世塵　연꽃이 말세 티끌에 머물지만
彬彬不近昏　밝게 빛나 어둠을 가까이 않고
庶幾悅其風　바람은 그 풍속 기꺼이 따라
遠津及化識　먼 나루 건너 지혜로 바뀌네.
頌載與人口　칭송은 사람들 입을 타고
期與天下鳴　약속과 함께 천하에 울리도다.

이라하여 대우 스님의 공덕을 일컬어 기렸으며,
당시 호남의 저명한 한학자요 서예가로 대우 스님과 친교가
깊었던 염제念齋 거사 송태회宋泰會 선생은 그의 화상을 기리면서

篤乎其誠　　도탑도다 그 정서,
渾乎其氣　　흐르도다 그 기운
內嚴持己之律　안으로 자신 엄하게 지키는 계율
外和感物之道　밖으로 사물을 감화하는 도道
面而止一　　맞닥뜨리되 하나에 그치고
不大而大　　크지 않지만 크고
智周萬慮　　지혜 온갖 생각에 두루 미치니
其愚非愚　　어리석지만 어리석지 않구나.

라고 칭찬하였다.

일찍이 본 송광사 주지 석진 기산錫珍綺山 대사는 전 대중의 의결을 거쳐 보시자와 손님을 맞아 안을 지키고, 대중을 생각하여 절을 손보고 가꾸고, 스승을 잘 따르고 경전을 바치고, 딸린 무리를 많이 기른 것을 크게 보상하였다. 실로 대우 스님은 '마음이 곧 붇다(心卽是佛)' 임을 몸으로 깨닫고 홀로 우뚝 스스로를 맑고 꼼꼼하게 챙기는 도풍을 간직하여 법과 옛 풍습을 이어가는 것을 고민하였다. 어려운 처지에서 제자 양성과 사원을 지키고, 그리고 대중 교화, 3일 선원, 만일염불회萬日念佛會중흥 같은 일에 정진하다가 서기 1949년 6월 13일 74세로 입적하니 햇빛 쏟아지는 땅(日光落地)은 아니라 할지라도 가히 달빛 쏟아지는 땅(月光落地)이라 하겠다.

일광一光 김해석金海錫 짓고,
남원후인南原后人 호은湖隱 양한탁梁漢鐸 전서와 해서로 아울러 쓰다.

【뒷면】

대우 선사가 살아 있을 때 여러 해 모시고 경 읽고(看經) 염불念佛하고 좌선坐禪에 온 힘을 쏟으면서 보살행을 다해오던 명숙明叔은 당신의 법사이신 불멸의 공덕을 영세에 전하고 싶어 오랫동안 푼푼이 비석 세울 돈을 저축하여 왔는데, 여수사변(1948), 6·25사변(1950~1953) 같은 악몽도 사라지고 정국도 안정되었으며 국민도 잘살게 되매 이번에 영은靈隱 사숙과 힘을 합쳐 비석을 세우는 이 크고 장한 일을 마치게 되었음은 실로 용이 살던 호수에 다시금 용이 나타나는 느낌이 아닐 수 없으며 후세의 귀감이 아닐 수 없다. 이 국토에 붇다가 다시 빛나고, 이 조계산에 전해 내려오던 선풍禪風이 다시 불타 우리 문도 모두가 하루 빨리 성불하기를 간절히 기원한다.

〈송광사 복구 화주 이하 명단 줄임〉

불기 2523년 기미(1979) 6월 1일

3. 1950년, 만일염불계 만들어 극락 가기 앞장섰던 서응 스님

『연화(蓮花) 옥천(玉泉)의 향기』 (연화산 옥천사, 1999).

서응 스님 영정(조사관)

서응 스님은 1876년 2월13일(음) 경남 고성군 개천면 원동리에서 태어났다. 원동리는 옥천사 인근 마을로 스님이 옥천사와 인연을 맺게 된 계기가 되었다. 서응 스님의 속성의 채蔡씨고 법명은 성태聖台 또는 동호東濠이고 서응瑞應은 집 이름(堂號)다. 양친에 대해서는 기록이 남아 있지 않다.

서응 스님이 어느 시기에 출가했는지 정확한 명문은 없다. 단지 1892년 12월 옥천사에서 용명龍溟 스님에게 통사를 수학하고, 1894년 영해影海 스님에게 고문진보를 배웠다는 기록으로 보아 10대 중반에 출가했을 가능성이 있다. 옥천사 영해 스님에게 사집과四集科를 수료한 것이 1895년 12월로 이때 스님의 세수는 19세였다. 이 같은 기록으로 볼 때 20세가 되기 이전에 출가 사문이 되었음은 분명한 사실이다. 외전과 기초 교학을 익힌 스님은 이후 제봉·석전·금파·진응 스님 등 대강백 문하에서 『능엄경』『화엄경』『기신론』『반야경』 등을 두루 익혔다.

이후 스님은 함양 영원사(1902), 순창 구암사(1904), 고성 옥천사(1905), 양산 통도사(1909, 1920), 합천 해인사(1915), 김천 청암사(1916), 동래 범어사(1925), 철원 심원사(1939) 강원 강주를 지냈다.

서응 스님 상좌는 조계종 초대 감찰원장을 지낸 문성汶星 스님이 있다. 또한 일본에서 유학하고 돌아와 경남고 교장으로 정년퇴직한 이해도李海道 선생이 있다. 서응 스님이 남긴 문집 등 유품은 문성 스님 상좌인 수진 스님이 보관하고 있다.

1950년 상좌인 문성 스님이 옥천사 주지로 있었다. 문성 스님은 당시 청련암에 계신 서응 스님을 옥천사 큰절로 모셨다. 노환老患으로 몸이 불편한 은사를 주지실에 모시고, 당신은 옆방에서 지냈다. 효심孝心이 깊었던 문성 스님은 지성으로 간병했다. 예전에는 대중이 모여 발우공양을 하더라도, 산중 어른 스님을 일일이 찾아뵙고 문안 인사를 올리는 예법이 있었다. 문성 스님은 하루도 빠지지 않고 조석으로 문안을 드렸다. 그러던 8월 21일, 이날도 새벽 예불을 모신 후 스승 방을 찾았다. 문밖에서 "스님, 스님"이라고 불렀지만, 방에서는 반응이 없었다. 몇 번을 불러도 답이 없자, 조심스럽게 문을 열고 들어갔다. 서응 스님은 가부좌를 하고 고개를 숙인 채 원적에 들어 있었다. 좌탈입망座脫入忘의 진면목을 보여 준 것이다. 평생 후학을 지도하며 강講을 했던 서응 스님은 임종게를 남기지 않았다. 그러나 수행자의 삶이 어떠해야 하는지를 마지막 가는 길에서도 보여주었다. 서응 스님은 1950년 8월 21일(음) 고성 옥천사에서 원적에 들었다. 세수 74세였다.[27]

불경 이외의 속서와 불경에 능통하여 해박한 강백講伯으로 그 명성이 전국에 자자하였다. 불교전문강원을 개설하여 학인이 전국에서 운집한 것은 옥천사 초대 주지로 그가 남긴 큰 업적이다. 그리고 늘 화제에 오른 것은 옥천사가 본사가 될 수 있었으나 당시 옥천사 총섭이었던 서응 스님이 중앙회의에 참석하여 본사로 배정되는 것을 극구 사양하여 통도사 말사가 된 일이었다. 당시에는 이 일을 지극히 잘한 것이라고 산중 대중이 칭송을 아끼지 않았다고 하였다. 서응 스님은 수순한 수행승의 입장에서 우두머리 되기를 사양하였던 것이나 뒷날에 와서는 매우 유감된 일이 되었다고 한다.

---

27) 출처 : 불교신문(http://www.ibulgyo.com)

서옹 스님은 평생토록 강백으로뿐만 아니라 율사로서 계행을 청정하게 지켰으며, 입적하실 때는 좌탈입망坐脫立亡하셨다고 한다. 지금 조사전에 그 진영이 모셔져 있다.

서옹瑞應 스님은 1910년대부터 1930년대까지에 청련암에 주석하면서 만일계萬日契를 결성하여 신행에 앞장섰던 스님이다. 만일계는 약 30년의 긴 기간인 1만일一萬日 동안 뜻을 같이 하는 사람이 모여 염불하는 신앙 결사인 것이다. 먼저 동참할 사람을 모집하여 계의 기본이 되는 재산을 마련하고 그 수입으로 스님을 초빙하여 법문을 듣고, 하루 4회의 정진을 계속하는 모임이다.

옥천사에서 조직된 여러 계 가운데 가장 최근의 것이 1919년 10월의 청련암 만일계이다. 당시에 화주였던 서응당瑞應堂 채동호蔡東濠 스님이 지은 〈고성군 옥천사 청련암 만일계원 모집문〉이 남아 있다.

■ 「고성군 옥천사 청련암 만일계(萬日契) 계원 모집문」

대저 만일계의 목적은 무엇인가? 그 사실을 말하자면 우리 인생이 이 고苦의 세상을 살다가 필경 이 몸이 죽은 후에 이와 같은 괴로운 세상에 다시 나지 말고 저 즐겁고 좋은 극락세계에 왕생할 뜻으로 30년 동안 장원長遠한 시간에 1만 일을 한정하고 염불하는 법사 스님을 모셔 놓고 날마다 네 번씩 아미타불 명호 名號를 부르게 하며, 해마다 춘추로 두 번씩 아미타불님 전에 크게 불공을 올리고 개원되는 사람의 축원을 드리되 생전에는 수壽 · 부富 · 다남자 多男子 하고 사후에는 극락세계 상지상품 上之上品 연화대(蓮花)에 탄생하기를 발원하며 또한 선망 조상까지 동왕극락 同往極樂 하기로 발원하는 것이 목적이다.(… 욱면 염불 이야기 생략…)참말로 염불 공덕은 어떻다고 말할 수 없다. 우리도 본사 청련암에 만일계를 설시하고 30년 동안 염불을 모시오니 누구든지 극락 발원하시는 제씨께옵서는 이 계 중에 참여하시와 염불 많이 모시고 극락세계 왕생하시기로 천만 발의하나이다.

나무아미타불
을미년(1919) 칠월 십오일
화주化主 서응(蔡瑞應)은 고백하나이다.

아래와 같은 자세한 수행 방침을 정했다.

1. 30년, 곧 10,000일이라는 장구한 날을 정해 놓는다.
2. 염불하는 법사 스님을 모셔 놓고 하루에 네 번씩 아미타불 명호를 독송한다.
3. 1년에 봄, 가을 두 차례에 걸쳐 아미타불께 불공을 올리도록 한다.

이러한 실천 수칙을 정하고 누구라도 신분을 막론하여 극락왕생 발원에 동참하여 염불을 많이 하기를 권하였다. 옥천사 청련암의 만일계는 곧 염불계이다. 염불계는 다른 말로 염불회라고도 하는데 한 사찰을 중심으로 염불수행하는 사람들이 모여 함께 독송염불하는 모임이다. 대개 만 일을 기약하였으므로 만일회라고 하였는데 그 모임을 유지하기 위해 약간의 토지와 돈을 거둬 수행에 필요한 경비로 충당하였다.

만일계는 일찍이 신라 때부터 있어 왔다. … 한 예를 들어 1811년(11) 경북 오어사吾魚寺에도 염불계가 만들어졌다. 이때 세운 염불계의 비문에 의하면 절의 승려들과 마을 사람 150여 명이 금전을 갹출하고 계를 만들어 거기서 나온 이자로 토지를 매입, 그 수확으로 염불당을 유지했었다고 한다.

청련암 만일계의 화주 서응당은 이러한 염불의 공덕을 다시 한번 새기면서 무상가無常歌를 지어 많은 사람이 함께 동참하기를 권하였다.

■ 무상가 (한자는 엮은이가 괄호 안에 넣음, 맞춤법 고치지 않고 띄어 쓰기 함)

여보시요 동포(同胞)들아 이 내 말씀 들어 보소. 인생(人生)이 초로(草露) 같고 만사(萬事)가 몽환(夢幻)이라. 하루라도 어서 밧비 무상(無常)을 깨치시고 염불(念佛) 속(速)히 하여 사바(娑婆) 고세상(苦世上)을 혼신 같이 보옵시고 구품연대(九品蓮坮) 저 극락(極樂)을 어서 빨리 가옵시다.

우주(宇宙)를 살펴보니 모두 다만 허환(虛幻)일새, 풀 끝에 이슬 보오. 해 돋으면 없어지고 춘삼월(春三月) 호시절(好時節)에 찬란(燦爛)한 저 꽃 보소 불과 십일(不過十日) 못 다가서 낙화 되어 떨어지오, 천삼라만상(天森羅萬象)을 낱낱이 들고 보면 견고(堅固)한 물물(物物) 어데 있소. 천지(天地)도 마멸(磨滅)되고 해도 말라지오, 하물며 얼마나 견고(堅固)하오.

인생칠십고래희(人生七十古來稀)라, 백년(百年) 살기 어렵도다. 설사(設使) 백년(百年) 산다 한들 백년(百年)이 감간잠간(暫間)이라. 해가 가고 달이 오며 달이 가고 날이 온다. 하루도 열두 시에 시각(時刻)도 머무잔코 생각생각(生覺生覺) 넘어가서 무상(無常)이 닥쳐온다.

이 말하는 이 사람도 어제같이 청년(靑年)으로 오늘 벌써 백발(白髮)이네. 아침 나잘 무병(無病)타가 저녁 나잘 못 다가서 손발 것고 죽는 인생 목전目前에 번다頻多하다. 북망산천北邙山川 돌아보면 노인老人 무덤뿐이신가. 소년少年 무덤 반半치시오. 한 무제漢武帝 옥당玉堂 보고 석숭石崇이 금곡金谷 보소. 어데 하나 남아 있소. 존비귀천尊卑貴賤 물론勿論하고 죽어 가는 저 날에는 금은옥백金銀玉帛 저 부귀富貴와 문장명필文章名筆 높은 명리名利 하나도 쓸데없고 고혼孤魂 독좌獨坐 돌아가오. 처자권속妻子眷屬 많지마는 어데 하나 따라가오.

세상만사世上萬事 이러하다. 염불공덕念佛功德 제일第一이네. 생전生前 적악積惡 짓는 인생 염부閻府에 잡혀가면 염라대왕閻羅大王 저 호령號令과 지옥地獄 아귀餓鬼 저 고생苦生을 염불력念佛力이 아니오면 뉘라서 적敵하리.

권勸하고 권勸하노니 어서 바삐 염불念佛하와 극락세계極樂世界 왕생往生하여 무상쾌락無上快樂 받읍시다.

나모아미따불(南無阿彌陀佛)

비구比丘 서응 동호瑞應東濠 계수발언稽首發願

청련암 불강 (모두 훈민정음으로 쓴 것이 인상적이다)

1932.7.6. 蓮花 학우회 기념촬영
(사진 : 김환수 삼정운동)

지성 스님이 펴낸 『연화 옥천의 향기』

둘째 마당　대한민국 설립 후 극락 간 사람들

권 보정의 꼬리말

옥천사는 경남 고성군 개천면 북평리 연화산(055-672-0100)에 있는 절이다. 연화산蓮華山이 연꽃 산이니, 이미 아미따불과 인연이 있는 산이요, 서봉 스님이 지내시던 청련암도 연꽃과 인연이 있어 서봉 스님 같은 극락 간 이야기가 나온 것은 우연이 아닌 듯하다. 그리고 서봉 스님이 극락 간 청련암에는 '정토만일회'가 아직도 이어져 내려오고 있었다. 그 가운데 서웅 스님은 극락에 갔을 것이라는 확신을 가지고 모셨다. 아쉽게 스님 행장이 없으나 『연화옥천의 향기』에 단편적으로 실린 글에서 간단히 행장을 구성해 보고 스님이 남긴 글을 간추려 보니, 스님의 염불수행과 극락 발원이 충분히 배어 있었다.

계원 모집문과 무상가를 보면 스님은 극락에 대한 확실한 믿음(信)을 가지고 염불계 참가를 권하고 있다. 또 무상가에 보면 "이 말하는 이 사람도 어제같이 청년靑年으로 오늘 벌써 백발白髮이네"라고 하여 스스로 말년에 극락을 가겠다는 발원(願)을 올곧게 세우고 있다는 것을 알 수 있다. 입적할 때는 좌탈입망했다고만 기록되어 있지만 그처럼 염불 수행한 스님이 앉아서 어떻게 했는지는 기록이 없어도 쉽게 알 수 있다. 서쪽을 향해 합장하고 염불했지 그냥 앉아 있기만 하지는 않았을 것이다.

1919년이면 바로 3·1만세운동이 일어난 암울한 시절이었다. 이런 세상에 많은 사람에게 염불을 권하여 희망을 주고 자신도 절의 일은 열심히 하지만 명리를 버리고 정토수행을 해 극락에 간 본보기라고 할 수 있다.

4. 1961년, 해인사 인곡 스님
- 내 염불 내가 하는데 왜 슬퍼하는가?

합천 해인사 인곡당(仁谷堂) 창수(昌洙) 대선사(1895-1961)
세운 곳: 경상남도 합천군 가야면 치인리 해인사
연대 : 불기 2524년 경신(1980)
지관 편, 『한국고승비문총집』(조선조·근현대), 가산불교문화연구원, 2000.

붇다 마음의 등을 전해(傳佛心燈) 두루 끝없이 비추고(遍照無窮) 법운이 널리 가득한(法雲彌滿) 인곡 대선사 비문

인곡당(1955.11.5. 회갑, 원당암)

삼천대천세계는 바다 물거품이고, 모든 성현은 번갯불 같다. 나고 죽는 괴로움의 바다 싸하(娑婆)세계, 5가지 더러움으로 물든 캄캄한 밤에 번쩍하는 찰나의 빛은 덧없는 삶 속의 영원한 갈길의 방향을 밝히셨으니, (임제의) 3현三玄 창과 방패를 전제로, 4빈주·4료간(四賓主料棟)을 일상으로 삼아 무심하게 흐름에 맡기고(騰騰任運) 대지 진처럼 법을 토하고(大震法雷) 널리 단 이슬을 내리며(普雨甘

露) 연 따라 중생 제도하시던 큰 스님의 법호는 인곡당麟谷堂 창수昌洙 대선사이시다.

1895년 2월 15일 인寅시에 전남 영광군 법성면 용덕리用德里에서 돌아가신 밀양박씨 요숙堯淑 돌아가신 어머니 송씨 둘째 아들로 태어나셨다. 어린 시절 비범하시더니, 14세에 출가하여 백암산 백양사 금성錦城 화상에게 득도하시고, 17세에 거듭 가르침을 받고 계를 받았으며, 20세에 금해錦海 율사로부터 구족계를 받았다.

그 뒤 큰 다짐을 하고자 팔공산 금당 탑 앞에서 100일 용맹정진할 때 꿈에 가사 한 벌을 받으니, 본분이 납자 사문의 길이 뚜렷한지라 스스로 가로되, "한 시대 가르침이 세상을 구하는 의술이지만 좋은 약은 아니다"는 것을 깨닫고 거침없이 미투리 신고 바랑 메고 두타행각을 떠났다.

예산 보덕선원 보월 화상을 모시고 첫 안거를 보내니, 바르고 꼿꼿하시고, 단단히 마음먹고 정진하시니 얻은 바가 아주 뚜렷하여 대중 가운데 선기禪機가 으뜸이라 하셨다. 그 뒤 남북 여러 선원에서 스승을 찾고 도를 물었으니, 금강산 마하연에서 만공 화상, 오대산 상원사에서 한암 선사, 수월·혜월 같은 당대 선지식을 두루 만나 뵙고 도봉산 망월사에서 용성 종사를 찾아가

뵈니,

"어떤 물건이 이렇게 왔는가(甚麼物 恁麼來)?"

라고 하시자 주먹을 불쑥 내밀며,

"이런 물건이 이렇게 왔습니다(恁麼物 如是來)"

라고 하셨더니, "하하" 크게 웃으시며 "그렇다, 그렇다(如是 如是)"라고 하셨다.

그리고 게송으로 말했다.

仁心抱天地(인심포천지) 어진 마음 하늘땅 품으니
玄谷又明明(현곡우명명) 어둔 골짜기도 밝아지노라.
造化從斯起(조화종사기) 조화가 이를 따라 일어나니
亘古不生滅(긍고불생멸) 만고에 나고 죽음이 없노라.

이에 (사는 곳 이름을) 인곡당麟谷堂이라고 내렸다.

30살에 백암산(백양산)으로 돌아오자, 산속 운문선원 조실로 추대하니 당에 올라 모두에게 말했다.

多年山中覓鯨魚(다년산중멱경어)
　여러 해 산속에서 고래고기를 찾으니
添得重重碍膺物(첨득중중애응물)

가슴 속에 막힌 것만 점점 더해 간다.

暗夜精進月出東(암야정진월출동)

깊은 밤 정진 중에 달 솟아오르니

忽然擊碎虛空骨(홀연격쇄허공골)

갑자기 빈 하늘 뼈를 쳐부수는구나.

납자들에게 늘 무無 자 화두를 주며 "세간 논밭 식량은 다함이 있지만 무 자 하나는 영겁의 밑천이니라. 맛없는 속의 맛은 하늘사람 으뜸 맛이니 무 자 하나로 선의 기쁨 얻는 양식 삼으라"라고 하며 게송을 읊었다.

於此趙州一盞茶(어차조주일잔다)

여기 있는 조주의 차 한 잔이

殺佛活祖總自在(살활불조총자재)

붇다와 조사를 마음대로 죽이고 살린다.

靑天白日閃電光(청천백일섬전광)

푸른 하늘 밝은 날 번갯불 뻔쩍이니

山河大地磨爲塵(산하대지마위진)

산하대지 달아 티끌이 되도다.

또 지팡이를 들고 말했다.

昔日世尊擧拈花(석일세존거염화)
　옛날 세존 꽃을 집어 드니
迦葉一人獨微笑(가섭일인독미소)
　가섭 한사람이 홀로 미소 짓더니
今朝老僧拈柱杖(금조노승염주장)
　오늘 아침 늙은 중이 지팡이를 드니
生界含靈全體笑(생계함령전체소)
　온 누리 중생이 모두 웃누나.

　1945년 나라를 되찾은 뒤 해인사 가야총림에서 머무시며, 납자들을 지도할 때 장경각에 천일기도를 열어 대중 공양을 마련하였는데, 날마다 공양 올리는 곳에 까마귀와 까치가 둘러싸 두 어깨에서 서로 즐거워하니 모두 스님 자비삼매력의 방편이고 지혜의 힘에서 나온 것이다.
　하루는 대중에게 말했다.

　맑고 깨끗한 계를 지키고 크넓은 인因을 닦아라.
　정진하고 물러서지 않으면 밝고 환한 빛이 세간을 비치리라.
　머리를 만져 보고 법의를 돌아보고 중노릇들 잘하라.
　지옥의 괴로움, 이것이 괴로움이 아니라,
　가사 속 몸뚱이를 잃은 것, 이것이 괴로움이다.

제자 혜암慧菴에게 오로지 이 한 가지 일을 한결같이 전해 주며, "대가리도 없고 꼬리도 없지만 분신이 천백억이니라(無頭亦無尾 分身千百億)"라고 하셨다.

스님께서 67세가 되시던 여름 안거 도중 가볍게 아프시더니, 7월 14일에 문도들을 돌아보시며 "고기가 다니면 물이 탁해지고(魚行水濁) 새가 날면 털이 떨어진다(鳥飛毛落)"라고 하고 "오늘에 가리라" 하였다. 딸린 식구들이 슬퍼하며 염불하니, "내 염불 내가 하는데 왜 슬퍼하는가!" 하시고, "꿈같고 허깨비 같고 텅빈 꽃(夢幻空華) 67年이여, 인곡麟谷이 타 없어지니 흐르는 물이 하늘로 이어진다"라고 하였다. 제자 포공飽空이 나아가 "내일이 해제 날이니 기왕이면 내일 가십시오" 하였다. 스님께서 미소 지으시며 "그럴까" 하시더니, 과연 다음날 진시辰時에 시자에게 "한마음(一心)이 일어나지 않으면(不生) 만법이 더럽혀지지 않느니라(無垢)" 하시고 문득 돌아가시니, 때는 1961년(辛丑) 7월 보름이었다.

(1) 맑고 깨끗한 법계의 몸은 본디 나타나고 없어짐이 없건만
 자비하신 원력으로 나투시어 삶을 받으시니
 붇다 가운데 모습이 없는 것인가, 모습 속에 붇다가 없는
 것인가,

강산 만 리에 한줄기 풍월은 밝기만 하다.

(2) 몸은 바른 법이라 금강처럼 무너지지 않고
　　마음은 걸림 없어 세간을 이끌어 갈 때
　　목마는 밤에 울고 서녘에 해가 뜨네
　　얼음 강에 불꽃 튀고 쇠나무에 꽃이 핀다.

(3) 모습 없는 법신으로 둘이 아닌 선禪을 보이시니
　　물에 비친 달, 이슬로 만든 구슬 손대기 어렵도다.
　　믿음의 옷 받으셔 슬기의 등불 밝히시니
　　비치어 빛나는 그 모습은
　　움직이고 머물고 가고 옴이 없도다.

　　　　　　　불기 2524년 경신(1980) 7월 ○일 세우다.

　　　　　　　　후생後生 동곡東谷 일타一陀 삼가 짓고
　　　　　　　　문생門生 혜암慧菴 성관性觀 삼가 쓰고
　　　　　　　　거사 해인海印 신춘범慎春範 삼가 새김.

인곡 스님 탑비(해인사, 2022.5.5)

보정의 꼬리말

인곡仁谷(1895~1961) 스님이 살다 간 시기는 한국 근현대사에서 혼란과 격동기에 해당한다. 불교계에서는 일본불교에 대항하여 한국불교의 정체성을 되찾고자 한 시기였고, 한국전쟁 이후에는 정화운동으로 점철된 시기였다. 이런 험난한 외풍에 흔들리지 않고 시종일관 수행에만 전념한 고승이었다. 인곡 스님은 『한국고승비문총집』에서 극락 간 사람들을 뽑을 때 "내 염불 내가 하는데 왜 슬퍼하는가!"라는 참뜻을 확실하게 알지 못해 초판『극락 간 사람들』에 넣지 못했다. 그런데『연화집』에 다음과 같은 기록이 있어 확신을 가지고 이번에 싣는다.

 인곡 스님은 백용성 스님의 적자로서 초년에는 조사선을 수선하다가 해인사에서 만년에는 서녘 정토왕생 업을 닦고 있었다. 어느 날 제가 신도 9명이 참선하고 있는 것을 불러서 하는 말이 "나는 40년 선을 닦았으나(修禪) 견성을 하지 못했다. 그리하여 3년 전부터 염불하고 있다." 하면서 염불선을 닦기를 권하기도 하였다. (법장 편저,『연화집』, 새암, 1993, 209쪽)

 마지막 순간에 염불하는 제자들에게 "내 염불 내가 하는데 왜 슬퍼하는가!"라고 한 것은 이런 뜻이 있다.
① 도움 염불이 없어도 혼자서 마지막까지 업력에 눌리지 않고 염불하여 아미따불의 인도를 받고 극락 가서 날 자신이 있다는 뜻이다. 그리고 실제로 마지막까지 정신을 놓치지 않고 뚜렷하게 염불하고 극락 갔다는 것을 알 수 있다.
② 형식에 따라 염불하고 있는 식구들에게 자신들도 마지막 목숨이 끊어질 때 업력을 이길 수 있는 원력을 세워 업력에 휘둘리지 않도록 염불하라는 경책의 뜻이 있다.

비문에는 일타 스님이 화려한 선사들의 글을 모아 놓았다. 나이 30에 이미 용성 스님과의 법거량을 통해 법통을 이어받고 운문선원에서 조실이 되어 납자들에게 화두를 주고 주장자를 들고 알 듯 모를 듯한 선문답을 늘어놓았지만, 말년에 이르러 아직 견성하지 못한 것을 보고 결국 도로 아미따불을 찾고 극락 가서 태어날 발원을 한 것이다.

5. 1964년(?), 『연종집요』 널리 펴고 염불삼매로 조용히 극락 간 회서(懷西) 거사

야은(埜隱, 雲興寺)

1) 간단한 행장

『연종집요』의 저자이시며, 서지西至 현수賢守 율사 스님의 조부祖父이십니다. 필자는 오랫동안 회서懷西 홍인표洪仁杓 거사님(1880~1966?)의 가르침을 받들어 온 사람입니다.

본관은 남양南陽이시며, 원적은 서울이며, 1964년에 입적하셨습니다. 거사께서는 동경제대를 수학하시고 왜정 시 잠시 총독부 산하 정읍 군수를 역임하셨다고 합니다. 근대 대율사이신 자운慈雲 큰스님께서도 이분을 존경하신 걸로 알고 있습니다. 이분의 유고 유집 속에는 많은 내왕 교감의 흔적을 볼 수가 있습니다. 불교 정화 전후로 교단의 승니 계율에 있어서(1940년~1956년 율장 연구 시기) 자운 스님께서 노심 고뇌하실 때 상해 불학 도서를 많이 제공하셨으며, 지금의 서울 삼청동 보국사에서 염불왕생에 바탕을 둔 "대동염불회"를 결성하셨습니다. 그리고 거사께서는 박학한 불교교의에 정통, 영英·일日·한漢 어학에도 능통하셨으며, 그에 따른 논문도 필자는 보존하고 있습니다.

거사의 유명한 『연종집요蓮宗集要』라는, 오랫동안 연구해 오시고 당시 어려운 대장경 열람을 하신 후 철저한 준비와 함께 집필하여 오셨음을 한눈에 볼 수 있는 육필 유집을 통하여 알아볼 수가 있습니다.

2) 생전에 출간한 정토 법문 책들

(1) 1차 출간 『염불하여 극락 가서 태어나는 법(念佛往生法)』

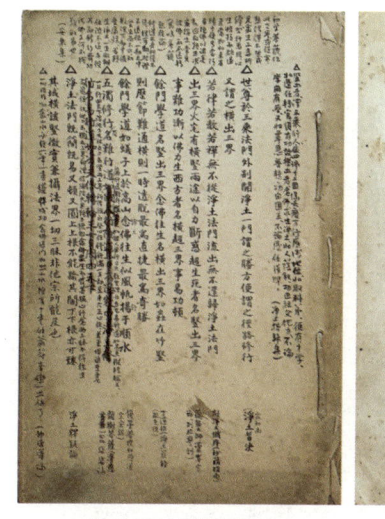
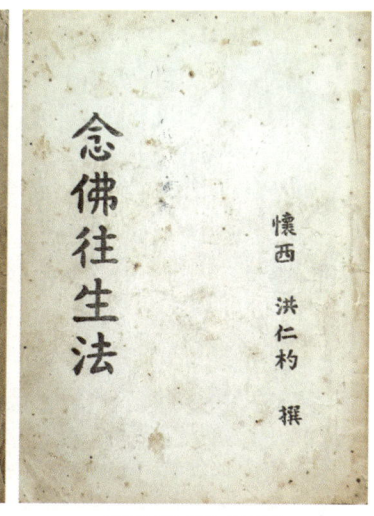

회서 거사 자필 원고   『염불왕생법』(1955)

- 4288(1955, 세수 75세)년 6월 30일 발행
- 편집 겸 발행인 홍인표 / 인쇄인 한국저축은행 업무부 홍성탁
- 아들인 홍성탁이 인쇄인으로 나온 것을 보면 출판은 한국저축은행에 다니는 아들이 담당한 것으로 보입니다.

(2) 2차 출간 『연종법문 요점 모음(蓮宗集要)』

- 불기 2506년(1962년, 세수 82세) 5월 5일 발행
- 저자 겸 발행인 : 홍인표(서울특별시 종로구 통의동 35-74)
- 인쇄 : 대구·삼합사 인쇄공장 / 발행처 "대동염불회(종로구 삼청동 4번지)"【비매품】

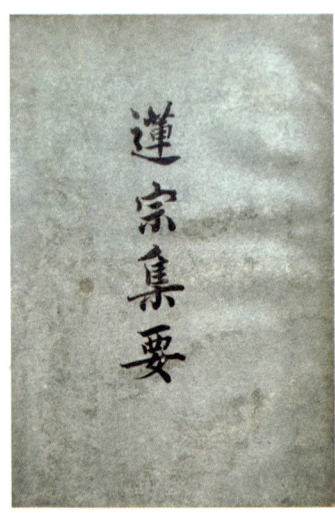 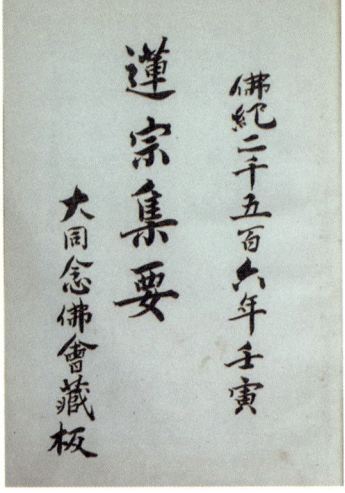

대동염불회의 주소 삼청동 4번지는 석주 스님이 머무시던 칠보사입니다. 이 『연종법문 요점 모음蓮宗集要』에 쓴 머리말을 보면 '서녘 극락을 품은(懷西) 홍인표'의 극락 사상이 자세하게 나타나 있습니다.

〈머리말〉

석가모니불께서 온갖 중생들이 6도 가운데 수레바퀴처럼 돌아다니며 고통를 받으면서도, 벗어날 줄을 알지 못하는 것을 불쌍히 여기시어, 성도하신 뒤 40여 년 동안 팔만 법장을 설법하시어 중생이 육도를 벗어나 성불하는 길을 가르쳐 주셨다.

그러나 중생으로서 처음 발심하여 성불하기까지에는 3아승지 겁이라는 장구한 세월을 닦아야 하나니, 그러는 동안에 무수한 생사를 반복하면서 한량없는 고난을 받아야 한다. 그리하여 부처님을 항상 만나기도 어렵고, 또 악도에 떨어지기도 쉬우며, 열 사람이 도를 닦다가 아홉 사람이 물러나게 되어, 끝까지 성불하는 이가 지극히 드물 것이매, 중생들이 이 말을 듣고 겁이 나고 마음이 약해져 발심하지 못하거나, 혹은 도를 닦다가 중도에 그만두는 폐단이 있을까 염려하시어 빨리 성불할 수 있는 방편문方便門을 말씀하셨다.

이 방편문이 연종법문蓮宗法門이니 어떤 중생이나 여러 생을 지내지 아니하고 일생에 염불한 공덕으로 육도윤회를 벗어나

서방정토 극락세계에 왕생하여 아미타불의 설법을 듣고 마침내(畢竟) 성불하는 법문이다.

다른 법문은 모두 자기 힘으로 도를 닦아서 온갖 번뇌를 끊어야 6도 윤회를 면하고 성불하는 것이며, 만일 조금이라도 번뇌가 남아 있으면 성불은 고사하고 6도 윤회도 면할 수 없거니와, 이 연종법문은 자기 염불하는 수행과 아미타불 원력으로 말미암아 설사 임종할 때 번뇌를 죄다 끊지 못하였더라도 번뇌를 가지고 왕생하여 물러나지 아니하고 성불하게 되는 것이니, 다른 법문에 비하여 알기 쉽고, 행하기 쉽고, 닦기 쉽고, 성불하기 간단하고 쉬운(簡易) 절묘한 법문이라 아니할 수 없다.

이 책을 보는 이가 이미 발심하였으면 염불에 더욱 정진할 것이요, 만일 발심하지 못하였으면 빨리 발심하고 부지런히 닦아서 이생을 마치고는 극락세계에 왕생하기를 간절히 바라는 바이다.

불기 2505년(1962) 임인壬寅 계춘季春
82살 늙은이(八二叟) 회서 홍인표

부처님이 성불하기 어려운 시대에 말씀하신 방편문인 연종법문은 쉽고 절묘한 법문이니 모두 마음을 내서 부지런히 닦으라는 당부를 하고 있습니다.

다음에 보는「극락과 도솔천의 나음과 못함을 견줌(極樂·兜率優劣比較)」이란 표는 당나라 회감懷感이 지은『정토에 관한 의혹들을 풀어 논함(釋淨土羣疑論)』이란 책과 당나라 대자은사大慈恩寺 사문沙門 규기窺基(632~682)가 지은『서방(극락) 가기 위한 긴요한 방법에 대한 주석(西方要決科註)』에서 뽑아 만든 것으로 참선하는 사람들이 목표로 하는 미륵정토(도솔천)와 염불하는 사람들이 가려는 극락정토를 자세히 견주어 극락정토가 얼마나 더 뛰어난지를 밝히는 내용이다. 이 표에서 우리는 회서 거사 스스로가 발원하고 다른 불자에게 권하는 정토가 극락이라는 것을 뚜렷하게 알 수 있습니다.

아래 표는 모든 수행자들에게 도솔천이 아니라 극락으로 가려는 원願을 세우라고 권고하는 것이니, 자신에 대한 극락왕생 발원이야 더 말해 무엇하겠는가? 그러므로 회서 거사는 스스로 믿음(信), 극락 가려는 원願이 분명하였다는 것을 알 수 있습니다.

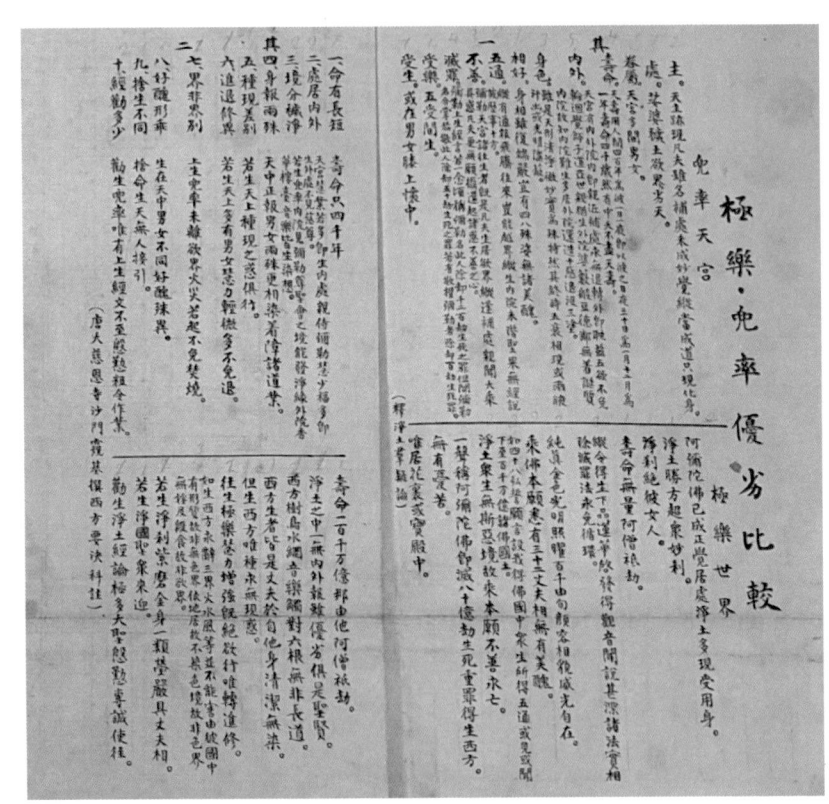

회서 거사 육필 원고 (「극락과 도솔천의 나음과 못함 견줌」)

3) 대동염불회 이끌며 염불수행 정진하여 극락에 간 회서 거사님

　그리고 대동염불회 회장을 맡아 많은 사람을 극락으로 이끌고, 또 스스로 도반들과 함께 열심히 염불 정진하고, 자기가 지은 책을 대동염불회 이름으로 내는 등 염불수행(行)에 대한 실천도 모범이었다는 것을 알 수 있습니다. 보국사 주지이셨던 태원(승가대 총장) 스님의 말씀에 따르면, 당시 대동염불회는 만일염불회의 전통을 계승하여 대단한 신심과 원력으로 염불결사를 한 모임으로, 홍인표 거사님은 임종 후 사리가 나올 정도로 철저히 수행하셨다 합니다. 그리고 『연종집요』는 한국 근현대 불교사에서 정토에 대해 가장 최초로 체계적이고 종합적인 서술을 한 저서로 평가받고 있다고 합니다.

이처럼 극락에 갈 수 있는 밑천(資糧)인 믿음(信), 바람(願), 염불수행(行)에서 하나도 빠짐없이 두루 갖추신 거사께서는 말년에 밤으로 옷도 잘 벗지 않으시고 서쪽을 향하여 항상 엎드려 절하는 자세로 주무시고 오신채며 육식은 일체 금하시며 육자염불을 지성으로 하시다가 앉은 자세 그대로 극락 왕생하셨답니다.

懷西 洪仁杓 居士님의 遺訓

회서 홍인표 거사님이 남긴 말씀

淨土往生 發願行者는
  정토에 가서 태어나길 발원한 수행자는
첫째, 持戒嚴守 戒行淸淨
  계를 엄하게 지키고 계행이 맑고 깨끗해야 하고,
둘째, 四聖禮文 朝夕日行
  사성예문을 아침저녁으로 날마다 행하며
셋째, 一心不亂 一心念佛
  한마음 흐트러짐 없이 한마음으로 부처님을 염하라.

끝으로 열반하신 방장 월하 노스님의 말씀에 따르면 거사께서는 참선하는 스님을 홀대하시고, 염불하는 이를 우대함에 "거사께서는 왜 차별심을 내시는지요?"라고 묻자, 거사 가로되 "모든 수행의 근본은 계율에 있는데 요즈음 선문은 계율을 등한시 하는 것 같습니다. 하여 막행막식을 홀대할 뿐입니다"라고 하셨답니다.

4) 이어지는 『연종법문 요점 모음(蓮宗集要)』 출간

(1) 1972년 3차 『연종법문 요점 모음(蓮宗集要)』 (법공양판) 출간

· 초판 : 불기 2505년(1962년) 초판 / 증보판 : 불기 2514년 (1970년) 증보판
· 옮기고 엮은이 : 홍인표 / 펴낸이 : 홍성탁.
· 박은 데 : 삼회인쇄주식회사
· 펴낸 데 : 서울특별시 성북구 정릉동 506, 93-4069, 보국사 내 대동염불회

3차 출판은 1962년 낸 『연종법문 요점 모음(蓮宗集要)』을 쉽게 풀어 쓴 것입니다.

이 책은 필자가 지난번에 『연종집요蓮宗集要』라 하여, 지어 내놓은 바 있는데, 불교를 배우는 사람의 태반이 그 말뜻을 충분히 해득하지 못하고 있는 실정에 있어, 이를 위하여 좀더 쉽고 널리 깨우치게 하는 책이 있어야 하겠다는 것을 느껴 지난번에 발간한 것에 말뜻을 알기 쉽게 푼 것(語義註解)을 덧붙여 증보 · 재간增補再刊해 내놓는

것이다.

불기 2510년(1966) 1월[28]

1962년 첫판을 내고 1966년까지 4년간 어려운 한문을 쉽게 풀어 새로 낼 원고를 준비하였으나 출판하지 못하고 극락으로 가십니다. 그리고 4년 뒤인 1970년 큰 큰 아드님이신 홍성탁 거사께서 사재로 간행하여 여러 사찰에 법공양 하셨습니다.

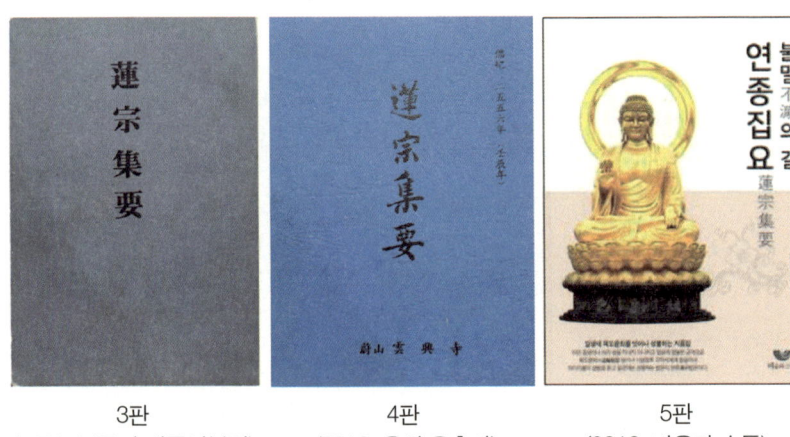

3판
(1970, 보국사 대동염불회)

4판
(2012, 울산 운흥사)

5판
(2016, 비움과 소통)

---

28) 이전에 쓴 글에는 회서 거사님이 1964년 입적하신 것으로 썼다. 그러나 이번 글을 정리하면서 증보판 서문을 보니 1966년 1월까지는 분명히 살아계셨다는 것을 알 수 있다. 그리고 1968년 손자 현수 스님이 출가할 때는 할아버지가 입적하셨다고 했다. 그러므로 회서 거사님이 극락에 가신 것은 1966년이나 1967년이라고 본다. 그래서 1966년(?)이라고 기록한다.

(2) 2012년 4차 『연종법문 요점 모음(蓮宗集要)』(법공양판) 출간

- 『연종집요(蓮宗集要)』 / 발행일 : 2012년 2월 27일
- 펴낸이 : 울산 운흥사
  (울산시 울주군 웅촌면 고연리 1699-1)
- 인쇄처 : 석정당종합인쇄사.

1970년 이후 거사님의 『연종법문 요점 모음(蓮宗集要)』은 한동안 잊혀지고 있었습니다. 회서 선생의 자료들을 간직하고 있던 소납小衲이 큰 책임감을 느껴 2012년 운흥사雲興寺에서 다시 『연종집요』를 펴냈습니다. 당시 함께 염불 정진하던 '아미타염불회'에서 뜻을 모아 낸 것으로 회서 거사의 연종법문의 맥을 이으려는 작은 바람이었습니다.

(3) 2016년 5차 『불명의 길 연종집요(蓮宗集要)』 발행

- 발행일 : 2016년 3월 23일 / 출판사 : 비움과소통

이 책 서평을 보면 "저자가 서울 보국사 대동염불회에서 〈연종집요〉를 처음 펴낸(1960년) 지 56년 만에 서점 유통용으로 정

식 출간된 이 책은 한국 불교의 수행 가풍이 위태로운 오늘날, 불자들에게 안심과 생사해탈의 확고한 희망을 선사하는 보전寶典이 아닐 수 없다."고 했다. 정식으로 ISBN을 받아 출간되므로 해서 염불 수행자들의 수행지침서로 다시 태어난 것이다.

5) 회서 거사의 손자 출가와 소납과의 인연

1950년 한국전쟁이 일어나고 1953년 7월 27일 정전협정이 맺어진 뒤 국민 생활이 정상화되기 시작하자 그해 10월 18일 할아버지 홍인표는 바로 두 손자를 데리고 경북교육신문사에서 모집한 해인사 참배단에 참석하였다. 한국전쟁 때 대구에 와서 살았다는 것을 알 수 있다. 몸소 기록한 메모지에는 이렇게 쓰여 있다.

해인사(法寶寺) 참배기
경북교육신문사에서 모집한 해인사 참승단에 참가하여 불기 2990년(단기 4286, 서기 1953) 10월 18일(음 9월 11일) 상오 7시경에 교육신문사 앞에서 버스를 나누어 타고 해인상 도착하여 참배한 뒤, 하오 8시경에 대구로 돌아왔다. (홍인표 자필 기록)

38년 전(4324년) 홍인표(洪仁杓)(73세), (홍)언규(彦圭), (홍)대규(大圭)

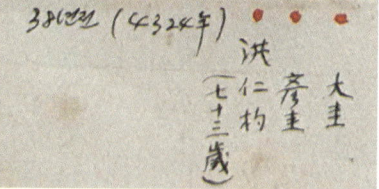

    회서 거사님의 적손이신 현수 스님(세수 77세)의 말에 의하면, 할아버지께서는 일찍 불문에 귀의하시고, 계사년(1953년) 시월에 조부님을 따라 동생과 함께 해인사 대적광전에 함께 참배하신 후 불문에 정식 출가 귀의함을 하명해 주셨다고 합니다. 당시 고교시절(사진 참조)에 일찍 발심 출가의 길을 선택하여

둘째 마당　대한민국 설립 후 극락 간 사람들　　161

명문대학을 졸업하신 후 다시 동국 불교대학원을 수료하시고 할아버지의 일거수일투족을 지켜보았으며, 그 당시 "대동염불회"를 결성, 말년에 조부께서는 조용히 염불삼매로 일관하셨답니다.

1976년 도미 직전 소납과 현수 스님(우)

또한 거사께서는 평생 오신채를 금하셨고 정토 경전에 대한 사경 애송은 지극하셨으며 그분의 세필은 장안의 명필로도 정평이 나 있답니다. **만년에는 상시 사성예불과 염불정진으로 일관하셨으며 근대 염불 정업발원 행자로 손색이 없으셨던 분이라고 합니다.** 가실 때에는 적손을 불러 금강계단(통도사)에 입문케 하시고 조용히 염불삼매로 좌탈입적하신 걸로 명성이 높다 하겠습니다.

그리고 적손이신 홍언규는 출가를 단행, 해인사 자운 스님을 찾아가던 중 대구에서 남은 여비를 모아 물고기를 사서 금호강에 방생하고 도보로 걸어서 해인사에 당도하여 자운 스님을 뵈오니, 스님께서 말씀하시길 "처사님은 보통 인연이 아니니, 조부님의 인연·유훈을 저버리지 마시고 곧장 금강계단 통도사로 가라"라고 말씀하셨답니다. 곧장 통도사에 입산 출가하시고, 월하 방장스님으로부터 '서녘극락(西方極樂)에 이른다'는 뜻을 가진 '서지西至'라는 당호를 받으실 때 선친(홍성탁)의 신심 발의로 『연종집요』를 세상에 정식 유포한다고 하셨습니다.

그 후 거사의 적손인 현수(홍언규) 스님은 68년도 통도사로 입문, 홍법(雲祖) 스님께 전강(傳講)하시고 철저한 오후 불식이며, 계율 엄정하시고 제방 선원 안거하시다가 76년도 여름, 미국으로 출국, 그때 주지 청하 스님과 소납은 함께 김포공항에서 작별한 뒤 지금까지 그 누구도 스님을 뵙지 못하였습니다. 혹자는 흑인의 피습을 이야기하는가 하면, 가정을 꾸렸다는 풍문만 무성하였답니다. 본인은 스님과의 후의를 간직, 출국 시 모든 유품 문집을 필자가 보관하게 되었으며, 그 후 스님을 찾아 미국을 두서너 차례나 방문하여 백방으로 찾아본 것도 사실입니다. 그러나 지금은 남방 불교 종신수도원에 입방하셔서, 이 땅 통도사 금강계단의 서지 율맥을 미주 땅에 정착화하고 계시답니다.

6) 회서 거사의 유품

앞에서 본 바와 같이 회서 거사는 한국 정토사에서 한 획을 긋는 중요한 인물입니다. 그리고 회서 거사가 지은 『연종법문 요점 모음(蓮宗集要)』은 앞으로도 염불수행을 하는 불자들에게는 쉬운 지침서로 영원히 남을 것입니다. 그런 측면에서 회서 거사가 『연종법문 요점 모음(蓮宗集要)』을 쓰기 위해 수집한 참고서적은 큰 뜻이 있다고 하겠습니다. 당시 우리나라에는 없어 동경과 상해에서 구입한 책들은 정토 관련 원전이라는 점도 중요하고, 서지학적으로도 값어치 있는 것입니다.

이제 소납도 70이 넘어 이 책을 간직하고 활용할 수 없는 형편이므로 정토수행 단체나 기관에서 인수해 주셔서 회서 거사의 뜻이 계속 이어지길 발원합니다.

운흥사에서 간직하고 있는 회서 거사의 정토 관련 서적들

6. 1967년 나이 들어 염불하여 환한 빛 남기고 극락 간 송덕 스님

「송덕 비구니 사리탑 비(頌德比丘尼舍利塔碑)」
울산 울주군 상북면 덕현석리길 21-6, 보덕사

송덕 스님 (진영각)

송덕 비구니의 속성은 강씨인데, 7살에 입산하여 9살에 법순 비구니에게 계를 받았다.

서기 1967년 2월 29일에 입적한 바, 세수가 81살이다. 그날 밤 서기가 서쪽으로 뻗쳤고, 다비한 뒤 저녁마다 빛을 냄으로 7·7재 회향일에 상좌 신오 비구니와 신도 30여 명이 다비처에서 사리 2알을 찾아냈다. 그 뒤에도 여러 차례 빛을 냄으로 백일재 회향일에 상좌와 신도들이 또다시 다비처에서 사리 1알을 찾아내 모두 3알을 부도 속에 모셨다.

서기 1968년 무신 7월 일
유당 김종하 지음[29]

■ 송덕 스님 상좌 신오 스님 사적비

　동인암은 신라 신문왕 때 왕명으로 건립된 고찰로 임진왜란 때 전소되고 수백 년간 유허지만 남아 있었다. 영천 은해사銀海寺 백흥암白興庵 치문致文 비구니계에 축발祝髮하여 불교에 전념해온 법순法淳 선사께서 진표율사가 조성한 관음보살상을 이고 운문사를 거쳐 석남사 동편 동인암 옛 빈터(古墟地)를 찾아 토굴을 짓고 관음상을 봉안하고 동인암 중창건에 고심했으나 대원력으로 세우지 못하고 1889년에 입적하였다. 상좌 송덕頌德은 법순의 질녀로 7세에 입산 출발하여 수도하면서 은사의 대원력을 계승하여 천신만고 1919년부터 7년간 정전 광음전 칠성각 요사 등을 신축 정비하여 동인암의 중건을 완성하였으니 그 공덕 천추에 빛나리다. 상좌 신오信伍는 송덕의 질녀로 … **1967년 송덕 스승이 81세로 입적하시니 사리 3알이 나와 사방에 광명이 비쳤다.**

---

29) 〈다음 비문을 보정이 다시 옮긴 것임〉 頌德比丘尼의 俗姓은 姜氏인데, 七歲에 入山하여 九世에 法淳比丘尼에게 受戒하였다. 西紀一九六七年二月二十九日에 入寂한 바 世壽가 八十一歲이다. 그날밤 瑞氣가 西方으로 뻐쳤(첬)고 茶毘한 뒤 每夜於(放)光함으로 七七齋 回向日에 上佐信俉(伍)比丘尼와 信徒三十餘人이 茶毘處에서 舍利2顆를 索出하였다. 그 뒤에도 累次(屢次) 於光(放光)함으로서 百齋回向日에 上佐와 信徒들이 또다시 茶毘處에서 舍利一顆를 索出하여 都合三顆를 부도 속에 安置하였다. 西紀一九六八年 戊申 七月 日 攸堂 金鐘河 撰

■ 카페 연화세계 글

　동인암에 계셨던 비구니 송덕 스님은 고모이신 법순 스님을 은사로 7세에 동인암에 출가했다. 평소에 늘 율무로 만든 천주를 돌리며 염불을 하셨으며 자비심이 많으셔서 인근 마을에 가난한 집에서 아이를 낳으면 꼭 밤에 몰래 쌀 한 말과 된장 간장을 가져다줬다고 한다. 또 산에 나물 뜯으러 온 아낙이 있으면 꼭 불러서 밥을 주었다고 하며, **나이가 들어서는 노구에도 불구하고 새벽예불 때는 꼭 일어나 앉아서 아미타경을 외우시고 염불을 하셨다고 한다.**

　1965년(비문에는 1967년) 음력 2월에 81세로 입적을 하셨는데, 입적 바로 후 가지산 꼭대기에서 광명 무지개가 비쳐서 동인암 앞뜰 수각에 와 꼽혔다고 하며. 또 스님의 시신을 가린 병풍 뒤에서는 환한 광명이 오랫동안 비쳤다고 한다.

　스님의 다비장에서 오색 사리 3과가 나왔는데 다비 후 100재를 지내는 동안 사리가 나온 줄 몰랐다가 인근에 일하던 농부들이 일을 마치고 귀가할 때 어두우면 다비장에서 광명이 비쳐서 길을 밝혔는데 농부들이 이상하게 생각하여 가서 뒤져 보니 사리 3과가 나왔는데 콩알보다 큰 것과 콩알만 한 것 등이었는데 모두 진주알같이 영롱하고 광명이 있었다고 한다.

이 이야기는 1989년경에 송덕 스님의 손상좌이신 **보덕사**(언양에서 석남사 가기 전 오른쪽) 주지로 계시던 자행 스님께 직접 들었으며 송덕 스님 입적하신 후에는 지금의 보덕사에 자리 잡게 되어 그때 사리탑도 옮겨오게 되었는데 보덕사 안에 모셔져 있다. 그때까지도 법당에는 사리 사진이 있었으며 또 송덕 스님께서 쓰시던 닳고 닳은 율무 염주도 있었다.

송덕 비구니 사리탑과 비(좌), 사리탑비 비문(우) (2022.6.23 보정 찍음)

卍 보정의 꼬리말

평소에 아미따경 독송과 염불을 열심히 하셨고, 입적할 때 무지갯빛 광명이 비쳤던 것으로 보아 극락에 가서 태어나신 것이 분명하다. 아쉬운 것은 우리나라 왕생 기록들이 평소 염불하던 내용이나 마지막 아미따불이 와서 맞이하는 소위 내영(來迎)에 대해 자세하게 기록하지 않고, 사리에 대해서만 강조를 하고 있다는 점이다. 우리가 정토왕생을 위해 염불하는 것은 궁극적으로 극락에 가느냐 아니냐 하는 것이 가장 중요한 점이지 사리가 몇 과가 나왔느냐 하는 것이 아니다.

2022년 5월 6일 찾아가 사리탑과 비는 찍었으나 주지 스님을 뵙지 못해 자세한 이야기를 듣지 못하였으나 6월 23일 야은 스님의 안내를 받아 다시 가서 진영과 평소 쓰던 염주를 찍을 수 있었다.

송덕 스님 진영(진영각)

다시 찾은 보덕사

염불할 때 돌리던 염주

둘째 마당   대한민국 설립 후 극락 간 사람들   169

7. 1960년대, 우리 시대 염불 도인 하담 스님과 법산 스님 이야기

무여 스님(축서사), 「행복으로 가는 길」, 『축서사보』

이야기는 50~60년 전으로 거슬러 올라간다. 어떤 더벅머리 총각이 행복을 찾아 나섰다. 성은 한韓씨요, 이름은 복동福童. '복동' 이라는 이름은 '복' 이라는 말과 인연이 깊은지, 어릴 때부터 '우리 복덩이, 우리 복덩이' 라고 했던 것이 복동으로 변했다.

그는 '인생이란 무엇인가?' '어떻게 살 것인가?' '어떻게 사는 것이 잘사는 길인가?' 심사숙고深思熟考하다가 어떨 때는 며칠 밤을 뜬눈으로 지새우기도 하고, 어떨 때는 괴로움이나 슬픔을 억제하지 못하여 눈물을 뚝뚝 흘리기도 하였으며, 또 어떨 때는 살 것이냐 죽을 것이냐 생사의 갈림길에서 고민하기도 하였다. 결론적으로 그는 잘사는 사람, 행복한 사람을 직접 보고 장래 문제를 결정하기로 하였다. 어디로 갈까, 누구를 찾을까, 궁리 끝에 행복은 사랑에서 올 것 같아서 주위에서 행복하다고 소문이 난 친구 집을 찾기로 하였다.

그 친구는 당시로서는 드물게도 대학까지 졸업하고, 남들이 부러워하는 직장도 가졌다. 특히 친구들에게 부러움을 사고 있는 것은 고향의 예쁜 처녀와 결혼하여 잉꼬부부라고 할 정도로 금실이 좋다고 소문이 났기 때문이다. 슬하에는 예쁘고 똑똑한 아들, 딸 남매까지 둔 친구로서 누가 봐도 복이 많다는 친구였다. 그 친구 집에 가면 행복을 진정으로 느낄 수 있을 것 같아서 잔뜩 기대에 차서 갔다. 대문을 막 들어서는데, '우당탕탕!' 살림 던지는 소리가 들렸다. 조금 뒤에 그 점잖은 친구의 입에서 막말이 터져 나오더니, 부인도 질세라 쌍소리를 하니 아이들은 죽을 것 같은 소리로 마구 울어댔다.

행복을 찾으러 갔던 사람은 처음에는 자기 귀를 의심했다. '설마 내 친구 아무개는 아니겠지' 라는 생각까지도 했다. 그러나 분명히 친구 집이고, 친구의 목소리가 틀림없는 줄을 알고는 크게 실망하여 도망치듯 나오고 말았다. 너무 충격이 심하여 온 전신에 힘이 쭉 빠지고 걸음조차 제대로 걷기가 어려웠다.

친구 집에서 크게 실망한 '행복을 찾는 사람'은 비틀거리며 네거리까지 나왔다. 어디로 갈까, 여러 사람을 떠올렸다. 가장 믿었던, 가장 틀림이 없다고 생각한 친구에게서 행복을 느낄 수 없다면 가 볼 곳이 막연했다. 얼마를 생각하다가 고을에서 제일 갑부인 변 부자댁을 찾기로 했다. 자수성가自手成家한 갑부로서 언제 보아도 당당하고, 무슨 일이든지 자신만만하고, 어떤 사람에게도 굽힘이 없이 큰소리 떵떵 치는 의지와 노력의 사나

이 변 씨에게 가면 남다른 행복을 느낄 것 같았다.

　사랑채에서 변 부자를 찾으니, 변 부자는 초라하고 보잘것없는 어떤 남자와 말다툼을 하고 있었다. 그 남자는 하나밖에 없는 변 부자의 동생이었다. 변 부자는 3천석 꾼인데, 30석도 못하는 가난뱅이 동생한테 조상 대대로 물려받은 땅 두 마지기를 돌려주지 않는다고 볼 것 없이 나무라고 있었다. 그 싸우는 모습을 보니 만 정이 뚝 떨어졌다. 허탈한 기분으로 그 집도 나오고 말았다.

　'행복을 찾는 사람'은 변 부자 댁에서 행복을 느끼지 못하고 또 어디로 가볼까 고민하다가 당대의 이름있는 정치가댁을 찾아보기로 하였다. 문지기에게 '정치가를 만날 수 있느냐'고 물으니 손님을 대하는 태도와 말이 불손하고 거칠었다. 집안에 들어서니 분위기가 쌀쌀하여 마치 범죄 집단 같은 곳에 들어간 느낌이었다. 간신히 부인을 만나니 상전이 하인을 대하듯이 거만하고 딱딱하였다. 내키지 않았지만, 이왕 어렵게 들어간 집안이라 '행복한 정치가를 만날 수 있느냐?'고 물었다. 부인이 말하기를 '행복은 무슨 말라비틀어진 말입니까? 그 양반은 행복의 「행」자도 모르는 사람입니다' 하였다. 부인을 보니 알 것 같았다. 그렇게 거만하고 딱딱하고 험구이니 그런 여자의 남편이라면 행복과는 거리가 멀겠다는 생각이 들었다.

옛날 봉건주의 시대 권문세도가의 전형을 보는 것 같아서 정작 정치가는 만나지도 않고 괴로운 심정으로 솟을 대문집을 나오고 말았다.

정녕 행복한 사람이 없단 말인가? 이제는 행복이라는 말도 싫어졌고, 행복한 사람을 만나겠다는 마음도 없어졌다. 비틀거리며 산속으로 올라가다가 길섶의 잔디 위에 쓰러졌다. 어느덧 밤이 되어 하늘에는 별들이 총총 빛났다. 문득 저 반짝이는 별들처럼 하늘로 올라가고 싶었다. 순간, 자살을 결심하였다. 굳이 살아야 할 이유도 없고, 의욕도 없었다. 자살을 결심하니 마음이 그렇게 편할 수가 없었다. 멀리 동쪽 하늘이 환해지는 것을 보고 잠이 들었다. 여러 날 제대로 자지 못한데다 피로가 겹쳐 깊은 잠에 빠졌다. 얼마를 잤을까, 눈을 뜨니 다음날 한낮이 지나서였다. 따뜻한 양지바른 곳에서 실컷 자고 나니 지쳤던 몸도 완전히 풀리고, 행복을 찾겠다는 마음도 자살하겠다는 마음도 다 쉬고 나니 몸과 마음이 가볍고 조금도 부족함이 없이 대단히 만족스럽고 기분이 좋았다. 순간 '이것이 행복이 아닌가.' 하고 쾌재를 불렀다. 이 이상 어디에서 행복을 찾을 것인가. 그는 드디어 행복을 찾았다는 생각이 들었다.

얼마 뒤 그는 행복한 순간을 자세히 점검하기 시작하였다. 행복은 어디에서 오는 것일까? 그는 드디어 '행복은 마음에서 오는구나, 텅 빈 듯한 아무 생각도 없는 그런 마음에서 온다' 라는 것을 느꼈다. 그는 그대로 몇 시간을 누워 있었다. 여전히 아무 생각도 없이 편안하고 기분이 좋았다.

어느덧 해가 기울고 있었다. 그때 멀리서 목탁 소리가 들려왔다. 목탁 소리가 점점 가깝게 들려왔다. 그는 목탁 소리가 나는 곳으로 갔다. 목탁 치는 스님은 미치광이 같은 스님이었다. 스님은 일제시대 극장 선전원들이 사방에 영화 포스터를 붙인 통을 뒤집어쓰고 거리를 다니면서 선전했던 모습처럼 앞에도 나무아미타불, 뒤에도 나무아미타불, 옆에도 나무아미타불을 주렁주렁 써서 붙였고, 그것도 모자라 나무아미타불이라고 쓴 깃대를 등에 지고 나무아미타불을 부르면서 목탁을 쳤다.

그 스님은 하루 종일 그렇게 서울의 골목을 다니다가 해가 지니 삼각산 도선사道詵寺로 가는 중이었다. 스님은 그렇게 5년간이나 목탁을 치고 나무아미타불을 부르며 다녔다. 스님께서 그렇게 요란하게 써 붙이고 나무아미타불을 부르며 시내를 누비고 다니는 것은 귀로 나무아미타불이라는 소리를 듣고, 눈으로 나무아미타불이라는 글자를 보기만 하여도 그만큼 업장이 소멸하고 공덕이 쌓인다는 확신이 있었기 때문이다.

삼각산 도선사 천왕문 (2022.9.2)

　그러다가 관심을 보이는 사람이 있으면, 극락세계와 아미타불에 대한 법문을 들려주고, 때로는 염불로 업장을 참회하는 참회법도 가르쳐 주는 거리의 보살이요 선지식이었다. 이 스님이 하담荷潭 스님이다. 스님의 세속 인연은 알려진 것이 없고 다만 성이 황黃 씨고 19세에 금강산 장안사長安寺로 출가하였다고 하였다.

　은사 스님께서 "너는 경전도 보지 말고 참선에도 관심을 갖지 말고 오직 아미타불만 일념으로 염해라"라고 하시는 말을 듣고 오직 아미타불만 했다. 가나오나, 앉으나 서나, 나무아미타불, 나무아미타불, 나무아미타불, 새벽에 눈 뜨자마자 밤에 잘 때까지 언제 어느 곳에서나 아미타불만 염하고 아미타불에 빠졌다. 처음에는 잘 안되더니 그렇게 지극하게 하여 3, 4개월이 지나니 자신이 생기고 할 만하다는 생각이 들었다. 1년쯤 지나니 더 잘 돼서 1, 2시간 정도는 눈 깜짝할 사이에 지나가는 것 같았다.

그 무렵 장안사 극락전에 서울의 어느 신심 있는 보살이 3·7일간 기도를 왔다. 주지 스님이 찾는다기에 주지실로 갔더니, "하담 수좌, 자네가 기도해 주게" 하였다. 하담 스님은 주지 스님의 말씀이 고맙기도 하고 처음으로 하는 사중 기도라 열심히 하였다. 공양하고 화장실 가고 극히 필요한 용무 보는 일 이외에는 법당에 들어가 목탁을 쳤다. 스스로 생각해도 대견할 정도로 최선을 다했고, 기도에 아예 몸뚱이를 바쳤다.

염불이 점점 잘 되는 것 같더니 몇 시간씩 일념에 들기도 하다가, 기도를 마칠 무렵에는 하루 반가량을 삼매에 들기도 하였다. 기도가 끝난 뒤에도 계속 열심히 하다가 입산한 지 3년 만인 어느 날 아미타불의 무량한 광명을 보게 되었다. 그때 나이 30대 중반이었다.

그 무량한 빛과 오묘한 진리를 체험하는 순간 그 기분을 억제치 못하여 하루종일 금강산을 망아지처럼 뛰어다녔다. 며칠을 미친 사람처럼 다니다가 이 기쁨을 나만 누릴 것이 아니라 중생들에게 회향해야겠다는 생각이 들었다. '모든 중생에게 아미타불 네 글자를 보여 주고, 귀에 넣어 줌으로써 세세생생 지은 업장을 녹여 주고 죄업을 소멸시켜 주어 일체 중생이 왕생극락하리라' 하는 큰 서원을 세우고 금강산에서 하산하여 서울로 갔다.

'행복을 찾는 사람'은 서울 우이동 도선사 입구에서 목탁을 치면서 올라오는 하담 스님을 보게 되었다. 스님을 보는 순간 환희심이 나고 존경심이 났다. 얼마를 따라가다가 자기도 스님의 목탁에 맞춰 아미타불을 부르고 있는 것을 알았다. 아미타불을 부르는 것이 어색하지 않고 친근감이 났다. 도선사에 도착하여 하담 스님을 따라 밤새도록 정근을 했다. 다음 날 아침인데도 전혀 피로한 줄 모르고 아미타불을 불렀다. 다음 날도 그 다음 날도 목이 터져라 불렀다. 일주일이 지나니 몸은 가볍고 점점 기분은 더 좋았다. 그는 염불이 잘 될수록 하담 스님이 장안사에서 아미타불에 빠지듯이 오직 나무아미타불, 나무아미타불 일념에 들었다. '행복을 찾는 사람'은 염불을 할수록 진정한 행복, 참 행복은 아미타불을 부르는 것에 있다는 것을 더 절실하게, 더 진하게 느끼며 미친 듯이 아미타불만 불렀다.

그러던 어느 날, 그날도 아미타불에 빠져 석불石佛만 보고 정근하고 있는데, 서울역에서 목탁을 치고 다니는 하담 스님이 보였다. 이상해서 옆을 보고 뒤를 돌아보아도 하담 스님이 보이지 않았다. 그는 언제 하담 스님이 내려갔는지도 모르고 염불에만 빠져 있었던 것이다. 하도 신기해서 하담 스님을 계속 주시했다. 하담 스님은 서울역 앞에서 얼마간 목탁을 치면서 다니더니 여러 사람에게 설법을 하였다. 뒤에 남대문을 거쳐서 중앙청 쪽으로 가고 있었다.

그날 저녁 청담淸潭 스님께서 외출하고 들어오셨기에 경계를 자상하게 이야기했더니, "그간 애썼다. 참으로 좋은 경험을 했다. 식識이 맑아지면 그럴 수도 있다. 천안통天眼通이 열렸다" 하면서 "보이더라도 일체 신경을 쓰지 말고 아미타불 일념에만 빠져라" 하였다.

도움말 주신 청담 스님 (도선사 청담기념관)

그 이후 예사롭게 서울 시내가 보이고 인천 앞바다까지 보였다. 그때는 지나가는 사람만 보아도 그 사람에 대해 다 알 것 같았다. 도선사에서 3개월쯤 기도를 하던 어느 날 하담 스님이 나타났다. 그는 하담 스님에게 묻지도 않고 사방에 나무아미타불이라 주렁주렁 매단 옷을 입고 따라나섰다. 그는 하담 스님의 목탁에 맞춰 아미타불을 목청껏 불렀다. "나무아미타불! 나무아미타불! 나무아미타불!" 그는 가는 곳마다 아미타불을 느끼면서 목이 터져라 서울 시민을 위하여 나무아미타불을 부르고 불렀다.

두 스님이 아미타불을 부르면 지나가던 사람들이 우우 모여들기도 하고, 어떤 사람들은 노골적으로 무시하고 멸시하기도 하고, 아이들은 구경거리처럼 따라다니기도 하였다. 상가 앞을 지나면 탁발하려고 온 줄 알고 돈이나 먹을 것을 주기도 하고 어떤 음식점에서는 음식을 대접하기도 하였다. 동대문 시장이나 남대문 시장에서는 시장 상인이나 시장 보러 나온 사람들이 수십 명씩 따라다니기도 하였다. 그때만 해도 시장 주변에 거지가 많았는데, 시장을 돌면서 돈이나 물건이 생기면 다 나누어 주곤 하였다.

스님은 정근하며 가다가 농번기에는 일손이 없는 농촌에 모도 심어 주고 보리를 베어 주기도 하였고, 어느 곳에서는 하루 종일 타작을 해 주기도 하였다. 공사판을 지나가다 막노동꾼과 같이 힘든 일을 해 주기도 했고, 어떤 읍에서는 우는 아이를 봐 주기도 하였고, 환자가 있으면 간호도 해 주고, 지나다가 노인정을 보면 절대로 무심히 지나가지 않았다. 어떤 시골 초등학교에서는 부처님의 이야기를 들려주기도 하였다.

하담 스님은 무엇이든지 닥치는 대로 보살행을 하고 또 거리를 다니면서 거리의 포교사가 되고 아미타불의 전달자가 되었다. 또한 스님은 자비하고 남에게 공경심이 대단하여 누구든지 부처님처럼 대하고 부처님처럼 모시려고 노력하였다. 그래서 스님에게는 이 사람도 부처님, 저 사람도 부처님, 만나는 사람은 어떤 사람도 부처님처럼 대하여 스님에게는 가는 곳마다 부처님 세계요 극락정토였다. 그래서 스님과 한 번만 대화하거나 사귀면 평생 잊지 못하는 사람이 많았다.

그렇게 다니다가 아미타불 일념에 들면 걸어가던 길이든, 절이든 세속 사람의 집이든 몇 시간씩 정근을 하다가 가곤 하였다. 어느 해는 충청도 계룡산 근처를 지나다가 사흘이나 묵으면서 정근을 하니 신도안에 가던 이교도들이 몰려와 공양을 듬뿍 내서 인근 주민을 포식시킨 적도 있다.

어느 해 충청도 천안을 지나가다가 하담 스님이 문득 '행복을 찾는 사람'에게 말했다. "자네도 수계를 해야지?" "네, 저도 받고 싶습니다" 하니 길가의 큰 능수버들 아래 정좌하더니 "나에게 삼배를 하게" 하여 삼배를 드렸더니 "불법을 잘 호지하게. 자네가 체험한 것이 정법일세. 그것을 호지하는 것이 계일세" 하였다. 그러면서 "오늘부터 법산法山이라 하겠네" 하여 법산 스님이 되었다.

하담 스님은 그렇게 전국을 다니면서 아미타불 정근을 하여 극락정토를 발원하고 수많은 사람에게 아미타불 인연을 맺어 주고 갖가지 보살행으로 선근공덕을 쌓다가 말년에는 부산 범어사에 정착하였다. 법산 스님도 줄곧 함께 수행하였다. 두 스님은 대중 생활을 하지 않고 공양은 행자나 일꾼들과 같이 하고 잠은 부목 방에서 잤다. 아침 공양을 하고 주변 도량 청소가 끝나면 어김없이 부산 시내로 내려가 아미타불 정근을 하며 다니다가 저녁에는 들어왔다. **그러던 어느 날 하담 스님은 총무 스님에게 말했다.**

"내가 석 달 후에 가야 되겠소"

총무 스님은 무심히 지나가는 말처럼 들었다. 가야 되겠다는 말도, 다른 곳으로 가신다는 말인지, 돌아가신다는 말인지 이해가 안 되었다. 가신다고 한 날 일주일 전에 총무 스님을 방으로 불렀다. 때가 묻어 새카만 주머니에 꼬깃꼬깃 모은 10원짜리와

100원짜리 돈 6만 원을 주면서,

"나는 아무 것도 가진 것이 없네. 경책 한 권도, 농짝 하나도 없네. 못난 중이라 옛 어른들처럼 땅 한 마지기도 부처님께 바치지 못하겠네. 적은 액수지만 사중에 보태쓰게"

하고는 또 양말 속에 넣어 두었던 3만 원을 주면서 화장비로써 달라고 하였다.

하담 스님은 가시기 하루 전날 손수 향나무를 달인 물로 목욕을 하고, 미리 마련한 수의로 갈아입은 후, 깨끗한 장소에서 그간 입었던 더러운 옷을 깨끗하게 태운 후, 실로 남은 것이라고는 수건 하나, 양말 한 켤레도 없이 오직 수의와 가사 장삼뿐이었다.

3개월 전에 가겠다고 했을 때 가볍게 들었던 총무 스님은 하담 스님의 거동이 이상하게 느껴져 학인 승려 두 명으로 하여금 곁을 지키도록 하였다. 예언한 날 10시가 되자 하담 스님이 조용히 말하였다.

"이제 내가 가야 할 시간이 되었구나."

그때 곁에 있던 젊은 스님이 말했다.

"스님, 10시는 부처님께 마지 올릴 시간입니다."

"허, 듣고 보니 그 말도 옳구려."

앉은 채로 열반涅槃에 들고자 했던 스님은 젊은 스님들의 부축을 받아 법당으로 올라갔다. 법당 옆에 단정히 앉아 사시 마지가 끝날 때를 기다렸다.

"이제는 가야겠구나. 나를 좀 눕혀다오."

시내에서 정근하다가 황급히 올라온 법산 스님과 젊은 스님의 부축으로 반듯이 누운 하담 스님은 조용한 음성으로 발원하면서 가셨다.

"원컨대 법계의 모든 중생들이 일시에 성불하소서.
　원컨대 법계의 모든 중생들이 일시에 성불하소서.
　　원컨대 ….”

부산 금정산 범어사 (2022.9.14.)

하담 스님의 열반 소식을 듣고 범어사 스님들은 큰 충격을 받고 슬픔에 빠졌다. 특히 범어사 총무 스님은 땅을 치며 대성통곡하였다.

"아이구, 아이구, 진짜 도인 스님! 선지식을 옆에 두고 눈 어둡고 귀 멀어 몰라보았으니 참으로 한탄스럽구나."

장례는 스님의 삶처럼 간소하면서 여법하게 치러졌다. 법산 스님은 은사 스님이 남긴 한 줌의 재를 금정산金井山에 뿌리고 부산을 떠났다. 스님은 은사 스님의 마지막 가시는 모습을 보고 더욱 신심을 내고 발심하였다. 그 이후로는 더 큰 소리로 더 간절하게 염불하였다. 그렇게 전국을 3년가량 다니다가 발걸음을 멈춘 곳이 강원도 명주군의 어느 외딴 토굴이었다. 멀리 동해 바다가 보이는 산자락에 방 한 칸, 부엌 한 칸 조그마하고 보잘 것 없는 집에서 살았다.

이곳에서는 지금까지의 거리의 삶과는 전혀 달랐다. 거의 두문불출杜門不出하였다. 처음 몇 년간은 땔감을 구하기 위하여 산에 오른다던가, 양식이 떨어지면 탁발하기 위하여 외출도 하였다. 몇 년이 지나서는 누군가 땔감이 없으면 땔감을, 먹을 것이 없으면 먹을 것을 조달하여 주었다. 그는 하루 종일 아미타불에 빠졌다. 오직 '나무아미타불, 나무아미타불, 나무아미타불' 나무아미타불로 눈을 뜨면 잘 때까지 나무아미타불을 놓지 않았다. 그렇게 나무아미타불을 부르면서 달이 가고 해가 지나서

10여 년간 아미타불과 함께 세월을 보냈다.

　그간 어떨 때는 너무 좋아 춤을 덩실덩실 추기도 하였으며, 어떨 때는 남모를 소리를 내며 즐기기도 하였으며, 어떨 때는 법열에 자신을 억제하기 어려워 동해안을 질주하기도 하였으며, 어떨 때는 뒷산 상봉인 오대산五台山 삼왕봉三王峰을 올라가 천하를 호령하기도 하였으며, 어떨 때는 밤중에 방광放光하여 마을 사람들을 놀라게 하기도 하였다. 또 어느 해는 강원도 산골에 앉아서 서울을 보며 정부의 나라 걱정을 하기도 하였고, 어느 여름에는 큰비가 올 것을 예상하고 주민들을 대피시킨 일도 있고 언젠가는 동해안으로 상륙한 공비들 2명을 자수시켜 화제가 되기도 하였다.

　그런 그를 인근 마을 사람들은 '살아 있는 아미타불' '살아 있는 부처님'이라고 하기도 하고, '도인 스님'으로 부르기도 하였다. 한편 그는 앞날을 내다보는 '신비한 스님'으로 보이기도 하였다. 그는 30년 가까이 부른 아미타불 속에서 진정한 희열을 느끼고, 그가 그토록 바라던 참 행복을 느끼다가 갔다. 그는 열반에 들 때도 아미타불 일념에 들어 법열을 느끼다가 얼굴에 미소를 지은 상태로 갔다.

　이상 하담 스님과 법산 스님의 이야기는 법산 스님에게 직접 들은 이야기이다.

〈 축서사보, 갑신년 신년법어〉

계간지 『축서사』 2015 신년호 　　　축서사 회주 무여 스님(축서사보)

㉯ 보정의 꼬리말

　이 이야기는 축서사鷲棲寺에서 발행하는 『축서사보』에 실린 2004년 무여 스님 신년 법어 「행복으로 가는 길」의 일부이다. 2004년 신년법어에서 50~60년 전 이야기라고 했다. 이 이야기에서 대강이라고 연대를 알 수 있는 것이 청담 스님이 도선사 주지로 머문 때가 1961년부터이다. 그러므로 이 이야기는 1960년대 이후 일이란 것을 알 수 있다. 그리고 우룡 스님 수행 이야기에 이런 대목이 나온다.

    1960년경, 교계에 거의 이름이 알려지지 않은 노스님 한 분이 부산 범어사에서 열반에 드셨습니다. 스님의 성은 황씨黃氏요 법명은 하담河潭으로, 19세에 금강산 장안사로 출가하여 오로지 '나무아미타불'만을 불렀습니다. 스님은 앉으나 서나 '나무아미타불'만을 외웠고 일할 때도 밥 먹을 때도 '나무아미타불'…… 아미타경을 잊지 않았습니다. 이렇게 하기를 10여 년이 넘자 대화를 나눌 때도 '나무아미타불'이 끊임없이 이어졌고, 잠을 잘 때도 '나무아미타불'과 함께 하게 되었습니다.
    마침내 하담 스님은 30대 중반의 나이에 아미타불이 무량한 광명을 보고 견성을 하였고, 무량한 빛과 무량한 진리를 체득한 기쁨을 억제하지 못하여 금강산에서 하산했습니다. 모든 중생에게 '나무아미타불'이라는 이 거룩한 단어 하나를 귀에 넣어 줌으로 해서 중생들의 업장을 녹이고 죄업을 소멸시켜 주고자 서울로 온 것입니다.

유명하지 않은 스님이라 비문도 없고 정확한 기록도 없어 전설처럼 이야기하고 있지만, 사실은 1지보살이나 가능한 불퇴전을 이루어 극락에 간 성인이었다. 하담 스님이 입적한 때는 1960년대라고 하는 수밖에 없다. 유일한 제자 법산 스님은 염불한 지 30년 지나 극락 가셨다고 하니 1990년대라고 볼 수 있다.

두 스님이 샌드위치 간판에 '나모아미따불' 붙이고 염불하며 서울을 누볐던 사진 보고 싶다.

8. 1971년. 조계종 초대 총무원장 청담
   "극락 가면 우리 다 만납니다"

〈자료 1〉 청담 대종사 사리탑비 글
《청담재종사 전서 4》『잡언록』삼각산 도선사 발행, 제작 불교춘추사, 1999. 268~270쪽

응화(應化) 3008년 신유(辛酉, 1981) 오대산인 탄허 택성(呑虛宅成)이 짓고 쓰다.

무릇 법왕(붇다)의 바탕(體)은 크면서 비었고, 묘하면서도 세밀하고 또한 빛나면서 영스럽게 밝아서 예부터 오늘에 이르기까지 그 모양이 우뚝 솟아 견줄 바 없이 홀로 높이 솟아 있음을 말함이라.

예부터 어질고 만사에 사무친 도인들이 이 법왕의 모양을 의지해서 혹은 인도에서 도의 이름을 떨친 큰스님이 났고, 혹은 중국에서 도의 이름을 떨친 큰스님들을 내면서 그 영원한 진리의 빛으로 부질없는 인간 세상의 큰 꿈을 깨달아 느끼게 하니 이른바 한 진리 가운데에 공자의 교는 그 뿌리를 심었다 하면 노자의 교는 그 뿌리를 북돋아 줬고, 불타의 교는 어수선한 군더더기에 뿌리를 시원스럽게 뽑아 해탈의 길을 열어 주신 것이라 하겠다. 인연이 오면 움직여 주고 느끼면 응대하여 주며 마지못할 때 일어나면 음으로 더불어 덕을 같이하고, 양으로 더불

어 인연의 물결을 같이하여 드디어 썩지 않는 업(作爲)을 이루나니 청담 스님이 이러한 이치를 순응해서 출세한 분이라 하겠다.

종사의 성은 이씨李氏요, 본은 성산星山이며 속명은 찬호讚浩요, 출가명은 순호淳浩요, 청담靑潭은 그의 법호法號다. 아버님은 화식化植이요, 어머님은 제주 고씨濟州高氏이니 단기 4235년 임인壬寅 10월 20일 경남 진주시 수정동에서 탄생하시다. 고씨의 꿈에 일찍이 큰 잉어가 방에 들어가서 점점 변하여 청용이 되어 오색 무지개 빛을 띠고 하늘에 오르는 것을 보고 태기가 있었다고 하니 대개 이러한 이적으로 태어나심이라, 나면서부터 특별히 총명하고 깨달아 앎이 여러 무리에서 뛰어났다. 24세에 진주농고를 졸업하고 일본 송운사松雲寺에 찾아가서 행자로 수학하다가 26세 때에 귀국하여 경남 옥천사玉泉寺에서 당대 고승이신 영호映湖 장로[30]를 의지하여 삭발하고 그 법까지 이어받으니 백파 율사의 8세손이 되신다.

---

[30] 도선사 사리탑비에도 "映湖鼎鎬 장노의 법을 이으니 淸虛 스님의 17대 손이요, 백파 스님의 8대 손이다"라고 했고다. 그런데 『연화옥천의 향기』(연화산 옥천사, 1999)에는 ① 39쪽 청담 대종사의 출가이니, 남경봉 스님을 은사로 삼아 옥천사로 입산한 것이다. ② 147쪽 고성 옥천사에서 박한영(朴漢永)을 은사로 득도 수계하고 청담이라는 법명을 받았다.

27세에 당시 불교학 최고 강원인 개운사開運寺 불교전수강원에 입학하여 최고 주전住典인 대교과를 수료하고 바로 속세를 떠날 뜻이 있어 교를 버리고 만주 수월水月 선사 회하會下에 가서 서래밀지西來密旨를 묻고 다음 해 귀국한 뒤, 정혜선원에 입방入枋하여 안거 중에 주공做工의 힘을 얻고 만공 스님의 인가를 얻고 이어 시로 게송을 지어 답하되 "위로부터 내려온 불조 둔치한鈍痴漢이 어찌 사事를 요달해서 알았다 하겠는가. 어떤 사람이 나에게 와서 너는 어떠한 능사能事가 있느냐 물어 오면 길가에 고탑古塔이 서쪽으로 향하여 기울어졌다고 하리라" 하니 이 때가 32세 되던 때라.

이로부터 조그마한 깨달음을 얻은 것을 만족치 않고 이름을 숨기고 자취를 감추면서 더욱 정진을 다 하시니 묘향산 설령雪嶺의 삼안거三安居와 설악산 봉정鳳頂에서 3년 안거와 고성 문수사에서 10년의 용맹정진으로 보림하시던 곳이며 선사의 경지를 빛나게 하던 때라, 그로부터 20여 년 동안 일제 치하의 침략 종교의 폐단을 제거하는 불교정화운동의 선구先驅에 나서신 것은 하나는 인준忍俊을 금하지 못한 뜻이요, 또 하나는 애써 공부하여 깨달은 뜻으로 많은 중생들을 구제하려고 일선에 나오심이니 이것이 이른바 문수보살이 오셨던 길을 잊어버리고 보현보살은 서로 중생들과 손잡고 다 같이 돌아가게 하시던 도리를 바탕하심이라 하겠다.

안으로는 조계종 초대 총무원장, 중앙종회 의장, 해인사 주지, 종법수호순교단 조직, 동국학원 이사장, 선학원 이사장, 불교재건비상종회 의장, 신도회 총재, 통합종단 종정을 역임하시고, 밖으로는 세계불교지도자대회 한국 대표, 세계불교협회 한국 지부 위원장, 한국종교협의회의장, 세계불교연합회 장로원장 등에 추대됨에 동시 국민훈장 무궁화장 수여 받음과 동국대 명예 철학 박사학위 등의 추서 받으심은 종사의 분사分上에는 부질없는 일이니 이것을 일러 티끌 속에 비강秕糠으로 요순 임금의 도주陶鑄함에 견줌이 아닐까 보냐. 참선하시던 틈을 타서 지으신 저서에 『영산靈山』, 『나의 인생관』, 『현대의 위기와 불교』, 『마음』, 『신심명강의』, 『반야심경 강의』 등이 있어 많은 사부중에게 애독하게 하여 감명을 남기시다. 신해辛亥 11월 15일 화연이 다하시어 고요히 열반하시니 세수는 70이요, 법랍은 45세이시다.

종단장으로 다비하여 사리를 8과를 얻어서 일분一分은 도선사에 안치하고, 일분은 고성 문수암에 안치하고, 일분은 옥천사에 안치하여 모시다. 사리라는 것은 인도 말이니 총칭하면 영롱한 구슬이라고 한다. 따로 해석하면 세 뜻이 있으니 골신(神)이라고도 하며 정취精聚라고도 하며 부사의不思議라고 하니 대개 계와 정과 혜를 정밀히 수양한 데서 얻는 최고의 수도상의 결정체라고 하겠다.

70년 동안을 환해幻海에 깊은 산속에 묻혀 세간에 나오시지 않고 수도하시고 세간 인연을 따라 진세塵世에 묻혀서 중생교화에 힘쓰시니 입入과 출出이 걸림이 없고 생生과 숙熟의 마음대로 하시니 법왕의 공덕신(化身)이라 하겠다. 옛사람이 말하되 싹이 트나 이삭을 이루지 못함이 있는가 하면 이삭은 났으되 열매를 맺지 못함이 있다고 하니 슬프다. 종사께서는 싹이 트면서 이삭이 나고, 이삭이 나면서 완전히 완성한 과실을 맺을 뿐이라 하겠도다.

　지나간 백 년의 세월이나 앞으로 올 백 년 동안에 선사와 같은 업적과 법력을 세간에 남김이 없다고 할 일이로다. 다시 새겨 말하노니 세상에 태어나심으로부터 특별히 정특挺特하시어 배움에도 생각을 더하지 않고 힘쓰지 않고 모든 것을 능통히 얻으시다. 마음은 항상 경과 율과 론 속에 노시고 뜻은 최고 진리에 통하시다. 삼업에 정려精勵하여 탈선치 않으시고 참선에 치우쳐 공부하시고 마음의 구슬은 도에 심으시어 칠정七淨이 서로 빛나고 지혜의 달과 자비의 꽃은 삼공(我空·法空·俱)이 줄지어 비침이었도다.

　정화의 업적은 높은 태산에 견줄 것이요, 처음부터 끝까지 변절치 않고 꾸준하심은 금과 돌에 굳음에 비하겠도다. 명예가 높으신 당시에 덕을 넓혀 교화하시고 도의 가풍이 국내외에 멀리 드날리고 퍼지셨도다. 철인이 돌아가심에 사부중이 무엇을 모방할 것인가. 욕심慾心마다 거치른 파도 속에서 고苦에 빠진 중생을 건지는 자비의 배가 침몰하였도다.

만인의 입에서 선사를 기리니 이것이 비碑 이거늘 하필 비에 새겨서 돌을 세우겠는가. 오직 높고 특출하신 그 법력이여, 높은 산과 깊은 물의 너그러움이다. 탑을 쌓아 절 앞에 세우니 사事에 즉하고 이理에 즉한 걸림 없는 도의 힘이 그 속에 있으니 길이 전하여 다함이 없도록 많은 중생의 의지함이 되겠도다.

"지극 염불로 정토서 다시 만납시다."

〈자료 2〉〈옛 스님들의 편지〉 49,「청담이 옛 아내에게」,
『법보신문』 2005.07.11. 15:00[31]

부처님께 귀의합니다.

그동안 염불공부 잘하셔서 죽을 때에 귀신한테 끌려서 삼악도로 가지 아니하고 극락세계의 아미타불님 회상으로 가실 자신이 섰습니까?

---

31) http://www.beopbo.com/news/articleView.html?idxno=37138

모진 병 앓고 똥이나 싸버리고 정신없이 잡귀신들에게 끌려 가서 무주고혼이 되어서 밤낮으로 울고 천만겁으로 돌아다니면서 물 한 그릇도 못 얻어먹는 불쌍한 도가비 귀신이나 면해야 할 것이 아닙니까?

다 늙어서 서산에 걸린 해와 같이 금방 쏙 넘어가게 될 형편이 아닙니까? 살림걱정, 아이들 걱정, 이 걱정 저 걱정 다 해 봐야 보살에게는 쓸데없는 헛걱정이요, 죄업만 두터워질 뿐이니 다 제쳐놓고 염불 공부나 부지런히 하시오. 앞날이 급했지 않습니까?

내나 보살이나 얼마 안 있어 우리들이 다 죽어서 업을 따라서 제각기 뿔뿔이 흩어지고 말 것이 아닙니까?

부디 쓸데없는 망상은 다 버리시고 염불만 부지런히 하셔야 하지요. 곧 떠나게 된 인간들이 제 늙은 줄도 모르고 망상만 피우고 업만 지으면 만겁의 고생을 어찌 다 감당할 것이오?

극락세계만 가 놓으면 우리가 만날 사람은 다 만날 수 있을 것이 아닙니까? 다 집어치우고 자나 깨나 나무아미타불, 급했습니다. 부탁입니다. 절하고 빕니다.

늙은 중 합장

조계종 통합종단 초대 총무원장과 종정을 지내며 청정 승단의 재건을 위해 혼신의 노력을 기울이던 청담 순호靑潭淳浩(1902~1971). 1954년 식민지 불교의 청산을 기치로 본격화된 정화운동 중심에는 그가 있었고, 전혀 불가능해 보이던 역사의 물줄기를 뒤바꾼 것도 법을 위해 몸을 아끼지 않았던 청담의 위법망구爲法忘軀 정신이 있었기에 가능했다. 잇따른 승려대회를 비롯해 데모와 할복사건, 유혈충돌, 법정투쟁 등 숱한 희생과 우여곡절. 그 속에서 종단의 총책임을 맡고 있는 청담은 숨 돌릴 틈 없이 바쁜 와중에도 문득문득 옛 아내를 떠올리고는 했다. 남편과 막내딸을 불문佛門으로 떠나보내고 온갖 번민과 근심을 끓이고 산다는 그녀의 소식을 접할 때면 팔만사천 번뇌를 여의었다는 청담조차 모래 위에 부어진 물처럼 아픔이 가슴속 깊이 스며들었다. 자물쇠도 열쇠도 없는 마음의 감옥에 갇혀 괴로워할 그녀가 눈에 선했기 때문이다. 젊은 날 진주 호국사에서 벌컥벌컥 물을 들이키는 그에게 '목마름이야 물로 다스릴 수 있지만 마음이 탈 때에는 무엇으로 끌 수 있느냐'는 한 노스님의 말을 듣고 시작된 출가에의 의지. 대를 이어야 할 2대 독자가 삭발출가하려 하자 아버지는 서둘러 그를 혼인시켰고, 청담과 차점이(1905~1988)와의 인연도 이렇게 시작됐다.

청담 스님 　　　　대도성 보살

열아홉 꽃다운 나이에 넉넉지 못한 농가로 시집와 소처럼 일하고 양처럼 순종했던 여인. 자신이 백양사로 해인사로 구름처럼 떠돌 때에도 그저 지켜만 보고, 일본에서 출가자의 길을 걷겠다고 선언했을 때도 그저 고개만 끄덕이던 착한 여인. 고성 옥천사로 출가한 청담이 고향을 찾아가 이혼 수속 얘기를 꺼냈을 때 그렁그렁 고인 눈물이 아내의 야윈 뺨을 타고 흘러내리던 모습을 그는 아직도 잊을 수 없었다. "기왕지사 출가했으믄 스님다운 스님이 되셔야지예. 지야 뭐, 당신이 하자는 대로 해 드리겠심니다." 1930년 봄, 고향 낙성법회에 법문 왔다가 죽자사자 매달리는 어머니에 이끌려 다시 찾은 고향 집. 마지막 소원이라며 "가문 이을 씨앗 하나만 심어 놓고 가라"는 어머니의 한 맺힌 절규에 청담은 목건련을 떠올리며 '불쌍한 어머니, 저분을 위해서라면 지옥엔들 가지 못하랴.' 라

둘째 마당　대한민국 설립 후 극락 간 사람들　　197

고 마음을 굳혔다. 동시에 아들을 낳지 못해 주변의 핍박과 자괴감에 두고두고 시달릴 젊은 아내에게 옛 지아비로서 마지막 의무라는 생각도 없지 않았다. 하룻밤의 파계. 첫닭이 울기도 전 버선도 신지 않은 채 속가를 뛰쳐나온 그는 깊은 절망에 빠졌다. '아! 수행자인 내가…. 수미산 같은 이 죄업을 어찌 다 씻을고'

가혹하리만치 매서운 청담의 참회와 인욕수행이 시작된 것도 이때부터다. 홑옷에 맨발 차림. 청담의 눈물겹도록 처절한 만행은 덕숭산, 오대산, 설악산, 묘향산을 거쳐 북간도로까지 이어졌다. 여윈 볼을 할퀴고 지나가는 칼바람에도, 허벅지까지 푹푹 빠지는 눈길을 걸을 때도 늘 맨발이었다. 살은 얼어 찢겨나가고 발은 쩍쩍 갈라져 피가 솟았다. '눈 위에 피 묻은 발자국이 있으면 청담 스님이 다녀간 자리'라는 말이 수좌들 입에서 입으로 전해지기 시작한 것도 이 무렵이다. 늙은 홀어머니와 아내를 두고 출가의 길을 선택한 청담은 가족들의 고통을 떠올리며 스스로를 다그쳐 피나는 정진을 멈추지 않았다. 그런 청담이 서른넷 이른 나이에 묘향산 설령대에서 오도송을 부를 수 있었던 것도 어찌 보면 당연하다. 모든 부처와 조사는 어리석기 그지없어 어찌 현학의 이치를 깨우쳤으랴. 만약 누가 나에게 한 소식 한 바를 묻는다면 길가에 서 있는 고탑이 서쪽으로 기울었다 하리라.

오랫동안 괴롭혀오던 마음의 갈증이 해갈된 청담. 하지만 이 무렵 그에게 들려온 속가의 얘기는 그를 안타깝게 했다. 옛 아내가 또 딸아이를 낳았으며, 이로 인해 시어머니로부터 혹독한 시집살이를 당하고 있다는 것. 청담은 어머니가 더 이상 죄업을 지어서는 안 된다는 생각에 이르렀고, 늙은 홀어머니를 직지사 서전암으로 모셔와 출가토록 했다. '아들 스님'의 당부대로 비구니 성인性仁은 묵은 한을 내려놓고 열심히 염불 정진했다. 훗날 어머니가 임종을 얼마 앞두고 며느리에게 진심으로 용서를 구했으며, 며느리도 사찰에 머물며 임종 때까지 시어머니를 돌봤다는 얘기를 들은 청담은 슬픔에 앞서 두 여인의 화해에 안도의 한숨부터 먼저 내쉬었다.

청담과 차점이가 다시 만난 건 몇 해 뒤인 1943년 여름. 복천암에서 생식을 하며 안거수행을 하던 청담은 사월초파일날 상주경찰서로 연행됐다. 잦아들지 않는 독립운동에 골머리를 앓던 일제는 기미년 독립운동에 앞장섰던 청담이 북간도에 간 이유를 집요하게 추궁했고, 법法을 찾아 수월을 만나러 갔다는 그의 답변에도 연일 모진 고문을 가했다. 인욕제일 청담이건만 두 달여 계속된 잔학한 고문에 결국 실신했고, 피투성이가 된 채 사경을 헤매야

했다. 이때 멀리 진주에서 이 소식을 듣고 맨 먼저 달려온 이가 차점이였다.

"시님, 시님…. 이게 뭔 일이란 말입니꺼." 낡고 찢긴 옷에 피골이 상접한 청담의 모습에 차점이는 닭똥 같은 눈물을 뚝뚝 흘렸다. 그녀는 마지막 남아 있던 땅을 팔아 마련한 돈으로 청담을 경찰서에서 빼내 상주포교당으로 옮겼다. 차점이는 청담의 곁에 머물며 24시간 지극정성으로 병구완을 했다. 회복될 것 같지 않던 청담의 병세는 하루가 다르게 나아졌고 조금씩 거동도 가능해졌다. 청담은 희끗희끗 흰머리가 돋기 시작한 옛 아내에게 부처님의 가르침을 정성껏 들려주었다. 차점이는 무뚝뚝하기만 하던 그에게서 처음으로 따뜻함이 느껴져 왔다. 지아비가 아니라도 좋았다. 그냥 이렇게 세월이 멈췄으면 좋겠다고 생각했다. 그러나 그는 이미 남편이 아니라 바람과 구름이 되어 떠도는 수행자였다. 몸을 추스릴 수 있게 되자 청담은 또다시 운수행각에 나섰고, 차점이는 그런 청담에게 한 땀 한 땀 정성껏 만든 바랑을 조심스레 건넸다. "남을 즐겁게 하는 것이 보살이요, 남을 이롭게 하는 것이 보살이요, 남을 살리는 것이 보살입니다. 좋은 일 많이 하시고 염불도 지극정성으로 하도록 해요." "예, 시님…. 알겠심니더."

다시 몇 해가 흘러 일제의 탄압이 극도에 이른 1945년 초, 청담은 차점이로부터 편지 한 통을 받았다. 젊은 남자는 징용으로, 처녀는 정신대로 끌고 가고 있으니 둘째 딸을 데려다가 스님으로 만들어 달라는 부탁이었다. 파계를 해 가며까지 낳은 아이, 청담은 어쩌면 이 또한 숙세부터 이어져 온 불연佛緣이라는 생각에 절친한 도반 성철의 도움을 얻어 머리를 깎도록 했다. 그러나 차점이는 막상 자신의 뜻대로 딸이 출가했건만 어린 딸이 절 생활은 잘하는지, 건강은 괜찮은지 한시도 걱정이 끊이질 않았다. 딸 묘엄이 조선 최고의 강백이라는 운허의 문하에서 공부할 때도, 뒤늦게 동국대에 입학했을 때도, 청도 운문사로 내려가 강원을 개설해 학인들을 가르칠 때도 마찬가지였다. 차점이는 수시로 딸이 있는 곳을 찾았고 청담은 그런 그녀의 마음을 헤아리면서도 늘 안타깝기만 했다. 청담은 절을 찾아 온 차점이에게 대도성大道性이라는 법명을 주고 걱정과 욕심을 내려놓을 것을 당부했지만 소용없었다. 조계종 종정직을 사퇴한 이듬해인 1968년, 청담은 옛 아내에게 간절한 편지를 띄웠다. 이제는 이런저런 근심 걱정 다 접어놓고 자신의 업장이나 닦으라고, 그래서 훗날 정토에서 다시 만나자고….

1971년 11월 15일 청담이 홀연히 열반에 들자 대도성은 자신의 삶을 지탱했던 대들보가 무너지는 듯했다. 십수 년간 조석으로 기도하고 염불도 했건만 가슴 한 켠에 구멍이 숭숭 뚫린 것 같은 허전함은 어찌할 수 없었다. 몇 해 뒤, 보다 못한 묘엄은 대도성을 절로 모셔와 손수 머리를 깎아 출가토록 한 뒤 대도大道라는 법명과 함께 스님으로서 생활할 수 있도록 했다. 대도는 절에서 생활하며 옛 남편의 뜻을 따라 염불과 경전 독송으로 하루하루를 보냈다. 그러면서 '세상사가 꿈같고 물거품 같고 그림자 같고 이슬 같다'던 청담의 말을 비로소 가슴 깊이 이해할 수 있었다.

1988년 5월 12일 마침내 대도는 고단한 삶의 여정을 접고 무정했던 남편, 인자했던 삶의 스승 청담이 있는 아미타불 회상으로의 마지막 여행을 위해 조용히 눈을 감았다.

이재형 기자 mitra@beopbo.com

※ 청담 스님이 대도성 보살님께 보낸 편지는 현재 서울 도선사 청담기념관에 전시돼 있습니다. 그러나 편지에 날짜가 기록돼 있지 않아 청담 스님이 정확히 언제 보냈는지는 확실치 않습니다. 다만 당시 대도성 보살님과 같이 생활했던 손자인 부산대 철학과 김용환 교수는 1968년에 할머니가 청담 스님으로부터 그 편지를 받았다고 밝혔으며, 편지의 내용으로 미루어보더라도 그 무렵일 것으로 추정됩니다.

권 보정의 꼬리말

늙은 중이 대도성 보살에게   자나 깨나 나무아미타불

앞에서 청담 스님의 비문과 법보신문의 기사를 보았는데 신문 기사는 공식 비문에 없는 많은 사실을 정리하였다. 이 기사를 보고 우선 청담 스님이 대도성 보살에게 보낸 편지의 진위를 가리기 위해 이재형 기자가 말한 도선사 청담기념관을 찾았다. 첫날은 담당자가 일찍 퇴근하여 두 번째 가서 자료를 확인하였는데, 기념관에는 복사본만 전시하고 있어 오히려 인터넷에서 내려받은 자료가 내용을 찬찬히 분석하는 데 더 큰 도움을 주었다.

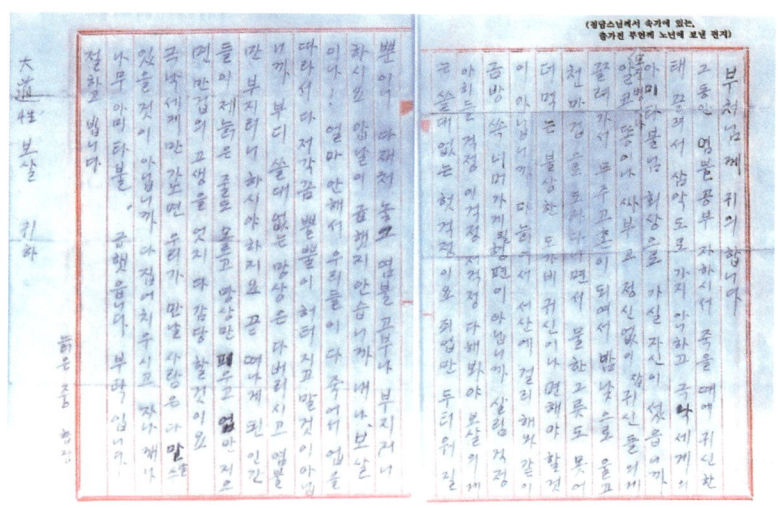

http://cafe.daum.net/inyon의 '멜번' 님 자료제공

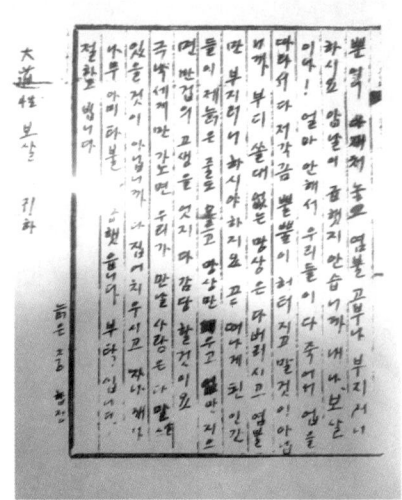
도선사 청담기념관(1)

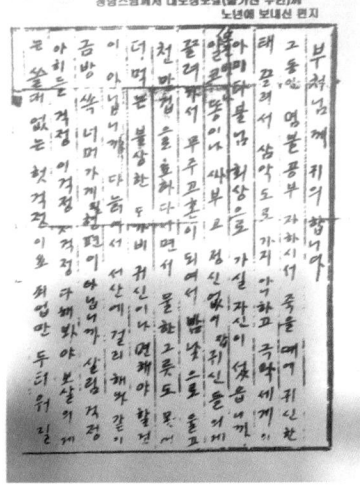
도선사 청담기념관(2)

이 자료는 아주 중요하므로 정확하게 원본대로 옮겨 본다(괄호 안은 엮은이 해석).

부처님께 귀의합니다.

❶ <u>그 동안 염불공부 자(잘)하셔서서 죽을 때에 귀신한태(테) 끌려서 삼악도로 가지 아니하고 극낙(락)세계의 아미타불님 회상으로 가실 자신이 섰습니까.</u>
❷ 모진 병이나 알코(앓고) 똥이나 싸부고(싸버리고) 정신없이 잡귀신들의(에)게 끌려가서 무주고혼이 되여

(어)서 밤낮으로 울고 천만겁으로 도라(돌아)다니면서 물 한 그릇도 못 얻어먹는 불상(쌍)한 도가비(돗가비 : 도깨비의 옛말) 귀신이나 면해야 할 것이 아닙니까.

❸ 다 늙어서 서산에 걸리(린) 해와 같이 금방 쏙 넘어가게 될 형편이 아닙니까. 살림 걱정, 아히(이)들 걱정, 이 걱정 저 걱정 다 해봐야 보살의(에)게는 쓸대(데)없는 헛걱정이오, 죄업만 두터워질 뿐이니 다 재처(제쳐)놓고 염불공부나 부지러니(런히) 하시요(오). <u>앞날이 급했지 안(않)습니까? 내나 보살이나! 얼마 안 해서(있어) 우리들이 다 죽어서 업을 따라서 다 저각끔(제각기) 뿔뿔이 허터(흩어)지고 말 것이 아닙니까.</u> 부디 쓸대(데)없는 망상은 다 버리시고 염불만 부지러니(런히) 하시(셔)야 하지요. 곧 떠나게 된 인간들이 제 늙은 줄도 모르고 망상만 피우고 업만 지으면 만겁의 고생을 엇지(어찌) 다 감당할 것이요(오).

❹ <u>극낙(락)세계만 가노면(가 놓으면) 우리가 만날 사람은 다 만날 수 있을 것이 아닙니까.</u> 다 집어치우시고 자나 깨나 나무아미타불, 급했습니다. 부탁입니다. 절하고 빕니다.

늙은 중 합장

大道成 보살 귀하

❶을 보면 청담 스님이 대도성 보살을 염불행자로 이끌었다는 것을 알 수 있다.

❷에서 만일 극락세계 아미따불 회상에 못 가면 불쌍한 도깨비 귀신이 되니, 그것을 면하려면 열심히 염불해야 한다고 강조하였다.

❸에서 '내나 보살이나' 이제 늙어서 갈 날이 얼마 남지 않았는데, 늙은 줄 모르고 업만 지으면 안 된다는 것을 다시 강조하고 있다.

❹ 마지막으로 '극락 가면 우리 다 만날 수 있다'고 하며, 정말 간절하게 '절하며' 빌고 있다.

여기서 '우리가 만날 사람'은 누구일까? 첫째 청담 스님과 대도성 보살일 수 있고, 거기에 늘 청담 스님을 걱정하던 홀어머니가 들어갈 수도 있고, 첫 딸과 출가한 묘엄 스님도 들어갈 수 있다. 그렇다면 그 '우리'에 청담 스님도 들어가는가? 청담 스님도 극락 가려고 정토발원을 하였는가? 청담 스님도 염불하였는가? 이것을 밝혀 보려는 것이 이 꼬리말의 목적이다. 기자는

---

32) 도선사 홈페이지 연표에 33세 비문에 32세로 한 것은 비문에서는 나이를 만으로 셈하였기 때문이라고 본다. http://www.doseonsa.org/cheongdam/behavior.asp

제목에서 "지극 염불로 정토서 다시 만납시다" "인자했던 삶의 스승 청담이 있는 아미타불 회상으로의 마지막 여행을 위해 조용히 눈을 감았다"라고 해서 청담 스님도 극락 간 것으로 보고 있다.

그러나 청담 스님이 편지에서 '우리'라는 표현을 쓴 것은 보살을 달래고 격려하고 용기를 주기 위한 방편으로 볼 수도 있다. 다시 말해 청담 스님 자신은 화두선으로 확철대오해서 이승에서 생사문제를 해결하였지만, 아직도 미망에서 헤매고 근기가 낮은 보살에게는 꼭 극락에 가서 성불하라는 격려라고 볼 수 있다. 그러므로 이 문제를 좀 더 깊이 다루고자 한다.

청담 스님의 오도송悟道頌은 견성見性인가

먼저 '청담 스님은 깨달음을 얻어 극락에 가지 않아도 되었는가?'에 대해서 보기로 한다.

1) 오도송과 견성

비문에 보면 "32세에 정혜선원에서 주공做工의 힘을 얻고 만공 스님의 인가를 얻고 이어 시로 게송을 지었다"고 했고, 도선사 홈페이지 청담대종사-행장에는 "1934년(33세)에 덕숭산 수덕사 정혜선원定慧禪院에서 3년간 용맹정진 후 만공滿空 대선사로부터 견성 인가를 받고 올연兀然이란 호를 받음"이라고 되어 있다.[32] 이 기록대로라면 이때 청담은 깨달음을 얻고 만공 스님이 견성했다는 것을 인가를 하였다고 볼 수 있다. 오도悟道란 깨달음을 얻었다는 것이고, 견성이란 성품을 봐 성불했다는 뜻이다. 만일 이것이 사실이라면 이미 확철대오를 하고 생사문제를 여의었기 때문에 극락을 가지 않아도 된다.

그러나 입적한 해인 1971년 70살의 노승은 마지막으로 그때 본인은 깨닫지 못했었다는 것을 솔직하게 기록으로 남겨 놓고 입적하였다.

"이윽고 선방의 수좌들 사이에서는 내가 견성했다는 소문이 떠돌았고, 만공 스님께서도 견성했다는 인가(印)를 해 주시었다. 그러나 나는 아무리 생각해도 나 자신 속에 너무 많은 미혹의 그림자가 꿈틀거리고 있음을 느끼고 있었다. 그랬으므로 그 인가를 받을 수 없었다. 겸손히 사양하고 오대산의 적멸궁寂滅宮으로 들어갔다. 거기서 퇴락해 가는 불법의 중흥과 세계의 평화와 안락을 위해 백일기도를 시작했다.

이러한 나의 태도는 다만 겸손만은 아니었다. 견성을 한 승려들은 대개 게송偈頌을 지어 그의 해탈의 깊이를 나타내는 법인데, 나는 그것을 짓지 않았다. 그만큼 철저하게 그 미혹을 쫓아내려고 버둥거렸다. 백일기도를 하러 오대산에 들어갔다는 사실도 그 미혹의 그림자를 쫓기 위한 구실로 봐야 할 것이다. 그럼에도 불구하고 그 어느 날 나로부터 게송을 지어 받고 싶다고 한 동료가 어떻게나 심하게 조르는지 그것을 짓지 않을 수 없었다. 다음과 같은 내용이었다.

> 옛부터 모든 불조佛祖는 어리석기 그지없으니
> 어찌 현학의 이치를 제대로 깨우쳤겠는가
> 만약 나에게 능한 것이 무엇이냐고 묻는다면
> 길가 고탑(塔)이 서쪽으로 기울어졌다 하리."[33]

엮은이는 1934년 만 32살에 썼다는 이 오도송을 엮은이는 아주 찬찬히 뜯어보며 나름대로 우리말로 옮겨 본 적이 있다. 그리고 거기서 깨우침이 무엇인지 찾으려고 애썼으나 이루지 못했다. (②가 엮은이가 옮긴 것임)

❶ 上來佛祖鈍痴漢
 ① 예부터 모든 불조佛祖는 어리석기 그지없으니,
 ② 예부터 붇다나 조사들 굼뜨고 어리석고 못나

---

33) 〈청담대종사전서 1〉『마음』, 제1장 자화상 「입산 50년을 돌아보며」, 100~101쪽.

❷ 安得了知衒邊事

① 어찌 현학(衒學)[34]의 이치를 제대로 깨우쳤겠는가?

② 도붓장사(行賣)나 길가 예삿일 어찌 제대로 알았겠는가!

❸ 若人間我何所能

① 만약 나에게 능한 것이 무엇이냐고 묻는다면,

② 사람들이 나에게 할 줄 아는 게 무어냐고 물으면

❹ 路傍古塔傾西方

① 길가 고탑(塔)이 서쪽으로 기울어졌다 하리.

② "길가 낡은 탑 서쪽으로 기울었네"라고 하리.

그러다가 청담 스님이 입적한 해에 "그 오도송은 번뇌를 완전히 벗어난 상태가 아닌 상황에서 써 준 것"이라는 사실을 알고 마음이 편안해졌다.

---

34) 현학(衒學)은 사전에서 "학문이 있음을 자랑하여 뽐냄"이라는 뜻이고, 현학적(衒學的)은 "태도가 자기에게 학식이나 지식이 많음을 드러내어 뽐내는 상태에 있는. 또는 그런 것"이라고 했다. "현변사(衒邊事)"란 "현학"이 아니라 '현사(衒事)'와 '변사(邊事)'라고 옮기는 것이 맞는다고 본다. 현(衒)자를 『강희대자전』에서 보면 당나라 안사고(顔師古)가 "길에 다니면서 파는 것(行賣也)"이라고 했으니 바로 우리가 말하는 행상(行商)이요, 우리말로는 도붓장수나 도붓장사를 말한다. 변(邊)이란 변두리에서 일어나는 일들, 곧 보통 일을 말하는 것이므로 '예삿일'이라고 옮겼다. 이렇게 옮겨야 ❶단락에서 붇다나 조사가 어리석다는 것에 대한 댓글이 되고, ❹단락의 '길가(路傍)'와도 어울리는 글귀가 된다.

35) 이날은 1930년 4월 초 8일이었다. (묘엄 저, 김용환 번역 『香聲』, 뜨라, 2008, 22쪽을 볼 것)

2) 견성과 파계 사이

그리고 이어서 「견성과 파계의 사이」라는 제목으로 파계한 사실을 아주 솔직하게 털어놓고 있다. 앞에서 오도송을 써주고도 미혹이 남아있어 "백일기도를 하러 오대산에 들어갔다는 사실도 그 미혹의 그림자를 쫓기 위한 구실로 봐야 할 것이다."라고 했다. 그런데 거기서 진주 연화사의 요청을 받고 법회 설법하러 가서 파계하게 된다.

> 오대산에서 백일기도를 하고 있던 나에게 어느 날 한 장의 편지가 왔다. … 내용인즉 진주로 내려와서 훌륭한 부처님의 법을 들려 달라는 것이었다. '어떻게 해야 할까' 하고 나는 망설이지 않을 수 없었다. 앞에서도 말했듯이 <u>나에게는 너무나 많은 미혹이 도사리고 있었기 때문이다</u>. …정혜사의 만공 스님으로부터 편지가 왔다. 부처님의 법을 설하여 주라는 명령이었다.
> 법회法會가 있던 날의 연화사蓮花寺엔 사람들로 인산인해를 이루었다.[35] 사람들의 웅성거리는 소리 때문에 나의 설법이 거의 들리지 않을 지경이었다. … 나로서 잊을 수 없는 것은 그 법회가 끝난 뒤에 나를 찾아와 내 장삼 자락을 잡고 눈물을 흘리시던 어머님의 모습이었다.
> "네가 중이 된 것도 좋지만 집안의 혈통만은 이어야 되지 않

느냐."

　이혼한 뒤에도 집에 남아 어머니를 봉양하는 아내와 그들이 처해 있는 험한 생활이 나로서는 도저히 거절할 수 없는 강압이 되었다. 나는 '무간지옥(地獄)에 떨어지는 한이 있더라도 그들의 요구를 거절할 수 없다'는 비장한 각오를 하고 아내의 방으로 들어갔다.

　날이 밝아오기 전에 집을 나와 동구길을 걸었다. 그리고 다시 1년의 세월이 흘러간 뒤에 나는 오대산 상원사에서 아내가 보내온 '여식을 낳았다'는 편지를 받아 읽었다. 나는 그 죄업을 말없이 받아들여야 했고, 그것을 씻기 위하여 다시 적멸보궁으로 들어가 백 일 참회기도를 했다. 그때 태어난 그 파계의 씨는 20의 젊은 나이로 삭발을 하고 나의 길을 좇아와 수도정진修道精進한 결과, 지금은 전국 비구니 강원에서 법설을 가르치고 있는 강사가 되었다.[36]

　청담 스님이 "여식을 낳았다고 편지를 받았다"라고 한 여식이 바로 유명한 묘엄 스님(속가 이름 이인순)이다. 묘엄 스님은

---

36) 〈청담대종사전서 1〉 『마음』, 제1장 자화상 「입산 50년을 돌아보며」, 101~103쪽.

1931년 1월 17일에 태어나 1945년 성철 스님을 계사로 사미니계를 받았다. 또 율사 자운 스님으로부터 율장을, 대강백 운허 스님으로부터는 경학經學을 배웠다. 인순의 출가는 1945년 해방 직전 일본 위안부나 강제징용을 피하기 위해 어머니가 딸을 아버지 청담 스님에게 보내면서 시작되었다. 청담 스님은 딸을 성철 스님에게 부탁하여 출가시키고 가까운 윤필암에 머물게 하여 음으로 양으로 출가 생활을 도왔다.

1960년대 말 (해인사 백련암). 왼쪽부터 인홍, 묘엄, 불필. (『성철스님이 들려준 이야기』)

그리고 그 딸은 훌륭한 비구니가 되어 동학사·운문사 강원의 최초 비구니 강사이자 한국불교 최초의 비구니 율사가 되었다. 이런 묘엄 스님의 활동을 청담 스님도 아주 대견해 하였다는 것을 앞에서 보았다. 청담 스님이 입적한 뒤 묘엄 스님은 한국 불교의 대표적인 고승들에게 배운 선·교·율 3장의 맥을 후학들에게 전하였다. 1974년 개원한 봉녕사 비구니강원은 봉녕사승가학원을 거쳐 1984년 봉녕사승가대학으로 승격됐다. 1999년에는 국내 '최초'의 비구니 율원인 금강율원을 열었다. 그리고 아버지가 출가 수행하는 데 가장 큰 번뇌였던 할머니(청담의 모친)와 어머니를 모두 출가시켜 염불하게 하였으니 청담에게 딸 묘엄은 업이 아니라 업을 수습해 주는 보살이었다.[37]

청담 스님은 이렇게 회고하였다.

개인의 길에서는 언제나 정진만이 있을 뿐이다. 그런데도 우리는 함께 세상에 태어났다는 인연 때문에 사해대중들을 깨우치지 않으면 안 되는 것이다. 아니다, 이렇게 말할 것이 아니다. 차라리 불교는 사해대중의 구제에 더 큰 뜻이 있을지 모른

---

37) 자세한 내용은 묘엄 저, 김용환 번역『苔聲』(뜨락, 2008)을 볼 것.

다. … 죄악과 번뇌와 고통 속에 잠긴 인간을 참인간이게 하는 것, 그들로 하여금 죄악과 번뇌를 버리고 진정한 안락을 누리게 하도록 하는 것, 지혜롭게 하는 것, 자비로운 협조자이게 하는 것, 이것이 불교의 참뜻인 것이다. 그것을 원효는 오직 "자리自利와 이타利他를 염원하고 보리(菩提), 즉 진정한 의미의 평화를 향해 노력하는 것"이라고 말했다.38)

원효가 설총을 낳아 신라에 공헌하고, 청담이 묘엄을 낳아 한국 비구니 불교를 중흥한 것과 비견되는 장면이다. 청담은 자신의 주변 인연을 버리지 않고 모두 염불하여 함께 극락에 가서 성불하는 대승을 실천한 것이다.

3) 용맹정진과 보림의 결과

비문에서는 "그 뒤 이름을 숨기고 자취를 감추면서 더욱 정진을 다 하시니 묘향산 설령雪嶺의 삼안거三安居와 설악산 봉정鳳頂에서 3년 안거와 고성 문수사에서 10년의 용맹정진으로 보림하시던 곳이며 선사의 경지를 빛나게 하던 때라"고 했다. 견

---

38) 〈청담대종사전서 1〉 『마음』, 제1장 자화상 「입산 50년을 돌아보며」, 57쪽.

성과 보림, 그리고 어떻게 되었는가? 입적한 마지막 해에 자신의 경계에 대해서 이렇게 쓰고 있다.

내 나이 어언 70세, 입산한 지 만 45년이다. … 그 숱한 법열의 상존 가운데 오간 법연과 오뇌 속에서 한 가닥 뜬구름처럼 자성自性이란 한낱 가냘픈 물건을 찾고자 떠돌다 지금은 삼각산 도선사에 정주하니 마냥 감회가 무상할 뿐이다.

<u>40여 년의 수도 생활, 춘하추동이 1백 60여를 넘기고 또 산천의 수색(色)과 형경形境이 네 번이나 변했건만, 난 또 어디로 가야 하고 또 어떻게 가야 할지 아직 모르고 있다.</u> 부처님 미묘법문의 장광설이 40여 년이니 또한 내 한평생 수행과 같건만…. 돌이켜 보면 밀려드는 숱한 사연과 밀어들, <u>이 모든 고뇌를 잊고 무상증득의 나를 찾고자 애쓰는 노승의 심정은 조급하기만 한데 또 어쩔 수 없는 계절의 순환 속에서 한 해 또 한 해를 보내고 맞고 있을 뿐이다.</u>

아니 나 자신, 몸과 마음을 운반하여 겨우 어제 오늘을 지나서 내일에 이를 뿐이다.[39]

---

39) 〈청담대종사전서 1〉『마음』, 제1장 자화상「입산 50년을 돌아보며」, 52~53쪽.

나이 70세에 입적하기 직전에 쓴 57쪽이나 된 「입산 50년을 돌아보며」는 아마 이 세상에서 가장 긴 임종게臨終偈일 것이다. 이 임종게는 다른 선사들처럼 알 듯 모를 듯한 이야기가 아니라 정말 진솔하고 자세하고 문학적이기까지 한 행장이었다. 그리고 너무 쉽고 뚜렷하게 자기 경계를 그대로 보여 주었다.

결과적으로 확철대오를 하지 못한 스님은 윤회의 굴레를 벗어나기 위한 대안을 마련했을 것이라고 본다. 다른 대안은 무엇일까? 3장에 능한 청담 스님은 참선으로 과를 얻지 못하면 그 대안이 정토수행하여 극락 가서 보림하는 것을 알고 있었을 것이다. 『대승기신론大乘起信論』에서 참선에서 대각을 이루지 못한 사람에게 '물러나지 않은 방편 염불왕생(明不退方便 念佛往生)'을 다음과 같이 제시하였다.

여래께서 뛰어난 방편을 두어 믿는 마음을 보살폈으니, 뜻을 오로지하여 붇다(佛)를 새기면(念), 그 바람(願)에 따라 다른 곳 붇다 나라에 태어나서 늘 붇다를 몸소 뵙고 나쁜 길을 여의게 된다. 경전에 "만일 어떤 이가 오로지 서녘 극락세계 아미따붇다를 염念하면서 (자기가) 닦은 선근을 회향하여 (극락) 세계에 태어나기를 바라면, 곧 가서 태어나게 된다"라고 하였다. 붇다를 늘 뵙기 때문에 마침내 물러남이 없고, 만일 그 붇다의 진여 법신을 관觀하여 늘 부지런히 닦으면 마침내 (극락에) 태어나서 정정正定에 머물기 때문이다.

이처럼 대승 수행의 두 가지 길을 정확히 알고 있던 청담 스님도 말년에는 정토 수행을 했다고 보는 것이 타당하다.

3. 청담 스님과 정토의 인연

1) 도선사 대웅전 아미따붇다 삼존상과 극락 9품 그림

1957년부터 1960년 5월까지 해인사 주지를 맡으면서 불교정화운동에 온 힘을 쏟던 청담 스님은 나이 60살이 된 1961년 도선사 주지가 되면서 서울에 머물게 된다. 도선 홈페이지에서 "대웅전 안에는 아미타삼존불이 봉안되어 있고, 법당의 내부 벽에는 달마達磨와 혜능慧能, 청담靑潭의 영정이 그려져 있으며, 후불탱화·팔상도八相圖·극락구품도極樂九品圖 등이 있다"고 했고, 현재 도선사에는 마애불입상(제34호), 목 아미타불 및 대세지보살상(제191호), 석독성상(제192호), 청동종 및 일괄유물(제259호) 등 서울시유형 문화재를 비롯해 19세말 조성된 지장시왕도, 괘불도, 묘법연화경, 대방광불화엄경소 등의 성보문화재가 다수 있다"고 했다.

언제부터 대웅전에 아미따붇다를 모셨는지 자세하게 나와 있지 않지만, 60살 이후 청담 스님은 마지막 입적할 때까지 10년은 매일 아미따붇다를 모시고 수행했다는 것은 확실하다.

도선사 대웅전 아미따붇다와 대세지·관세음보살

2) 대웅전 기둥 글귀(柱聯)에 새겨진 나옹선사 아미따붇다 게송

대웅전 기둥 글귀(柱聯)도 청담 스님의 정토 수행과 관련하여 생각할 수 있다.

❶ 阿彌陁佛在何方(아미타불 재하방)
 아미따붇다 어느 곳에 계시는가?
❷ 盡未來際度衆生(진미래제 도중생)
 미래세가 다하도록 중생을 구원하리[40]

도선사 대웅전 기둥 글귀(柱聯)

---

40) '盡未來際度衆生'은 大正新脩大藏經 第 3 册 No. 159, 『大乘本生心地觀經』에 나온 게송을 나옹선사 게송에 끼워 넣은 것으로 전체 기둥 글귀의 흐름에 잘 들어맞지 않는다는 느낌이 든다.

❸ 着得心頭切莫忘(착득심두 절막념)
마음속에 깊이 새겨 잠시도 잊지 말라

❹ 念到念窮無念處(념도념궁 무념처)
염(아미따불)하고 염하여 염조차 사라지면

❺ 六門常放紫金光(육문상방 자금광)
여섯 감각문에서 늘 자금 빛 놓으리.

❻ 自他一時成佛道(자타일시 성불도)
나와 남 모두 함께 불도 이루리.[41]

6개 기둥에 걸린 위 6문장 가운데 ❶❸❹❺는 바로 나옹선사가 속가의 누이에게 보냈던 편지 마지막에 붙인 게송이다.[42] 이 내용은 입적하기 3년 전 속가의 전 부인에게 간절한 편지를 쓴 청담의 속마음을 그대로 보여 주는 것 같다.

---

41) '自他一時成佛道'는 조선시대 충순(沖徇)이 지은 『승가예의집(僧家禮儀文)』에 나온 구절로, 이 칠언절귀도 기둥 글귀 전체 흐름과 잘 어울리지 않는다.
42) 覺璉 錄, 「나옹화상어록(懶翁和尙語錄)」, 「답매씨서(答妹氏書)」, 『조선불교통사』(중편) CBETA. 〈答妹氏書 自小出來. 不記年月. 不念親疎. 以道為念. 已到今日. 於仁義道中. 不無親情及與愛心我佛道中. 纔有此念. 便乃大錯也. 請知此意. 千萬斷除親見之心. 常常二六時中. 着衣喫飯. 語言相問. 所作所為. 於一切處. 至念阿彌陀佛. 念來念去. 持來持去. 到於不念自念之地. 則能免待我之心. 亦免枉被六道輪迴之苦. 至囑至囑. 頌曰. 阿彌陀佛在何方. 着得心頭切莫忘. 念到念窮無念處. 六門常放紫金光.〉

둘째 마당 대한민국 설립 후 극락 간 사람들 221

3) 진주 선덕화 보살과 염불 도인 하담 스님과의 인연

여러분이 보고 있는 『극락 간 사람들』 「일제 강점기 극락 간 사람들」 10번째 이야기에 청담 스님이 『금강경』 강의할 때 소개한 '어렸을 때 진주에서 본 선덕화 보살 극락 간 이야기'가 있다. 그 이야기 마지막을 이렇게 맺는다.

"그러니 나모아미따불 나모아미따불~, 그것만 불러도 이렇게 됩니다. 아무리 뜻도 모르고 극락세계 갈 거라고 그것만 해도 공덕이 되고 정신통일이 되어 혜慧도 열립니다."

여기서도 속가의 전 부인에게 염불을 권유한 연유를 찾을 수 있다.

그리고 이 책 『극락 간 사람들』 「해방 후 극락 간 사람들」 7번째 이야기에 '1960년대 염불 도인 하담 스님과 법산 스님이야기'에서도 염불과의 진한 인연을 찾을 수 있다.

장안사에서 염불삼매를 이룬 하담 스님이 중생에게 회향하기 위해 서울로 올라와 극장 선전원처럼 '나무아미타불'을 쓴 샌드위치 판을 앞뒤로 걸치고 서울을 누빌 때 거처가 바로 청담 스님이 주지로 있던 도선사이다. 그의 자가 법산 스님이 염불하다 천안통을 얻었을 때도 청담 스님은 "보이더라도 일체 신경 쓰지 말고 아미타불 일념에만 빠져라"라고 지도해 주었다. 하담 스님이 말년에 부산 범어사에서 극락에 갈 때 보여 준 고고한 경지에 그 절 스님들이 충격을 받았다고 했으나 청담 스님은 이미 서울에서 하담 스님의 경지를 알았고, 염불을 통해서도 일념과 무념을 이루고 극락 가서 불퇴전에 이른다는 것을 잘 알고 있었다는 것을 알 수 있다.

4) 돌아가자 돌아가, 내 고장 내게로! 나무아미타불!

청담 스님이 11월 15일 열반하시고 나서 19일 종단장을 하기 전날 신아일보는 다음 같은 글을 올려 청담 스님을 기렸다.

나는 과학이니 철학이니 종교니 하는
따위의 모든 착각을 다 버리고라도
나는 내 고장인 내게로 돌아와야 한다.

나의 영겁의 욕구이든
영원과 완전과 그리고
이 존귀한 자유 때문에!

그리고 저 한없는 중생들의

산 생명 그 일 때문에!
나는 절대로 그저 앉아
참을 수는 없다.

돌아가자 돌아가!
내 고장! 내게로!
돌아가자 돌아가!
객지에서는 의지할 곳이 없다.

고생만으로 짓밟히게 된다.
돌아가자 돌아가!
내 고장
내게로!

나무아미타불!

〈나의 인생관「마음에 비친 중에서, 1971년 11월 18일「신아일보」〉

엮은이는 이 마지막 '나무아미타불'이 그냥 관례에 따라 붙인 후렴이 아니라 청담 스님의 참마음이라고 본다.

9. 1972년, 일생 '나무아미타불 관세음보살' 염불하여 극락 간 부부

관조심 구술, 보정 정리

1) 부모를 잃고 맏형마저 출가한 김상진의 어린 시절

김상진·박일순 부부

김상진은 1891년 경남 창녕에서 태어났다. 청나라·러시아·미국 같은 외국 세력들이 다투어 들어와 조선왕조가 기울어가고 있었고, 4살 때인 1894년에는 동학란이 일어나 나라 안이 어지러웠으며 청일전쟁이 일어나 동아시아가 혼란에 빠진

둘째 마당 대한민국 설립 후 극락 간 사람들

때였다.

　13살 때인 1904년 일본군이 인천에서 상륙하여 서울을 깨트리고 1차 한일협약을 맺는 어려운 시절에 전염병이 돌아 아버지와 어머니를 한꺼번에 잃어버리면서 어려운 삶이 시작되었다. 갑자기 부모를 잃은 큰형(19세)·둘째 형(16세)과 함께 고모집으로 가서 일해 주면서 살게 되었다. 어느 날 맏형이 두 동생에게 말했다.

　"이 형이 돈 많이 벌어 올 테니 일 잘하고 어른들 말 잘 듣고 있어라."

　두 동생은 부모 같은 큰형이 돈 벌어 온다고 하니 믿고 기다렸으나 그 뒤 형은 영영 돌아오지 않았다. 그러던 어느 날 친척이 이야기해 주었다.

　"형은 머리 깎고 중 되러 갔다. 그러니 너희들은 이제 형 생각 말고 열심히 살아라."

　두 동생은 울면서 말했다.

　"형은 지금 어디 있습니까? 어떻게 만나죠?"

　"형은 지금 열심히 공부하고 있으니 올 수가 없고 너희들이 갈 수도 없단다. 형이 크게 깨우치면 그때 만날 수 있으니 너희들은 열심히 일해야 한다."

　형이 보고 싶다는 생각도 들고, 괘씸하다는 생각도 들었지만 어쩔 수 없이 친척 집에서 열심히 일하면서 형이 깨우치는 날만

기다렸다. 그러나 10년이 지나도 "너의 형은 하루 내내 밤낮으로 앉아 공부한단다"라는 이야기만 들었다.

    1913년 23살이 된 김상진은 이웃 마을 처녀와 결혼하였다. 신부 박일순은 1900년생으로 14살 때였다. 박일순은 김상진과 마찬가지로 10년 전 4살 때 전염병으로 어버이를 여의고 친척집에서 살고 있었는데, 그 친척이 서로 알고 지내던 김상진의 고모와 상의하여 고독하게 사는 두 사람을 맺어 준 것이다.

    그 뒤로도 김상진은 출가한 형을 끝까지 만나지 못했다. 다만 구포장에 가면 만나는 작은 형으로부터 "큰형은 잠도 안 자고 기도하여 큰 도를 깨쳐 앉아서 세상을 다 본단다"라는 이야기를 듣고, 10년 뒤 "네 형은 돌아가셨다. 앉아서 돌아가셨단다"라는 소식이 마지막이었다.

2) 부산에서 입문한 김상진 부부의 "나무아미타불 관세음보살"

    부부는 몇 년간 고모 집에서 일해 주며 살다가 부산으로 이사 갔다. 남의 집에 더부살이하다가는 영원히 스스로 집도 재산도 가질 수 없으므로 도회지로 나가 독립하기 위해서였다. 당시는 1910년 일본이 강점한 지 10년이 지났기 때문에 부산의 중요한 상권은 모두 일본인들이 차지하고 있었다. 30이 다 된 김상진은 일본인 모찌 가게에서 일하게 되었고, 부인은 일본사람 집에서 일해 주며 출퇴근하였다. 당시 일본 사람들은 한국 사람들을 강압적으로 대했지만, 불교도였던 두 집은 성실한 부부에게 아주 잘 대해 주었다.

모찌 집 주인은 김상진에게 자기들이 매일 읽고 있던『정토삼부경』을 한 권 주면서 읽도록 권유했고, 그 뒤 김상진은 목숨이 다할 때까지 자기 전에 하루도 빠지지 않고 그 경전을 읽었다. 하던 일이 아무리 늦게 끝나도, 그리고 일이 힘들어 피곤한 몸으로 돌아와도 하루도 빼지 않고 그 경전을 읽는 것을 보고 나중에 자식들도 불교에 관심을 갖게 되었다.

한편 부인은 부산에서 알게 된 이웃의 권고로 절에게 다니게 되었고, 일본 주인은 기꺼이 허락하고 도와주었다. 그때부터 "나무아미타불 관세음보살" 염불은 아침부터 저녁까지 완전히 생활이 되었다.

그렇게 두 부부의 30~40대는 배고프지 않고 열심히 일하면서 정토 신앙을 이어 갈 수가 있었다. 그리고 딸 6명과 아들 2명, 8명을 낳아 제대로 키울 수가 있었다.

전생의 인연인지, 아니면 아버지와 어머니의 신앙생활에서 영향을 받았는지 큰아들 김정만은 어려서부터 붇다의 가르침에 대한 믿음이 깊고, 실제 생활 태도도 남달랐다. 일제가 태평양전쟁을 일으키고 무기 생산을 위해 전쟁 직전인 1941년 9월 〈금속류회수령〉을 공포하여 조선에 남아 있는 온갖 쇠붙이를 약탈해 갔다. 식기, 제기와 같은 그릇은 물론이고 농기구를 비롯해 교회의 종이나 절의 불상까지 빼앗아 무기로 만들었다. 당시 『매일신보』 1943년 4월 2일자 「보전 김교장의 수범」이란 기사를 보면 "김성수가 전시물자 부족 현상을 메우기 위한 '금속회수운동'에 적극 동참하기 위해 자택 철문 등 약 2백 관(750kg)을 떼어 해군무관부에 헌납했다"라는 기사가 날 정도이다.

맏아들 김정만(1929년생)은 학교 갔다 오면서 가끔 일본 사람들이 공출받은 쇠를 모아 놓은 공장에 숨어 들어가 불상을 찾아내 가져와 엄마에게 드리면 엄마는 절에 가져다주었다.

3) 해방 뒤 힘든 삶 속에서도 받은 칭송 "이 부부는 똥만 빼면 부처님이다."

1945년 조국이 해방이 되자 모찌 집 주인은 김상진에게 "이제 우리는 일본으로 돌아가니 이 집에 와서 사십시오"라고 했고, 부인이 일하던 집주인도 똑같은 권유를 했다. 그러나 순진한 부부는 그 좋은 기회를 놓쳤다. 당시 항간에는 "일본 집 살면

쫓겨나고 징역 산다"라는 소문이 나서 감히 엄두를 내지 못하였다. 나중에 그 집에 가 보니 다른 사람들이 다다미방을 온돌로 고치고 있었다. 큰아들은 주는 것도 못 받아먹고 가난하게 산다고 원망한 적이 있으나 남의 것을 탐하지 않은 부부는 조금도 후회하지 않았다.

50대 중반이 된 김상진은 일할 곳을 잃고 높은 곳에 올라가 살면서 산에 밭을 만들어 옥수수, 조, 보리를 심어서 먹고살면서 저녁만 되면 늘 정토삼부경을 꺼내서 읽었다. 수확기가 되어 옥수수를 따면 뜰에 있는 높은 벚나무 아래, 마을 사람들을 모아놓고 함께 나누어 먹고, 여름이면 수박과 얼음을 사와 함께 먹으면서 늘 "이것은 붇다가 주신 것이다"라고 했다.

부부는 부처님 법에 따라 절대 고기를 먹지 않았다. 특히 부인은 그야말로 멸치 한 마리도 먹지 않고 철저하게 계를 지켰다. 그런 부인이 해방 뒤 아주 어려웠을 때 밀주 장사를 해서 많은 자식을 먹여 살렸다. 경전에 술을 팔지 말라고 했지만, 그런 사실도 몰랐고, 어려울 때 자식들을 먹여 살리느라 그런 생각을 할 겨를도 없었다. 술을 만들고 나면 나오는 찌개미를 얻으려고 줄을 서는 사람이 많았다. 박일순 보살은 팍팍한 찌개미에 술을 약간 붇고 설탕을 넣어 가난한 사람들에게 나누어주었다. 동네 할아버지가 와 술 한 잔 주면 마시고, "배가 불뚝 일어난다. 제수씨는 참 극락갈 것이오"라고 하였다. 당시 술 한잔은 서민들에게 허기진 배를 채우는 음식이기도 했다.

　어려운 생활 속에서도 부인은 늘 "나무아미타불 관세음보살"을 달고 살았다. 이처럼 신행이 깊고 성실한 부인은 일제강점기부터 다니던 절의 살림을 도맡는 신도 대표를 맡아 열심히 일했다. 절에 행사가 있으면 집집마다 다니면서 쌀을 거두어 자루에 넣고 깨끗하게 보자기를 덮어 놓았다가 하얀 옷으로 갈아입은 뒤 신도 15명이 쌀을 나누어 이고 산 넘어 절로 가져가곤 했다.

　산꼭대기 집에는 두 분의 부처를 모셨다. 맏아들 김정만이 손수 부처님을 만들어 하얗게 회를 칠하고 옆 산을 파서 돌로 방을 만들어 부처님을 모시고 어머니가 직접 점안식을 했다. 그리고 집 안에도 작은 부처님을 한 분 모셨다. 보살은 매일 새벽 3시면 우물에 가서 물을 길러 와 두 부처님에게 올리고 조왕신에게도 올린 뒤 "나무아미타불 관세음보살'기도를 했다. 새벽 3시면 컴컴해서 더듬어 가야 했는데, 우물 위에 늘 고양이 만한 짐승이 눈에 불을 켜서 물을 뜨게 하고 집 대문까지 뒤따라오면서 불을 밝혀 주었다고 한다.

　이렇게 기도를 많이 한 탓에 비록 학교는 다니지 않았지만 아는 것이 참 많았다. 돌림병이 왔을 때 식구 10명이 다 죽게 되었는데, 아침저녁으로 쌀을 갈아 먹여 살리고, 동네 아이들이 경기를 일으켜 데리고 와서 대문을 두드리면 무슨 수를 썼는지 모르지만 나아서 돌아갔다. 당시 병원에 가기 힘들 때 동네에서 누가 아프면 가서 자기 일처럼 낫게 해 주는 신통력이 있었다.

그래서 절과 동네에서는 "이 부부는 똥만 빼면 부처님이다", "이 부부는 생불이다"라고 소문이 났다.

김상진 부부와 여섯째 딸(왼쪽)과 외손녀

4) 1972년, 김상진 거사 먼저 극락으로 갔다.

1971년, 80살이 되는 해에 김상진 거사가 이야기했다.

"나는 내년 10월에 간다."

그리고 1년 뒤 10월이 가까워지자 떠나기 일주일 전에 말했다.

"자식들 다 불러 얼굴 한 번 보고 가련다."

그래서 8남매가 모두 모여 오랜만에 노래도 하고 춤도 추며 즐거운 시간을 보냈다. 김 거사는 기운이 없어 춤은 추지 못했지만 손벽을 치며 좋아했다. 그렇게 모든 자식들이 모여 아버지와 마지막 날 밤을 함께 보내고 다음 날 헤어졌다.

3일 뒤 할멈을 불러 당부했다.

"이제 내가 4일 있으면 가는데, 내가 죽으면 사람들이 많이 올 것이니 물과 쌀도 미리 준비하고, 그릇도 미리 빌려다 놓아라. 그리고 당신이 다니는 절 스님 불러서 내 발인재 부탁하여라."

4일 뒤인 10월 4일, 부엌에서 일하는 할멈을 불렀다.

"손님이 오셨는데 뭘 좀 차려라."

부인이 들어가 보니 아무도 보이지 않았다. 그러나 40년이 넘게 절을 다니고 "나무아미타불 관세음보살"을 입에 달고 다니던 부인은 극락에서 아미타불이 오셨다는 것을 직감했다. 그래서 상에 물 3공기와 짚신 한 켤레를 올려 서쪽을 향해 놓고 3번 절한 뒤 말했다.

"부처님 오셨거든 우리 영감 정말 착하게 살았으니 잘 데려가 주세요."

나와서 신발을 신으면서 들으니 영감 소리가 들렸다.

"부처님, 부처님, 부처님, 저에게 아들 둘이 있는데 얼굴 보고 가겠습니다. 기다려 주십시오." 이 소리를 듣고 부인은 '아 부처님이 오셨구나' 하고 확신을 하였다.

30분 뒤 큰아들 오니 엄마가 '들어가 봐라' 해서 들어가 아버지 손을 잡자 말했다.

"나는 극락에 가니 걱정하지 말고 엄마 잘 모시고 엄마에게 잘해라."

하고는 눈을 감았다. 1972년 10월 4일로 나이 81세였다.

부인이 다니는 절 스님이 와서 발인하는데 관 아래 땅이 흔들려 겁내는 사람들이 있었으나 같은 절 다니는 보살이 이것이 무슨 뜻인지 짐작하고 사람들을 안심시켰다. 그리고 화장할 때 사람들이 보니 위로 빛이 환하게 비쳐 많은 사람이 환희심을 냈다.

김상진 거사가 극락에 간 뒤 집안이 좋아지고 많이 바뀌었다. 가장 큰 일은 맏아들 김정만이 출가한 것이다. 김정만은 이미 어릴 때부터 출가하고 싶었다. 그래서 부처님을 만들어 기도하고, 일본 사람들이 모아 놓은 부처님을 호주머니에 가지고 와서 어머니에게 드렸다. 그 뒤 커서도 아버지가 "장남이니 결혼해라"라고 많이 이야기했으나 받아들이지 않다가 아버지가 돌아가시자마자 범어사로 출가했다.

그리고 아버지가 돌아가셨다는 소식을 듣고 가장 먼저 달려왔던 36세 여섯째 딸은 죽은 아버지가 활짝 웃는 모습을 보고 "사람이 돌아가시면서도 웃으시는구나!" 하고 감동한 뒤 바로 불교에 귀의하여 86살이 되는 현재까지 염불을 계속하고 있다.

5) 1994년, 박일순 보살 극락 간 이야기

박일순 보살은 95세였던 1994년 5월 14일 극락을 갔다. 나이가 많아진 보살은 다섯째 딸이 모시고 있었다. 나이가 많아 딸이 절대 일을 하지 말라고 했지만, 딸이 출근하고 나면 늘 집안을 깨끗하게 하시고는 오로지 "나무아미타불 관세음보살"만 불렀다.

1994년 5월 14일, 엄마가 며칠 전 "수일 안에 가겠다"라고 하였는데, 그날은 장사하러 가고 싶지 않아 엄마 곁에서 수발을 들었다.

그런데 딸과 이야기하던 엄마가 갑자기 일어나 서쪽을 향해 3번 절하고 "예, 예, 알겠습니다"라고 하더니 서쪽을 바라보며 비스듬히 누웠다. 놀란 딸이 "엄마"하고 부르니 입을 우물우물 하는 것이 무어라고 하는 것 같았다. 다시 "엄마" 부르니 입을 우물우물하는 것 같았다. 그리고 세 번째 "엄마"를 불렀을 때는 이미 눈을 감고 대답이 없었다. 목숨을 거두었는데 예쁜 미소를 짓고 있었다.

소식을 듣고 출가한 맏아들 범서 스님이 와서 염불하고 자식들도 모두 와서 염불하는데, 엄마가 활짝 웃고 있으니 모두 기분이 좋고 자식들은 슬픈 마음이 조금도 없었다. 일생을 "나무아미타불 관세음보살"만 부르다 가신 경사였으니 슬퍼할 까닭이 없었던 것이다.

엄마의 "나무아미타불 관세음보살"을 그대로 이어받아 수행하는 자식은 여섯째 딸 관조심 보살이다. 엄마가 늘 입으로 뭐라고 곰작곰작하는 것을 보고 이빨이 아프냐고 묻는 딸에게 엄마는 이렇게 말했다.

"기도하는 것이다. 너도 나무아미타불 관세음보살 해라, 그러면 좋은 일 있고 죽을 때도 좋은 데 간다."

그래서 일찍이 "나무아미타불 관세음보살"을 염송하던 여섯째 딸은 앞에서 보았듯이 아버지가 돌아가신 36살에 절에 가서 귀의하고 본격적인 염불 수행에 들어갔으며, 48명이 함께 염불하는 미타회를 이끌었다.

1997년에는 아들 박보성, 딸 박은진과 함께 극락 다녀오신 관정 스님에게 귀의하여 아들·딸과 함께 3명이 모두 자성염불을 이루었으며, 손자 현우도 3살부터 염불을 하고 있다. 그리고 한때 방황하던 김상진의 둘째 아들 김봉제도 출가하여 말년에 정토선염불을 열심히 하고 있다.[43]

1997년 압곡사 : 여섯째 딸, 둘째 아들·(宏海)·첫째 아들

---

43) 여섯째 딸 관조심 보살, 보살의 아들 박보성, 딸 박은진과 외손자 현우, 그리고 김봉제의 염불 수행에 대해서는 『극락 가는 사람들』(맑은나라 사람들, 2015) 47~100쪽을 볼 것.

10. 1974년, 평생 정토, 말년 출가하여 극락 간 사천 백운암 혜타 스님

年代: 佛紀 二千五百十八年 甲寅 (1974)

泗川 白雲庵 比丘尼 慧陀(1904~1974) 碑文

경남 사천시 사천읍 토촌길 181-15

智冠, 『韓國高僧碑文總集』-조선조 · 근대편, 1224쪽

백운암 혜타(慧陀) 비구니 행적 비

사천읍 비구니 혜타 스님은 백운암을 크게 발전시키고 불법을 널리 펴서 사람들을 많이 이끄신 스님이다. 스님의 속성은 김이요, 본은 경주니 서기 1904년 대한 광무 8년 갑진 8월 24일 함경남도 영흥에서 태어났다. 아버지는 김상진金尙鎭이요, 어머니는 평양 염廉 씨다.

7살에 아버지를 여의고, 13살에 함경남도 문천군 덕원면 당모리 강유진康有鎭에게 시집갔다가 24살에 남편과 따로 살면서 기독교 신자로 종사하기 여러 해이었다. 33살에 어머니 상사를 만났는데, 탁발하는 스님의 권고로 49재를 베풀어 천도하고 그 인연으로 불교에 귀의하였다.

37살에 안변군 석왕사에서 한암漢巖 **스님에게 보살계를 받았으며, 미타행**彌陀行**이라는 이름을 가졌다.** 불교에 귀의한 뒤부

터 10년 동안 고향에서 해월사海月寺 망경암望京庵, 도창사道昌寺 재성암再醒庵 같은 법당들을 혼자서 다시 짓는 시주가 되었고, 문평면文坪面에 있는 집을 석왕사에 헌납하여 포교당을 만들었다. 반년 동안에 지은 불사는 부처님 3분, 가사 100벌, 탱화 6축을 조성하였고, 백운암에서 여러 번 석암昔巖 스님을 청하여 보살계 법회를 열어 여러 사람에게 신심을 일깨워 주었다.

고향을 떠나 서울에 와서 있으면서 호국역경원護國譯經院**과 경국사**慶國寺**를 다니면서 아미따경을 읽고 정토에 전심**傳心**하였다.** 1951년 가을에 경상남도 사천군으로 이사하였고, 1955년에는 불교 정화운동 참여하여 상대방 관리와 대결하며 조계사 대웅전을 고수하는 데 공로가 있었다.

1958년 사천읍 백운암을 설립한 이 거사의 간청으로 백운암에 들어가 있으면서 전당 7채를 더 짓고, 토지 1,800평과 임야 7반보反步(1반보=300평)를 사들이고, 전기를 끌어오고, 통행하는 길을 넓히고, 상수도를 마련하는 등 절을 발전시키는 데 힘썼다. **또 이웃 사람들에게 불교를 포교하고 정토사상을 일러 주어 수백 명의 신도를 얻었는데, 지금 백운암 신도회장 아무개씨도 본래 기독교인데 스님의 교화를 받고 불교로 돌아온 사람 중의 한 분이다.**

1971년 4월에 68세 늙은 몸으로 중이 되어 경기도 의정부시 회룡사回龍寺 주지 도준道準 비구니의 상좌가 되었으니 수계사는 석암昔巖 스님이다. 70살에 양산군 통도사 금강계단에서 구족계를 받고, 1974년 4월 8일에 사바를 떠나니 나이는 71이요, 법랍은 34라.

맏딸과 둘째 딸도 비구니가 되었다. 나는 이 스님을 모르는데 봉선사奉先寺 운경雲鏡 스님의 부탁을 받고 이 스님의 막내딸 강상 품화康上品華가 기록한 행적에 따라 이 글을 적는다.

서기 1974년 6월 일

운허 용하耘虛龍夏 짓다.

11. 1976년, 간곡한 아들 권유와 인도로 극락 간 강해월 거사

『월간 붓다』 2544년(2000년) 11월~12월호

해월(명철)님의 체험실록

아버지께서 심장병을 앓으신 지가 벌써 올해 들어 10년이나 되었다. 병을 고치기 위해 이 병원 저 병원, 이 약 저 약 다 먹어 보아도 소용없었고, 계속 악화되기만 하였다. 자식된 도리로 아버지 옆에서 잘 간호해 드리고 보살펴 드려야 하는데, '나라의 몸'이 된 이상 어쩔 수가 없어 매일 전화로만 문안드리는 일이 자식의 도리 전부였다.

하루는 안부 전화를 드리는데 문득 부처님의 말씀이 생각났

다. "아버지, 부처님께서 병이라는 것은 실체가 없고 거짓 임시로 나타난 것에 불과하다고 합니다. 성을 잘 내거나 탐착심과 집착심이 강한 사람일수록 병에 걸릴 확률이 높고, 특히 암이나 불치병에 걸릴 위험이 많다고 합니다. 그래서 병

을 고치려면 마음의 근원을 보고 평시 마음을 허공같이 텅 비우고, 조화롭고, 평등하게 마음을 가지면 병에 안 걸리고, 불치병도 얼마 안 있어 완치된다고 합니다."라는 말씀을 드렸다. 어쩌면 아버지께서는 부처님의 지혜로운 말씀으로 10년 동안 불치병을 버티어 왔는지도 모른다. 그러나 올해 병진년(1976) 들어 아버지의 병환이 더욱 더 악화되어갔다.

올 7월 초에 어머니한테서 전화가 왔다. "아버지의 병환이 더욱 깊어져서 지금은 전화를 받을 기력조차 없다"는 것이었다. 이 소식을 전해 들으면서 나도 모르게 눈물이 흘러내렸다. '나무 관세음보살, 관세음보살'을 계속 염송하며 아버지의 무병장수를 마음속으로 기원했다.

7월 중순경에 외박을 받아 시골집에 내려가 아버지께 문안 인사를 드렸다. 아버지 얼굴이 올 초에 보았을 때보다 살이 많이 빠져 있었고, 안색도 매우 좋지 않았다. '아! 아버지께서 임종하실 날이 얼마 남지 않았구나! 살아 계실 때 부처님 법을 전하자!' 아버지의 어깨를 주물러 드리면서 『반야심경』 한 구절을 들려드렸다. "아버지, 『반야심경』이라는 경전을 보면 관세음보살님께서 인간의 한계인즉 육체는 빈 것으로 보셨다고 합니다. [오온개공五蘊皆空]"이라고 하니, 아버지께서 "왜 인간의 육체가 없느냐? 지금 멀쩡히 있는데 왜 없다고 하느냐?"라고 반문하셨다.

"아버지, 관세음보살님께서 보시니 육체가 내[我]이고, 생각하는 기운이 자신의 마음인 줄 알고 있고, 또한 주위의 환경(六塵 : 色聲香味觸法)이 나를 위해서 있고, 나의 만족을 채워 주는 도구인 줄 알고 있고, 거기에서 소원이 성취되면 행복하고 실패하면 괴롭고, 울고 웃으면서 살아가는 것이 인간의 낙이요 행복이라고 잘못 보고 있다고 말씀하였고, 그것이 인간의 한계라고 설하셨습니다."

"아니, 그러면 우리가 지금 살고 있는 것이 진리가 아니란 말이냐?"

"예, 그렇습니다. 인간은 육체와 정신, 주위 환경의 지배하에 항시 살아가고 있고, 거기에서 탐착심을 일으켜 남보다 물질적으로 풍요하게 살고, 높은 위치에 있어야만 직성이 풀리고, 만족감을 찾고, 일이 시원스럽게 풀리지 않으면 온갖 죄업을 짓는 것이 인간의 한계입니다.

예를 들면, 내가 많은 돈과 빌딩과 고급승용차를 가지고 있다고 하면 그 사람의 수준은 그것밖에 가지고 있는 수준이 되지 않습니다(유한성)!"

"그러면 그것보다 더 큰 것이 있단 말이냐?"

"예, 그렇습니다, 아버지! 법정 스님의 '텅빈 충만'이라는 말씀이 있습니다. 모든 것을 비웠을 때 [육체, 정신, 환경이 공空했을 때] 천하와 통한다고 했습니다. 바꾸어 말하면, 우주와 하나가 된다고 말할 수 있습니다. 즉, 우주가 자기이고, 자기가 우주가 되는 것이죠. 물질이라는 유한에서 우주라는 무한으로 자신의 마음이 크고 넓게 되는 거죠! 그렇게 되면 돈이 많든 적든, 지위가 높든 낮든 간에 아무런 관계가 없고 걸림이 없이 물질과 육체와 정신세계를 마음대로 굴리면서 인생을 자유롭고 조화롭게 살아갈 수가 있습니다. 또한 아버지, 죽는 것을 두려워할 필요가 없습니다. 관세음보살님께서 생이 없고 죽음도 없다고 하셨습니다. 그래서 생이 없고 죽음도 없는데 무엇이 두려움이 있겠습니까? 본래 그 자리로 가는 것이 자연스러울 뿐입니다.

아버지께서는 "그러면 어떻게 해야만 마음이 편안하고 자유스럽게 생활할 수 있느냐?"라고 물으셨다.

"아버지! 일단 모든 것이 텅 비었다고 觀을 하시고, 마음에 생각을 머무르게 하면 됩니다. 가령 남과 싸웠을 때 싸움이 끝이 나도 상대방의 얼굴이 떠올라서 분한 마음이 생기게 되는데 그렇게 되면 스스로 마음고생만 하게 되고 심지어 어리석음에 빠져 죄를 짓는 경우가 허다합니다. 예를 들면, 물이 시냇물에서 하천으로, 하천에서 강으로, 강에서 바다로, 자연스럽게 흐르면 한 맛이 되어 물 스스로 분별을 없애고 평등한 맛이 됩니다. 그러나 물이 흐르다가 웅덩이에 빠져 웅덩이 물이 되면 시간이 오래될수록 그 물 스스로가 썩어 버리게 되고 시커먼 물로 변해 버립니다.

　마음 또한 이와 유사합니다. 그래서 좋은 생각이든 나쁜 생각이든 생각이 일어나면 일어나는 대로, 사라지면 사라지는 대로 가만히 보고만 있고 놓아두기만 하면, 생한 것은 반드시 사라지게 되어 있습니다. 생각이 일어나면 필히 생각이 아! 일어났구나 하고 알아차리십시오, 그러면 그 생각은 곧 사라지게 됩니다. 항상 어느 때라도 깨어 있는 마음으로 생활하시면 마음이 매우 편안해지고 자유롭게 생활하실 수 있습니다."

　아버지는 "그래, 막둥아! 알았다. 앞으로 머무름 없는 마음과 깨어 있는 마음으로 남은 여생을 보내마!"라고 말씀하셨다. 그러나 마음이 놓이지 않았다. 왜냐하면 법문을 전하는 나도 부처님의 말씀과 고승 대덕의 법문만을 전해 주었을 뿐, 나 자신도 이 어려운 법문을 이해하기가 힘들었던 것이다.

　"아버지, '나무 관세음보살'을 매일 염하면 누구나 극락 왕생할 수 있다고 합니다."

　아버지께서는 그 말이 정말이냐고 반문하시더니 "그래, 알았다" 하시고는 어느새 주무시고 계셨다. 그것이 마지막 대화였다. 그 다음날 아버지께 작별인사를 드리고 양구로 복귀했다. 그러나 나의 마음은 계속 아버지께 가 있었다. 일요일, 절에 가서 법회에 참석하여 아버지의 무병장수와 극락 왕생 기도를 드리니 마음이 한결 편해졌다.

2개월이 지난 어느 날, 훈련 끝나기 하루 전날 야외에서 취침 중이었는데, 절 법당에 계시는 아미타 부처님께서 피눈물을 흘리며 꿈에 나타나셨다. 그것은 마치 현실에서 보는 것처럼 또렷하게 나타났다. 그때가 새벽 3시였다. 그런데 문득 이런 생각이 드는 것이었다. '혹시 아버지께 무슨 일이 일어났나? 그런데 왜 아미타 부처님이 나타나셨을까?' 이런저런 생각으로 잠을 이루지 못하고 아침을 맞이했다. 그리고 오후에 아버지께서 더 이상 가망이 없고 위독하다는 연락을 받게 되었다. 그 연락을 받고 한동안 멍하니 먼 산만 바라보고 있었다. 그리고 '나무 관세음보살, 나무 관세음보살. 아버지의 극락 왕생을 기원합니다' 나 자신도 모르게 눈물을 흘리며 마음 속으로는 관세음보살님을 염하고 있었다. 당장 아버지께 달려가고 싶었지만 훈련 마지막 날 임무를 맡고 있는 나로서는 차마 지휘관에게 말하기가 어려웠다. 그리고 모든 훈련이 끝나 보고를 한 후, 양구에서 아버지가 계시는 포항의 병원으로 향했다.

 "어머니, 아버지의 병환은 어떻습니까?" 하고 물으니, 어머니는 우시면서 "병원에서는 가망이 없다고 한다. 자꾸 헛소리만 하고 계신다"고 하셨다. 중환자실 면회가 허락되어 아버지를 만나니, 헛소리를 하고 계시다가 "우리 막둥이 왔구나!" 하며 눈물을 흘리셨다. 아버지의 어깨를 주물러 드리며 '신묘장구대다라니'를 세 번 염한 후 아버지께 앞면에 '아미타불, 관세음보살, 대세지보살' 그림과 뒷면에 신묘장구대다라니가 적혀 있는 호신불을 드렸다. 다음날 아침 9시경에 어머니로부터 연락이 왔다. 아버지의 임종이 임박하니 작은 방을 깨끗이 치우고 있으라는 것이었다. 서둘러 방을 치우고 가족들에게 연락을 했다. 아버지가 집에 도착했을 때는 산소호흡기에 의존하여 의식불명의 상태였다. 의사는 산소호흡기만 떼어 버리면 목숨이 끊어진다고 하였다. "부산에서 가족들이 올라오고 있습니다. 조금만 더 기다려 주세요!" 의사는 알겠다고 하였다.

나도 모르게 아버지를 부르며 울다, 문득 아미타 부처님 생각이 났다. 그래서 임종을 앞둔 아버지의 귀에 대고 아미타 부처님과 관세음보살, 대세지보살, 지장보살을 염했고, 신묘장구대다라니를 이마에 손을 대고 염했다. 그런데 갑자기 의식불명이던 아버지께서 눈을 뜨시고 사방을 둘러보신 후 1시간가량 계시다가 가족들을 보지 못한 채 서서히 숨을 거두셨다. 그때 경전의 말씀이 생각났다. '임종 찰나에 아미타불을 염하면 매우 영리해지기 때문에 극락 왕생 연화대에 왕생할 수 있다.' 그래서 아버지의 귀에 대고 20분가량 부처님을 염하고 광명진언을 108번 염했다. 그런데 갑자기 옆에 계시던 어머니의 단주가 흰색에서 빨간색으로 바뀌었다고 한다. 나는 허겁지겁 인근에 있는 사찰로 향했다. 마침 절에서는 비로자나 부처님의 개금 불사를 하기 위한 불사금을 받고 있었다. 거기 계시는 스님께 자

초지종을 말씀드리니 법회가 끝날 때까지 법당에서 극락 왕생 기도를 하라고 일러 주셨다. 그리고 끝나면 다시 오라고 하셨다. 아버지를 위한 개금 불사를 하고 부처님께 초를 공양한 후 아미타 부처님을 관하며 아버지의 극락 왕생을 빌었다.

법회를 마친 후 스님을 친견하니 지장전에서 『금강경』 독송을 하라고 하셨다. 성심성의껏 염하고 법당을 나왔다. 돌아오는 길에 웬 노인이 걸어가고 있었다. 아버지 생각이 나서 차를 세우고 행선지를 물었다. 마을까지 간다고 한다. 아버지 생각이 자꾸 나 "할아버지! 무병장수 하시고 오래 오래 사세요" 하고 인사를 드리며 헤어졌다. 그리고 문득 '광명진언'이 생각났다. 십악오역을 지은 죄인도 3~4번만 들으면 모든 죄업이 멸하고, 깨끗한 모래에 108번 진언을 염한 후 망자의 무덤이나 또는 시신에 뿌리기만 해도 모든 죄업이 멸하고 극락세계에 왕생한다는 경전의 문구가 생각났다. 그래서 나는 바다의 깨끗한 모래를 구해 집으로 향했다.

집에 도착하니 가족들이 모두 모여 집안은 울음바다가 되어 있었다. 어머니께 '광명진언'에 대해 말씀을 드리고 깨끗한 물로 21번을 씻어서 신묘장구대다라니 3번, 광명진언을 모래 위에 108번을 염한 후 모래를 조금씩 5등분하여 비닐포장을 해서 아버지 몸에 뿌렸다.

그런데 이상한 일이 생겼다. 가족과 친척들이 갑자기 마음이 편하다고 했다. 눈물을 흘리고 곡을 해야 하는데 눈물도 나지 않고 곡할 마음도 생기지 않아 마냥 마음이 흐뭇하다고 했다. 나 역시도 그랬다. 마냥 반가부좌를 하고 있으니 마치 아버지께서 극락 왕생하는 모습이 계속 스치고 지나가는 것 같았다. 얼마 후 장의사가 왔다. 모든 방을 꽃으로 장엄한 후 불법승 삼보께 이 꽃을 바친다고 마음으로 염했다. 장의사가 아버지를 입관할 때 관 속에 신묘장구대다라니경, 아미타불, 관세음보살의 그림과 금강경, 그리고 관세음보살 육자대명왕진언을 넣어 드리고 왼손에는 단주를 채워 드리고 광명진언으로 단장한 모래를 같이 넣어 드렸다.

그리고 난 후 아버지께 말씀드렸다. "아버지, 육체는 허망한 것이고 정신도 허망한 것입니다. 육신은 죽으면 흙, 물, 불, 바람으로 돌아가니 육신에 대한 탐착심을 버리고 죽은 영혼에 대한 애착심 또한 버리십시오. 또한 부처는 모양이 없으니 아버지의 근본 마음이 부처임을 자각하시고 극락세계 구품연화대에 왕생하셔서 아미타불 부처님을 친견하시고 성불하십시오!"라고 한 후 장엄 염불을 독송해 드렸다.

다음날 아침 스님을 모셔와 정성들여 염을 하였다. 스님께서는 혈육의 지극한 정성이 중요하다고 하시면서 신심을 다해 아미타불을 염하라고 하셨다. 저녁이 되어 아버지 영전에 신묘장구대다라니를 3번 독송하고 장엄 염불을 독송해 드렸다. 그런데 다음날 불가사의한 일이 일어났다. 어머니께서 앉아 계시다가 갑자기 벌떡 일어나시면서 생전에 아버지께서 하시던 행동을 하시면서 말씀을 하시는 것이었다.

"명철아! 나는 아버지다. 어머니의 육신을 잠시 빌려 이 얘기를 전하려고 왔다. 아버지는 후손들 덕에 극락세계에 왕생했다. 처음에는 (저승)사자가 붙어서 사경을 헤맸단다. 그런데 네가 신묘장구대다라니를 염하니 (저승)사자는 물러가고 갑자기 아미타 부처님과 관세음보살님, 그리고 여러 보살님이 오셔서 나를 극락세계로 데리고 왔다. 아버지뿐만 아니라 우리 조상님들까지도 극락세계에 같이 왕생하게 되었다. 그 세계는 말할 수 없을 정도로 장엄하고 무척 평화롭다. 그러니 너희들도 부처님 말씀을 받들고 육신이 건강할 때 대공덕을 많이 짓고 살아라. 명철아! 네가 다니는 절은 작지만 금강산 줄기를 타고 있기 때문에 수행 및 소원을 빌면 좋은 일이 있을 것이다. 정말 고맙다."

그리고 가족들에게 축원을 해 주시고 신묘장구대다라니를 필히 수지 독송하라는 말씀을 남기신 후 "나는 이만 극락세계로 간다"라는 마지막 말씀을 남기셨다. 그리고 어머니는 본래의 모습으로 돌아오셨다.

한동안 침묵이 흘렀다. 이 불가사의한 일을 어떻게 받아들이고 설명을 할 것인가? 10분이 지났을까? 작은 매형께서 먼저 입을 여셨다. "부처님 말씀이 맞구나. 극락세계가 실제로 존재하고 있구나. 앞으로 불, 법, 승 삼보께 귀의하며 공덕을 지어야겠다." 그곳에 참석한 모든 친지들도 그렇게 해야겠다고 말씀하셨다. 아버지의 하관식을 할 때 묻히시는 땅에 신묘장구대다라니를 염한 후 다시 광명진언으로 단장한 모래를 주위에 뿌렸고 반야심경 독송 후 집으로 돌아왔다.

　부처님은 무슨 일이든 지극정성을 다하면 누구나 소원을 성취할 수 있다고 말씀하셨다. 어쩌면 1%의 확률이 100%의 확률이 될 수 있다는 말씀일 것이다. 또한 쌀 한 톨이 삼천대천세계를 꽉 채워 일체중생에게 공양할 수 있다고 큰스님들은 말씀하신다. 즉, 『화엄경』에 있는 이야기처럼 모든 것은 내 마음이 만든다. '일체유심조一切唯心造]' 유한적으로 한정된 마음에서 무한한 영원자재한 마음으로 변할 수 있다는 이야기다. 나는 신묘장구대다라니를 7년 동안 매일 하루 3번씩 수지 독송하였다. 그리고 '관세음보살님은 어떤 마음인가?'라는 화두를 가지고 있다. 독송을 하는 아침에는 조국과 인류의 평화를 빌었고, 점심에는 일체 중생의 소원이 성취되기를 빌었으며, 저녁에는 일체중생의 극락 왕생을 발원했다. 아마도 내가 임종 시 또는 임종 후에도 계속 그렇게 할 것이다.

　금일 인연으로 모든 중생이 아공, 법공법, 인연 중도법을 모두 깨치고 모든 중생과 더불어 극락 왕생을 발원하며….

12. 1980년, "나무관세음보살"로 암 극복하고, "나무아미타불"로 극락 간 김병천 거사

운경(백련사 회주)

1) 기도 원력과 범종 불사 인연으로 횡재를 이루다.

운경(백련사 회주)

1969년인가, 1970년인가 확실하게 기억이 나지 않지만, 우연한 기회에 병자생(1936년생)인 이연화 보살을 만났는데 산신기도를 모시고 싶다고 했다. 왜 산신기도냐고 물었더니, 남편과 본인이 장충공원 서울시 공원용지를 빌려, 정원수 조경공사를 하는 장충식물원을 운영하기 때문에 산신기도를 모시고 싶다고 했다. 이렇게 하여 산신각에서 산신기도를 열심히 모셨다.

내가 거주하는 백련사에서 부처님기도와 산신기도를 열심히 모시고부터 사업이 잘 풀린다고, 더욱 열심히 기도하러 다녔다. 그렇게 3~4년 열심히 기도하는 사이 마침 백련사 범종 불사가 시작되자 상당히 많은 불사금을 시주했고, 절에서는 남편 김병천 사장의 이름을 종명에 새겨 올렸다. 1974년 4월 범종 불사 낙성식 날 보살보다 11살이나 위인 김 사장(1925년생으로 당시 50세)도 백련사에 처음 와서 법문을 듣게 되었다. 김 사장은 이북 사람으로 기독교 모태신앙이라 생후 일주일만에 교회에 가서 유아세례를 받은바 있다고 한다. 필자 또한 초년에 기독교 신앙을 한 경험이 있어, 여러 방면 종교적인 이야기로 서로 소통하는 게 있었다.

백련사 범종 불사 낙성식에서 김 사장에게 종을 한번 쳐 보게 했다. 김 사장은 은은하게 울려 퍼지는 범종 소리를 듣고, 가슴에 울리는 느낌이 이루 말로 표현할 수 없는 희열과 함께 과거로부터 현재에 이르는 모든 것이 새로워지는 감명을 받았다고 한다. 이연화 보살은 범종 불사 이후 불교에 관심을 두는 남편을 보면서 백련사에서 법당 기도와 더불어 산신기도에 더욱 정진했다. 기도 원력으로 사업이 잘되어 두 부부가 더욱 신심이 깊어져 갔다.

1971년 말부터 1972년 초까지 남한과 북한은 대한적십자사의 정홍진과 북한적십자사의 김덕현을 각각 실무자로 내세워 판문점에서 회의를 개최했다. 이 비밀회의 협의를 바탕으로, 1972년 5월 이후락 중앙정보부장이 평양을 방문해 김일성을 직접 만났다. 이에 대한 화답으로 북한노동당조직지도부장 김영주를 대신해 박성철 제2 부수상이 서울을 방문했다.

한편 남한의 이후락과 북한의 김영주가 6월 29일 그동안의 합의 내용에 서명하고 7월 4일 서울과 평양에서 각기 공동성명을 발표했다. 소위 말하는 남북 7.4 공동성명이다. 이 성명은 자주·평화·민족 대단결의 3대 원칙을 공식적으로 천명한 중요하고 뜻깊은 내용이다.

김병천과 이연화 부부가 겪은 횡재는 이렇다. 박성철 일행은 판문점에서 통일로를 통해 서울로 들어오기로 되어 있었다. 통일로 주변을 미화하기 위해, 양측 2차선 도로의 가로수 사이에 관상수를 심어 나무 벽을 치는 공사를 하게 되었다. 서울시로부터 급하게 수주를 받고 전국에 있는 묘목원을 총동원하여 나무 벽에 쓸 관상수를 납품받고, 많은 인력을 동원해 도로 양측에 나무를 심느라 매일 밤을 새워 가며 공사를 했다. 이 공사는 당시 중앙정보부의 지시에 의한 공사였기 때문에 모든 일이 일사천리였다. 심지어 나뭇값조차도 어디에 있는 나무를 얼마에 사야 한다고 말만 하면 본인들이 나뭇값을 내지 않아도, 다 관에서 알아서 처리하는 식으로 해결되었다. 게다가 시한이 임박했기 때문에 중앙정보부 직원들이 함께 밤을 새우며 공사 현장 인부들을 독려했다. 이렇게 하여 간신히 공사 일정을 맞출 수가 있었다.

그런데 그해 1972년 12월 31일에 파주농협으로부터 조경공사비를 받으러 오라는 연락이 왔다. 현금으로 결제할 것이니, 현금을 수송할 차량을 준비하라는 것이었다. 지프차를 빌려서 파주농협에 갔더니 현금을 산같이 쌓아 놓고 가져가라는 것이었다. 현금을 차에 가득 실었다. 사람 앉을 자리도 없이 다 채우고 간신히 끼어 앉아 장충식물원까지 오기는 했는데, 장충식물원이 한데나 마찬가지였기에 부득이 사무실 뒷방에 현금을 방 하나 가득 쌓았다.

마침 연말연시가 되어 3일간 휴무여서 두 부부는 돈을 지키느라 차례로 잠을 자고 화장실도 간신히 다녀오는 상황으로 만 3일을 보냈다. 돈 냄새가 어찌나 고약한지 나중에는 머리가 아프고 정신이 몽롱할 정도임을 그때 비로소 알게 되었다고 한다. 그렇지만 평생 이렇게 많은 돈을 가져 보는 기회가 없을 것이라는 생각에, 그냥 즐겁기만 했다고 한다. 4일 아침에 은행에 가서 예금하겠다고 했더니 은행에서 차를 가져와 여러 사람이 동원되어 입금하게 되었다.

부부는 통일로 가로수 공사를 수주받고 공사를 원만하게 완료한 모든 일이 부처님의 공덕이라고 생각해 감사의 원력을 함께했다. 그 후 김 사장은 태고종 총무원에서 봉행하는 '불교중흥기원법회' 단상(장충체육관)에 올릴 화분들을 수십 개 시주

하고 또 적당한 장소에 장엄하는 일도 손수 해 주었다.

建鐘 불기 3001(1974) 4월

대시주 : 홍우범 · 김수석 · 金丙阡 · 정태원 · 허기

2) 몸이 아플 때는 "관세음보살"

그 후 몇 년이 지난 어느 날, 이연화 보살이 내게 전화를 걸어서 다급한 어조로 남편이 몹시 고통스러워 한다고 했다. 전화를 받은 후 문병하러 가 보니 김병천 사장은 이미 간암 세포가 전신에 번진 상태일 뿐 아니라, 온몸이 여기저기 몹시 아프게 쑤셔서 도저히 참을 수 없었다고 한다. 온몸에 쑥뜸을 직구로 떠서 전신이 모두 새까맣게 탄 상태였다. 얼굴만 빼고는 1cm 간격으로 전부 뜸에 탄 자국이 있었다. 얼마나 아플까? 얼마나 아팠을까를 생각하니 안쓰러워 볼 수가 없었다. 그런데 본인은 스님께서 걱정하실까 봐 연락을 안 했다고 도리어 나를 위로했다. 나는 김 사장의 손을 잡고 이렇게 말했다.

"나와 함께 관세음보살 기도를 합시다. 모든 병과 고통에서 구해 주시는 분이 관세음보살입니다. 김 거사님은 원래 기독교인이니 알아듣기 쉽게 말하면, 관세음보살은 천사나 예수님이나 하나님처럼 우리 중생들 가까이서 우리를 돌보시며 우리가 발원하는 기도를 이루어 주시는 분입니다. 확실하게 믿고 저하고 같이 관세음보살을 부릅시다."

둘이서 손을 잡고 관세음보살을 20여 분 동안 같이 부르고 난 뒤 "나는 절로 돌아가 3일 동안 기도를 모시겠으니, 김 거사님은 집에서 관세음보살을 놓치지 말고 열심히 계속 부르세요"라고 하고 떠났다.

이렇게 헤어져, 나는 절로 돌아와 3일 동안 하루에 세 차례 정근 기도를 정성스레 회향했다. 이연화 보살에게 전화가 왔다. 그렇게 아파하던 온몸이 한 군데도 안 아프고 다 나았다는 것이다. 나는 바로 장충식물원으로 달려갔다. 김 거사는 연신 관세음보살을 염송하면서 부처님과 스님 덕에 암이 다 나았고, 그렇게 아프던 게 지금은 하나도 안 아프다는 것이었다. 며칠 사이에 암이 그렇게 완치된다는 것은 믿을 수 없었지만, 본인은 아무 데도 아픈 데가 없으니 다 나았다고 생각하는 것이었다.

이후 김병천 거사는 운영하던 조경 사업을 계속하며 현장에도 다니고 설계도 하고 열심히 사업을 하였는데, 1년 6개월 뒤 다시 간암이 악화하여 서울대학병원에 입원하게 되었다. 김 거사가 나를 찾는다고 하여 병실을 방문하였다. 김 거사는 내게 말했다. "병원에서는 암세포가 전신에 전이되어 수술할 수가 없답니다. 그런데 저는 하나도 아프질 않으니 이상합니다." 내가 물었다. "김 사장님, 수술받고 싶으십니까?" 그러자 김 거사는 수술받게 해 달라고 부탁을 했다.

결국은 이연화 보살이 인연을 동원해 수술해 주라고 요청하여, 결국 수술을 했다. 막상 열고 보니 암세포가 전신에 번져서 도저히 손을 댈 수가 없어서 그냥 꿰맸다. 그런데 꿰맨 자리도 봉합이 되지 않을 것 같다고 하면서 그냥 퇴원하라고 한다며 나에게 연락이 왔다. 나는 그냥 병원에 계시게 하면서 봉합된 다음에 퇴원하는 게 좋겠다고 했고, 과연 병원 의사들의 예상과는 다르게 수술 자국은 완전히 봉합되었다. 김 거사는 퇴원 길에 내가 사는 백련사에 들러 기도를 하고 집으로 돌아갔다.

일주문 : 삼각산 정토 백련사 (三角山 淨土 白蓮寺)

3) 목숨이 다할 때는 "나무아미타불"

　퇴원한 후에도 김병천 거사는 항상 관세음보살을 놓지 않고 열심히 염송했는데 또 기적이 일어났다. 병원에서는 금방 돌아가신다고 진단했지만, 김 거사는 아내에게 "나는 암이 다 나았다"라고 하면서 여전히 조경 사업에 매진했다. 부인이 혹시나 하는 생각에 남편 모르게 뒤를 보살피면서 사업을 지속했다. 그러다 세 번째 병석에 누웠다는 소식을 듣고 필자가 김 거사를 찾아가 본즉, 몸이 많이 쇠한 것 같아서 김 거사에게 말했다.

　"사람은 누구나 때가 되면 인연 따라 왔던 곳으로 돌아가야 합니다. 이 세상은 잠깐 머무는 여관과 같은 곳입니다. 나의 본래 주인인 영이 떠날 때가 되면 몸을 버리고 떠나야 합니다. 이제까지는 '관세음보살'을 염송했지만, 앞으로는 '나무아미타불'을 염송하십시오. 아미타불은 극락세계의 주인으로 고통받는 모든 중생을 그곳으로 거두시는 부처님이십니다."

　내 말을 들은 김 거사는 이때부터 아미타불을 쉬지 않고 염송했다. 하루는 한밤중에 침대 밑에서 자는 아내를 불러 깨워, 백련사 스님의 법명이 뭐냐고 물었다.

　"아니, 스님 법명은 이 밤중에 왜 물어요?"
　"갑자기 생각이 안 나서 그래."

"운경 스님도 모르세요? 그런데 자다 말고 스님 법명은 왜 물어요?"

"꿈을 꿨는데 꿈속에서 내가 다른 사람들과 같이 어디를 멀리 갔어. 거기 높은 곳 의자 위에 왕처럼 생긴 사람이 앉아있었는데 나더러 어디 사는 누구냐고 묻는 거야. 그래서 내가 장충식물원에서 조경 사업하는 김병천이라고 말했지. 그랬더니 그건 내가 다 아는 일이고, 평소 무슨 기도를 했느냐는 거야. 그래서 내가 초년에는 교회에 다니다가 나이 들어 백련사 다니면서 관세음보살 염송했고, 노년에는 나무아미타불 염송한다고 했더니, 참 잘했다면서, 그걸 누가 일러준 것이냐고 묻는 거야. 내가 갑자기 스님 법명이 떠오르지 않아 쩔쩔맸더니, 그 왕이 다음에 올 때는 그 스님 법명을 꼭 알아 오라면서, 주위 사람들에게 이 사람은 여기 올 때가 아직 안 되었으니 다시 데려다주라는 거야."

백련사 무량수전(無量壽殿)

둘째 마당 대한민국 설립 후 극락 간 사람들

이렇게 김 거사는 말을 마친 뒤에, 아내의 말을 듣고 '운경 스님, 운경 스님' 하고는 스님 법명을 '관세음보살, 나무아미타불' 주력하듯이 한동안 계속 읊조렸다고 한다.

4) 생전에 가본 극락세계, 꿈인가 생시인가?

돌아가기 7일 전에 망원동 집을 방문했더니 김 거사는 스님이 일러 준 대로 열심히 아미타불을 염송하고 있다고 자랑을 한다. 나는 이연화 보살에게 장례 준비를 말해 주었다.

"우선 흰옷을 한 벌 지어서 돌아가시기 직전에 입힐 옷을 마련하고, 침대를 치우고, 돌아가기 전에 목욕(수건으로도 가능)시켜 드리고, 준비한 흰옷을 입혀 드리고, 머리는 서쪽으로 향하게 누이시고, 숨을 거둔 다음에는 병풍을 쳐서 몸을 가리십시오."

물론 이 말은 김 거사와 떨어진 다른 방에서 이 보살에게만 가만히 일러 주었다. 이 보살은 내 말을 받아 적어 서랍에 넣어 두었다. 나는 백련사로 돌아오는 길에 아는 장의사에 들려 연락이 오면 잘 모실 것을 당부했다.

다음날 김 거사가 아내를 부르더니 말하기를 "나는 얼마 안 있다 극락세계라는 곳에 간다. 내가 꿈이 아닌 현실에서 극락세계를 가 보았는데 참으로 묘하더라. 내 평생 조경을 해 왔지만, 그렇게 아름다운 곳이 없더라. 꽃과 나무와 풀들이 조화롭게 가꾸어졌는데 이 세상에 없는 많은 꽃이 피어 있고 집들도 너무 아름다울 뿐 아니라, 이 세상에서 보지도 못한 흰 새와 파란 새 등 많은 새들이 날아다니고 지저귀는데 너무 좋더라"라고 했단다.

그리고 김 거사가 아픈 사람인데도 두 손을 배 위에 올려 놓고 차수를 하고 있길래, 이연화 보살이 "왜 차수를 하느냐"면서 손을 내리려 하자, 김 거사는 "극락세계에 갔더니 내 뒤로 왕궁의 내시 같은 두 사람이 차수를 하고 양쪽 뒤에서 따라다녀, 나도 미안해서 차수를 하네"라고 했다는 것이다. 아내는 남편이 이상한 이야기를 한다고 생각했는데, 김 거사는 다시 말하기를, "여보, 참 이상한 일이네. 당신이 보이면 극락세계가 안 보이고, 극락세계가 보이면 당신이 안 보이니 말이야"라고 했단다.

서방정토사(西方淨土寺) 백련사(白蓮寺)

극락보전(極樂寶殿)

5) 죽을 날 미리 알고 가족에게 준비시킨 뒤 극락으로 가다.

1980년 여름, 김 거사는 돌아가기 3일 전에 "김치를 많이 담그라", "고장 난 가스레인지를 고치라"고 했다. "여름 김치가 잘 쉬는데 왜 김치를 많이 담그라 하세요? 김치 드시고 싶은 거야?" 하고 물었더니, 김 거사는 "시키는 대로 해요" 하고 짧게 말했다고 한다.

김 거사는 돌아가는 날 국가 대표 수영 선수인 딸이 전국체육대회 출전하느라 일찍이 아버지에게 인사하고 떠나자, 아내에게 "명신(딸 이름)이가 오늘 금메달을 딸 텐데 내가 보지 못하고 떠나서 안 됐군" 하며 안타까워했는데, 정말 그날 딸은 전국체전에서 금메달을 땄다.

딸을 보내고 나서 김 거사는 "지금 침대를 치우고 내 머리를 서쪽으로 뉘어 몸을 씻은 다음 준비한 흰옷을 입히고, 내가 숨을 거두면 병풍 이름을 말하면서 그 병풍 높낮이를 잘 맞추어 치라"고 말했는데, 그가 시키는 대로 목욕시키고 침대를 치운 후 서쪽으로 눕히자 숨을 거두었다고 한다. 그때 이연화 보살은 전에 내가 일러준 말을 적은 메모지를 서랍에서 찾아보니 남편이 시킨 절차가 그대로 적혀 있는 것을 보고 놀랐다고 한다. 죽을 사람이 먼저 다 알고 시킨 셈이니. 김 거사가 전해 준 여러 일과 극락세계 이야기는 『아미타경』에 있는 극락세계를 직접 보고 아내에게 일러 준 것이 분명했다. 김 거사나 아내 이연화 보살은 아미타경 이야기를 들어본 적도 없는 사람들이었으니, 필자도 감탄하지 않을 수 없었다.

『아미타경』에 보면 약 하루나 내지 이레만이라도 일념으로 아미타불을 염송하면 극락세계에 태어난다고 했고, 미타인행 48원의 18번째에도 누구든지 일념으로 단 열 번만이라도 아미타불을 염송하면 극락세계에 태어난다고 되어 있는데, 김 거사가 이 경전 내용을 체험한 실례이다.

※ 김 거사 왕생 이야기는 40년이 지난 일이라 김 거사가 몇 년에 왕생하였는지 확실하게 기억이 나지 않아 자료를 찾던 중 다음 같은 탑과 비문 사진을 찾아냈다. 지금 그 탑은 인연이 다 되어 다른 곳으로 옮겨 갔지만, 사진을 통해서 김 거사의 관음 주력과 말년에 '나무아미타불' 염불을 통해서 극락에 간 사실이 생생하게 기록되어 있어 이 글 마지막에 덧붙인다.

2524년(1980) 9월에 세운 정토 장엄보탑

13. 1983년, 죽었다 살아난 삶을 극락으로 이끈 대덕화 보살

법령,『자신의 죽음을 조명해 보는 · 아미타경 강화』
(바라밀다, 1999년 초판, 2판) 393쪽

한 많은 인생, 부활한 김대덕화(金大德華) 보살의 일생

1901년 경남 마산시의 명문가의 딸로 태어난 그는 17세 때 부산시 동구 수정동의 달성 서씨達城徐氏 집으로 시집와서 시부모님을 모시고 행복하게 살아가는데 해가 바뀌면서 태기가 있어 집안 어른들의 사랑을 받았다. 그러나 그런가 했더니 아직 나이 어린 며느리로서는 하늘과 같은 남편이 병이 들어 온갖 치료를 다 해 보고 이병원 저 병원의 문을 두드렸으나 끝내 불귀의 객이 되고 말았다.

그는 18세의 청상이 되어 그의 파란만장한 일생이 처절하기만 하였다. 유복자를 낳아서 한 많은 인생의 항해에서 선장을 잃은 대덕화 보살은 38세가 되어 병을 얻게 되어 여러 병원을 전전하였으나 끝내 병원에서 숨을 거두고 말았다. 시신은 병원 영안실로 옮겨졌다.

아들과 친척들이 오열하고 있는 가운데, 아들은 나이 21세로서 갑자기 어머니를 잃게 된 슬픔에 떨었다. 한 많은 대덕화 보살은 그 일생만큼이나 그의 죽음 또한 보통 사람들과는 다소 다른 것이 있었는데 보살은 자신이 운명한 뒤에 자신의 시신을 둘러싸고 오열하고 있는 아들과 친척들의 광경을 보게 된 것이다. 그래서 제8아뢰야식이 사대를 빠져나와 자신의 시신까지 보게 된 것이다. 그러나 자신의 몰골이 초라함을 느낄 때 갑자기 어린 시절의 고향 마산이 생각나자 그 순간 그는 고향인 마산에 당도해 있었다. 어릴 때 살던 옛 집은 없어지고 그 자리엔 새 집이 들어서 있었고 눈에 익은 나무들이며 옛 모습대로 남아 있는 집들이 고향의 정취를 진하게 안겨 주었다. 고향의 풍경이 잠잠히 머물러 있는가 싶었는데 일순간 다시 자신이 살던 집이 생각나며 순간적으로 부산 집에 이르렀다. 그러나 집에는 일하는 가정부 이외는 아무도 보이지 않아 다시 병원으로 가겠다고 생각하니 순간적으로 병실이 그대로 보였다.

그러나 자신이 누워 있었던 침대에는 자신의 시신과 오열하는 아들과 가족들이 보이지 않았다. 이제 자신의 몸뚱이를 찾아야겠다는 황급한 생각에 이르러 병원의 영안실로 가 보니, 그곳에 자신의 시신이 막 운구되어 온 것이다. 몇몇 집안 어른들이 지켜보는 가운데 하얀 이불에 덮여 있는 자신의 시신을 발견하고는 다시 몸속으로 들어가고 싶은 충동을 느꼈다. 순간 모든 것이 실행되고 더 이상 몸뚱이와의 분리된 세계는 전개되지는 않았다.

의사가 확인한 사망이었으나 마지막 입관을 할 때 최종적인 점검을 거치게 되어 있다. 보살은 이 순간에 다시 육신에 대한 애착으로 몸속으로 제8 아뢰야식이 들어가서 다시 살아나게 되었다. 마지막 점검을 위해 의사 선생님과 간호사의 진단으로 다시 응급실로 옮기라는 것이었다. 그야말로 기사회생(起死回生)이었다. 대덕화 보살은 분명 자신의 죽은 시신을 보았고 또 죽었던 자신이 이와같이 되살아나 있다는 사실에 깊은 생각에 빠지고 말았다.

- 삶과 죽음 사이 - 그것은 본래 어떤 의미로 나타나는 것인가?

이리하여 38세로서 거듭난 또 하나의 대덕화 보살이 이제까지와는 사뭇 다른 또 다른 여인의 삶이 시작되는 것이다. 산다는 것과 죽는다는 것은 전혀 다른 것이 아닌 현상변이(現像變移)일 뿐 본래가 둘이 아님을 알게 된 그는 친정 오라버니의 소개로 스님을 찾아가서 자신의 인생을 고백하고 진정한 자아를 찾을 수 있는 방법을 간청했다. 보살의 나이 53세 때에 아들 부부에게 모든 집안일을 맡기고 염불하면서 그야말로 염불삼매에 들게 되었다. 3년간에 걸쳐 염불하던 56세 때에 김해에 있는 모은암慕恩庵으로 가서 스님으로부터 마 삼근麻三斤이란 화두를 받고 참선에 들어갔다.

그후 경남 양산에다 토굴을 짓고 본격적인 정진에 들어갔다. 그 당시 무여 스님을 만나 수행의 지도를 받기도 하여 생사를 넘나들면서 심오한 경지에까지 들어 깊이 있는 수행이 더욱 영글어 가게 되었다.

1983년 가을이었다. 부산 동구 수정동의 아들 서동진 씨 댁에는 그의 어머니 대덕화 보살(당시 83세)이 찾아와서 가족을 모아놓고 무겁게 입을 열었다. "이제 내가 세상의 인연이 다하여 떠날 때가 되었다. 인연 따라 와서 인연 따라 가는 것이다. 슬퍼하거나 더 머물기를 바라지 말고 가야 할 곳으로 가는 것뿐이니 회향을 잘해 주기를 바란다. 앞으로 5일 내로 가게 되니 모든 장례 절차는 무여 스님과 의논하여 불교식으로 치르도록 하라"고 당부하시고 ….

그 후 5일째 되는 날 식구들이 지켜보는 가운데 자는 듯이 편안하게 가셨다고 한다. 그는 다비茶毗에서 영롱한 사리 3과를 남겨서 자신의 영원함을 보여 주었다.

모은암 극락전(김해시 블로그)   극락전 석조 아미따불 좌상

　분명 대덕화 보살은 한 많은 인생을 살아가면서도 자신에 대해서 지나칠 정도로 회의에 빠졌던 나머지 죽음에 임하여 그 마음이 그냥 떠나기에는 너무 미련도 많은 세상이라 제8아뢰야식이 몸뚱이로부터 이탈하였어도 자신의 시신을 볼 수 있게 된 것이다. 다시 말해 일반적인 사람들의 죽음과는 달리 자신의 인생을 지나칠 정도로 생각했던 것이 업이 되었기 때문에 제8 아뢰야식의 작용을 스스로 알 수 있게 되었던 것이라고 생각한다.
　부활 이후에는 본격적인 아미타불의 염불 수행과 참선수행을 겸하였기 때문에 대덕화 보살의 왕생은 결정된 것으로 믿을 수 있게 된 것이다.

14. 1993년, 말년에 '염불 왕생' 발원하여 극락 간 해인사 자운 대율사

陝川 海印寺 慈雲堂 盛祐大律師碑文 (1911-1992)
(『慈雲大律師律風振作一次報告書』으로 함
慶尙南道 陝川郡 伽倻面 海印寺 一柱門 前
佛紀 二五四一年 丁丑 (1997) 세움
智冠, 『韓國高僧碑文總集』-조선조·근대편, 1,290쪽

붇다의 마음 등불을 재해 계율을 널리 편 자운 대율사 원명사리탑 비문
(傳佛心燈 弘戒律 慈雲大律師 圓明舍利塔碑銘)

불교 가르침 계·정·혜 3가지 가르침에서 선禪은 본바탕이고, 경經·율律·논論 3장은 가르침의 뿌리다. 그러므로 계를 지키지 않으면 선정에 들어갈 수 없고, 선정을 닦지 않고는 지혜가 드러날 수 없다. 『비구계본』 머리말에 "내 이제 비니법毗尼法을 연설함은 정법을 오래도록 유지하게 함이다. 비니毗尼(律, vinaya)란

불법의 수명이니 선은 붇다의 마음이요, 교教는 붇다의 말씀이며, 율律은 붇다의 움직임이라 하였으니 마음 · 말씀 · 움직임이 따로 떨어질 수 없다. 선과 교만 있고 계율이 없다면 승가에 일정한 높낮이(分限)가 어찌 존재할 수 있겠는가. 그러므로 중이 무거우면 법이 무겁고, 중이 가벼우면 법이 가벼우며, 법이 가벼우면 붇다도 가볍다고 하였다. 세존께서 열반에 즈음하여 마지막 가르치시길 '내가 열반한 뒤는 계율을 스승 삼아 수행하라'고 당부하셨다."

불교가 우리나라에 전해 온 지 어느덧 1,630년에 이르는 동안 계율을 전공한 스님은 신라시대에는 자장과 진표 두 대율사이며, 백제에는 겸익 율사이고, 고리(高麗) 조에는 뚜렷이 찾아볼 수 없으며, 조선시대에는 배불정책으로 불교가 위축된 상황이었지만 다행히 인조와 순조 두 임금을 앞뒤로 금담錦潭과 대은大隱이란 두 대율사가 나왔다. 일제강점기는 한국 전통 불교를 말살하려는 흉책으로 계율을 무시하고 '결혼하고 고기 먹도록(帶妻肉食)' 하여 계 지키는 것마저 흐리게 하였다. 그러나 이러한 시기에도 불구하고 한국 불교의 오랜 역사를 열어 보여 '계를 스승으로 삼으라'는 붇다의 마지막 가르침을 받들어 근본적인 불교 중흥을 몸소 실천하신 한국 불교의 탁월한 정신적 지주인 대율사가 계셨으니 자운慈雲 율사가 바로 그분이시다.

스님이 이은 법맥은 사꺄(釋迦)의 76대, 달마의 49대, 혜능의 42대, 임제의 37대, 태고의 18대인 환성喚醒 후손인 용성당 진종震鍾 대종사용성 스님은 68대 금계 원우錦溪元宇, 69대 청파 혜원靑坡慧苑, 70대 백인 태영百忍泰榮, 71대 완진 대안翫眞大安, 72대 침허 처화枕虛處華, 73대 초우 영선草愚永瑄, 74대 남호 행준南湖幸準, 75대 용성 진종龍城震鍾이지만 위의 7대를 뛰어넘어 환성 지안喚醒志安의 법을 멀리 이어받았다고 하였으니 멀리 이어받은 것으로 따지면 용성 스님은 68대가 된대의 법을 받은 제자로서 속성은 김씨요 본관은 경주이며, 법명은 성우盛祐, 호는 자운慈雲, 자호自號는 청량사문淸凉沙門이며 탑이름은 원명圓明이시다.

율사께서는 1911년 음력 3월 3일 유酉시 강원도 평창군 진부면 노동리路東里 41번지에서 아버님 김자옥金玆玉 공과 어머님 인동 장씨의 다섯째 아들로 태어났다. 아버지는 관동의 양반으로 한학에 조예가 깊었고, 특히 노자·장자에 정통하여 (소동파의) 금시琴詩를 좋아하였다. 어머님 장씨 부인은 법복 입은 거룩한 스님이 오른손에 고리 6개 잘린 지팡이를 짚고 왼손에는 다섯 빛깔이 눈부신 구슬 2개가 담긴 유리항아리를 주면서 이것은 문수보살님께서 주시는 것이니 소중히 잘 간직하라는 어느 날 밤의 태몽이 있은 뒤부터 고기와 매운 남새 등은 먹지 아니하고 몸과 마음을 맑고 깨끗하게 하고 붇다에게 기도하였으며 많은 불사에 동참하여 공덕을 닦았다.

　율사께서는 태어나면서부터 거룩한 자태를 지녔으니 얼굴은 마치 둥근 달 같고 입술은 붉은 연꽃 색이며 이는 흰 연꽃 색, 눈동자는 햇빛에도 어지럽지 아니하였으며, 고요히 앉아 있는 자태는 마치 큰 연꽃 활짝 핀 것 같았다.

　아직 말을 제대로 하지 못하는 세 살 때인 어느 날 어머니의 손을 잡아당기면서 빨리 집 밖으로 나가자고 보채기에 마지못한 어머니가 아이를 업고 대문 밖으로 나오자마자 불이 나서 집이 모두 타 버리자 모두가 영명한 예견에 경탄하였다. 어려서부터 의젓한 모습을 보였으니, 사람을 만나면 합장하고 앉을 때는 가부좌를 하며, 흙으로 불단을 만들고 돌로 불상과 탑을 쌓아 풀잎을 태워 향불을 삼고 꽃과 열매를 따서 이바지하였으며, 메마른 못에 물을 넣어 죽어 가는 물고기를 살리는가 하면 아버님이 낚시하는 곳에 따라가면 산 고기는 모두 물에 놓아 주어 꾸짖음을 당한 적이 한두 번이 아니었다 하니 참으로 개미 구하는 사미가 다시 나타난 것이라고 하였다. 어머님 장씨 부인은 좋은 부인으로서는 (동한 시대) 양홍梁鴻 처와 같고, 어진 부인으로서 (한나라 열녀전에 나오는 초나라) 노래老萊의 부인과 같았으며, 다짐하고 바라는 것은 (지장보살의 전신인) 광목여인光目女人과 같고, 고운 모습은 묘덕妙德과 다름이 없었다. 집안이 가난하여 머리를 잘라 어머니로서 정성을 다했고 베틀의 실을 끊어 아들의 학업을 채찍질하였다.

이러한 어진 어머니 밑에서 가르침을 받은 율사께서는 7살부터 태어나 이곳 진부서당에서 『동몽선습』을 비롯하여 4서 3경 같은 유학 책을 공부하였다. 어느 날 오대산에서 탁발 나온 양혜운梁慧雲 스님을 보고 무한한 환희심을 일으켜 공손히 절을 하였다. 이때 스님은 대컨 사람이란 단정한 몸과 마음이 성인이 되는 바탕이 되나니 너는 장래가 촉망되는 좋은 아이이므로 부처님을 의지하여 바르게 살아 중생에 넉넉한 도움을 주는 큰 사람이 되라면서 8가지 괴로움움을 없애는 길(八正道) 법문을 일러 주었다. 15살 때 기도하러 가는 어머니를 따라 오대산 상원사에 가서 예운당 경윤敬允 스님을 다시 만나 100년 3만 6천일이 승가의 한나절에도 못 미친다는 순치順治 황제의 출가 시를 들었다. 이때부터 점점 세상의 이런저런 일이 싫어졌고 인간 생활의 보편적 개념만 설명한 유교에 대하여 회의를 느끼기 시작하였다. 그리하여 다음 해인 1927년 1월 18일 다시 상원사로 혜운 스님을 찾아가니 스님은 합천 해인사로 떠나고 없었다.

율사께서는 그길로 부모의 허락도 없이 해인사로 달려가 출가할 것을 결심하고 팔만대장경각에서 1만 배를 올리었으니 마침내 혜운 스님을 은사로 남천당南泉堂 광언光彦 화상을 계사戒師

로 하여 2월 8일 대적광전에서 사미계를 받았다. 그로부터 은사 스님을 시봉하면서 3장 연구에 몰두하여 1932년 범어사 강원에서 대교과를 졸업, 1934년 범어사 금강계단에서 권일봉權一鳳 율사로부터 보살계와 비구계를 받았다.

같은 해 7월 15일 해인사 선원에서 첫 안거를 이룬 뒤 1935년부터 울진 불영사에서 눕지 않고 앉아서(長坐不臥) 6년 결사를 원만히 회향하였다. 1938년 도봉산 망월사 용성 대종사를 찾아 뵙고 서래밀지西來密旨를 든 다음 오도송을 읊었다.

青山常運步(청산상운보) 푸른 산 늘 돌고 움직이는데
白雲永不動(백운영부동) 흰 구름 영원히 꿈쩍 않고,
人踏水底過(인답수저과) 사람은 강바닥을 걸어 지나가는데
水不着衣裳(수불착의상) 물은 옷을 입지 않았구나.

용성 종사는 이를 듣고 그 경지를 인증하여 곧 입실건당入室建幢을 허락하고 "뜰앞에 심은 나무가(庭前植樹子) 뚜렷이 숲을 덮었도다(儼然冠山林) 몸에 감청색 두르고(身帶紺青色) 이파리 수미산을 덮었다(葉覆須彌山)"라는 전법게와 의발衣鉢을 전해 주었다.

율사께서는 당시 일제 식민 수탈로부터 조국해방과 민족정기를 되살리고 불교의 빛나는 전통을 중흥시키려는 큰 바람을

세우고 1939년 4월 15일부터 오대산 중대 적멸보궁에서 하루 20시간씩 100일 문수 기도를 봉행하던 중 99일 만에 문수보살이 푸른 사자를 타고 앞에 나타나 "착하다 성우여, 반드시 이 나라 불교의 승강僧綱을 되살리도록 정진하라" 하시고 계척戒尺을 전해주시면서 "금계禁戒를 굳게 지니면 불법 다시 홍하리라"라는 감응을 받았다.

율사께서는 그로부터 서울시 종로구 봉익동 대각사에 머무시면서 당시 희귀한 율장을 구할 수 없어 2년 넘게 삼복 더운 날에도 두터운 장삼을 입고 날마다 국립중앙도서관에서 만속장경卍續藏經에 실려 있는 5부 율장과 그 주소註疏를 모두 베껴 써 율장을 수집하고 이를 깊이 연구하여 마침내 방대한 율장에 정통하였다.

1948년 문경 봉암사에서 처음으로 보살계 수계법회를 가졌으며 그로부터 천화율원千華律院 감로계단을 설립하고 율문을 강의하는 한편 한문 본「사미율의沙彌律儀」「사미니율의沙彌尼律儀」『범망경』「비구계본」「비구니계본」같은 25,000권과 한글 번역본「사미율의」「사미니율의」『범망경』「비구계본」「비구니계본」등을 3회에 걸쳐 48권을 펴내 유포시켰다. 봉암사를 비롯하여 전국 단일계단에 이르는 1991년까지 전계傳戒한 우바새 우바이 사미 사미니 식차마나 보살 비구 비구니 같은 수계 제자가 무려 10만 명이 넘는다.

뿐만 아니라 말년에는 염불念佛 왕생往生을 발원하고 『무량수경』 『정토삼부경』 『십육관경』 『아미타경』 『깨닫겠다는 마음을 내는 글(勸發菩提心文)』 『정토법요淨土法要』 『삼시계념불사三時繫念佛事』 『원오선사 법어圓悟禪師法語』 같은 것들을 운허耘虛 스님 번역으로 펴내 유포한 것도 10만 부에 이른다.

1946년 종사宗師 법계를 받고, 1955년 불교 교단 정화 뒤 첫 대리 해인사 주지, 1956년 재단법인 해인학원 이사장, 같은 해 해인사 금강계단 전계대화상, 1957년 대한불교조계종 경남 종무원장, 1958년 조계종 중앙감찰원장, 1959년 밀양 표충사 주지, 1960년 해인사 주지 재임, 같은 해 5월 8일 스리랑카에서 개최한 세계불교승가연합 창립대회에 한국 대표로 참석, 1967년 동래 범어사 주지, 1970년 해인사 주지 3임, 1974년 인도에서 개최한 세계평화촉진회 한국 대표 참석, 1975년 조계종 규정원장糾正院長, 1976년 대한불교조계종 총무원장, 같은 해 8월 조계종 원로에 추대, 1977년 재단법인 대각회 이사장, 1987년 대종사 법계를 받음, 1979년부터 입적하실 때까지 동국역경원장에 재임하였다. 율사께서는 성품이 청렴하고 정직하여 남을 먼저 챙기고 자기를 챙기는 정신으로 일체 사사로움은 허용하지 아니하였다.

춘추 50이 되신 뒤부터는 날마다 아미따불 10만 념, 『아미따경』 48편 읽기, 아미따불 예경 1,080배, 문수예찬 108배, 그리고 저녁마다 몽산시식蒙山施食, 매달 15일에는 방생 같은 실천을 한결같이 하였다.

옷은 계율에 따라 갈아입을 옷 빼놓고는 한 벌도 두지 아니하였고, 잠도 매일 4시간 이상 자지 않았으며 목숨이 다할 때까지 때 아니면 먹지 않는 계(非時食戒)를 지켜 오후에는 공양을 들지 않았다.

율사께서는 1971년 3월 3일 화갑을 맞아 새로운 한국 불교 중흥 서원을 세우려고 50년 도반인 영암暎岩 대종사와 상좌인 지관智冠에게 30일 단식으로 이번 삶을 회향하시겠다는 굳은 결심를 조용히 알려오자 대종사 지관이 극구 만류하여 겨우 뜻을 바꾸도록 한 날이 갈수록 더욱 새롭게 깨우쳐 주는 바가 크다. 기회가 있을 때마다 문도들에게 말씀하시기를 권속들이 모여 법을 지키는 것이 아닌 파벌을 짓는 일에는 절대로 관여하지 말고 수행과 포교에 전념하고 부득이한 경우를 빼고는 주지 같은 외호직外護職은 사양하라고 하였다. 율사께서는 측근에 대하여는 지나칠 정도로 엄격하였으나 측근이 아닌 다른 사람들에게는 온화함이 마치 봄바람과 같아서 사람들은 입을 모아 가까운 분에게 엄하고 먼 사람에게 인자한 분이라고 하였다.

율사께서는 총무원을 비롯하여 해인사 같은 절에서 종무를 보면서 크고 작은 종단의 어려운 일을 사심없이 해결하여 종단 화합에 이바지한 바가 적지 않았다.

율사께서는 해인사가 법보 종찰로서 세계에서 하나밖에 없는 팔만대장경판을 봉안하고 있으나 부처님의 진신사리가 없음을 애석하게 생각하던 중 1960년 5월 8일 스리랑카에서 열린 세계불교승가연합 창립대회에 한국 대표로 참석하였다가 진신사리 2과를 봉안하고 돌아왔다. 이 사리는 인도 불적개발보존위원장이었던 달마파라 대사가 스리랑카의 불타가야 성도대탑을 복원하고 준공법회 때 개설한 비구계단의 갈마아사리였던 슬리구나실리瑟利拘那悉理 스님이 탑 속에서 사리 2알을 얻어 모시고 있다가 제자인 사타티사 스님에게 전해 준 것이다. 율사께서 전해 받은 이 사리 2알을 대장경각에서 3·7일 기도하던 중 문수보살의 지시를 받아 가야산 속 낙화담 서녘 천불동 길상봉 중턱 천연 바위를 깊이 파고 모셔 가야성지를 더욱 빛나게 하였다.

해인사 주지 재임 중 과거 해인대학 설립 당시 무상으로 양도하였던 해인사 소유 임야와 토지를 모두 환수 이전하여 해인 총림의 기반을 튼튼히 하며, 1960년 해인사 주지를 다시 맡으며 총무 영암映岩 스님과 함께 전임 주지 때 사찰 농지 경작인들이

제소하여 초심에서 패소한 사찰농지 소송을 인계받아 3년 만에 대법원으로부터 마지막 승소 판결을 받아 해인사 소유 토지뿐만 아니라 전국 사찰 토지도 모두 완전히 유지되게 하였다.

율사께서는 문도나 뜻있는 젊은 후학들에게 수행과 함께 비전悲田에 속하는 사회복지에도 전력하라고 당부하였다. 기회가 있을 때마다 당신 자신의 문제에 대하여 언급하되 "내가 참된 율사라면 일생 산문 밖을 나가지 않았어야 할 것이나 그렇지 못하였으니 율사라는 호칭을 받기에 부끄럽다"라고 하였다. 율사께서는 해외 불교의 장점을 도입하여 한국 불교의 새로운 승풍을 진작시키고자 동남아를 비롯하여 남북방의 각국 불교 상황을 수차에 걸쳐 시찰하고 얻은 결론은 한국 불교가 가장 순수하여 자랑스러우니 젊은 후학들은 자부심을 가지고 계율정신을 바탕으로 부지런히 수행하라고 격려하였다.

1991년 3월 3일 상좌인 지관智冠에게 "모든 삶 덧없고(諸行無常) 만법 다 공한 것이라(萬法皆空) 온 사람 반드시 가는 것이니(來者必去) 나는 이게 가야겠다(吾將去矣). 이젠 떠날 날이 얼마 남지 않았으니 종단의 단일계단 전계사를 그만두어야겠다"라고 하시고 사직서를 주시면서 총무원에 제출하라 하시고 "내 나이 81(吾年八十一) 고향으로 돌아갈 시간이 되었네(還鄕時到來) 자성의 집 법계에 두루 미치는데(性宅周法界) 어찌 오가는 자취 있으리요(何有往來跡)"라고 하셨다.

해인사 홍제암 자운 율사 영각 (2022.5.5. 이은금 찍음)   자운율사(2022.5.5)

    1992년 음력 12월 24일 문도들을 해인사 홍제암弘濟庵에 모아 놓고 "나는 이제 앞으로 남은 삶 해 질 무렵(桑楡) 닥쳐오고 사대로 이루어진 몸뚱이는 마치 갯버들처럼 약해졌으니 서산에 해 떨어질 날 얼마 남지 않았다. 푸른 날감 홍시보다 먼저 떨어지는 경우가 적지 않으며 봄 서리 아름다운 봄꽃 말리어 죽이는 수도 있거늘 어찌 가을 낙엽이 맑은 시내에 떨어지는 것을 슬프고 아깝다 하겠는가. 윗사람은 어버이같이 여기고 아랫사람은 갓난아이처럼 사랑하여 위아래가 6가지 화합 정신(六和精神)[44]

---

44) 육화정신(六和敬行) : 상월 원각 대조사께서 주장한 육화정신이란 육화경행(六和敬行)을 일컫는 것이다. ① 몸으로 붙다 행을 하여 서로 화합하고, ② 입으로 붙다 같은

으로 화합하고 예의 없는 행동이 없도록 하며 해진 누더기옷(破納)과 철발綴鉢[45]로 늘 4의정신四依精神을 잊지 말라고 하였다. 마치 머리에 붙은 불을 끄듯 부지런히 정진하고 방일하지 말며 옳지 않은 일은 불구덩이처럼 피하라. 이젠 이승의 업보 인연이 다하였으니 다음 세상은 붇다 모임에서 함께 만나기를 바란다"라고 하셨다.

다음날인 25일 상좌 지관과 손상좌 세민世敏 · **혜충**慧聰 **등을 불러 앉히고 이달 그믐날에 세상을 떠나려 한다고 미리 알리셨다. 제자들이 울면서 마음을 바꾸시도록 간청하였으나 받아들이지 않으시고, 본래는 섣달 30일로 하였으나 계유년 설날과 음력 초 3일 정초기도 입재 등을 피하여 초 4일에 떠날 것이라고 하셨다. 마침내 4日(1992년 양력 2월 7일) 밤 10시에 문도들이 지켜보는 가운데 임종게를 쓰셨다.**

  말을 하여 서로 화합하며, ③ 마음으로 붇다 같은 생각을 하여 서로 화합하며, ④ 바른 행동으로 서로 화합하며, ⑤ 바른 견해(見解)로서 서로 화합하며, ⑥ 나를 이롭게 하고 남을 이롭게 한다(自利利他)에 충실하여 서로 화합한다.
45) 철발(綴鉢) : 세존이 도를 이루고 38년 뒤 왕사성 국왕의 청으로 가서 공양하고 라후라에게 발우를 씻게 했는데 실수하여 발우를 깨 5조각이 되었다. 이때 붇다가 "내가 간 뒤 첫 500년에 나쁜 비구들이 비나야장(律藏)을 나누어 5부로 할 것이다."라고 하셨는데, 이 때문에 꿰메다(綴)는 뜻에서 철발(綴鉢)이라 한 것이다. (『치문경훈(緇門警訓)』 잡록).

眞性圓明本自空(진성원명본자공)

　참 성품 둥글고 밝아 본디 스스로 공하여

光照十方極淸淨(광조시방극청정)

　시방에 비치는 빛 더할 수 없이 맑고 깨끗하다.

來與淸風逍遙來(해여청풍소요래)

　맑은 바람 따라 오는 길 자유롭게 왔듯

去隨明月自在去(거수명월자재거)

　밝은 달 따라가는 길 거침없이 가네

그리고 두 손을 모으고 단정히 앉아 아미따불의 이름을 소리 내 부르면서 조용히 입적하시니 향내 진동하고 미묘 음악이 청아하였으며 염불 소리와 함께 입으로부터 나온 5가지 빛깔의 밝고 환한 빛이 서녘 하늘을 가득 메웠다. 속세 나이 82요, 법랍은 66이다. 밝은 달과 함께 큰 빛을 남기고 가셨으며 맑은 바람과 같이 오심은 중생을 건지기 위한 원력으로 태어난 것을 보여 주신 것이니 맑은 바람 밝은 달이 있는 한 스님의 오고 감, 또한 중생계에서 영원히 거침없으시리라. 7일째인 2월 13일 대한불교조계종 원로장으로 해인사 비봉등 飛鳳嶝 서녘 연화 蓮華 에서 다비하니, 사부대중이 산골짜기를 가득 덮었다.

이틀 뒤 유골을 모으니 다섯 빛깔로 눈부신 사리가 은행만 한 것이 19알, 녹두만 한 것이 1,000알이 넘었으나 사리를 찾으려 하지 말라는 율사 스님의 살았을 적 남긴 가르침에 따라 작은 것은 모두 거두지 아니하고 큰 것 19알만 거두었다. 문도와 인연 있는 제자들이 추모하는 뜻을 모아 이를 영원히 보존하기 위하여 이 청량지淸凉池 자리를 점쳐 율사의 행적비와 함께 사리탑을 세우고 대율사의 법을 지키고 율법을 널리 편 위업과 자취를 기리는 글을 짓는 바이다.[46]

■ 속세 인연

宿世의願行따라 나투신江原平昌
文殊의常住處로 佛法의聖地인데
父親은關東班族 老莊에精通하고
母親은光目女로 佛前에誓願했네
七歲에童蒙先習 朗朗한珍富書堂
容貌는滿月이요 姿態는依然한데
順治의百年光陰 僧家의반낮임을
慧雲堂因緣으로 홀연히깨달았네

---

46) 아랫글은 7글자씩 글자를 맞추어 썼으므로 흩어지지 않도록 번역하지 않음.

숙세의원행따라 나투신강원평창
문수의상주처로 불법의성지인데
부친은관동반족 노장에정통하고
모친은광목녀로 불전에서원했네
칠세에동몽선습 낭랑한진부서당
용모는만월이요 자태는의연한데
순치의백년광음 승가의반낮임을
혜운당인연으로 홀연히깨달았네

■ 중이 됨(得度)

大丈夫뜻을세워 世緣을뒤로하고
海印에出家하여 一六에削髮得度
三藏은梵魚에서 栢樹海印聖地
佛影寺六年結社 本性을터득했네
龍城堂大宗師와 擧揚한西來密旨
靑山은運步하고 白雲은不動일세
侵奪된祖國山河 짓눌린우리민족
볼수록可憐하여 落淚로옷적시다

■ 다짐 수행(願行)

내祖國獨立위해 이한몸던지리라
五臺山中臺에서 九九日至心發願
獅子탄文殊菩薩 戒尺을傳해줬고
弘律로佛法再興 스님은感應했네
五部律精通한후 傳戒한大小乘戒
敎化한善男善女 百八會十萬餘名
戒定은禪의根本 經律은敎의本源
戒律이基本되어 禪敎一致된다

■ 나눔(回向)

宗團을愛護하여 山門이바로서고
六和로宗團運營 敎團이興했는데
癸酉年正月四日 모여든門徒에게
간곡한以戒爲師 山川도슬피우네
大衆의痛哭속에 茶毗後남긴舍利
伽倻山더욱깊고 紅流洞다시맑다
眞性은圓明하여 生滅이없는자리
淸風이불어올때 明月이비춰주네

불기 2539년 을해(1995) 10월 3일

말 안 듣는 문인(不肯門人) 가산 지관伽山智冠 눈물 닦으며(抆淚) 삼가 짓다.

동래 후인 송천松泉 정하건鄭夏建 향 사르며 삼가 쓰다.

〈이하 문인 등 명단 줄임〉

자운 율사 사리탑 (2022.5.5.)   자운 율사 비 (2022.5.5.)

卍 보정의 꼬리말

엮은이가 제목을 「말년에 …」라고 한 것은 스님의 긴 수행 과정에서 말년에 내린 결론이 뚜렷하고 당당하기 때문이다. 스님은 이미 초기에 오도송을 읊어 용성 스님의 인가를 받았고, 율사로서도 10만 명이 넘는 수계자가 나왔으며, 종단에서도 총무원장을 지내고 해인사 홍제암에 자운 율사의 영정을 모실 정도로 존경받고 있다. 화두선을 종지로 하고 『금강경』을 소의 경전으로 한 종단에서 "가장 큰 불사는 염불로 정토에 왕생해 성불하는 것"이라고 당당하게 소신을 편다는 것은 쉬운 일이 아니다.

"(아미타) 부처님을 뵙고 서방의 정토에 왕생하여 성불하는 것, 이 이외에 더 크고 긴요한 불사는 없는 것입니다. 우리는 다 같이 여기 옮겨 싣는 정토삼부경의 가르침과 그 인연 공덕으로 이고득락離苦得樂하고 왕생정토往生淨土하여 이윽고 대각을 성취하길 바라마지 않습니다."

"아미타불 법문 듣고 무생법인 증득한 뒤에 극락세계 안 떠나고 사바에 와서 방편을 잘 알아 중생 건지고 걸림 없는 지혜로 불사 지으리. 부처님 저의 마음 아시오리니 오는 세상 이 소원 이루어지이다."

직접 편찬하신 『정토예경淨土禮敬』 회향게의 내용 그대로 자운 스님은 해인사에서 염불만일회를 결사하여 관음전에서 정토왕생업을 닦았고, 『정토심요』 『연종보감』 같은 많은 저서를 내어 정토법문을 널리 선양했으며, 서울 보국사와 대동염불회, 부산 감로사, 해인사 홍제암, 대구 만선염불원 등에서 염불결사를 조직해 정토수행을 널리 보급하였다.

이는 갖가지 수행을 한 뒤 아직 깨달을 것이 더 남은 사람은 반드시 극락 가서 아미따붇다의 도움을 받아 끝내는 도를 이룬다는 지극히 현실적이고 슬기로운 결정을 한 본보기라고 할 수 있다.

15. 1994년, 36년 염불하여 고생 여의고 잠자듯이 극락 간 정보살

〈영험록 -부처님 광명 받은 행법 신동구 스님 법어집-〉
〈카페 나무아미타불〉 청림 2006.10.11

스님으로부터 나무아미타불을 열심히 부르며 자기가 왕생극락을 축원하며 일생을 죽는 날까지 이렇게 염불을 한다면, 임종시 고생 않고 아미타불 부처님이 연화대로 모셔간다고 말씀을 듣고 그 후 36년간을 염불하여 왕생하신 이야기입니다.

충남 연기군 서면 봉암리에 정 보살이 살고 있었다. 지금부터 36년 전 월현사에 찾아와서 스님께 여쭈었다.

"나는 자손도 없이 늙은 영감하고 사는데 영감도 오래 못 살 것 같고, 내가 만약 늙고 병들어 오래 고생한다면 물 한 모금 떠 넣어 줄 사람도 없는데 누가 병간호를 하며, 제일 큰일은 죽음인데, 죽을 때 남의 신세를 지지 않고 고생 않고 자는 듯이 가야 할 텐데, 그러한 방법은 없습니까?"

월현사 스님은 부처님 말씀에 '생사를 마음대로 할 수 있다.'고 하시며, "아미타경에 보면, 누구를 막론하고 나무아미타불 열 번만 불러도 생사를 해탈하고 왕생극락을 한다고 하였으니, 새벽에 일찍 일어나서 서쪽을 향하고 합장하고 서서 나무아미타불을 10번 부르고 자신의 왕생극락을 축원하며, 이렇게 죽는 날까지 일생 동안 염불한다면 임종 시에 고생하지 않으며 아미타 부처님이 연화대로 모셔간다"라고 일러 드렸다.

정 보살님은 36년간을 염불하며 근래에는 법회도 열심히 잘 나오시고, 식사도 잘하고, 건강을 유지하였다. 그러던 중 90세 되던 1994년 12월 24일 오전 12시경, 이웃집 사람이 부엌에 앉아 있는 [좌탈입망坐脫立亡] 모습이 이상하여 가서 불러 보니 대답이 없기에 만져 보니 수족이 차고 정신이 없었다. 구급차를 불러 와 진찰하였다. 진찰한 의사는 '약 한 시간 전에 심장이 멈추었다' 라고 하는 것이었다.

그렇게 죽기를 원하고, 나무아미타불을 염불한 공덕으로 누구에게도 괴로움을 끼치지 않고, 한 시간 만에 이 세상을 고통 없이 떠난 것이었다. 월현사 신도들과 함께 장례도 잘 모셔 드리고, 칠재와 49재를 성대히 잘 지내 드렸다.

이것이 바로 부처님의 염불공덕이며 부처님의 원력이라는 것이다. 부처님께서는 누구를 막론하고 무슨 소원이든 원을 세우고, 지성으로 노력만 한다면 백발백중 다 소원을 이룰 수 있다고 하셨다. 공은 들이지 않고 공짜로 바라기만 하니 소원이 성취 안 되는 것은 정한 이치다. 사람들은 이승살이는 연구하고 노력하면서도 저승살이는 소홀히 한다. 저승살이는 선사공덕을 많이 행하고 '나무아미타불'을 열심히 염불한다면, 세세생생 좋은 국토에 태어나 좋은 인연을 만나 상구보리 하화중생의 보살도를 행하여 마침내 자성미타를 성취하게 된다.

'나무아미타불'을 10번 염불한 공덕으로 죽어 극락에 왕생하며, 아미타경 한번 읽은 공덕으로 멀거나 가까운 일가 친척들이 극락왕생하고, 아미타 경을 수지 독송한다면 8만 4천 지옥문이 부서지고, 8만 4천 자비광명을 얻어 3계 4생 6도 중생이 마침내 부처를 이룬다고 하였다.

　유형태로 제일 큰 것은 바다요,
　무형태로 제일 큰 것은 허공이며,
　공덕 중에 제일 큰 공덕은 아미타경을 수지독송함이라.
　나무아미타불을 일생 동안 염한다면 이보다 더 좋은 큰 공덕은 없을 것이다.

　나무아미타불

16. 1996년, 일생을 오로지 염불 정토를 펴시다
극락 간 대구 염불선원 수산 스님

안수산 편저 『연화세계』

수산 스님

대구 염불선원에 주석하셨던 수산 스님은 법도 있는 불교 집안의 후손인 부친 안주 원씨의 3남 가운데 차남으로 1906년 2월 20일에 경남 함안에서 출생하였다. 15세 때부터 불교에 뜻을 두고 출가할 꿈을 가지고 있었으나 그때는 이루지 못하고 한문 서예학습에 전념하면서 한의학을 배워, 1932년부터 한의원을 개업하였다.

1951년 드디어 경남 통영 미래사에서 효봉 스님을 은사로 출가득도하였으며, 1954년 해인사에서 자운 스님을 수계사로 비구계를 수지하였다. 그 뒤 전국의 여러 선원에서 20하안거를 지내시며 수도에 전념하였고, 1973년에는 해인사에서 "정토염불은 불법 중에 가장 중요한 법문"인데 근래에 쇠퇴해지는 것을 안타깝게 생각하여 부흥시킬 뜻을 세우시고, 자운 스님과 함께 염불만일회를 결성하여 대중과 함께 염불당을 설립하였다.

1976년부터는 대구 남지장사와 경주 법장사, 기림사 같은 절에서 주지를 역임하시고, 1985년 대구 염불선원을 건립하여 선원장으로 주석하시면서 염불만일회와 노인대학을 설립하여 운영하셨다.

항상 법문하실 때는 당부하시기를, "부모에게는 효를 행하고, 스승과 어른에게는 공경으로 대하며, 살생과 도둑질을 하지 말라" 하시고, 나무아미타불을 불러 왕생업을 닦게 하셨다. 그 가운데 많은 이들이 금생에 바로 염불공덕을 입어서 수많은 영험담을 남겼으며, 스님께 법을 듣고 출가한 신도 또한 여러 명 있었다.

스님은 전국을 다니시면서 순회 설법을 하셨는데, 그때 스스로 "불청우不請友"라는 말씀을 하시면서, "청하지 않아도 벗이 되어 염불법을 알게 하여 사바를 벗어나게 하겠다."라는 말씀을 하셨다고 한다. 법문을 다니실 때는 『정토법문집』 같은 저서를 무상으로 보시하셨는데, 그 수가 30만 권에 이르며, 재소자들 포교를 위하여 4만 권의 책자를 전국 교도소에 배포하였다.

스님은 수많은 경전 속에서 정토와 염불에 관한 경문을 찾아내셨는데, (『연화세계』 책 속에 수록) 항상 불교 경전의 3분의 1은 정토부 경전이라고 힘 있게 말씀하셨다. 그렇게 평생을 '살아서는 계율을 지키고(生持戒律) 죽어서는 정토에 태어나자(死生淨土)'를 주창하시면서 광제중생을 펴시다가, **세연이 다하여 1996년 10월 1일 오전 6시 염불선원인 광명당에서 입적하셨다.** 입적하실 때는 거의 7일간을 신도와 스님들이 번갈아 가면서 끊이지 않고 조념을 하여 왕생을 도왔는데, 마지막에는 방안에 기이한 향기가 나고, 스님께서는 두 팔을 올려 합장하는 상을 지으시면서 눈에는 잠시 광채가 났다고 지켜본 이들이 전하였다.

큰스님은 그렇게 불보살님의 영접을 받아 향기를 뿌리며 그리운 극락세계에 왕생하신 것이다.

수산 스님은 생전에 『정토지남』, 『시심작불』, 『정법수호론』, 『수행요집』, 『염불법문집』, 『연화세계』 같은 저서를 남겼고, 『아미타경』, 『염불요문』, 『만선동귀집』 같은 번역서를 냈으며, 「권왕가」, 「극락으로 가는 길」, 「정토 성불의 길」 같은 음반을 내셨다. 일생을 오로지 염불정토를 펴는 데 노력하셨는데, 가장 큰 성과는 스스로 마지막 순간에 극락으로 왕생하는 것을 증명해 보여 주는 것이었다.

권 보정의 꼬리말

 앞에서 본 수산 스님의 『연화세계』만 보아도 수산 스님이 극락 간 것은 의심할 여지가 없다. 수산 스님이 얼마나 6도 윤회를 벗어나서 극락에 가야 한다는 것을 강조했는지는 『연화세계』 서문에 뚜렷하게 드러난다.

 3계 윤회가 우물에 두레박 같아서 백천 만겁과 같은 티끌 (지구를 부순 것) 수와 같은 겁을 지나도다. 이 몸을 금생에 제도치 못하면 다시 어느 생에 제도할 것인가.
 중생이 육도에 윤회할 때 여기 죽어 저기 나고 저기 죽어 여기 나며, 혹 좋은 데도 나고 혹 나쁜 데도 나는 것이 마치 두레박이 오르내림과 같아서 티끌 수 같은 겁을 지나왔으니, 그 비참한 고통은 말할 수 없는데, 금생에 다행히 귀한 사람이 되어 만나기 어려운 불법을 만났으니 불법은 곧 죽지 않는 법이라. 이런 좋은 법을 만나서 생사를 해결치 못하면 다시 티끌 수 겁을 지나도록 생사의 고통을 받을지니 금생에 어떠한 노력을 하더라도 이 문제를 해결해야 할 것이다.

옛 스님 법문에 만일 성인이 되어 3계를 벗어나지 못할진대 일찍 안양(극락)의 길을 찾는 것만 못하다 하였다. 성인이 된다는 것은 즉, 참선하여 견성하고, 염불하여 삼매 얻고, 주력하여 법신을 증득하고, 간경하여 혜안이 열려 번뇌가 완전히 녹는 것이다.

치문에 임종 시에 털끝만치라도 정량精量(사랑한다, 밉다, 좋다, 나쁘다, 이렇다, 저렇다 같은 분별심이라)을 다하지 못하면 노새와 말 태중에 들어간다고 하셨다. 상근기가 되어 능히 성인 될 만한 자신이 있으면 목숨을 걸고 용맹정진하여 꼭 생사를 해탈할 것이고, 만일 그리되기 어려우면 일찍이 아미타불의 원력을 믿고 극락의 길을 찾는 것이 옳을 것이다.

〈염불만일회주 석 수산〉

『연화세계』는 경전과 대덕들의 저서 가운데 극락에 관한 내용을 뽑아서 정리한 것이 대부분이지만, 그 가운데「염불을 합시다」라는 장은 수산 스님의 염불 사상을 뚜렷하게 나타내고 있다. 그 내용은 수산 스님이 극락의 상품상생에 가셨다는 확신을 주는 내용이라 간단히 간추려 본다.

(1) 시방삼세불 아미타 제일이라 자비 도덕 신통 지혜는 어느 부처님이나 다 같지만, 원력과 인연은 다르다. 아미타불은 사바세계 중생과 특별히 인연이 가까우며 원력이 시방 삼세 부처님 가운데 가장 크다.

(2) 현세에 잘살기 위해 염불한다.
부처님께서는 염불의 10가지 공덕을 말씀하셨다.
① 모든 하늘 큰 신장들이 늘 지켜주시며,
② 관세음보살 같은 25 보살이 늘 보살펴주시며,
③ 시방 여러 부처님이 보살펴주시고 아미타불은 밝은 빛을 비춰 주시며,
④ 어떤 악귀도 들어와 해치지 못하며,
⑤ 큰물이 나거나 불이 나거나 도적이 들거나 뜻밖의 재앙으로 죽은 일이 없으며,
⑥ 전생 죄업이 사라져 없어지고, 죽인 원수가 해탈하여 다시

보복하지 않고,

⑦ 좋은 꿈을 꾸고, 때때로 꿈에 아미타불을 뵈며,

⑧ 마음이 기쁘고 기력이 좋으며, 모든 일이 뜻대로 되며,

⑨ 세상 사람에게 공경받으며,

⑩ 목숨이 마칠 때는 두려움이 없고 바른 생각이 나서 아미타불과 성인들이 맞이하여 극락에 가서 태어난다.

(3) 셋째 대중 생활 불교로 염불한다.

경에 상근기는 참선하고, 중근기·하근기는 염불과 경을 보라고 하였는데 참선은 특별한 상상上上 근기가 아니고는 깨치기 어렵고 염불은 상중하 3근기에 다 알맞고 사부대중이 다 할 수 있는 것이다.

(4) 업장을 녹이기 위해 염불한다.

중생들이 나서 늙고 병들어 죽는 모든 괴로움의 원인은 여러 삶 동안 죄업이 많이 쌓였기 때문이라, 부처님 말씀에 늘 부지런히 모든 죄를 참회하라고 했다. 그리고 참회하여 모든 업장이 녹으면 부처님의 경계가 나타난다고 하셨다. 참회란 것은 먼저 지은 죄를 뉘우치고 앞으로는 다시 짓지 않은 것이니 지성으로 염불 예배하면 자연히 업장이 녹는다.

(5) 견성하기 위해 염불한다.

선禪은 우리말로 고요히 생각하는 것인데 염불할 적에 잡념이 없어지고 아미타불만 전념하는 것이 선이요, 참선할 때도 화두가 일심 되는 것이 선인데, 참선이란 참구하는 선이란 것이다. 화두가 1,700이나 되지만 '나무아미타불' 하면 그것이 가장 뛰어난(最上乘) 선이다. 염불로 한 마음이 되어 삼매에 들어가면 선정 가운데(定中)에 아미타불을 보고 동시에 자성自性 불을 보는 것이니 이것이 곧 나지 않고 죽지 않는 열반인 것이다. 어느 화두를 하든지 깨치기만 하면 일반이지마는 깨치기 전에는 차별이 없지 않으니 명색 없는 화두를 드는 것보다 만덕을 다 갖춘 아미타불 화두를 드는 것이 진실로 좋지 않을까!

(6) 극락 가기 위해 염불한다.

옛사람이 붇다 말 믿지 않고 누구 말 믿으며, 극락정토에 나지 않고 어느 국토에 날 것인가 하였다. 중생이 6도에 윤회하면서 여기 죽어 저기 나고 저기 죽어 여기 나서, 죽고 죽고 나고 나서 한 태중에 나왔다가 다시 한 태로 들어가고 한 껍데기를 버리고 다시 한 껍데기를 받아서 생사가 끊어질 때가 없다. 이 몸은 얻기는 어렵고 잃기는 쉬우며 한 생각 비틀어지면 바로 악도에 들어가는데 악도에 들어가기는 쉬워도 나오기는 어려워 일곱 부처님 나시도록 항상 개미가 되었고 팔만 겁이 나도록 비들기 몸을 벗지 못하였으며 지옥은 여러 배나 세월이 길며 만 가지 고통을 함께 받는데 오직 정토에는 괴로움이 없다.

정토에 가는 데는 3가지 조건이 있다.
① 깊이 믿는 마음(信心)
② 간절한 원력(願力)
③ 부지런한 수행(修行).

염불선원 안수산(삼영불교출판사)

혜명 원력으로 재판(2022, 비움과 소통)

17. 1996년, 『왕생 예찬집』 품고 염불하여 극락 간 김을출 보살

혜명(대구 자운사) 〈카페 연화세계〉

생전에 지극정성으로 절에 다니시고 『왕생예찬집』을 독송하시며 신행 생활을 하신 후 극락왕생하신 이야기입니다. 저의 출가에 직접 또는 간접적인 영향을 주신 속가 시모님의 왕생담을 소개하려 합니다.

1996년 6월 출판유통을 하며 바쁜 나날을 보내고 있을 때였습니다.

80세가 되시도록 건강하시던 모친(김을출)께서 병원에 입원하셨다는 연락을 듣고 달려가 보니 다름 아니라 주방 가스렌지 불을 켜 놓고 밖에 나가신 후 깜빡 잊어버리고 계시다가 갑자기 그 생각이 나서 집에 달려오시는데 발걸음이 떼어지지 않더라는 것입니다. 집 앞에 오니 검은 연기가 가득하고 솥은 벌겋게 달아올라서 불이 나기 직전이었답니다. 연기 때문에 이웃에서 신고하여 소방차가 오고 그런 과정에서 팔순 노인이 너무나 놀라셨답니다.

이후로 곡기를 끊으시고 전혀 식사를 드시지 않으시니 자녀들이 병원으로 모셔서 진찰하게 한 결과 건강에 아무 문제가 없다는 겁니다. 그런데도 공양을 전혀 드시지 않으니 담당 의사가 "할머니는 드시기만 하면 되는데 왜 안 드십니까?" 하니까, "먹으면 뭐하누, 그런 정신머리로 살아서 뭐하누!" 하시는 겁니다. 8남매나 되는 자녀들이 번갈아 가며 간호를 하고 온갖 음식을 준비해서 드려도 전혀 드시지 않고 물만 잡수시는 겁니다. 아무리 드시도록 권하고 애원해도 고개를 저으시며 곡기를 끊으신 지 20여 일쯤 지나고, 그날은 제가 간병을 하는 날이라 밤새도록 물만 조금씩(숟가락으로 반 수푼 정도) 잡수시며 조그만 소리로 아미타불 하시다가 소리를 안 내시고 잠자코 계시다가 지난밤 꿈 이야기를 하실 때는 '야야 참 신기도 하제, 참 좋은 거 봤다'라고도 하셨습니다. 저는 잠자코 듣기만 하고 질문은 하지 못했습니다.

다음날 큰며느리가 병원에 오니까 "**날 퇴원 시키고 너희 집으로 가자, 너희 집에 가서 3일만 있다가 내가 갈 것이니 집으로 가자**"라고 강력하게 요구하셨습니다.

모친을 큰댁으로 모시고 저는 집으로 돌아왔는데, 하루 지나고 물도 드시지 않으신다는 연락을 받고 아침에 제가 가니까 제 손을 잡고 반가워하시며 "나무아미타불 관세음보살" 하시는 겁니다. 그때까지 저는 모친께서 절에 다니시는 줄은 알고 있었고, 어느 때든지 저희 집에 오셔서 "내일 절에 가련다"라고 하시면, 즉시 지갑에 있는 대로 모두 털어 드리곤 하였지만, 모친께서 어느 절에 다니시며 어떤 수행을 하시는지 전혀 관심을 두지 않았었습니다.

그런데 그 상황에서 또렷또렷하게 염불하시는 모습을 보고, 제가 크게 소리를 내어 염불해 드렸더니 (저는 그 당시 간경과 다라니 독송하던 때라, 나무아미타불 염하기보다 관세음보살님 염하는 것이 익숙해서 관세음보살님 염을 했음) 사르르 주무시는 듯하시다가 깨어나시면 다시 제 손을 어루만지시며, 따라서 염불하시곤 하였는데, 그때의 제 마음은 오로지 모친의 쾌차를 빌고 있었지요.

모친이 깨어나고, 주무시기를 반복해서 편안하게 하시는지라 저는 쉬지 않고 소리 내어 염불하였는데, 형제분들이 나중에 말하기를, "거실에서 들으니 염불 테이프 녹음기를 틀어 놓은 줄로 알았다"라고 합니다. 시간이 가는지 밥때가 되었는지도 모르고 큰방에서 저와 모친 둘이서만 염불하며 그렇게 오후 늦은 시간이 되자 모친이 거실 밖에 있는 며느리들을 차례로 하나씩 부르시더니 큰애는 살림 씀씀이가 어찌 어찌하니 어떻게 하면 좋겠다고 하시고, 막내까지 불러서 다 말씀 하시고는 옆에 있는 저에게는 한 말씀도 안 하시는 겁니다. 손자하나 낳아 주지 않은 저에게, 섭섭함도 있으셨을 텐데…. 이렇게 제가 불법 문중에 출가할 줄 아셨을까요?

그날 저녁 (1996년 음력 5월 15일 밤) 12시를 5분 정도 넘긴, 정확하게 말씀하신 3일을 계시고 너무도 평화로운 모습으로 운명하셨습니다. 향기로운 향내음이 나는 듯했고, 그렇게 행복한 미소를 지으시는 것을, 살아 계실 적에는 뵌 적이 없었습니다. 너무나 평안하고 행복한 모습, 지금도 잊혀지지 않습니다. 저는 밖에 일한답시고 제대로 봉양해 본 적이 없었지만, 8남매를 반듯하게 키우시고 자신보다 남을 먼저 배려하셨던 분이였기에 저의 마음속에 공경심을 갖고 있었습니다. 집안 어른들이나 친척들도 모친 인품을 모두 다 칭송하곤 했습니다.

어느 때 아들 집에 오셨다가 가시려는데 차로 모시려고 하니까 극구 버스 타고 가겠노라 하시며 "기름값 비싸고 차들이 위험한데 무엇 하러 그럴 거 없다"라고 하시고, 기어코 버스 타고 가시며 저를 울리시던 분, 그 길이 마지막 방문이 될 줄을 그땐 몰랐습니다.

생각해 보면 말년에 홀로 계시면서 오로지 염불 하셨고 가끔 찾아뵐 때도 언젠가 저에게 말씀하시기를 '부처님께 예경을 올려야 하는데, 나이를 먹으니 다리가 불편해서 절을 하지 못해 죄송하다' 라는 말씀을 하시길래 제가 '어머니, 부처님은 마음을 보시는 것이기 때문에 앉으신 채로 합장하고 좌배를 하셔도 부처님께서는 다 아실 것입니다' 했더니 '아, 그렇구나' 하시면서 좋아하셨고 앉아서 좌배 하시고 늘 불경을 읽으셨습니다.

　다니시던 사찰에 가 보니 절에 다니시면서 보시하셨던 선업 공덕의 흔적들이 사찰 불사 곳곳에 가족들 이름이 새겨져 있었습니다. 모친에 어머니이신 외할머니께서도 제가 처음 뵌 날 저를 보시더니 '아미타불' 하셨고 숨을 들이쉬고 내쉴 때도 타불! 타불! 하셨던 분입니다. 일생 동안 건강하게 104세까지 사시다가 가신 분이 모친의 어머니 외할머님이십니다.

　외할머님께서도 일생 동안 아미타불 염불하셨고 모친께서도 일생 동안 절에 다니시며 온갖 선업공덕과 아미타불 염불하시고 스스로 갈 시간을 미리 알아 3일만 너희 집에 있다가 가시겠다고 하셨던 말씀대로 왕생하셨으니 이후로 남은 8남매는 지금까지 타 종교는 갖지 않고 저와 모친의 여섯째 아드님이 부처님 불제자로 차례로 출가하여 염불 수행하고 있으니 모친께서 왕생하신 크신 인연 공덕이라 확신합니다.

가신 뒤에 짐 정리를 하다가 발견된 책이 바로 『왕생 예찬집』입니다. 그 책의 내용은 「극락왕생 발원가」, 「나옹선사 서왕가」, 원효대사 「발심가」, 「왕생 발원가」, 「해탈가」, 「미타인행 사십팔원가」 같은 극락정토로 가는 길잡이 내용이 붓글씨로 써진 것인데 어느 스님께서 보시고 "대략 100년도 넘는 책 같다." 하셨고, 얼마나 읽으셨던지 닳고 닳아 있었습니다. 사구 절 노래 부르듯이 구전으로 전해 오는듯한 내용인데 먼저 가신 성현들의 공덕 인행이 구구절절 보고 또 보아도 좋았습니다.

"좋은 극락 청정한 곳 상선인이 한곳 모여 과거 본행 담론할 때, 나는 과거 본행시에 염불삼매 성취해서 대승경전 독송하고 이 극락에 나왔노라.

나는 과거 본행시에 삼보 전에 공양하고 국왕부모 충효하며 빈병걸인 보시하고 이 극락에 나왔노라.

나는 과거 본행시에 욕되는 일 능히 참고 지혜를 닦고 익혀 공경하고 하심하고 모든 사람 교화하여 염불시킨 공덕으로 이 극락에 나왔노라.

나는 과거 본행시에 탑과 절을 건립하고 불법도량 청소하며 죽는 목숨 살려주고 청정계행 수지하여 삼귀오계 팔관재와 십선업을 수행하고 이 극락에 나왔노라.

나는 과거 본행시에 십재일에 목욕하고 재일성호 염송하며 총지진언 지송하고 이 극락에 나왔노라.

나는 과거 본행시에 우물 파서 보시했고 험한 길을 수축하고 무거운 짐 대신하며 새벽마다 서쪽 향해 성존님께 예배하고 이 극락에 나왔노라.

나는 과거 본행시에 평원광야 정자 지어 왕래인들 쉬게 하며 유월 염천 더울 때에 참외 심어 보시하며 큰 강물에 배 띄우고 작은 냇물 다리 놓아 거래인들 넘게 했고 계곡 깊은 험한 길에 길 잃은 자 인도했고 칠흑 같은 야밤중에 행인들께 횃불 주고 앞 못 보는 저 맹인이 개천구렁 건널 적에 부축하여 접대했고 타향객사 거리송장 선심으로 묻어 줬고 사고무친 병든 사람 지성으로 구원하며 이런 공덕 닦고 닦아 이 극락에 나왔노라.

나는 과거 본행시에 갖은 죄를 두루 짓고 기약 없는 무간지옥 타락할 줄 알았는데 임종 시에 선지식을 만나뵙고 십념염불 지극정성 외었더니 이 극락에 나왔노라.

나는 과거 본행시에 악한 세상 고통 중에 효도선심 권속들이 치성하는 공덕으로 이 극락에 나왔노라.

천차만별 본 행사를 이와 같이 의논할 때 극락세계 공덕장엄 무량겁을 헤아려도 불가사의 경계로다."

그 책을 새로 출판하여 법공양 올린 책이 아래 사진 왕생 예찬 집 책입니다.

나무아미타불!
대구 자운사 석 혜명 합장

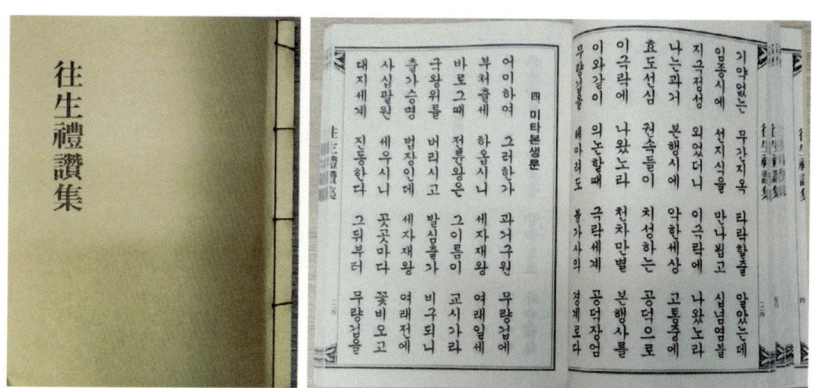

18. 1998년, 마지막 불꽃으로 연꽃 피워 극락 가신 충담 스님

이충담(李冲湛)『염불 정토삼부경』(한국불교출판부, 1996)「머리말」

1) 스스로 쓴 한살이(一生)

충담 스님

나는 구한말 나라를 빼앗긴 지 3년이 지난 계축년(1913) 경기도 가평 땅 '숯틀'이란 산골에서 엄격한 유가儒家 집안에 태어났다.[47] 가난한 선비 집안에서 고생하다가 열일곱 소년 시절 긴 머리 칭칭 따고 짚새기 신고 걷고 걸어 먼저 스님이 되신 형님 따라(故 廷秀堂 大禪師) 한양에 올라와 삼각산 승가사僧伽寺에서 중이

---

47) 「충담 대선사 행장」: 1913년 음력 5월 8일 경기도 가평에서 부친 전주 이공 승노, 모친 연안 차씨 3남으로 출생. 소년 시절 향리에서 성균관 박사이신 부친으로부터 출가 전까지 한학을 수업.
48) 「행장」: 1930년 4월 8일 봉은사 박심월 스님을 은사로 득도(法名 : 圓相). 1932년 서울 봉은사에서 사미, 사집과 수료.

되었다.[48]

아 태조我太祖께서 도읍을 정하신 삼각산을 비롯한 경산京山의 모든 산산곡곡을 아니 다닌 곳 없으며 한강을 비롯한 산야를 밟지 않은 곳이 없었다. 한강 상류로부터 마포나루를 지나 임진강에 이르기까지 행각 정진을 하였다. 젊은 시절 믿지 못할 것이나 청룡·황룡이 승천함을 분명히 본 일이 있었으며 산중에서 기도할 때는 몸과 마음이 가벼워 하늘을 나는 듯했으며, 영산에서 부처님의 부촉을 받았다는 산신과의 만남은 수없이 많았고 여래의 화신인 관세음보살의 대자대비한 자비 원력을 수없이 다정스레 받아오고 원력이 장엄하고 자비가 광대하신 당래 교주當來敎主 미륵존불도 늘 만날 수 있었다.

그래서 젊은 시절 고국을 떠나 중원 땅 만주벌판에서 푸른 하늘을 바라보며 조국 광복을 기원하고 촘촘히 박혀 눈부시게 빛나 쏟아지는 별을 바라보며 부처님 광명이 날로 더하고 법의 바퀴 항상 구르게 하여 만 중생이 행복하기를 기원하였다.[49]

해방된 을유년(1945) 8월 15일 나는 아리랑 고개를 넘으며 백중맞이를 마치고 왕십리로 오는 길에 형사에게 붙들렸다가 대

---

49) 「행장」: 1943년 중국 연변, 장춘, 하얼빈 등을 유행하며 수행정진.

한독립 해방을 맞이하였다. 다 같은 하늘 아래 모두가 다 같은 땅을 밟고 살며 거기서 난 것을 먹고 사는 우리에게는 감격스러운 해방을 맞이한 기쁨을 만끽하였고,[50] 동족상잔의 육이오 사변 때는 산더미 같은 시체 속에도 나는 지금의 서울대학 병원에서 염불 독경을 게을리하지 않았다. 국방군에 소집되어 막노동과 전투 속에서도 간절히 염불하였고 휴전이 되자 평화통일의 염원과 만 중생이 행복하기를 기원하는 도량을 호명산 감로암에 토굴을 마련하였다.

믿기지 않을 줄 모르겠으나 그때만 하여도 이 땅엔 호랑이가 산신을 대신하여 간혹 나타났다. 나는 분명히 보고 또 보았다. 이동 삼각산 백운대 인수봉에 호랑이가 나타난 것을 나는 분명히 수없이 보고 또 보아 왔다. 아마 그때 우리 도반을 빼고는 산山 사람을 말할 수 없을 것이다. 눈부시게 불을 켠 호랑이는 언제나 우리를 보호하는 옹호 신장 바로 그것이었다.[51]

호명산 감로암을 창건할 때[52] 그들은 나를 지켜 주었고, 용왕은 약수를 나에게 철철 넘게 뚫어 주었다. 내가 움막을 짓고 가람을 창건할 때 그들은 다정스레 꼬리를 흔들며 내 곁에 함께 하였고 용신은 시원한 감로의 청정수를 뚫고 나와 지금도 시원스레 언제나 감로의 물줄기를 뿌리고 있다. 이게 무슨 소린가? 사실이다.

4·19,[53] 5·16 모두 겪었다.[54] 10·26 이후 군사정권 하에서 그들은 왜정 때 일본 놈보다 더하게 나 있는 곳까지 와서 조사하였다. 총칼을 장전하고 한밤중 나의 암자까지 수색을 자행하였다. 그러나 마음이 그보다 아픈 것은 불교 분규이다. 어찌 그럴 수가 있는가. 우리는 동족상잔의 사변을 겪고 다시 또 불교 분규를 맛보았다. 그러나 인과응보라 지금은 반성한다. 그저 더 큰 불행이 없기를 바랄 뿐이다. 위정자들의 정쟁 속에 휩싸여 타의에 의하여 흔들린 불교 분규이다. 출가 비구니 출가 보살승 모두 한 부처님 제자가 아닌가. 16개 종단으로 갈라지더니 이제 50이 넘는 종파가 우후죽순으로 널리어 어찌 승풍을 진작시키고 삼보를 호지하고 정재와 교권을 수호하겠는가. 하루 속히 태고 보우 원증국사의 단일 문손으로 제종통합 원융회통의 정신이 실현되기를 바라는 마음 간절하다.[55]

---

50) 「행장」: 1949년 7월 15일 삼각산 신원사 묵조 스님에서 사교과 및 대교과 수료.
51) 「행장」: 1951년 관악산 염불암, 삼막사 등에서 수행.
52) 「행장」: 1956년 5월 5일 경기도 가평 호명산에서 감로사 창건.
53) 「행장」: 1960년 5월 8일 종남산 안정사(청련사, 지금은 장흥으로 이전) 능해화상을 법사로 입실건당(法號: 冲湛).
54) 「행장」: 1962년 6월 권상노 스님 등 종도들과 함께 종권 수호를 위한 7일 단식 철야 정진. 1970년 7월 1일 한국불교태고종 관할청 등록 당시 승가사를 관등록 사찰 1호로 등록시켜 창종 공로패 받음. 1973년 5월 5일 호명산 감로사에 높이 49척 미륵대불 조성 점안. 1973년 5월 8일 국무담 종정예하로부터 구족계와 대승보살계 수지.
55) 「행장」: 1986년 3월 3일 한국불교원융원, 불교의범 전문교육원을 설립, 원장 취임. 1990년 1월 5일 한국불교태고종 원로 위촉. 1992년 5월 15일 안덕암 종정 예하로부터 종단 중흥과 종권 수호 공로를 인정받고 공덕패 받음.

2) 나이 80 되어, 깨달음을 완성하기 위해(上求菩提) 아미타불 염하고

■ [행장] 1992년 7월 15일 : 호명산 감로사에서 20하안거 성만하시고 열반 직전까지 관무량수경 관법 수행.

나는 몇 년 전 호명산 감로암에 따로 토굴을 만들어 좌선정진 하고 **틈틈이 서방극락 교주 아미타불을 관하고 염불도 하고 있다**. 그런 수행 중에 정토삼부경 중의 관무량수경 16관법 중 제1관인 일상관日想觀을 참구하게 되었다.(……) 권속들은 오후 3시쯤부터 자리를 잡고 앉아 있으면 눈이 멀 것이라고 말려 왔으나 나의 신심은 변함없이 정진을 계속하였다. 또한 틈틈이 아미타경을 비롯한 (정토) 3부경을 사경하였다.

1996년 『염불 정토삼부경』 발행   겨울에 16관 중 해를 관하는 수행을 하고 있다. (감로사 HP)

"맑고 깨끗한 그 나라(極樂世界)에 가기만 하면 불현듯 신통지혜 두루 갖추고 아미타 부처님께 수기를 받아 위 없는 깨달음을 성취하리라."

"온 세계에 불길이 가득하여도 반드시 뚫고 나가 불법을 듣고 모두 다 마땅히 부처가 되어 생사에 헤매는 이 구제하여라."

"부처님 광명 눈부시게 비추니 세 번 돌고 정수리로 들어가니 온 세계 천상 인간 모든 대중들 환희심에 뛰놀며 즐거워하네."

"그때 아미타 부처님께서 기쁜 얼굴로 미소하시니 입에서 눈부신 광명이 나와 시방(十方)세계를 두루 비추었다."

부처님 말씀을 수없이 써 내려오던 중 나도 모르게 유서 아닌 유서를 쓴 일이 있다.

3) 나이 80 되어, 아래로는 중생 제도(下化衆生)를 위해 소신공양

아니 나의 권속들과 신도에게 쓴 당부의 말이었다.

그 내용은 나는 이 몸을 불살라 여래_{如來}께 공양하리라.[56]

이를 공개적으로 실행하는 이유는

첫째, 나 혼자 아무도 모르게 할 수도 있으나 산불이 날 염려가 있는 것이요.

둘째, 50여 년 전 영도사(지금의 개운사) 벽봉 노사께서 칠성각 앞에 장작을 쌓아 놓고 불을 놓았으나 그 손상좌가 끌어내려 깊은 화상을 입고 뜻을 펴시지 못한 채 열반한 일이 있으니 그것이 걱정이요.

셋째, 만일 다비까지 깨끗이 안 되면 두 번 장사지내야 할 것이니 그것이 우려되노라. 그리하여 공개적으로 나의 모든 권속과 신도 그리고 종단의 스님들과 모든 불자에게 모두 알리

---

[56] 노납(老納)이 일찍이 어려서 출가하여 아흔을 바라보며 부처님의 혜은과 시주의 은혜로 염불 참선 정진하고 중생들과 애환을 함께 하며 또 염불을 권하며 살아왔으나 그 빚이 태산같이 높고 하해와 같이 넓어 부끄럽기 짝이 없을새 『법화경』「약왕보살본사품」 제23에 일체중생 희견보살께서 일월정명덕 부처님 회상에서 수행 정진할 때 현일체색신삼매(現一切色身三昧)를 증득하여 육신으로 공양함을 서원하고 향유(香油)를 몸에 바르는 부처님 앞에서 하늘의 보배 옷으로 몸을 감아 거기에 향유를 끼얹고 몸을 스스로 태워 공양을 올려 불은(佛恩)에 보답하는 대목이 나오는 것을 보았다. 그리고 그로 인하여 모든 중생으로 하여금 온갖 괴로움과 병환을 여의게 하고 온갖 나고 죽는 일과 얽힘으로부터 벗어나 무생법인(無生法忍)을 증득(證得)하는 것에 나는 크게 감명을 받은 바 있다. 이에 나 자신도 그와 같이 실천하고자 원을 세운 지 만 3년이 지났다. 그러나 나는 팔순이 지난 지금도 그 세운 원을 실천하고자 피나는 정진과 노력을 게을리하지 않고 있다.

어 여법하게 소신공양燒身供養할 것이니 협조하여 주길 바라노라. 그리하여 이 나라 분단된 국토가 하나로 통일되고 사회가 안녕하며 헐벗고 괴로운 이 없어지며 불국정토 앞당겨 이루어지기를 간절히 기원한다는 요지의 말과 날짜 장소까지 언급한 일이 있었다.

그 글을 본 상좌 지성이 불법이 그런 것이요. 회향을 그리한다면 중노릇도 그만하겠다며 완강히 거부하지만 그래도 나는 뜻을 굽히지 않고 남모르게 참나무를 사서 산에 쌓아 놓고 그 뜻을 실행코자 정진하고 있다. 누가 나의 이 뜻을 거역할 것인가. 나는 현행법에 의하면 짐짓 나의 행동이 가당치 않은 줄도 잘 안다. 그러나 여래, 부처님을 향한 마음 변함이 없다. 저희들이 훼방한다면 나는 아까 말한 염려를 다 버릴 것이다. 내가 뜻을 성취하면 너희들은 이 사바고해에서 다 벗어날 수 있을 것이다. 얼마나 부처님의 뜻이 거룩하신가?

4) 80살 도인의 임종게 : 염불 · 간경 · 참선 · 주력(呪力) 같은 여러 갈래의 길이 있으나, 나는 모든 이에게 염불을 권하고 권하는 바이다.

만약 한 구절 아미타불 생각하면(若念一句阿彌陀佛)
능멸 팔십억 겁 생사 중죄(能滅八十億劫生死重罪).

80십 억 겁에 지은 생사의 무거운 업장을 소멸하고, 능히 80억 겁 동안에 수승한 공덕(成就八十億劫殊勝功德)을 지을 수 있다 하였으며 옛 스님 영명 연수 선사께서는 참선은 백이 하여 하나 성공하기 어려우나 염불은 만인이 하면 만인 모두 서방극락 왕생 정토하여 아미타불을 친히 뵙고 정수리에 수기 받아 다 같이 부처를(皆共成佛) 이룰 수 있다 하였으니 어찌 소홀히 할 수 있으리요.

나는 원한다. 나보다 우리 모두가 유연무연有緣無緣 모든 중생이 다 같이 부처님의 깊은 뜻 고구정녕하신 원을 따라 가장 쉽고 틀림없는 길 염불을 권한다. 인생을 비롯한 모든 중생은 유한한 생명을 살고 있다. 생자는 필멸生者必滅이요, 회자정리會者定離라. 이 세상에 나온 자 모두 반드시 죽을 것이요, 만난 이는 누구든 헤어질 것이라. 당연한 말이다. 승복하기 싫다. 영원히 멸하지 않고 괴롭지 않고 즐거우며 거짓투성이로부터 참나의 실체를 알며 온갖 더러움으로부터 청정한 본래의 참성품인 부처님을 증득할 수 있는 길이 과연 무엇일까.

염불 · 간경 · 참선 · 주력呪力 같은 여러 갈래의 길이 있으나, 나는 모든 이에게 염불을 권하고 권하는 바이다. 염불하고 참선하면 호랑이에게 뿔을 달아 준 이상이라 하였으나 뿔 없이 극락왕생 정토하여 여래의 10가지 원력이 성취되길 바란다. 우리

나라 불교는 본래 한 집안 한 부처님 법 아래 삼천위의三千威儀 와 팔만세행八萬細行을 함께 하고 또 함께 뜻을 하였으나 지금은 그렇지 않다. 오로지 염불문은 염화미소拈華微笑 · 격외선전格外 禪詮의 뜻도 거역하지 않는 것이요, 불립문자不立文字 교외별전敎 外別傳의 상근기上根機에도 별 탈 없음을 짐작하겠다. 내가 나를 (불)살라 온갖 소원을 성취하고자 하나 그것도 내 마음대로 못 하는 세상 나는 쉬운 길 · 바른 길 · 빚 갚는 길 · 성공하는 길을 널리 이 세상을 사는 모든 이들에게 전하고 싶다.

[행장] 1998년 6월 16일 승정으로 추대.
1998년 6월 27일 새벽 홀로 호명산 감로사에서
소신공양을 올리고 열반.

법구를 다비(화장)하는 모습
(1998년 6월 28일 밤)

귄 보정의 꼬리말

2009년 정년퇴직하고 입산하여 3년간 정토선 염불 수행하면서 세운 원이 『정토삼부경』을 우리말로 옮기는 것이었다. 책을 옮기는 것은 바로 붇다의 말씀을 한 구절 한 구절 뜯어 보며 붇다의 참뜻을 깨치는 작업이었다. 이때 우리말 번역서 가운데 참고한 것이 1996년에 충담 스님이 낸 『염불 정토삼부경』과 청화 스님이 옮긴 『정토삼부경』이었다. 충담 스님은 원본을 《고리 대장경(高麗大藏經)》본을, 청화 스님은 《신수대장경新修大藏經》본을 썼다. 엮은이는 먼저 이 두 판본을 찬찬히 견주어 옮기는 작업을 하였기에 충담 스님의 책이 크게 도움이 되었다.

내가 보는 충담 스님 번역본은 1998년 6월 28일 소신공양 바로 뒤인 8월 15일 재판이었으므로 책 뒤에 실은 스님의 소신공양에 대한 자세한 신문 기사들을 자세히 읽을 수가 있었다. 그때부터 이 글을 쓰기 직전까지 스님의 소신공양을 정토 법문에서 어떻게 해석해야 하는가 하는 문제가 작은 화두였다. 모든 기사에 스님의 발원은 국태민안, 남북통일, 불교 분규 종식 같은 '하화중생下化衆生' 만 있지 자신의 상구보리上求菩提인 극락왕생 발원이 빠져 있었기 때문이다. 그러다가 활안 한정섭이 지은 『내가 만난 선지식』(불교통신교육원, 2012)에서 "높이 장작더미에 올라앉아 불을 붙이니 푸른 산골짜기에 한 송이 연꽃이 피어올랐다"라고 하는 대목에서 남을 이롭게 하는 이타利他가 곧 스스로를 이롭게 하는 자리自利였음을 알게 되었고, 2022년 6월 2일 열린 '제24주년 충담 대선사 소신열반 추모·영산재' 보경 스님 법어에서 "제가 법구를 수습하여 다비할 때 사방은 캄캄하였으나 법구 계신 곳은 말로는 형용할 수 없는 연화의 세계였습니다"라는 회상 대목에서 자신의 수행을 모두 회향하는 이타행이 연꽃으로 승화하여 결국 연꽃이 되어 자신의 목적지인 극락에 가셨다는 결론을 얻었다. 그리고 오늘 호명산 감로사 지성 스님이 보내온 『불 속에 태어난 연꽃(蓮生中火) - 불꽃으로 연꽃을 피우다-』라는 책자의 제목을 보고 이 충담 스님 극락 간 이야기 제목 「마지막 불꽃으로 연꽃 피워 극락 가신 충담 스님」이 떠올랐고, 스님의 『염불』 머리말에 4가지 소제목도 붙일 수 있었다.

19. 1998년, 하루 10만 독 30년 염불로 붇다 영접받은 법륜각 보살

보국사 태원 큰스님 구술

※ 이 정토영험기는 2009년 9월 8일 연지해회의 박병규 거사와 임헌상 거사가 서울 정릉 보국사 주지이시자 중앙승가대학 총장이신 태원太元 큰스님을 찾아뵙고, 태원 스님으로부터 직접 들은 이야기를 정리한 것이다.

이 법륜각 보살은 서울 정릉 보국사 신도이다. 1923년 평남 안주에서 태어났는데 한국전쟁 때 월남하여 서울에서 살면서 정릉의 보국사에 다녔다. 법륜각 보살은 처음에는 참선에 관심을 가지고 참선 수행을 하였는데, 인천 용화사의 송담 큰스님을 친견하고 그분의 가르침에 따라 간화선을 수행하였다 한다.

그렇게 참선에 몰두하였으나 간화선이 최상승인지라 자신의 근기에 맞지 않다고 여기고 있던 차, 1960년경 보국사에서 대동염불회를 조직하여 정토염불법을 크게 펼치신 자운慈雲(1911~1992) 큰스님을 만나게 되면서부터 정토염불을 알게 되었다. 자운 노스님께서는 3·1운동 독립선언에 참여한 33인이었던 용성龍城 큰스님 전법제자로, 1981년부터 전계대화상을 역임하셨으며, 해인사에 계실 때 수산秀山 스님과 함께 만일염불회를 결사하시어 정토왕생업을 닦으셨고, 또 보국사에 오셔서는 대동염불회를 조직하시어 정토염불을 널리 펼치신 분이시다.

1992년 스님께서 해인사에서 열반하실 때 "서쪽을 향하여 합장하고 단정히 앉아 아미타불의 명호를 칭명하면서 조용히 입적하시니 향기가 진동하고 묘음이 청아하였으며 염불 소리와 함께 입으로부터 오색 광명이 서쪽하늘을 가득 메웠다"라고 한다. 법륜각 보살은 보국사에서 이러한 자운 스님으로부터 정토법문을 배우게 된 것이다. 그리하여 그동안 수행하던 참선을 내려놓고 서방정토에 귀의하여 오로지 '나무아미타불' 염불만 하였다. 이로부터 30여 년간을 한결같이 하루에 10만 독씩 염불하셨다고 한다. 10만 독이라면 하루 종일 염불을 놓지 않았다는 것이 된다.

하루는 보국사 주지이신 태원 스님께서 법륜각 보살의 집을 방문한 적이 있었는데, 그때 법륜각 보살은 텔레비전을 보면서 염주를 돌리고 있었다. 스님께서 "텔레비전을 보면서 염불하면 염불이 제대로 되겠느냐?"라고 물었다. 법륜각 보살은 웃으면서 "그래도 염불이 됩니다."라고 대답하였다. 스님께서는 이 말을 듣고 속으로 의아스러웠다고 한다. 상식적으로 텔레비전을 보면서 염불한다는 것이 불가능하게 생각되기 때문이다. 그러나 법륜각 보살은 일상생활 속에서도 걸림 없이 염불이 돌아가는 경지에 있었던 것이다.

당시 보국사의 대동염불회는 만일염불회의 전통을 계승하여 대단한 신심과 원력으로 염불결사를 한 모임으로, 대표는 회서 홍인표 거사가 맡고 있었다. 홍인표 거사는 임종 후 사리가 나올 정도로 철저히 수행하셨다 한다. 그리고 그가 지은 『연종집요』는 한국 근현대 불교사에서 정토에 대해 가장 최초로 체계적이고 종합적인 서술을 한 저서로 평가받고 있다.

법륜각 보살은 바로 이러한 대동염불회의 수행 분위기 속에서 염불수행에 매진하였다. 재가자들이 모여 이렇게 염불수행을 열심히 할 수 있었던 밑바탕에는 물론 자운 노스님의 원력이 있었기 때문이다. (자운 스님께 비구계를 받으시고 스님과 함께 해인사에서 염불만일회를 결사한 수산 스님께서도 대구에서 염불선원을 세우시어 수많은 재가 염불행자들을 배출하였으며, 수산 스님께 염불법을 배우신 법장法藏 스님께서도 경주 미타사에서 1985년 염불만일연회를 결사하시어 20년 넘게 염불수행과 포교를 해 오시는데, 여기에는 자운 스님의 크신 원력이 밑받침되고 있다고 볼 수 있다.)

법륜각 보살은 평소 심장이 안 좋았는데, 왕생 수개월 전에는 병환이 심해져 몇 차례 병원에 입원한 적이 있었다. 길게는 열

홀, 짧게는 일주일 정도 입원하였다가 다시 일상으로 돌아오곤 하였다. 이즈음에 법륜각 보살과 아시는 분이 보살님을 도와드리며 함께 생활하고 있었는데 법륜각 보살이 병원에 입원할 때도 늘 함께 따라가서 간병해 주곤 하였다.

법륜각 보살은 간병 도우미인 그분에게 불교를 가르쳐 주어 불법에 귀의하게 하고 보국사에도 함께 가곤 하였다. 1998년 어느 날, 법륜각 보살이 세 번째인가 네 번째인가 병원에 입원하였을 때였다. 이때도 간병인이 함께 가서 간병을 해 주었는데, 이번에는 병환과 노환이 심해 더 이상 생명을 이어 가기가 어려울 것 같았다. 임종할 때가 다 된 것이었다.

법륜각 보살은 침대에 누워서 임종에 임박한 상황에서도 평소와 다름 없이 염불하고 있었다. 그러다가 어느 순간 갑자기 "부처님이 오신다!", "부처님이 오신다!" 하고 두 번이나 외치고는 몸소 침대에서 내려와 서쪽을 향하여 세 번 절을 올리는 것이었다. 그리고는 다시 침대에 돌아와 조용히 숨을 거두었다. 이것은 이 자리에 함께 있었던 간병인이 분명히 목격한 사실이다.

간병인이 나중에 태원 스님께 이 놀라운 사실을 이야기함으로써 비로소 세상에 알려지게 된 것이다. 태원 스님은 이 이야기를 전해 듣고 예전에 법륜각 보살이 텔레비전을 보면서도 염불이 된다는 말을 비로소 의심 없이 믿었을 뿐 아니라 평소에 지극한 정성으로 염불하였다는 사실을 알게 되었다. 왜냐하면 웬만한 수행력을 지닌 고승이라 해도 임종에 이르러서는 온몸의 기운이 다 빠져나가는 상황이기에 앉아있기도 불가능한 처지인데, 법륜각 보살은 임종을 바로 앞둔 상황에서 벌떡 일어나 침대에서 내려와 삼배를 하였기 때문이다.

이는 평소에 지극정성으로 염불한 공덕이 있었기에 가능한 일이며, 이러한 염불공덕으로 임종 직전에 아미타 부처님의 내영來迎을 받고 가피를 받았기에 가능한 일이라 하지 않을 수 없다.

20. 1999년, 화두 타파했는데도 마지막 깨달음(究竟覺)이 안보이더라!
- 화두 놓고 정토 발원한 월인 스님 -

1) 월인 스님 스스로 쓴 행장 (『불교신문』)[57]
- 1910년 전남 화순 태어남
- 1945년 전북 보석사로 출가
- 화엄사, 월명암(전북 부안), 달마산 토굴 등에서 선 수행
- 1999년 세수 90세 법납 54세로 원적

나는 나라를 일본에게 빼앗긴 경술년(1910)에 전라남도 능주, 지금의 화순 땅에서 태어났습니다. 누구나 그랬듯이 참으로 어려운 유년시절을 보냈지요. 선친께서는 삼천리 명산을 찾아 다니며 남들이 알지 못할 공부를 하셨습니다. 그러다 보니 집안 살림은 말할 수 없이 기울었고 마침내 선친께서 금강산에서 타계하시니 그나마 밥줄을 잇던 살림살이가 파탄이 되지 않을 수 없었습니다. 그래서 열두어 살 때부터 지게를 지고 산을 다

---

[57] 출처: 불교신문 / 도창스님 불교자료실 재인(http://dochang.pe.kr).

니며 나무를 하는 신세를 면할 길이 없었습니다.(…)

나는 산꼭대기에서 하늘을 향해 소망을 말했습니다.

"나는 이렇게 어려운 세상살이를 하지 않고 산에 들어가 도를 닦고 싶습니다."

선친의 피가 내 몸에 흐르는 탓이었는지 어린 나이에 가난이 싫어서 그랬는지 모르겠지만 그때의 발원이 있어 지금껏 승단 한켠에서 불은佛恩을 축내고 있는지도 모를 일입니다.

외가살이를 하다가 스무 살이 넘어서는 전라북도 전주에서 시계 고치는 기술을 배웠습니다.(…)시계 고치는 연장을 손가방에 넣고 전국을 떠돌아다닐 수 있다는 것도 신명 나는 일이었습니다. 주로 북쪽을 많이 다니게 되었습니다. 선친이 공부하다 이승 인연을 마감했다는 금강산도 돌아다니고 보현산도 돌아다녔지만 그래도 만주 땅을 가장 오래 쏘다녔습니다. 그곳에서는 일제의 병기를 들고 살상의 전장으로 끌려갈 험난한 팔자를 면할 수 있었기 때문입니다.

만주를 돌아다니다가 돌아온 조국 땅에서 해방을 맞이했는데 그해에 불문佛門으로 들어서 버렸습니다.(…) 출가사찰인 전라북도 보석사에서는 머리만 깎은 셈입니다. 정선正善 스님이 머리를 깎아 준 은사 스님인데 이듬해 화엄사로 나를 보내며

"아무것에도 걸림이 없어야 참으로 중노릇을 할 수 있다"는 말 한마디가 전부였습니다. 물론 그 가르침도 나는 평생을 귀하게 받들고 있고 지금 머리를 깎으려는 이들에게도 '정녕 하나의 걸림이 없는 삶을 구할 자신이 있느냐'고 묻고 싶습니다.

화엄사에서 일도 하고 공부도 하고 참선도 하며 지내다가 서울에서 정화불사가 대단하고 모두들 모여든다는 소식을 들었습니다. 그래서 정화불사가 끝날 무렵에 서울로 올라갔는데 나는 실망했습니다. 정화불사는 갑오년(1954년)에 이승만 대통령의 유시를 촉매로 시작되었던 것은 다들 아실 겁니다. 나는 그다음 해 초가을에 조계사로 갔습니다. 이미 많은 절에서 대처승들이 물러난 뒤였습니다. 조계사 앞뜰에 모인 스님들이 여기저기서 무리를 지어 수군거리는데 그 내용은 지방의 절들은 많은데 비구들의 수는 적어 서로 절을 나눈다는 것이었습니다. 정화를 했으니 절을 인수해 들어가야 한다는 것이었는데 나는 그때 별로 기분이 좋지 않았습니다. 부처님 혜명을 바로 잇고 법통을 온전히 이어 가기 위한 정화였는데 종국에는 무리를 지어 좋은 절들을 차지하려고만 하는 것이 이 촌사람에게는 그리 좋게 보이지 않았던 겁니다.

마땅히 갈 곳도 없고 여비도 없어서 대각사에서 한 달가량 있었는데 대접을 잘해 주더군요. 한 도반이 찾아와서 나를 보더니 "스님은 왜 여기 있으시오?" 하더군요. "갈 만한 곳도 없고 여비도 없어 여기 있다"고 했더니 그 스님이 꽤 많은 여비를 주더군요. 서울에 있어야 할 이유도 없던 터라 잘된 일이었지요. 그래서 발길 닿는 대로 찾아온 곳이 월명암입니다.

와 보니 절은 말할 수 없이 퇴락해 있었습니다. 누군가 저 옆 봉우리(쌍선봉) 아래 스님들의 유골이 나뒹굴고 있다고 하더군요.(…) 눈에 보이는 대로 수습을 해 화장하고 스님들의 극락왕생을 기원하는 천도재를 지냈습니다.(…) 그해 겨울에 이 묘적암 자리에 초막을 짓고 그다음 해부터 월명암 법당 불사를 시작했습니다.(…) 신도도 없는 절에 누가 불사 시주금을 내겠습니까. 원경 스님이란 분이 많이 도와주었습니다. 나는 어설프게 만든 권선문을 들고 원경 스님을 따라나섰는데 부안군수와 군내 각 면장들을 만나러 다녔습니다. 그들이 제법 많은 돈을 내놓았고 그런 바람에 염전하는 사람을 비롯한 지역 신도들도 십시일반으로 시주해 불사를 이룰 수 있었습니다.

불사가 다 되기 전에 나는 소공 스님이란 분에게 마무리를 부탁하고 지리산 토굴로 들어갔습니다. 워낙 세속 물정에 밝지 못한 내가 불사를 주도 하는 데는 어려움이 적지 않았기 때문입니다. 그런데 그 스님이 불사를 제대로 마무리하지 못하고 내소사로 가버려 월명암은 다시 쇠락하기 시작했습니다. 10년 후에

묘적암(妙寂庵) (블로그 해 뜨는 동해에서)

그열명암(月明庵) (블로그 해 뜨는 동해에서)

다시 월명암을 찾아 기와 불사를 하고 떠났다가 또다시 80년대 중반에 돌아왔습니다. 세 번째로 월명암을 찾은 겁니다.

　해남 달마산에 토굴을 짓고 앉아 있는데 무슨 인연인지 몰라도 당시 (명월암) 주지 스님이 나를 데리러 왔기에 따라왔습니다. 절이 제법 격을 갖추고 선방도 있어서 결제 철이 되니 10여 명의 선객들이 찾아오더군요. 나는 안거를 들며 선객들과 '10악 참회'와 '발원문' 정진을 하기로 했습니다. 우리가 세간에 있건 출세간에 있건 수시로 짓는 악업을 소멸시키지 않고 어떻게 성불을 바랄 수 있겠습니까.

또 몇 년 지리산의 토굴에 의지해 있다가 재작년에 네 번째로 월명암을 다시 찾아 이곳 묘적암에 거처를 정하며 "이제 나는 여기에 죽으러 왔다"는 생각을 했습니다. 나이도 나이이고 한 세상 남에게 큰 부끄러움 없이 정진해 왔으니 죽어서 다음 생에 더 좋은 인연을 만나는 것밖에 뭐가 남아 있겠느냐는 생각입니다. 그래도 나는 참회하고 발원하는 마음을 버려서는 안 된다고 생각하고 있습니다. 이 나이에 생식을 하고 내 손으로 빨래를 하고 사는 것도 나의 덧없는 일생을 참회하며 간절한 발원의 마음을 다잡아 가기 위함입니다.

---

58) 청화 스님, 「월인 스님 이야기」 (일용, 「법의 향기」)
　　https://blog.naver.com/1s3ssf/222193527858

2) 청화 스님과 월인 스님, 그리고 정토와의 만남

청화 스님, 「월인 스님 이야기」 (일웅, 「법의 향기」)[58]

월인月印 스님이라고 말씀 들어 보셨습니까? 한국 현대 승려 중에서 가장 숭배하는 어른입니다. 그이가 구산九山 스님하고 좋은 도반입니다. 구산 스님은 이발사 하다가 월인 스님은 시계수선공 하다가 승려가 된 분이기 때문에 두 분 다 한 동갑이고 해서 굉장히 가깝게 지냈습니다. 저도 인연이 닿아서 그분하고 백장암白丈庵에서 한 철을 지냈어요. 그 뒤에 여러 차례같이 지냈고 제가 또 광양 사성암四聖庵에 있을 때도 같이 좀 지내고 그랬습니다.

애초에 그 양반을 제가 알게 된 것은 젊은 사람들이 한 댓이나 구례 사성암에 왔는데 거기가 굉장히 높아요. 옛날에는 교통도 사납고 그때는 섬진강을 건너서 와야 됐는데 누가 특별한 사람 아니면 오질 않아요. 혼자 지낼 때고 그랬는데, 학생들이 한 댓이나 한봉 꿀을 하나 가져왔어요. 그때는 내가 40대 조금 넘었을 때이고 아는 신도도 별로 없는데 여기까지 무슨 정성으로 누가 보내서 가져왔느냐고 하니까, 월인月印 스님께서 보냈다고 해서 월인 스님을 한 번 만나 뵙지도 못했는데 그 양반이 나한테 무슨 뜻이 있어 보냈는가 그런 생각이 들어서 고맙다고

인사했는데(…) 그 학생들 하고 얘기를 나눈 뒤 보내 놓고 생각
해보니 저보다도 훨씬 선배이고 한 번도 인사를 못 드렸는데 꿀
만 받아먹고 그냥 말수가 없어서 용돈 좀 아껴 두던 것을 가지
고, 그때는 설탕 같은 걸 사기가 참 어려웠던 때이고 아주 귀할
때인데 시내에 아는 점포에 가서 설탕과 과자를 사서 걸망에 지
고서 그 양반이 그때 함양 토굴에 계실 때예요. 묻고 물어서 올
라갔는데 한 봉 벌통이 몇 개가 놓여 있고 나무등걸로 앉는 의
자를 만들어서 한 스님이 앞만 바라보고 가만 계시는 것이 꼭
신선 같았어요. …

 그때는 장좌불와長坐不臥 하고 앉아서 베길 땐데, 토굴이니까
방이 하나뿐이지요. 아, 거기서 같이 자는데 이 양반이 한밤중
에 굉장히 부대껴 하세요. 한 시간쯤 지나니까 진정이 된다고
해서 같이 정진했는데 그때 추렴이 돼 가지고 가끔 더러 지내기
도 하고 백장암에서 한 철 지내기도 하고 그랬어요. 그리고 같
이 공부 얘기가 나오지 않습니까? 그러면 나의 말을 가만히 듣
고 있지만 내가 하는 공부 방법이 마땅하지 않았던 모양이야.
당신은 화두 일변도라서 마땅하지 않았으나 그래도 하여튼 몇
십 년 동안 공부하고 온 사람을 자기가 그걸 말라고 할 수가 있
습니까? 말라고 한들 제가 또 말 수도 없는 것이고. 그렇게 왔다
갔다 친하게 인간적으로 가까워지니까 공부방식이야 뭐 이렇
게도 하고 저렇게도 하는 것이라고.

한 번은(…) 자기 상좌하고 같이 왔어.

"청화스님, 나 봐. 내 얼굴 좀 보라"고 해서, "스님 얼굴 대저 참 좋습니다" 얼굴이 그 전보다도 아주 푸근하게 생각이 된단 말입니다. 이 양반이 평생 계행을 잘 지켜 참 굉장히 청정한 분이셨습니다. 비구니 스님이 뭘 줘도 여자가 줬다 해서 안 받았어요. 그럴 정도로 아주 청정한 분이고 청정하게 살았기에 옷이 없어 구산 스님께 두루마기도 얻어 입었다고 저한테 말할 정도였어요. 그래서 그전에는 서릿발 차듯이 쌀쌀하게 보였는데, 평생 토굴에서 지내면서 계행 바르고 평생 화두 하니까 의심하려면 의심하는 작업이 쉬운 것이겠습니까? 한두 번이 아니라 몇십 년 동안 의심하고 살았으니까 아무래도 표정도 그런 쪽으로 굳어지지 않았겠습니까? 그 양반의 얼굴이 훨씬 푸근해요. 그러면서 "내가 지금 그 전과 달리 얼굴이 이와 같이 푸근하게 보이잖아. 다 청화 스님 덕택이야." 그래서 "제 덕은 무슨 제 덕이겠습니까" 그러니까, "내가 지금 염불을 해" 그전에 만났을 때는 내가 장좌長坐 한다고 제법 공부하는 모양은 갖추니까 나한테 대놓고 그래요. 아이고, "참, 청화 스님 화두 했으면 진작 깨달아 버렸을 것인데." 이런 말도 하신 적도 있었어요. 그러면 나는 "제가 업장이 무거워서 그럽니다" 하며 웃고 그랬는데 이젠 당신이 염불한다고 그래요. 대저 얼굴이 푸근하게.

이 양반이 하도 정직하고 원칙적인 분이기 때문에 누구라도 만나면 하여튼 다른 것 할 것 없이 염불하라고 권합니다. 자기 상좌 ○○스님이라고 나한테 오면 항시 수행법에 관해서 꼬치꼬치 질문도 하고 또 어떤 때는 아주 힐난하듯이 따지기도 하고 그랬어요. 그런데 자기 스님이 그러니까 거기에 안 따라갈 수가 있습니까? 한 4~5년 전에 변산 실상사 개원식 때 그 양반이 월명암月明庵에 조실로 계셨네. 내가 왔다고 그러니까 월명암에 케이블카 비슷한 모노레일인가 하는 그것 타고 내려오셔서 만나고.

"늙은 말년이니까 청화 스님하고 꼭 같이 지내고 싶은데 청화 스님은 워낙 아는 사람이 많아 복잡하고 나는 아는 사람이 별로 없으니까 "같이 지내지도 못해 섭섭하다"고 그래. 그래서 "제 마음은 항시 스님을 모시고 같이 지내는 그런 기분입니다" 그러고 헤어졌는데, 돌아가셨다고 해서 내가 꼭 참여하려고 마음먹었는데 49재도 참여를 못 하고 그렇게 됐네.

염불이라는 것이 보통 참선하는 사람들은 저만치 밑으로 생각합니다. 방편 공부로서 참다운 참선이 못 된다고 생각합니다. 허나 깊이 공부한 분들은 그런 서투른 말을 차마 못 할 것입니다.(…) 그러니까 염불이라는 것이 아까도 말씀마따나 월인 스님 같은 분도 저는 그이가 굉장히 복 있는 분이라고 생각합니다. 보통은 그냥 자기가 평생 한 대로 익힌 대로 가 버리는 셈인데 그때 나한테 염불한다고 한 것이 팔십 거의 다 돼서이고 구십 넘어서 그이가 갔습니다.

우리가 불교를 공부한다고 할 때 역사적으로 고찰을 잘못하면 하나에 치우쳐 버린단 말입니다.[59]

청화 스님(左)과 월인 스님(右)

---

59) 일용, 법의 향기 : 월인 스님 이야기 청화스님.
　https://blog.naver.com/1s3ssf/222193527858

3) 월인 스님의 본디 모습

무주선원 「미타행자의 편지」[60]

월인 노스님을 저는 뵌 적은 없습니다. 다만 들리는 말을 귀동냥으로 들었을 뿐입니다. (청화) 큰스님께서 소참법문 가운데 당신께서 존경하시는 스님이 월인 노스님이라 하시며 월인 노스님과의 인연을 말씀하신 적이 있는데 첫 만남은 사성암에서 정진하실 적에(1965년 42세?) 월인 노스님께서 꿀을 보내 주시었고 당신께서 고맙기도 하고 인사로 꿰맨 고무신을 신고 15리를 걸어가 백설탕을 사서, 그 당시는 백설탕이 귀하고 좋은 선물이었다고 합니다. 월인 스님이 계신 함양토굴을 찾아가시었다고 합니다. 들리는 말로는 당신께서 신도 시주 안 받고 사신다고 벌을 키웠는데 언제인가 외출하고 돌아오니 벌통을 곰? 산짐승이 다 패대기쳐 놓아 그 후로는 벌을 안 키우셨다고 합니다.

아무튼 공부 방법은 달라도 두 분께서 청정하게 지독스럽게 사시는 코드는 맞아서 대중 처소에서 함께 정진도 하시었는데

---

[60] 무주선원 미타행자의 편지. https://blog.naver.com/muju5/220449349773

구참 스님께서 함께 사실 적에 월인 노스님께서 큰스님께 "청화는 화두 했으면 진즉에 깨달았네" 하시며 안타까워하시는 말씀을 들었다고 합니다.

제 사형 스님께서 월인 스님 상좌 하고자 찾아갔더니 월인 스님께서 "청화 스님이 나보다 더 도인이니 청화 스님에게 가라"고 해서 제 사형 스님이 되었고, 월인 스님 상좌분은 은사 스님(청화 큰스님) 상좌가 되고자 찾아가니 "나보다 월인 스님이 더 훌륭한 분이니 월인 스님에게 가라"고 해서 월인 스님 상좌가 되었다는 이야기를 직접 들었는데, 두 분께서 연세 차이가 많이 나도(은사 스님보다 13세 위) 서로 존중하셨던 것 같습니다.

월인 노스님께서 말년에 월명암에 계실 적에 도반 스님이 찾아뵙고 인사드리는데 겨울 냉방에 전기장판 하나 깔고 앉아 계시는데, 누비 입고 인사드리는 젊은 수좌가 한기를 느낄 정도였다고 합니다. 도반 스님이 "땔나무가 없나…" 하고, 없으면 해드리려고 광에 가 보니 땔나무가 그림처럼 정돈되어 있었는데 당신께서는 말년까지 물 한 방울 나무 한 토막도 아끼며 정진하신 것입니다.

당신께서 일념 화두로 정진하시다가 말년에 염불 수행으로 바꾸니 수좌 스님들 사이에 말이 있었다고 합니다. 옛날 어른

스님들은 말년에 염불 수행으로 회향하는 일이 종종 있는 일인데, 젊은 시절 장한 신심으로 돈오돈수頓悟頓修하겠다고 애쓰다가 말년에는 한계를 느끼고 극락세계 왕생하여 마지막 깨달음을 얻겠다는 모습이 인간적이지 않습니까? 말세라 해도 알게 모르게 변방에서 이름 없이 애쓰는 스님네들이 계시는 것은 사실이고 증오證悟하기가 하늘에 별 따기임을 절감합니다.

당신의 염불 수행도 정갈하시었겠지요. 열반하실 적에 시봉하였다는 거사님을 만났는데 90 연세에 약간 미질微疾이 있더니 두 달 만에 조용히 열반하셨고 열반상이 주변 분들에게 신심을 일으켰다고 합니다. 화두를 하던, 염불하던, 일생을 청정하게 거짓 없게 정진하며 지내신 분인데 그 공덕이 어디 가겠습니까?

다만 "나무아미타불"은 마지막에 칭념할 수 있는 부처님 명호이자 진언입니다. 108 참회문에도 맨 마지막에 등장하는 부처님 명호이며 천수경에도 보살님 명호 맨 끝에 등장하는 나무본사 아미타불입니다. 중생이기에 바로 질러가지는 못하고 먼 길을 돌고 돌아 마지막에 가서야 아미타 부처님께 정토淨土로 귀의하는 것입니다.

4) 현대판 화두 놓고 염불하세
 - "극락 발원해서 극락 가자꾸나"

『불일회보』(송광사) 「특별초대석 : '수행승 중의 수행승, 월인 스님'」
1994년 6월 1일.

'내가 왜 진즉 거기에 참가를 못 하고 인제사 알게 되었나'
오히려 후회한 생각으로 남도 권하고
나도 극락 가자고 발원하고 있어.
지금 나한테는 다른 소리, 아무 소리도 안 들려.

<u>무슨 참선한다는 사람에게도</u>
'참선해야 소용없는 짓 하지 마라.
<u>너 차라리 공부하려면 아미타불 부르고</u>
<u>극락 발원해서 극락에 가자꾸나.'</u>
<u>나는 그런 소리밖에는 안 하고 있어.</u>

그래 '아미타불을 신信하고 자꾸 염불하면 극락에 가는구만.
누구라도 어떤 사람이라도 만인이 닦으면
만인이 한 사람도 안 빠지고 다 간다' 그랬어.
이렇게 쉬운 법이라 이것이.

근데 난 입때껏 참선한다고 꺼떡거리고
남들 가르친다고 꺼떡거리고 그랬는데
지금 생각하면 후회가 막심해.

그런데 다른 사람이 그러면 욕도 할 텐데,
선방에서도 내가 그렇게 하니 큰 욕은 않고
모두 더러 긍정을 하데. 일생을 참선하던 사람이
뜬금없이 정토발원을 막 하라고 하고,
나도 하고 그러니까 욕할 텐데 뭐 그런 것 같지는 않아.

인제 다른 사람들도 다 지쳐서 아마 그런 것 같애.
예까지 왔으니 보물 한 권(정토삼부경) 줘야지.
가서 한 번 읽어봐. 열심히 읽어 실천하면
극락에 가서 또 만나누만,
틀림없이 내가 결정코 갈 거라 극락에…."[61]

---

61) 이 내용은 인터넷 여기저기에 올라 있는 것으로 어느 것이 먼저인지 알 수가 없었다. 그래서 『불일회보』 원문을 대조하려고 검색하니 국립중앙도서관에는 없고, 국회도서관이 간직하고 있어 갔으나 1995년도 것은 1월호와 9월호밖에 없었다. 송광사에 전화했더니 종무소에는 최근 것밖에 없다며 박물관을 안내해 주었다. 그러나 박물관에는 1989년 것까지만 있다고 해서 원문을 보는 데 실패했다. 앞으로 자료를 찾게 되면 앞뒤 내용도 더 보고 문장도 찬찬히 대조하려고 한다.

인터뷰할 때 머물던 청연암 [유튜브 삼척 신흥사 부속암자, 청연암(淸蓮庵)에서 캡처]

卍 보정의 꼬리말

월인 스님에 대한 비문도 없고 탑도 찾지 못했다. 그러나 말년에 불교신문과 불일회보에 자신을 삶을 이야기한 것이 있고, 청화 스님과 제자가 증언한 기사를 모아 배치하고 나니 꼬리말을 할 필요가 없게 되었다. 삶 자체가 단출했고, 수행 자세도 솔직하고 뚜렷했기 때문이다.

21. 1999년, 한평생 염불하고 극락 가는 날 귀띔한 박청업 보살

〈카페 아미타불〉 성훈 2020.03.29

박청업 보살

박청업 보살님은 전남 여수 흥국사 신도로 항상 법회를 빠지지 않고 열심히 절에 다니신 불자님이었다고 합니다. 박보살님의 따님이 전하는 바에 따르면 모친께서는 살아생전에 열심히 염불하셔서 앞일을 미리 내다보실 수 있을 정도로 공부가 깊으셨는데, 평소에는 속으로 염불을 하시느라 입을 굳게 다물고 일체 말씀하지 않으셨고, 주변 사람들에게 재앙이 다가오는 경우에만 그러한 위험들을 미리 알려 주어 미리 예방하도록 말씀해 주시기도 하셨다고 합니다.

그렇게 한평생 염불 수행을 하신 어머니 박청업 보살님께서는 돌아가시는 날짜도 다 알고서 가실 날짜를 가족과 친족들에게 미리 알려 주었는데, 지금으로부터 20여 년 전 1999년 음력 2월 그믐날이 되자 평소처럼 목욕하시고 여수 흥국사 절에 가서서 하룻밤을 주무시고 3월 초하루 법회를 보신 다음 집에 내려

오셔서 하룻밤을 주무신 뒤 3월 초이틀이 되자 병도 없이 건강하셨는데, 평소 가족들에게 미리 귀띔해 주신 것처럼 가신다고 하는 날짜인 음력 3월 2일에 앉아서 입적하셨다고 합니다.

염불 수행을 통해 공부가 깊어지니 도인 스님들처럼 보살님께서도 앉은 채로 마치 매미가 허물을 벗듯이 육신의 옷을 벗어 버리고 좌탈입망坐脫入亡하여 극락세계로 왕생하신거지요.

그래서 모친께서 돌아가시고 입관을 하기 위해 가족들이 장의사에 연락하여 관을 가져오기는 하였지만 남자 장의사가 어머님의 몸을 만지는 것이 싫어서 딸인 감로월 보살님이 당시 흥국사 주지 스님인 명선 스님의 조언을 받아 옆에서 알려 주는 그대로 어머님의 몸을 직접 씻겨 염습하였는데 당시 어머님이 몸을 씻겨 드리면서 몸을 직접 만져 보니 마치 갓난아기의 피부처럼 살결이 뽀얗고 살결도 너무너무 부드러웠다고 합니다.

모친의 얘기를 전해 주신 감로월 보살님

연세가 많은 노보살님의 살결이 마치 갓난아이처럼 뽀얗고 피부도 한없이 부드러운 이러한 현상은 전형적인 극락왕생의 징후에 해당하는 현상이라고 할 수 있습니다. 평소에 열심히 염불하시고 앞일을 내다볼 정도의 공부 힘과 좌탈입망하셨다는 것만으로도 극락왕생을 믿어 의심치 않지만 염불 수행자가 앞일을 내다보거나 좌탈입망할 정도의 수행력이 아니어도 임종 후에 극락왕생을 확인할 수 있는 징후 가운데 하나가 아이같이 뽀얀 살결이나 아이같이 부드러운 피부입니다. 그래서 중국이나 대만의 동물왕생 사례를 올려 놓은 것을 찾아보면 사후에 경직 현상이 나타나지 않고 마치 살아있는 것처럼 부드러운 현상들을 동영상으로 올려 놓은 사례들이 있습니다.

박청업 보살님의 염불 왕생 사례는 마치 일타 스님의 외증조 할머니를 연상케 하는 일화로서 일반 불자님들에게 잘 알려지지 않은 희유한 일로 사실 스님들보다 더 훌륭하신 숨은 도인 보살님의 일화라고 할 수 있습니다.

여수 흥국사

22. 1999년, 극락에서 찾아낸 연변 강윤철 아버님

강윤철(姜允哲, 宏哲)

1) 관정 스님 통역을 맡게 된 사연

나는 길림성 연변에서 태어나 농업대학을 나와 용정시 농업국에 근무하고 있었다. 1983년부터 KBS 텔레비전에서 '누가 이 사람을 아시나요' 라는 프로그램으로 대대적인 이산가족 찾기 방송이 시작되었고 수많은 이산가족이 만나게 되었는데 우리 가족도 그 속에 들어 있었다. 내 아내의 친삼촌이 한국에 계셔 서로 알게 되었고 연락이 시작되었던 것이다.

강윤철 거사

1989년 그 삼촌 되시는 분이 우리 집을 찾아오셔서 한 달간 머물다 가신 뒤 우리 가족을 한국으로 초청하였다. 당시 한국으로 직접 오는 비행기가 없기 때문에 일본을 거쳐서 왔는데, 삼촌이 잘 아시는 분이 일본에 계셔 일본 구경까지 하였다. 그 뒤 나와 처형은 평창동에 있는 그 삼촌 집에서 가사를 돕는 일을 하게 되었다.

내가 관정 스님을 알게 된 것은 바로 아내의 숙모이신 조상락(법명 : 상락선) 보살 때문이었다. 상락선 보살은 불교를 열심히 믿어 많은 스님과 친분이 있어 집에 찾아왔으나 나는 불교에 대해서 전혀 관심이 없었다. 중국에서 공무원으로 있던 나는 종교적 믿음이 비과학적이라고 생각하였기 때문이다. 당시 중국에서 사회주의 교육을 받은 사람은 대부분 나와 같은 생각을 하고 있었다. 1997년 3월 9일, 상락선 보살이 말씀하셨다.

"강서방, 능인선원에서 중국에서 오신 스님이 오셔서 법문을 한다는데 함께 가서 들어 보자."

나는 불교 자체가 좋아서라기보다는 집에서 일하는 것보다 좋고, 또 오랜만에 중국에서 오신 분이 법문을 하신다니 따라나섰다. 능인선원에는 정말 많은 사람이 왔는데, 들어갈 때 모든 사람들에게 떡을 나누어 주었다. 강한 복건성 사투리로 법문을 하시는데 통역을 맡은 여자 분이 차드를 넘기며 주로 차드에 적힌 내용 위주로 통역하고 있었다.

법회가 끝나자 많은 대중이 두 편으로 나누어 가운데 길을 내어 드리자, 관정 스님이 나오시고 그곳에 참석하셨던 7명의 스님이 뒤따라 나왔다. 나도 다른 사람처럼 두 손을 모으고 '법문

잘 들었습니다' 하는 마음으로 상락선 보살 옆에 서 있었다. 나는 두 번째 줄에 서 있었는데, 우리 앞을 지나가시던 관정 스님이 갑자기 가던 걸음을 멈추시고 보고 또 보고 하시더니 중국말로 물었다.

"너 왜 여기 와 있는가?"

나는 속으로 '웃기는 일이다. 나를 언제 보았다고 아는 척을 하지?'라고 한국말로 두런두런했다. 내 속을 아는지 모르는지 이렇게 말씀하셨다.

"내일 구룡사에서 전법傳法하는데 꼭 오너라."

사실 연변에서 관정 스님이 계시는 복건성까지 가려면 기차를 여러 번 바꾸어 타면서 일주일은 가야 하는 먼 거리이다. 그러므로 관정 스님이 나를 알아보고 내일 법회에 오라고 하는 것은 아무리 생각해도 이해가 가지 않았다. 이 이야기를 상락선 보살에게 말씀 드렸다.

"큰스님이 그렇게 말씀하셨으면 가 봐야지. 유기사 내일 강서방 구룡사까지 모셔 드려라."

그래서 다음날 유기사와 함께 구룡사에 갔다. 내용은 이미 어제 들었던 것이고, 크게 흥미도 없어서 유기사와 뒤에서 놀다가 법회가 끝나 관정 큰스님이 나오실 때 뒤에 서 있었더니 미국·중국·싱가포르의 주소와 전화번호를 써 주시며 내 연락처를 달라고 하셨다. 그래서 내가 일하고 있는 상락선 보살 집 전화번호를 적어 드렸다. 다음날 '부석사로 간다'고 전화를 하셨고, 옮기실 때마다 전화를 주시더니, 중국으로 떠난다고 하시며 또 전화를 하셨다. 상락선 보살이 공항에 나가 보라고 했으나 특별한 일이 있는 것이 아니기 때문에 나가지 않았다.

다음 해인 1998년 8월, 정원에서 나무를 손질하고 있는데 미국에서 전화가 왔다고 해서 받아 보니 관정 큰스님이었다.

"군위 압곡사 자해 스님이 나를 초청했는데, 네가 가서 몇 개 절에서 초청하고 준비상황은 어떻게 되었는데 알아보아라. 이틀 뒤에 한국에 도착할 것이다."

상락선 보살에게 말씀드렸더니 스님이 말씀하신 대로 하라고 하였다. 8월 15일 당시는 흔하지 않은 외제차를 가지고 상락선 보살과 함께 김포공항에 가서 모시고 평창동으로 와 공양을 대접하였다. 그리고 상락선 보살과 함께 스님을 압곡사에 모셔다드렸다. 우리가 서울로 떠나려 하자 관정 큰스님이 "강 거사는 안 가면 안 되니?" 하고 나를 붙잡으셨다. 상락선 보살이 "스님이 말씀하신 대로 하라"고 하여 이때부터 큰스님을 모시고 통역을 하게 되었다.

2) 나는 지금 극락을 보고 있다.

　몇 년 동안 사부님을 모시고 다니면서 늘 한방을 썼기 때문에 스님의 일거수일투족을 그대로 볼 수가 있었다.
　저녁에 숙소에 들어가시면 먼저 나에게 이불을 개라고 한다. 그리고 텔레비전을 보시거나 다른 일은 일체 않으시고 결과부좌를 한 상태에서 약간 앞으로 숙이고 앉으셔서 꼼짝을 하시지 않는다. 단둘이만 있으면, 나는 너무 심심하므로 말씀이라도 나누려고 흔들어 깨워 본다. 그러면 이렇게 말씀하신다.

　"건드리지 마라. 나 지금 극락 모습을 보고 있다."

　이렇게 말씀하시면서 실제로 조금 전에 보았던 극락을 그림으로 그려서 보여 주셨다.

3) 한국에서 만난 도인들

철원 심원사에서 법회가 있을 때 북한산 용암사(은평구 진관동) 주지 스님이 찾아오셔 관정 스님에게 보시금을 주시고 법문을 들으셨다. 법회가 끝난 뒤 나에게 지시하셨다.

"저 스님의 이름과 전화를 써 놓아라. 저 스님에게 후광이 있다."

이처럼 한국에서 법문을 하러 다니시며 만난 스님 가운데 수행이 깊은 스님들을 말씀해 주셨는데, 한마음선원의 대행 스님, 송광사 방장 스님을 드셨는데, 다른 한 분은 기억이 나지 않는다.

1999년 강릉 백운사에서 관정 스님 법문 통역을 하고 있다.

그렇다면 한번 겨뤄 보자.

대구의 한 호텔에서 그 지역 원로 스님들과 모임을 했다. 관정 스님이 극락 다녀온 이야기를 하고 정토선 수행법을 설명하자 대부분 화두선을 하는 스님들은 이에 아주 비판적인 공격들이 쏟아져 나왔다.

"극락이란 다녀올 수 있는 곳이 아니다."
"염불이란 근기가 낮은 사람이 하는 것이다."
"화두를 참구하는 참선이 가장 수승한 수행법이다."

처음에는 공격에 대해서 나름대로 대답해 나갔으나, 참석자들의 공격이 그치지를 않고 도가 지나치다는 생각이 든 관정 스님께서 결심하고 참석한 스님들께 말씀하셨다.

"그러면 좋습니다. 나도 허운 화상으로부터 화두를 참구하는 참선 수행을 배웠습니다. 우리가 이렇게 논란만 벌일 것이 아니라 서로 어느 정도 경계를 가졌는지 확인해 보기로 하는 것이 좋겠습니다. 저는 지금부터 이 자리에서 선정에 들어가 7일 동안 꼼짝하지 않고 일어서지 않겠습니다. 여러분 가운데 저보다 우월한 수행력을 보이실 분은 나서 보십시오."

둘째 마당 대한민국 설립 후 극락 간 사람들

이처럼 조용하면서도 단호한 관정 스님의 사자후에 아무도 나서는 스님이 없었다. 실제 관정 스님이 법회하러 가는 곳에는 이처럼 선승들이 나타나 시비를 거는 경우가 많았다. 강원도 철원 심원사에서 법회를 할 때도 어떤 선승이 똑같은 공격을 하자 이번에는 2일을 줄여서 말씀하셨다.

"그렇다면 둘이 함께 5일 동안 선정에 들어가서 누가 경계가 더 높은지 보자!"

이렇게 선언하자 그 스님은 결국 법회에 참석하지도 않고 떠나버렸다. 만일 큰스님 자신이 7일간 선정에 자신이 없는데 엄포를 놓았고, 한국의 선승이 일주일간 선정에 들어가는 경계에 있는 스님이 있었다면 관정 스님의 한국 전법은 그것으로 끝나는 것이다. 그러므로 일주일 선정에 드는 것은 자신감을 가지고 있었다고 해석할 수 있을 것이다.

4) 트릭을 쓴다고?

앞에서 잠깐 보았지만 본격적으로 한국을 방문하기 시작한 것은 2000년부터이다. 그리고 이때까지 가장 열심히 스님을 모시고 도왔던 절이 군위 압곡사이다. 당시 압곡사의 자해慈海 스님은 누구보다 구도 정신이 강해 극락 다녀온 관정 스님을 정말 스승으로 모시고 하나라도 더 배우려고 모든 정성을 다했다고 한다. 그런데 그 압곡사 총무가 관정 스님의 도력이 완전히 가짜라고 들고나오는 사건이 발생하였다.

언제부터인가 관정 스님이 한국에 와서 법회를 할 때는 천도재와 마정수기라는 두 가지 행사를 하게 된다. 문제는 천도재에서 생겼다. 천도재를 마치고 참석한 가족과 신도들에게 영가가 어디에 태어났는가를 이야기해 주는 시간이 있다. 보기를 들면, "이 영가는 하늘나라 도리천에 태어났다" "이 영가는 하늘나라 도솔천에 태어났다" 하는 식으로 발표를 하면 참석자들이 환희심을 가지고 손뼉을 치며 좋아했다고 한다. 그때 탑 다라니를 불에 그슬리면 거기에 글자가 쓰여 있는 것이 나오는데, 이것은 파라핀으로 글씨를 쓰면 보이지 않다가 불기(火氣)에 닿으면 글씨가 나타나는 아주 초보적인 수법으로, 이것이 사기라는 것이다. 그 뒤 압곡사 총무는 지금까지의 태도와 완전히 달라져, 관정 스님을 초청하는 절에 하나하나 전화해서 "이런 사기 수법으로 신도들을 속여 인기를 얻으려 했다"라며, 법회를 취소하도록 적극적으로 비판하고 나섰다고 한다. 찾아가는 스님들에게 그 글씨와 그림을 사진으로 찍어 증거로 보여 주면서 온 힘을 다해 "관정 스님은 도력이 없고, 오로지 돈만 벌러 다닌

다"라고 설득하였다고 한다.

이 문제가 터졌을 때 큰스님은 이렇게 말씀하셨다.

"내가 법을 전하러 다니느냐? 돈을 모으러 다니느냐? 책에도 있지 않느냐! 내가 만일 돈만 생각한다면 그렇게 할 수도 있다. 그러나 한국에서 법을 전하기 위해 왔고, 이제 시작하는 단계인데 그런 짓을 한다면 뒷수습은 누가 하느냐? 잘 생각해 보아라. 내가 그런 짓을 해야 할 필요가 있겠느냐?"

관정 스님은 초를 가지고 글씨를 쓰고 그 초 위에 재를 뿌리고 흔들면 글씨에 재가 묻어나면서 글씨가 나타나는 방법을 안다고 하셨다. 그러나 천도재에서 그런 잔재주 가지고 몇 번이나 하겠느냐고 되물으셨다. 나는 그동안 관정 스님과 늘 함께 하면서 큰스님의 도력이 어느 정도인지 잘 알기 때문에 굳이 구차스럽게 그런 짓을 하지 않는다는 것을 굳건하게 믿는다. 또 관정 큰스님이 그런 것을 하려면 천도재를 하기 전 미리 준비해야 하고 그러려면 반드시 나에게는 말씀하셔 함께 해야 하지만 그런 것을 본 적이 없다.

관정 큰스님 법문을 통역하고 있는 글쓴이(거제 오송암, 2002년)

5) 아버지를 극락으로 천도해 주신 큰스님

솔직히 처음에 나는 관정 스님의 도력에 대해 큰 믿음을 가지고 있지는 않았다. 그런데 관정 스님에 대한 여러 가지 의심을 말끔히 씻을 수 있는 일이 있었다. 바로 아버지의 천도재 때문이다.

1999년 아버지가 돌아가셨다. 당시 나는 한국에 불법체류를 하는 상태였기 때문에 아버지 장례식에도 참석하지 못한 큰 불효를 저지르고 말았다. 멀리서라도 자식으로서 도리를 해야겠다고 생각하고 49재를 준비하였다. 그래서 미국에 계시는 관정 스님에게 전화해서 여쭈어 보았다.

"아버지가 돌아가셔서 49재를 지내야 하겠는데, 어느 절에서 하는 것이 좋을까요?"
그러자 관정 스님께서 대답하셨다.

"너의 아버지 49재는 내가 직접 해줄 터이니 따로 할 필요 없다."

관정 큰스님은 내가 한국에서 불법체류를 하는 것도 잘 아시고, 또 내가 벌어서 중국에 돈을 보내야 한다는 것을 잘 알고 계셨다. 그래서 늘 나에 대해 신경을 써 주셨고, 큰스님이 직접 2번이나 우리 집으로 돈을 송금한 적도 있었다. 그러므로 모든 사정을 고려하여 직접 천도재를 해 주신 것이다. 이렇게 해서 관정 스님을 모신 덕분에 아버지에게 조금이라도 자식 노릇을 할 수 있었다.

반년 뒤 관정 스님이 오셨다. 저녁에는 늘 아무 말씀 안 하시고 참선만 하시기 때문에 심심해진 나는 아버지 천도재에 대해서 여쭈어 보았다.

"아버지 천도재를 하셨다면 아버지는 지금 어디에 계십니까?"

"극락에 가셨다."

너무 간단히 대답하여 정말 믿음이 가지 않았다. 극락이라는 것이 그렇게 쉽게 갈 수 있는 것도 아니지 않는가? 그래서 다시 여쭈었다.

"그것을 어떻게 증명할 수 있습니까?"

내가 믿지 않는다는 것을 알아차린 관정 스님은 한참을 생각하더니 압곡사 천도재 오전 일정을 오후로 미루라고 하셨다. 영문을 알 수 없지만, 스님에게 말씀드려 오전 천도재를 오후로 미루었다.

그날 저녁 공양하시고 잠깐 주무신 뒤 12시에 일어나셔 세수하시고 양치질을 하신 뒤 결가부좌를 하시고 앉아서 나에게 말씀하셨다.

"지금부터 내가 '읽어라' 라고 하면 '중국 길림성 용정시 △△번지 강윤철이 아버지 강△△를 찾고 있습니다' 라고 중국말과 한국말로 읽어라."

12시 40분쯤 '읽어라'라고 하셔서 '중국 길림성 …'이라고 중국어와 한국어로 읽었다. 10분 뒤, "또 읽어라"라고 하셔 '중국 길림성 …'이라고 중국어와 한국어로 읽었다. 20~30분 뒤, "또 읽어라"라고 하셔서 '중국 길림성 …'이라고 중국어와 한국어로 읽었다. 계속해서 "읽어라"라고 하시면 읽고, "또 읽어라"라고 하면 또 읽었다. 이렇게 무려 4시간을 계속한 뒤 새벽 4시 반이 되어서야 말씀하셨다.

"찾았다."
"너 원래 나를 믿지 않았지? 종이 가져오너라."

종이를 가져다 드렸더니 아버지의 화상을 그리기 시작하였다. 다 그리신 뒤 물었다.

"너의 아버지 맞나? 천도한 것 틀림없지?"
"예, 맞습니다."

종이에 그려진 모습은 정확하게 아버지 모습이었고, 심지어는 금이빨이 몇 개인지까지 정확하게 그리셨다. 정말 할 말이 없었다. 그래서 다시 여쭈었다.

"왜 이렇게 오래 걸리셨습니까?"

"극락에 가는 사람들은 모두 같은 모습이기 때문에 찾을 수가 없다. 다만 천도한 사람들은 모두 업을 가지고 왕생(帶業往生)했기 때문에 수행을 하다가도 자식이 아버지를 간절하게 부르면 망상이 뜨고 옛날 본디 모습(眞面目)이 나타난다. 그래서 상품상생부터 너에게 '읽어라' 하고 망상이 뜬 모습을 찾기 시작하여 9품을 다 훑느라고 시간이 걸린 것이다. 너의 아버지는 하품하생에서 찾았다."

나는 이 말씀을 듣자마자 관정 큰스님에게 큰절을 올리면서 말씀드렸다

"이제부터 저는 사부님께서 소를 보고 돼지라고 하면 돼지라고 하고, 팥을 보고 옥수수라고 하면 옥수수라고 하겠습니다."

다음날 오전에는 쉬셨다. 이제야 오전 천도재를 오후로 미루라는 큰스님의 뜻을 이해할 수 있었다. 저녁 내 9품을 다 다니시느라 힘들어 천도재를 할 수 없어서 오전 일정을 오후로 미루셨다. (『극락 가는 사람들』(맑은나라, 2005, 113~131쪽에 실린 글을 그대로 옮김)

셋째 마당

2000년대 극락 간 사람들

1. 2003년, 『정토삼부경』으로 현대 정토법문을 여신 청화 스님

대주(旲宙), 「청화대종사 행장·연보」
(청화사상연구회 2009년 학술발표회)

「청화대종사 행장·연보」에서 간추린 행장

1) 탄생 및 유년 시절

1923년(불기 2467) 계해 음 11월 6일 전라남도 무안군 운남면 연리 697번지에서 탄생하셨다. 본향은 진주이며, 부친 강대봉씨姜大奉氏와 모친 밀양박씨 박양녀朴良女의 차남으로 속명은 호성虎成이다. 일제강점기에 고향에서 망운望雲소학교를 마치셨다.

1937년, 15세의 어린 나이에 지인의 권유로 청운의 꿈을 품고 일본에 유학하여 신문팔이, 분뇨수거 등 피나는 고학으로 동경대성중학을 졸업하고, 귀국하여 무안 일로농업실습학교에 편입하여 졸업한 뒤 무안 망운소학교에서 교사 생활을 시작했다.

1942년, 부모님의 뜻에 의해 성삼녀成三女 청신녀와 결혼식을 올렸다. 그 후 대동아전쟁으로 인해 강제로 징병되어 일본군 해군훈련소가 있던 진해에서 4~5개월의 가혹한 훈련 도중 8.15해방을 맞아 징병에서 벗어났다. 대종사께서는 해방 후 교육활동에 관심을 두어 광주사범학교光州師範學敎에 편입하시고 졸업과 동시에 준비된 교육자의 자리에서 활발한 교사생활을 시작하셨다.

2) 출가(出家)

대종사의 출가 인연은 친형이신 범룡凡龍(~1943년)께서 당시 24세의 젊은 나이에 갑작스런 죽음으로 인생무상을 절감하게 되었고, 해방 후 좌우익의 이념 대립으로 인한 인간적 고뇌를 느끼시던 차에 육촌 동생의 소개로 백양사 운문암에 머물게 된 것이 계기가 되셨다.

운문암에서 순치順治 황제의 출가 시詩, 부설 거사浮雪居士의 사부시四浮詩와 금타 존사金陀尊師의 수능엄삼매도首楞嚴三昧圖를 열람하시고서 속세에 대한 미련을 떨쳐 버리고 오직 진리 탐구를 위한 발보리심(發菩提心)을 하게 되었다.

1947년(불기 2491) 정해 음력 1월 16일(25세)에 '사상의 거처'를 찾아 출가하신 후에 깨닫겠다는 마음을 내고(發菩提心) 송 만암宋曼庵 대종사의 상좌인 금타존사를 은법사恩法師로, 법련당 정수定修 선사를 계사戒師로 수계 득도하시니 법호는 무주無住요, 법명은 청화清華이다. 운문암 생활은 순수하게 참선을 위주로 하여 불공도 사절하고 식생활은 아침 죽공양, 점심때 공양하고는 철저한 오후불식이었고, 일체 경비는 대중 전원이 탁발로 충당하였으며, 장좌불와를 원칙으로 하였다.

3) 선사상(禪思想)

석가모니불로부터 전해 내려온 불조의 혜맥慧脈은 인도에서 전전展轉 상속하여 보리달마에 이르렀다. 금타 존사께서 선종의 초조 보리달마에서 육조 혜능에 이르는 순선시대純禪時代 선법禪法인 반야바라밀에 입각한 일상삼매一相三昧와 일행삼매一行三昧를 보리방편문(菩提方便門)인 염불선으로 중흥하셨고 대종사께서 이를 계승하셨다.

출가 당시 화두선 일색인 한국 선禪 풍토 시절에 금타 존사께서 전수하신 견성성불의 첩경법문인 보리방편문과 수증론修證

論인 해탈십육지解脫十六地와 일진법계一眞法界의 성상性相을 관조한 수능엄삼매도결首楞嚴三昧圖訣을 수행의 요체로 삼아 선오후수先悟後修의 수행법인 염불선을 선택하셨다. 또한 여러 종교 교리와 동서의 여러 철학사상뿐만 아니라 현대물리학 이론까지도 우주법계의 일원상인 불성으로 조명하여 일진법계一眞法界의 실상으로 설파하셨다. 특히 금타존사께서 지으신 보리방편문은 순선시대純禪時代의 선법을 계승한 것으로, 육조단경의 귀의자성 삼신일불에 입각한 심즉시불心卽是佛의 자성을 참구하는 자성선自性禪이자 제법실상을 여실히 밝힌 최상승 선禪의 행법이며, 자성미타 유심정토를 성취하는 염불선의 행법임을 교시하셨다.

세계평화와 유심정토 건설을 위해서는 아집과 법집을 떠나 무아·무소유 정신으로 분파적 여러 사상과 이념을 원융회통圓融會通하여 종파와 교파를 초월하여야 가능하다고 역설하셨다.

4) 만행(萬行)

1953년, 무안군 대박산에 혜운사慧雲寺를 창건하셨다. 1963년, 추강秋江 조응현 거사가 별장을 보시하여 추강사秋江寺라 이름하여 주석하셨다. 1966년, 구산선문 가운데 하나인 동리산 태안사 주지를 맡으셨다. 1968년 새로운 수행처를 찾아 경남 남해에 있는 호구산 용문사 염불선원·백련암·부소대扶蘇台로 향하셨다. 1969년, 경남 진주 월아산月牙山 기슭에 위치한 두방사杜芳寺 경내 뒤 정상 부근에다 토굴을 지어 겨울을 나셨다.

1970년, 전남 장흥군 부산면 심천리에 능엄사(현 金仙寺)를 창건하셨다. 1973년 4월, 서울 불광동에 있는 지인의 별장을 무주암無住庵이라 이름 짓고 안거하셨고, 9월에는 광명시 도덕산 성도사聖道寺에서 안거하시면서『정토삼부경』번역에 몰두하셨다. 1975년 6월, 구례 오산에 있는 사성암에서 정토삼부경 번역 불사를 계속하셨다. 1978년, 해남 두륜산 상원암에서 하안거 중에『금강심론』『정토삼부경』번역을 마치시고, 1979년 5월, 금타 존사 불후의 유고를 정리하여『금강심론』을 엮어 펴내셨다.

1980년 부처님 오신 날 월출산 상견성암上見性庵에서『정토삼부경』머리말을 쓰고 불사를 일단락 하셨다. 1981년, 백장암百丈庵 금강대에서 하안거 중에『약사경』번역을 마치셨다. 1986년 5월,『금륜金輪』창간호가 나왔다. 1989년 4월 1일 법어집『정통선의 향훈』이 간행되었으며, 10월에는 성륜사를 창건할 터를 다지기 시작하였다.

1990년 3월 1일 서울 강남구 도곡동에 정중선원(주지 태호 스님)을 개원하셨으며, 9월 성륜사 대웅전이 완공되어 첫 법회를 가졌고, 11월 20일에 혜운사가 중창되었다. 1992년 9월 9일에는 성륜사 대웅전·지장전·선원·요사채·정운당·일주문을 갖춘 대한불교조계종 설령산 성륜사가 위용을 드러내게 되었다. 10월 25일 뉴욕 미주현대불교 창간 기념법회에 참석하시고 뉴욕 원각사에서 국제 보살 수계법회를 봉행하셨고, 11월 8일부터 하이랜드 스프링 금강선원에서 동안거 결제를 하셨다. 1993년 2월 5일 미주 하이랜드 스프링 금강선원 동안거 해제를 하셨고, 20일에는 샌프란시스코 보림사에서 보살계 수계대법회를 개최하셨다. 11월 6일 법어집 『원통불법의 요체』가 출판되었다. 1994년 4월, IBS대학에서 법문을 하셨다. 1995년 1월, 미국 삼보사에서 동안거결제 중 사부대중을 위해 3일간 '순선안심탁마법회純禪安心琢磨法會'를 가졌다. 6월 1일 미국 캘리포니아 '팜스프링 금강선원'에서 삼년결사에 들어가서 1998년 4월 5일, 삼년결사 회향식을 가지시고 4월 9일 귀국하셨다.

2000년, 남원 실상사에서 대종사를 조실로 추대하였고, 10월 15일에 성륜사에서 벽산당 금타 대화상 탑비 제막식을 봉행하셨다. 11월에 제주 표선 토굴에서 『육조단경六祖壇經』 번역을 시작하셨다. 2001년 5월 제주도 남제주군 성산 자성원自性苑을 개원하셨으며, 10월에 성륜사 사천왕 조성 회향점안법회를 가졌다.

5) 임종(臨終)

2002년 3월, 대종사 어록집인 『진리의 길』이 간행되었고, 5월 서울 도봉산 광륜사光輪寺를 개원하였다. 11월 강원도 횡성 진여원眞如苑에서 『육조단경』 번역을 계속하셨다. 12월 9일(음력 11월 6일) 몇몇 제자에게 친히 사세게辭世偈를 적어 주셨다.

| 辭世偈 | 임종에 즈음하여 적은 게송 |

此世他世間   이 세상과 저 세상에
去來不相關   오고 감은 상관치 않으나
蒙恩大千界   은혜 입음은 대천세계만큼 큰데
報恩恨細澗   은혜 갚음은 작은 시내 같기에 한이 되네

2003년 1월, 대종사께서 『육조단경 역주』를 마무리하시고 6월에 간행되었다. 6월 15일 서울 도봉산 광륜사의 보살계 수계식에 참석하시어 '마지막 법문'을 하셨다. 9월 27일~28일에 '정통불법의 재천명' 이라는 주제로 학술세미나가 있었다. 11월 12일(음력 10월 19일) 오후 10시 30분경, 성륜사 조선당祖禪堂에서 도일(성륜사 주지)스님을 비롯한 상좌스님들이 지켜보는 가운데 원적하시니 세수 81세요, 법랍 56세셨다.

6) 저서 및 역서

대종사께서는 금타존사의 유고遺稿를 모아 『금강심론金剛心論』으로 합편하시고, 『정통선의 향훈』과 『원통불법의 요체』 등 법어집을 저술하셨다. 또한 『정토삼부경淨土三部經』 『약사경藥師經』 『육조단경六祖壇經』 등을 역주하셨다.

7) 청하 스님의 정토 어록

(1) 『금강심론』, 2장 「보디 방편문」, 1절 아미타불, 58~59쪽.
  (보정 옮김)

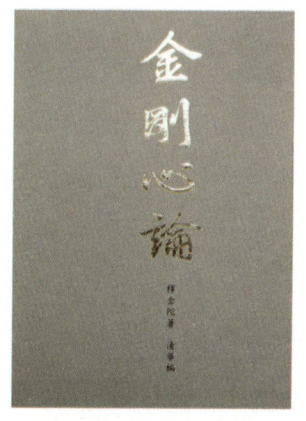

마음은 텅 빈 공중과 같은 것이니, 구름 한 점 그림자 한쪽 없는 크넓고 가없는 허공 같은 마음 세계를 관觀하면서 맑고 깨끗한 법신法身을 인달(認達?)하여 비로자나불을 염念하고,

이 허공 같은 마음 세계에 해와 달을 뛰어넘은 금빛 광명을 두른 때 묻지 않은 맑은 물이 가득한 바다 같은 자성의 바다를 관觀하면서

너그러운 보신報身 인달하여 노사나불을 염念하고,

안으로 생각을 내고 여의는 무색계 중생, 밖으로 해·달·별, 산·강·땅 같은 온갖 유정有情 중생, 사람·짐승같이 영혼을 가지고 꿈틀대고 움직이는(蠢動含靈) 유정 중생 같은 모든 중생을 자성은 바람이 없고 금빛 파도는 절로 일어나는 바닷속 거품이라고 관觀하면서 천 백억 화신化身 인달하여 사꺄무니불(釋迦牟尼佛)을 염念하고, 다시 그지없고 가없는 푸른 하늘 같은 마음 세계와, 맑고 가득 찬 자성의 바다와, 거품 같은 중생을 공空·성性·상相이 하나인 일합상一合相이라고 통으로 관하면서(通觀) 세 붇다(三佛)가 하나의 불(一佛) 인달하여 아(화신)미(보신)타(법신)불을 늘 염念하고, 안팎 생멸상生滅相인 헤아릴 수 없는 중생의 덧없는 여러 행行을 마음 따라 모든 경계가 변한다(心隨萬境轉)는 것을 인달하여 아미따불의 일대행상一大行相으로 사유하고 관찰할지니라.

(2) 청화선사 법어집 『원통불법의 요체』 (성륜각, 1993)

아미타불阿彌陀佛의 아阿 자는 화신을 의미하고, 미彌 자는 보신을 의미하고, 타陀 자는 법신을 의미하나니, 아미타불 곧, 참나(眞我)를 생각하고, 마음으로나 밖으로 보이는 모든 현상이

나 생하고 멸하는 헤아릴 수 없이 많은 중생의 덧없는 모든 행위를 심수만경전心隨萬境轉이라, 이것도 대승경전에서 자주 나옵니다. … 마음이 만 가지 경계에 전변하는 미타彌陀의 일대행상一大行相으로 생각하고 관찰해야 한다는 뜻입니다. (273쪽).

본사 아미타불이라, 모두를 포괄적으로 법法 · **보**報 · **화**化 **삼신**三身**을 말할 때는 아미타불입니다.** 그렇기 때문에 본사 아미타불이라고 하지 않습니까? (235쪽)

(3) 『정토삼부경』 (광륜출판사, 2007) 머리말(1980년 씀)

불교의 많은 가르침 중에서도 일체 중생을 구제하려는 부처님의 거룩한 서원 부사의한 공덕으로 장엄된 이상향, 곧 극락세계 너무도 생생하고 인상적으로 밝히신 경전은 「정토삼부경」인데, 이는 「무량수경」 · 「관무량수경」 · 「아미타경」입니다.

그런데 부처님께서 말씀하신 극락세계란 욕계·색계·무색계 등 중생이 생사윤회하는 삼계의 차원을 넘어선 영원히 안락한 복지로서, 시간·공간과 인과율을 초월한 경계이며, 우리 중생이 필경 돌아가야 할 마음의 고향입니다. 그리고 그것은 허명무실한 방편가설이 아니라 엄연한 영생불멸의 실존이며, 우리들의 올바른 수행으로 업장이 소멸할 때, 우리 스스로 보고 느끼고 누리는 상주불변한 법락의 경계입니다.

정녕, 우리 중생은 본래의 자성이 아미타불이요, 우리가 본래 살고 있는 고향은 극락세계인데, 짓궂은 번뇌 업장에 가리어 미처 깨닫지 못하고 그지없이 생사고해에 방황하다가 다행히 부처님의 교법을 만나서, 비로소 참다운 자아와 진정한 고향인 극락세계로 돌아가게 되는 것입니다.

아미타불은 다만 극락세계의 교주이실 뿐 아니라 법신·보신·화신의 삼신을 겸전한 삼세 일체불三世一切佛**의 본체로서, 그 영원한 생명과 자비를 위주로 할 때는 무량수불**無量壽佛**이요, 무한한 지혜·공덕을 위주로 할 때는 무량광불**無量光佛**이며, 대자대비를 위주할 경우에는 관세음보살입니다.** 그래서 여러 경전에는 수없이 많은 부처님의 이름이 나오나, 필경 아미타불인 동일한 부처님의 화도化導의 인연에 따른 공덕의 이름에 지나지 않습니다.

모든 유연 불자들과 더불어 다시금 극락왕생을 다짐하는 바

입니다.

1980년 4월 8일 월출산 상견성대에서
비구 청화 합장

ꝏ 보정의 꼬리말

청화의 정토관은 금타의 영향이 크다. 아미타불이 단순한 극락세계의 교주가 아니라 법신·보신·화신 같은 3가지 붇다 몸을 아우르는 삼세 일체불의 본체라는 것이다. 때문에 일반적인 보신불의 극락이라는 개념보다 훨씬 큰 극락이다. 그러나 청화 스님은 어떤 극락이든 극락은 분명 실존하고, 모든 중생이 극락 가는 것을 목표로 하길 권하면서 자신도 마지막에 함께 극락왕생을 다짐한다. 아래 글은 엮은이가 정토를 공부하기 시작했던 초기에 쓴 메모다. 아직 공부를 제대로 하기 전 글이라 어설프지만, 이것이 보통 사람 생각일 수 있다고 생각해 그대로 실어본다.

■ 청화, 56년간의 증거, 그대 고향에 이르렀는가? - 2008년 「보정의 메모장」에서

    2008년이 저물어 가는 11월 후반, 어느 해인가 부처님 오신 날 특집으로 방영된 청화 스님 이야기를 보았다. 참 세상은 좋아졌다. 스님이 번역한 경전으로만 대했던 청화 스님을 이렇게 만나 볼 수 있으니 말이다. 1시간을 보면서 참으로 우리에게 큰 가르침을 주신 스님이라는 것을 절절히 느끼면서, 아울러 무언지 알 수 없는 허전함이 다가온다.

    우선 그 제목, '그대는 고향에 이르렀는가?' 이렇게 시작되는데, 1시간 스님의 온 생애를 다 보고 나서 '청화는 어디로 갔을까! 도착한 곳 알 수 없다'라고 끝난다. 결국 청화가 간 곳을 모르고, "그가 걸어간 길만이 화두처럼 남았다"라며 아주 그럴싸하게 멋진 마무리를 한다. 그런데 이 프로를 보는 동안 나는 단박에 청화가 간 곳을 알 수 있었다. 스님의 마지막을 지켜본 상좌 스님이 이렇게 회고한다.

<u>'스님은 자기가 가실 때를 정확히 알았다.'</u>
<u>'스님은 옷을 갈아입고 평소 수행하시던 것처럼 앉으셨다. 그리고 그것이 마지막이었다.'</u>

전형적인 극락왕생의 예이다.

그렇다, 청화스님은 마음의 고향인 안양安養으로 가신 것이다. 다시는 태어나지 않는 무생법인을 얻어 대각을 이룰 극락으로 가신 것이다. 그런데 작가는 가신 곳을 모르고 아직도 청하만 찾는다.

청화는 분명히 불교의 핵심을 내놓았다. 바로 염불선이었다. 아무리 염불선의 중요함을 역설해도 난행문難行門에서 허덕이는 도반들을 보시고 생의 마지막 작업으로 『육조단경』을 번역하셨다. 육조단경은 바로 조계종이 부처님 경전보다 더 신봉하는 경이다. "육조단경에는 화두란 말이 나오지 않는다." 바로 이것이 한국 불교 교단에 내린 마지막 사자후였다. 그런데, 모두 청화가 던진 핵심을 모르고 묻는다. "청화가 도착한 곳이 알 수 없다. 청화는 고향에 이르렀는가?" 그러나 그 대답은 청화 스님이 번역한 『정토삼부경』 한 번만 읽으면 단박에 안다. 마음 편안히 옷 벗고 안양으로 가셨다. 일생을 준비한 아미따불의 극락세계에 이르렀다.

우리가 청화 스님을 기리는 길은 모두 청화 스님의 극락왕생을 즐겁게 축복하고, 우리도 그 길을 가기 위해 열심히 염불선을 행하면 된다. 그런데, 이 프로를 보니 후학들 참 말 안 듣는다.

그렇게 신신당부했는데, 스님 육신 가지고 소란 많이 피우는구나. 극락 가는 것이 얼마나 좋은 것인데 모두가 엄숙하다 못해 비창한 모습을 하고 땅을 치는 곡소리가 다비장을 가득 채우고 있으니 말이다.

그 많은 인터뷰, 스님의 인품. 고행, 만행, 이런 것만 잔뜩 늘어놓고 '극락 가신 스님 부럽다' '나도 열심히 해서 스님 따라 극락 가겠다' (적어도 이 프로에는) 이런 후학이 단 한 사람도 없고 "그가 걸어간 길만이 화두처럼 남았다" 결국 이런 판에 박힌 '화두'라는 말로 마무리 짓는구나.

<u>참 못 알아듣고</u>
<u>참 말 안 듣는 중생들이여!</u>

2. 2010년, 가족에게 웃음 보여 극락 간 사실 알린 할머니

⟨카페 아미타불⟩ 동그란맹글이 2010년 10월 18

1) 불교 믿던 할머니의 기독교로 개종

할머니의 장례식을 마치고 오늘 돌아온 후에 알리고자 하는 일이 있어 이렇게 글을 올리게 되었습니다.

저희 할머니는 오래전부터 불교를 믿으신 분이었습니다. 태어나서 아버지가 돌아가실 뻔했을 때 관세음보살님께 지성으로 기도드려 건강하게 해 주셨던 분이셨고 한평생을 '나무아미타불 관세음보살'을 염하시며, 늘 마하반야바라밀다심경을 독송하고 라디오로 틀어 주던 분이셨습니다. 절에 열심히 가고, 기도도 열심히 드렸던 분이셨습니다.

그러다 4년 전부터 노환으로 몸이 조금씩 불편해질 무렵, 할머니께서는 '부처님은 나를 건강하게 해 주지 않았다'라고 하시며 기독교로 개종하셨고, 그때부터 할머니께서 안 좋은 일들이 일어나기 시작하셨습니다. 아마도 그건 신장님이 할머니 곁을 떠나셨기 때문이 아닌가 싶습니다.

왼쪽 팔이 몇 번이나 부러지시고, 다리가 부러지시고, 그러면서 몸을 운신하기 힘드시더니 중풍이 겹쳐 오시면서 치매도 조금씩 진행이 되었고 반신은 마비로 움직이기가 힘드셨습니다. 그렇게 점점 병세가 악화하면서 할머니는 4년이라는 시간 동안 요양병원과 집을 오가기를 반복하셨습니다. 몇 개월 전만 해도 할머니는 정신이 온전한 적이 많지 않았고, 정신이 온전할 때도 제가 염불을 권하면 '하나님 아버지 감사합니다' 그 말만 계속하셨습니다. 저는 속이 상했으나 그 후에 할머니께 강요한 적은 없었습니다.

그러다 지난번에 올렸던 것처럼 올해 8월 18일부터 신심이 일어나면서 채식을 시작하고 오신채를 끊으면서 할머니에게 염불을 권해 드렸습니다. 듣기 싫어하시면서 침대 한쪽으로 누워계시면 손을 잡고 염불을 해 드렸습니다. 자주 뵙지는 못했지만 찾아갈 때면 할머니에게 염불을 권하고 들려 주었습니다. 그와 함께 극락이 어떤 곳인지 설명해드렸고, 아주 좋은 곳이며 꼭 가야 한다고 말씀해 주었습니다. 할머니는 제가 찾아뵐 때 부쩍 정신이 온전해지시는 일이 늘어났습니다. 제가 염불을 권하며 같이 하자고 하면, 할머니는 염불을 따라 하셨습니다.

2) 할머니의 마지막 가는 길을 돕는 손녀

저는 부처님께 마음속으로 할머니께서 정신이 온전치 못하니, 부처님 할머니가 언제 돌아가시더라도 할머니가 돌아가시기 전에 부처님을 부른 것과 같은 거죠? 라고 말씀드렸습니다. 그러다 지난주쯤에 할머니께서 하시는 말씀이,

"나는 오래 살지 못할 것 같다."

라고 말씀을 하시기 시작하셨습니다. 할머니께서 삶을 포기하신 것 같다는 말을 의사 선생님께서 하셨습니다. 할머니께서는 정신이 온전치 못할 때는 염불하시는 것을 거부하셨고, 제가 아미타경을 읽는 것을 거부하셨습니다.

"아미타 부처님 바보"

할머니가 하신 말씀에 놀라기도 하고 걱정이 되어 할머니 그러면 안 된다고 말씀드렸습니다. 부처님께 할머니가 제정신으로 하신 말씀이 아니라고 기도드렸습니다. 그러다 목요일 오후, 은행에 업무를 보러 갔다가 기다리면서 깜빡 잠이 들었는데, 누군가의 팔에 억지로 할머니가 끌려가시는 것을 보고 소스라치게 놀라서 깼습니다. 그런데 마칠 시간이 되어서 할머니께서 응급실에 호송되셨고, 호흡이 곤란해서 언제 숨이 놓을지 모른다는 말을 전해 들었습니다. 저는 버스 안에서 그간의 일을 생각했습니다. 할머니에게 미안한 일 죄송한 일들이 머릿속을 스쳐

지나갔습니다.

  이제야 말씀드리는 것이지만 저는 부처님을 접하기 전에 칼을 안 들고 사람을 안 때렸다 뿐이지 망나니 같은 사람이었습니다. "내가 왜! 나 혼자만 그렇게 희생해야 해!" 하는 그런 자기 피해 의식 속에서 살면서 스스로 연민에 주위에 가시를 치던 사람이었습니다. 하루에도 수십 번씩 나 같은 건 죽어야 할 것 같았고 지옥에 떨어져야 할 것 같았습니다. 삶의 의욕도 없던 사람이었습니다. 우울증이 수시로 찾아와 저를 괴롭히면 저는 더욱 혼자 웅크리고 있었습니다. 할머니도 원망했었습니다. 할머니가 저를 위해서 해 주신 말씀도, 속상해서 하신 말씀도 모두 밉기만 했었습니다.

  그러다 부처님을 믿기 시작하면서 그 마음을 돌아보게 되고, 9월에 들어서면서 할머니에게 항상 죄송하고 미안하고 고마운 마음이 들게 되었습니다. 가족들이 아무리 저를 비난하면서 할머니를 찾아가 보라고 해도 한 달에 한두 번 고작 가서 있는 시늉만 하고 돌아오던 저였는데, 부처님 말씀 덕분에 드디어 마음을 돌이켜, 이제 잘해 드려야지 생각했는데, 할머니가 정말 고맙고 미안하기만 했었던 나인데 이미 늦은 것이었습니다.

  응급실로 가기 전에 전화로 이미 마음의 준비를 하라는 이야기를 들은 터였기에 눈물이 자꾸 흘렀습니다. 저는 할머니 앞에 울지 않게 할 수 있도록 해 달라고 부처님께 버스 안에서 기도드렸습니다. 웃으면서도 보낼 수 있도록 해 달라고, 그래서 할머니가 세상에 집착하지 않게 해 달라고 말입니다. 할머니를 위해서 울고 슬퍼하는 것보다 염불을 해 주고 경전을 읽어 주는 것이 낫다고 여겼습니다. 그러니 제정신을 차려야 한다고 생각했습니다. 병원에 도착해 보니, 할머니는 부르면 겨우 눈을 뜨시고 알아는 보시지만 산소호흡기를 달고 계셨습니다. 7개의 링거를 꽂고 숨을 겨우 쉬고 계신 할머니. 저는 할머니를 위해서 아미타경을 읽어 드리고 평소에 즐겨 읽으시던 반야심경을 읽어 드리고 염불을 해 드렸습니다.

3) 염불 속에 세상을 뜨신 할머니

의사 선생님은 오늘 밤이 고비가 될 것이라고 말씀하셨습니다. 한달음에 달려와 할머니를 지키고 있던 고모와, 작은아버지 그리고 제가 할머니와 함께했습니다. 다른 가족들은 쉽게 일을 제쳐두고 올 수 없는 상태였으니까요. 새벽 2까지 할머니 곁에 있다가 할머니 옆 침대에서 새우잠을 통해서 자는 듯 마는 듯하다가 아침 5시 반에 집에 돌아와 잠을 청했습니다. 왜냐하면 잠이 오면서 염불이 잘되지 않았기 때문입니다. 그리고 오후에 나가서 할머니에게 천수경과 염불 그리고 아미타경을 읽어 주었습니다. 읽지 못하는 할머니를 위해서 제가 염불하는 것과 할머니가 하는 것과 다르지 않게 해 달라고 말씀드리고 경을 읽고 염불을 해 드렸습니다.

몸 상태는 점점 나빠지셨고, 혈관이 잘 드러나지 않았기에 결국 목에 바늘을 꽂게 되었습니다. 간호사가 몇 번이나 실수하는 것이 가슴이 아팠습니다. 인사불성의 상태에서도 아프다고 하는 말씀이 슬퍼서 부처님께 제발 바늘을 한 번에 들어가게 해 달라고 기도드렸습니다. 다행히도 부처님이 제 기도를 들어 주셔서 할머니의 목에 무사히 바늘이 꽂혔습니다만, 작은 아빠는 그 모습을 보면서 슬픔을 참지 못했습니다. 할머니가 아직 수명을 다하지 않았다면 부처님께서 할머니를 낫게 해 주시고, 이미 수명이 다하신 거라면 할머니를 고통 없이 극락세계에 데려가 주셨으면 하는 생각이 들었습니다. 할머니 곁을 항상 지켜야 했기에 밤에는 고모가 낮에는 제가 병간호를 하기로 하고 밤 11시에 집으로 향했습니다.

바로 가지는 않고 작은 아빠와 근처 식당에서 이야기를 나누었습니다. 채식하는 저였기 때문에 식당에는 같이 갔으나 물을 마시며 이야기를 했습니다. 그러다 12시에 고모에게 전화가 와서는 할머니가 위중하시다고 하셨습니다. 할머니는 이제 눈을 뜰 수도 없는 상태였습니다. 할머니는 겨우 산소호흡기에 의존해 있는 상태였습니다. 가녀린 목을 통해서 너무 많은 주사액

이 몸을 통해 들어가고 있었습니다. 작은아버지는 참지 못하시고 눈물을 흘리셨습니다. 저는 할머니를 위해서 천수경을 읽고 아미타경을 읽어 드리고 마하반야바라밀다심경을 읽고 염불을 계속했습니다. 새벽 3시까지 할머니를 위해서 염불을 계속했습니다.

다행히 할머니는 한고비를 또 넘기셨습니다. 고모가 내일 교대로 할머니를 지켜야 할 사람이 있어야 한다고 저보고 한숨 자고 오라고 했습니다. 저는 집으로 돌아가서 잠을 청했습니다. 다음 날 잠에서 깨어난 저는 억누르던 중생심이 피어올라서 조금 느긋하게 가도 되겠지 시장도 보고 볼 일을 보는 것은 금방이니깐. 그렇게 생각하면서 느긋한 마음으로 집에서 출발했습니다. 그런데 고모에게 전화가 와서 할머니가 또 위험하다고 하시며, 택시를 타고 오라고 전화가 왔습니다. 저는 그런 생각을 했던 제가 너무 밉고 마음이 괴로웠습니다. 하지만 그런 생각을 억지로 제쳐 놓았습니다. 염불만 생각하도록 노력했습니다.

그 길로 바로 택시를 타고 병원에 도착했을 때 할머니는 제가 도착한 그 시간에 사망선고를 받으셨습니다. 할머니의 손을 잡고 염불을 해 드렸습니다. 그리고 발과 무릎을 만져보았습니다. 다행히 차갑게 식어 있었고 몸이 위로 올라가면서 식는 중이었습니다.

4) 도움 염불(助念)로 할머니의 극락 가는 길을 도왔다.

고모가 할머니가 숨이 멎기 직전에 아미타불을 외치면서 '뒤도 돌아보지 말고 가라' 고 말해 주었다고 했습니다. 인사불성이던 할머니가 그 순간에 허공을 보면서 웃으셨다고 말해주었습니다. 고모는 평소에 염불하지 않는 분이셨는데 제가 염불을 하면 극락 간다고 말해 주어서 그 순간 해야 할 것 같았다는 말도 같이 해 주었습니다. 저는 할머니 몸이 식어 가는 경과를 보기 위해서 염불을 하고 천수경을 읽고 아미타경을 읽고 마하반야밀다심경을 읽었습니다. 할머니의 몸은 가슴과 배 그리고 정수리가 여전히 따뜻했습니다. 얼굴은 차가웠고요. 그래서 혹시 할머니가 중음신으로 여기 계신 것 아닌가 싶었습니다. 작은아버지와 고모에게 여기에서는 절대 울면 안 된다고, 그러면 할머니가 가족 집착을 하게 되어 떠날 수 없다고 말씀해 드렸습니다. 울음을 참아야 한다고, 언성을 높여서도 안 된다고 신신당부를 했습니다.

"할머니, 지금 할머니의 육신이 보이고 저희가 보이지요? 할머니는 이미 돌아가셨습니다. 부디 노여워하거나 화내지도 말고 슬퍼하지도 마세요. 할머니의 몸은 빈껍데기입니다. 그 몸이 할머니라면 지금 내려다보는 할머니는 무엇인가요? 몸이 없어도 할머니는 보고 듣고 말하고 느낄 수 있습니다. 몸은 그저 버리는 빈껍데기이고 누구나 업에 따라 윤회합니다. 할머니 업에 따라 윤회를 하면 세세생생 가족과 언제 만날지 기약할 수 없습니다. 제 가족을 사랑하신다면 지금이라도 극락에 나기를 발원하세요. 극락에 계시면 가족 모두 찾아뵙겠습니다."

그 말을 수시로 해 드렸습니다. 몸이 공함을 알려 드리기 위해서 제가 아는 지식을 총동원해서 어설프게나마 마하반야바라밀다심경을 설명해 드리면서 집착할 것은 없다고 말씀드렸고 천수경을 읽고 지장보살을 부르면서 할머니의 업장이 소멸하기를 빌었고, 아미타불 정근과 함께 아미타경을 읽어 드리면서 극락세계에 대해 설명해 드리기 위해 노력했습니다. 아미타불을 계속 부르면서 저와 함께 아미타 부처님께 귀의하자고 말씀드렸습니다. 할머니는 눈을 감으셨지만 입은 벌린 상태였습니다.

거제도에서 장례를 치르기 위해서 할머니는 병원 이불에 싸인 채 차에 옮겨지셨고, 저는 차를 같이 탄 후 할머니의 곁에 앉아서 다시 경을 읽으면서 염불을 해 드렸습니다. 그리고 무량수경을 읽어 드리면서 아미타 부처님의 48서원을 함께 이야기해 드렸습니다. 그리고 차가 가는 내내 부처님께 빌고 또 빌었습니다.

"부처님 저희 할머니가 정신이 반쯤 나가신 상태에서 부처님

바보라고 했기 때문에 바른 법을 비방한 것이 아닙니다. 할머니는 오랜 세월 전부터 부처님을 늘 부르신 분이었습니다. 그저 제대로 불교를 이해하지 못했기에 그런 실수를 한 것뿐입니다. 할머니는 오역죄를 저지르지 않았기 때문에 부처님께서는 약속을 지켜야 합니다. 아미타 부처님께서 이미 서원을 이루시고 부처님이 되셨기 때문에 할머니를 데려가시지 않으면 부처님은 약속을 어긴 것입니다. 부디 부탁드립니다. 제 목숨을 부처님에게 바치겠습니다. 제 목숨을 태워서 그것으로 연꽃 받침으로 삼아 부처님의 품으로 데려가 주세요. 제가 지은 모든 공덕 부처님 다 드릴게요. 착하게 살게요. 열심히 사람들에게 보시할게요."

5) 웃음으로 극락 간 것을 알려 준 할머니

그렇게 말씀드리면서 할머니에게 생에 집착해서는 안 된다고 극락세계에 날 것만을 생각해야 한다고 말씀드렸습니다.

"할머니가 제가 가족 잘 책임지고 극락왕생시키도록 할게요. 열심히 염불을 권할게요. 여기는 부처님 도량의 세계니깐. 걱정할 것 없어요. 모두 다시 극락에서 만나요."

처음에는 울음이 나와서 억지로 참았는데 거제도 도착했을 무렵에는 어쩐지 마음이 가벼워지고 울음이 나지 않았습니다.

"할머니 극락에 나셨으면 입을 다물고 웃어 주세요. 그래야 사람이 할머니 극락 간 것 믿지요. 저는 아미타 부처님이 할머니 데리고 간 것을 믿어요. 하지만, 아직 부처님을 잘 모르는 제 가족은 증거가 있어야 할 것이에요. 할머니의 모습을 본 사람들이 신심을 낼 터이니, 할머니께서 부처님의 은혜에 보답할 수 있을 거예요. 부처님, 할머니가 극락에 간 사실을 꼭 글로 써서 사람들에게 신심을 내도록 하겠습니다. 부탁드립니다. 가족 모두 염불할 수 있도록 노력하겠습니다. 전에 읽었던 염불하는 사람은 연꽃과 같다는 말이 부끄럽지 않도록 노력하겠습니다. 제 가족뿐만 아니라 저랑 연이 닿은 모든 사람이 극락세계에 갈 수 있도록 염불을 권하겠습니다. 한마음을 돌리면 그곳이 극락이라. 염불하는 마음으로 이 세계를 극락같이 행복하게 살다가 부처님을 찾아뵙겠습니다."

뒤늦게 도착한 아버지가 있으셨습니다. 아버지는 슬픔으로 울고 계셨습니다. 저는 할머니가 극락세계에 갔으며, 만일 갔다면 입을 다물고 웃고 있을 거라고 했습니다. 최선을 다해서 염불했고 경을 읽었다고요. 아빠와 함께 사촌 남동생과 함께 안치실에 할머니의 얼굴을 뵙습니다. 그런데 정말 입을 다물고 웃고 계셨습니다. 식어 가던 몸이 다시 살아 있는 것처럼 따뜻했으며 혈색이 너무 좋았습니다. 아버지께서는 지난주에 병원에 계셨

을 때보다 더 좋은 혈색이라고 울음을 멈추고 웃음을 지으셨습니다. 부처님께 감사하다고 말씀드리고 할머니는 안치소에 모셨습니다.

모든 식구가 도착해서 다시 할머니를 뵈었을 때도 화장을 안 한 상태였고 입관하기 전이었으나 너무나 고운 얼굴로 웃고 계셨습니다. 저희 가족은 오늘 할머니를 화장해 드리고 납골당에 뼈를 안치해 드리고 집에 돌아왔습니다. 저희 가족은 장례식에서 슬퍼서 우는 사람이 없었습니다. 할머니가 좋은 극락세계에 가신 것이 모두 진실이라고 모두 믿었기 때문이었습니다.

모두 기분 좋은 얼굴로 미소 지을 수 있었습니다. 아빠에게는 극락이 얼마나 좋은 곳인지 모른다고 설명해 드렸습니다. 이제는 저희 아빠도 하루에 열 번이라도 염불하는 게 좋다고 말씀하십니다. 무교인 저희 작은 아빠도 이제는 불교에 대한 씨앗을 마음에 심을 수 있었습니다. 제 사촌 꼬맹이는 할머니의 사진을 보면서 환영처럼 이를 보이면서 밝게 웃으시는 모습을 봤다고 했고, 고모는 화장하고 할머니의 유골을 보면서도 참 하얗고 깨끗하다고 했습니다.

저는 할머니가 삿된 마음을 품었던 적이 있기 때문에 하품하생이 되었을 거라는 생각이 듭니다. 어서 빨리 일심으로 염불하시고 공부하시어 큰 발심을 하시고 세상을 모두 건지는 보살님이 되시고 또한 부처님을 어서 이루시라고 상 중 내내 기도드렸습니다. 그리고 또한 다시 뵙자고, 극락에서 다시 뵈어서 기분 좋게 차 한잔 앞에 두고 이야기를 나누자고 약속했습니다. 모든 가족들과 함께요.

3. 2012년 1년 염불하고 도움염불(助念)로 극락 간 고춘순(高春順) 보살

오영복(吳永福, 1943년생)

1) 만주 벌판에서 농사짓던 부부의 신앙관

고춘순 (2012.3.16.)

아들의 권유로 염불하고, 마지막 목숨이 다할 때 조념助念을 받아 극락 가서 태어난 아내 고춘순高春順 (1944년생) 이야기를 하려고 한다.

아내는 아직 만주국 시대인 1944년 흑룡강성 임해시林海市 신안진新安鎭에서 태어났다. 제주 고씨인 아버님은 경상북도 대구 달성에서 살다가 일제강점기에 일본의 학정을 피해 만주로 와서 임해에 정착하였다. 일제강점기 가족을 데리고 기회의 땅 만주로 온 남한 사람들은 서간도 압록강 부근에 평안도 사람들이 자리를 잡았고, 동간도 두만강 부근에는 이미 함경도 사람들이 터를 닦았기 때문에 넓고 개발이 가능한 땅을 찾아 북간도 흑룡강성으로 몰려들었다. 그래서 흑룡강성에는 전라도를 비롯하여 특히 경상도 출신들이 북만주에 많이 정착하였다.

　북만주 지역에서 조선인들은 논을 개발하여 벼를 심기 시작한다. 동녕현에서는 1916년 이주한 최동환과 14명의 조선인이 소수분小綏芬으로 와서 수전을 실험, 재배하였다. 소수분의 벼농사 성공은 목단강·목릉하·수분하를 거쳐 송화강의 통하·삼성·부금 등으로 전파되었다. 비슷한 시기에 경상도 사람들이 해림현 마도석에 들어와 농사를 짓기 시작했다. 이후 조선인들은 동청철도 동부연선과 동경성·목릉·밀산·위하현 등지로 흩어져 살면서 벼 논을 개발하였다.

　아내와 나는 바로 그런 조선인 가정의 자식으로 태어나서 어려서부터 농사일을 하면서 컸다. 1967년 겨울에 결혼해서 딸(71년생)과 아들 오동일吳東日(75년생)을 키우며 목단강 시 서쪽에 붙어 있는 해림海林에서 살았다. 1949년 중화인민공화국이 설립된 뒤 시골에서는 1956년 8월 전국적으로 인민공사가 설립되고 농민을 생산대에 소속시켜 생산대대生産大隊라는 단위로 조직되었다. 우리가 결혼한 1967년은 1966년 시작된 문화혁명이 진행되고 있어 10년 동안 혼란의 시기를 겪었다. 1979년 중화인민공화국이 개방되면서 세상이 바뀌기 시작한다. 그리고 1992년 한·중수교가 이루어져 한국과의 교류가 빈번해지고 왕래가 자유로워지면서 동포사회도 많은 변화가 나타났다.

　우리 부부가 불교를 접하게 된 것도 이런 시대의 변화와 관계가 깊다. 심양에서 사업을 하고 있던 아들은 한국을 자주 다니며 불교에 심취하였고, 2008년 아들이 시골에 있는 우리에게도 불교책을 보내 읽도록 권유했지만 노란 보자기에 싸 놓고 보지 않았다. 미신이라 생각했기 때문이다. 1949년 중화인민공화국이 설립되기 전 주변에 교회가 있어 사탕·과자 얻어먹느라 교회를 다녔고, 부모님이 기독교 신자라 집에 기독교책이 많아 읽을 기회가 많았다. 비록 문화대혁명 때 모두 없애 버렸지만 그런 기독교책의 영향도 있었다. 개혁개방 이후 한국에서 목사님들이 와서 우리 집에 세 번이나 찾아왔으나 교회에 나가지 않았다. '내 마음도 믿지 못하는데 어떻게 하느님을 믿겠는가?' 라는 생각이 들었기 때문이다. 그 뒤 목단강에 천주교가 들어왔는데 아내가 "천주교를 믿겠다"라고 해서 내가 "믿지 말라"고 했지만, 아내는 목단강 성당에서 영세 받고 천주교 신자가 되었다.

2) 말년에 맞은 아내의 암 투병과 아미따불과의 만남(往生因)

2010년 8월 25일 아내가 미리 받은 약을 먹고 해림 시립병원에 가서 내시경을 했는데 직장암 진단을 받았다. 바로 심양에 있는 아들과 상의했더니 비행기를 타고 와서 심양에 있는 중국의과대학에 직장암에 대해 유명한 의사가 있어 그곳으로 가서 수술했다. 아내에게는 암이라는 이야기를 하지 않고 치질 수술을 한다고 했다. 수술을 마친 의사가 말했다.

"수술은 잘 되었으나 암은 이미 말기가 되었습니다."

아들이 아는 전문가들과 많이 상의했지만 앞으로 많이 살면 2년이니 힘들게 항암치료 하지 말고 중의약을 쓰라고 조언하였다. 그래서 중의약을 쓰면서 심양 아들 집에서 지냈는데, 이때 우리는 불교와 가까워졌다. 심양 아들은 집안에 불당을 만들고 서방 극락세계 아미타 부처님과 관음·대세지보살, 세 성인을 모시고 매일 염불을 했다. 아내가 수술을 받은 뒤이므로 병이 나으라고 함께 염불을 시작하였다. 1년 전부터는 성당에 나가지 않던 아내도 아들의 정성을 따라 염불을 시작하였다. 나는 이때 처음으로 정공 법사가 낸 『불설 대승 무량수장엄 청정평등각경 친문기』란 책을 보았다. 한국어 번역본(삼보제자 출판)까지 보았지만 '이럴 수가 있는가?' 하고 믿을 수가 없어 의심을 많이 했다. 그러나 아내의 병을 낫게 한다고 하여 아침저녁으로 부처님께 인사하고 염불을 하였다. 당시 심양의 거사와 하루 한 시간씩 염불했던 기억이 난다. 아침저녁 염불하고 부처님에게 인사하는 것이 일상이 되었다.

이렇게 2년이 지난 다음 해 2012년 아내의 병세가 악화하여 북경으로 갔다. 이때는 아들 부부가 북경에서 살고 있었기 때문이다. 먼저 중앙암센터에서 정밀 검사를 하더니 이미 말기가 되었다면서 입원시켜 주지 않았다. 할 수 없이 사립병원에 갔는데 의료보험 관할 구역인 목단강을 떠나면 보험이 적용되지 않기 때문에 너무 비싸 일주일 뒤 다른 병원으로 옮겼다.

그런데 비싼 병원을 나와 싼 병원으로 옮겨 간 것이 아내가 극락으로 가게 되는 인연이 될 줄은 몰랐다. 아내가 입원한 병원 옆에는 조념염불당助念念佛堂이 있었다. 비영리 단체로 스스로 병원에 딸린 건물 방을 빌려 병원에서 죽어 가는 불자들에게 무상으로 조념을 해 준다. 이 단체에서는 조념을 해준 뒤 1년 동안에는 그 집에서 원해도 절대 보시를 받지 않고 1년이 지난 뒤에는 조금씩 받아서 운영에 보탠다고 한다. 나는 처와 함께 바로 옆에 있는 염불당에 가서 염불도 하고 다른 사람들과 인사도 나누었다. 염불당에는 서방 삼성의 상과 함께 많은 염불 관련 책들이 있어 거기서 책을 보기 시작하였다. 아내가 아프므로 임종을 맞이할 때 어떻게 해야 하는가 하는 것을 자세히 쓴 책들이 아주 마음 깊이 와닿았다.

아들은 어머니 병실에다 부처님 족자를 4면에 붙여 놓고 어느 쪽을 봐도 부처님이 보이도록 해서 병실에 있으나 조념당에 가거나 늘 아미타 부처님과 함께하는 환경이 되었다. 며칠 지나자 이제 음식을 넘기지 못하는 상태에 이르렀다. 아들이 잘 아는 안휘성 난양의 절 주지와 통화했는데 어머니가 열흘밖에 남지 않았다고 했고, 심양에서 함께 염불했던 도반도 얼마 남지 않았다고 한다. 세상 뜨기 일주일 전 아들이 어머니에게 물었다.

"어머니 부처님 보셨습니까?"

"그래, 봤다."

우리가 함께 2년 가까이 염불했지만, 나에게는 아무런 영험이 없었으므로 솔직히 아내의 답을 완전히 믿지는 못했다.

살아있을 때 다정한 부부 (산해관에서)

수술 마치고 아들과 고향 방문 도중
(2011.1.6.)

3) 이승 하직하고 극락 가는 길 - 놀라운 조념(助念)의 힘

세상 뜨기 5일 전 아내가 나에게 말했다.
"여보, 나 이제 갈 시간 얼마 안 남았으니 잘해 달라."
"그래 걱정하지 마, 내가 알아서 잘할게."
이렇게 아내가 세상을 떠날 시간이 다가오고 있었다. 죽기 전 날 저녁 아들이 집에 간다고 했다.
"내 생각에는 얼마 갈 것 같지 않으니, 집에 가지 말고 지키는 것이 낫겠다."
그러나 당시 며느리가 임신 중이라 할 수 없이 가 보고 아침 일찍 오기로 하고 나 혼자 옆을 지켰다. 그날 밤 12시까지 지켜 보니 안 되겠다는 생각이 들어 새벽 4시 옆에 있는 조념불당으로 갔다. 단장은 집에 가고 여성 팀장만 있어 상황을 이야기했더니 "잘 관찰하다가 운명하면 알려 달라"라고 하였다.

2012년 11월 13일 7시 55분, 아내는 68년의 삶을 접고 눈을 감았다.
바로 조념불당에 가서 알렸더니 팀장이 5~6명의 팀원과 함께 왔다. 이 순간 누군가에게 의지하고 이 상황을 함께 나눌 수 있는 사람이 바로 옆에 있다는 것이 정말 큰 위안이고 버팀목이 되었다. 팀장은 나를 비롯해서 아무도 주검을 만지지 못하게 하고 의사를 부르라고 하였다. 조금 뒤 의사가 와서 보고 사망하였다고 진단했다.

팀장이 한 대원에게 무엇인가를 시키고 자기는 무엇인지 알아들을 수 없는 주문을 한 뒤 주검을 깔고 덮은 요로 감싸 20m 떨어진 조념불당으로 옮겼다. 이 조념불당은 병실을 벗어나 시체실로 가는 도중에 있었다. 아내가 조념불당으로 옮겨간 뒤 나는 정신이 나간 사람처럼 아무 생각도 없고 평생 잘 못해 준 일만 생각나 하염없이 눈물만 흘리고 있었다. 그때 단장 부부가 와서 말했다.

"사람은 언제나 죽게 되어 있습니다. 이 세상에 부부가 한날한시에 죽는 사람은 없습니다. 돌아가신 분은 좋은 데로 갈 수 있으니 마음을 진정하십시오."

차가 밀려 평소보다 조금 늦게 아들이 와서 조념염불당으로 들어갔다. 조념 팀은 두 시간씩 또는 1시간씩 교대로 들어가서 염불하는데 방에 들어갈 수 있는 만큼 인원이 들어갔다. 이렇게 하루 내내 조념염불이 진행되는 동안 나는 밤새 자지 않았기 때문에 자는지 눈을 뜨고 있는지 비몽사몽의 시간을 보냈다. 조념염불은 한밤중에도 쉬지 않고 계속되었다.

다음 날 7시 아들이 밥 먹으러 가자고 해서 "어머니는 왕생했느냐?" 물었더니, "아직 안 했다"라고 한다. 그런데 문 앞에 있는 팀원들이 이야기했다.

"마음속에 걱정 있어 그런다."

"연꽃이 왔는데 한 발 올리고 한 발 안 올린다."

나는 이내 그 뜻을 알 수 있었다. 최근 자식들이 부딪친 어려움이 걸려 못 가고 있다는 것을 알 수 있었다. 단장이 팀원들을 격려하였다.

"우리가 성심성의껏 염불 안 해서 그러니 더 열심히 합시다."

이날은 마침 법회가 있어 보살계를 받은 신도들이 많아 조념염불단이 많이 보강되었다. 이때는 나와 아들도 함께 들어가 염불하였다. 콘크리트 바닥에 얇은 스티로폼을 깐 바닥에 앉아 모두 열심히 염불하였다. 그런데 나는 들어가자마자 머리가 깨질 듯 아프고 가슴이 답답해서 너무 힘들었다. 1시간 간신히 버티고 나오는데 아들도 그렇게 머리가 아프고 답답했다고 한다. 조념염불단에는 염불이 끝날 때마다 망인이 극락에 왕생했는지 못했는지를 판단하는 사람이 있다. 그런데 아직도 왕생을 못 했다고 한다. 나는 아들에게 아까 생각했던 이야기를 하며 그것 때문에 어머니가 떠나지 못하는 것 같다고 했다. 그때 단장이 아들에게 와서 말했다.

"아무래도 너의 엄마가 걱정이 있어 떠나지 못하는 것 같으니 네가 가서 이야기해 봐라."

그래서 아들이 들어가 1시간쯤 엄마에게 많은 이야기를 하며 걱정하지 말고 떠나시라고 간곡히 말씀드렸다. 그리고 다시 들어가 1시간 염불을 하는데 답답하지 않고 머리도 맑아졌다. 나는 나와서 아들에게 "엄마 간 것 같다"라고 했더니 아들도 "나도 그렇게 봅니다"라고 하는데 조념방 안에서 난리가 났다. 26시간 조념염불한 끝에 드디어 아내가 왕생한 것이다.

당신 나는 69살인데, 아버님 돌아가셨을 때 보고 주검을 처음 봤다. 세상을 뜬 지 26시간이 지났지만, 사람들이 팔을 흔들면 흔들리고 무릎 관절도 흔들린다. 참으로 놀라운 일이었다. 딸과 사위가 오는 것을 기다리느라 시체 보관실로 옮기지 않고 5일장을 했지만 살아서 자는 것처럼 살결이 보들보들하였다. 이런 사실은 이미 조념염불방에서 이미 읽었지만 믿지 않았는데, 눈앞에 실제 벌어진 사실을 보고 불교를 믿어야 하겠다는 확고한 신념이 생겼다.

4) 아내가 극락 가며 남긴 회향(回向)

아내가 운명했을 때 나는 딸에게 전화해서 당부했다.
"절대 울지 말고 염불하라. 울면 네 어머니 극락 못 간다."
그래서 딸이 혼자서 염불하는데 갑자기 창문으로 1m 너비의 밝은 빛이 날아 들어왔다. 깜짝 놀라 자세히 보니 아무것도 없었다. 남편에게 전화해서 일어났던 이야기를 하자 "문도 안 열어놨는데 무엇이 들어왔느냐?"고 핀잔을 주었다고 한다. 그런데 그 뒤 기적적인 일이 일어났다. 평소에 뱃속에서 이상한 소리가 나서 몇 번 병원을 가도 원인을 알 수 없어 괴로움이 컸다고 한다. 그런데 그 빛이 들어온 뒤 몇 년 계속되던 그 소리가 싹 사라졌다고 한다. 이 이야기를 인화 법사님에게 했더니 "어머니가 부처님에게 이야기해서 딸의 병을 가지고 갔다"라고 했다.

팔보산에서 화장하여 유골을 북경 동쪽 120㎞ 떨어진 곳에 있는 청나라 황제가 모셔진 동릉 옆 안치할 수 있었던 것도 극락 간 인연이 아니면 가질 수 없는 행운이었다. 2016년 한국에 나와서 살기 이전에 몇 번 갔는데 그 뒤로는 못 갔지만 아내는 극락에 있으니 북경과 서울 같은 차이는 없을 것이다.

나는 아내가 극락에 간 뒤 정말 깊은 신심을 가지고 염불을 열심히 하고 매일 108배를 하였다. 내 방에는 아미타 부처님을 모시고 하루 24시간 계속 염불기에서 낮은 염불 소리가 이어진다. 이렇게 염불하니 부처님의 큰 가피도 받는 것 같다. 내가 전에 주역을 좀 보았는데 내 사주에 내 명은 76살이 끝이었다. 바로 그해인 2019년 크게 아팠다. 여름에 폐렴이 걸렸는데 같이 앓은 친구는 죽고 나는 살았다. 걷지를 못해 친구 초상에 가지도 못했다. 작년에는 대상포진에 걸렸고, 올해는 코로나 걸렸으나 죽지 않고 낳았다. 전생과 현생에 진 죄를 갚고 있는 것이고 염불한 공덕으로 고비를 넘기고 있는 것 같다. 지금은 108배를 못하지만 32배를 하고 끝나면 앉아서 속으로 염불한다.

더 큰 증과(證果)도 있다. 2년 전부터 귀에서 염불 소리가 들린다. 첫 일주일 동안은 그 소리 때문에 잠을 못 자 고생을 했는데, 지금은 그 소리가 안 들릴까봐 겁난다. 자다가 일어나면 염불 소리가 들린다. 이야기할 때 안 들리지만 조용하면 들린다. 관정 스님이 쓴 책을 보니 이것을 자성염불이라고 했다. 지금도 어떤 날은 왼쪽 귀에서, 어떤 날은 오른쪽 귀에서 염불소리가 나는데, 왼쪽은 세고 오른쪽은 약하다.

나는 옛날부터 산골을 좋아했다. 앞으로 남은 삶 산에 들어가서 수행하고 싶다.

유해를 안치한 금보탑

고춘순 영좌(靈座) (2013.1.31.)

4. 2013년, 도움 염불(助念)로 서쪽 가리키고 극락 간 안석순 보살

곽정암, 「어머니의 왕생」, 『아름다운 이별 행복한 죽음』
(비움과소통, 2015)

1) 어머님이 심은 극락 가는 씨앗(往生因)

저는 시골에서 농사를 짓는 부모님의 3남 2녀 중에 장남으로 태어나서 초등학교에 입학하기 전 어릴 적에 절에 다니는 이웃집 보살님의 권유로 부모님과 같이 처음으로 절에 가서 온 가족이 부처님 법에 귀의하였습니다. 아무것도 모르고 초파일, 칠석, 동지 때면 동네의 절에 다니는 분들과 같이 절에 다니며 어린 시절을 보냈습니다. 저의 여동생이 학업을 마치고 직장생활을 하였는데 시골집으로 내려와서 가까운 절에서 화주 보살을 하다가 경북 청송에서 부처님을 모셔 놓은 토굴을 구입하여 신행 생활을 하였습니다. 그러나 불행하게도 1997년 누전으로 토굴에 불이 나서 부처님을 모신 법당이 모두 타 버렸습니다. 화주 보살은 아미타 부처님을 모시기를 발원하고 권선하여 1998년에 아미타 부처님을 조성하여 토굴에 모셨습니다. 그 당시에 어머니는 이미 지니고 있던 금반지와 회갑 때 받은 금반지·금목걸이를 모두 아미타 부처님 모시는 데 보시하였습니다. 그리고 토굴에서 행사 때마다 빠짐없이 적은 금액이라도 보시하여 동참하였습니다.

화주 보살은 그 이후에 출가하고 토굴을 청송에서 안동으로 옮겼습니다. 어머니는 아미타 부처님을 모시는데 보시하고 그 이후에도 정성껏 부처님 전에 보시한 인연으로 임종 시에 조념을 받으며 왼손으로 서쪽을 가리키고 왕생하였습니다. 지금부터 그 이야기를 하려고 합니다.

2) 어머니의 임종을 맞아 집으로 모셨다.

어머니는 갑술(1934)생으로 2013년 올해 연세가 80세인데 5월부터 건강이 나빠져서 여러 병원을 전전하며 입원과 퇴원을 반복하셨는데 차도가 없이 점점 상태가 안 좋아져서 요양병원에 모셨습니다. 10월 22일 밤 11시 30분쯤 요양병원에서 저에게 전화가 와서 어머니의 상태가 좋지 않으니 와 보라고 하였습니다. 즉시 병원으로 가 보니 어머니는 산소를 코에 달고 있었으며 폐에서 물이 올라와서 입에서 흡인기로 물을 수시로 뽑아내는데 어머니는 몹시 고통스러워 보였습니다. 병원에서 이제는 더 이상 가망이 없다고 하시기에 임종 후 10시간은 염불을 해 주어야 하는데 요양병원에서 가능하겠냐고 병원장 선생님께 물으니 병원에서는 법적으로 2시간을 넘길 수 없다고 하면서 시신의 부패나 감염 등 문제점이 제기될 수 있으므로 곤란하다고 하며 "임종하고 2시간이 지나면 물이 됩니다."라고 하셨습니다. 즉 시신의 부패가 시작되어 물이 나온다는 뜻으로 말씀하셨습니다. 임종까지의 시간이 얼마나 남은 것 같으냐고 물으니 그것은 아무도 알 수가 없다고 하며 며칠이 갈지 바로 임종할지 알 수 없다고 하였습니다.

그래서 어머니를 집으로 모시겠다고 하니 구급차를 불러 주겠다고 하였습니다. 30분 정도 달려서 시골집에 도착하여 평소에 부모님께서 사용하셨던 온돌방이 차가워서 방바닥에 이불 3개를 깔고 하나는 덮어서 어머니를 모셨습니다. 머리를 남쪽으로 발이 북쪽을 향하도록 눕혀 드리고 서쪽을 바라볼 수 있도록 베개를 베어 드리고 얼굴이 서쪽으로 향하도록 해 드렸습니다.

3) 도움염불(助念)로 편안해진 마지막 길

그리고는 저의 처와 두 동생 부부에게 두 마디씩 교대로 염불하는 방법을 간단히 설명하고 어머니가 임종하시면 절대 울지 말고 8시간에서 10시간을 염불할 것이며 임종하신 후에는 절대로 어머니의 몸을 만지지 말 것 등의 주의사항을 알려 주고 시간을 보니 새벽 2시였습니다. 시간이 너무 늦어 스님께 연락을 드릴 수가 없어서 아쉬운 마음이 들었지만 모든 것은 인연에 맡기고 오직 도움염불에 집중하기로 마음을 먹었습니다. 나무아미타불 염불 CD를 카세트에 넣고 스님께서 '나무아미타불 나무아미타불' 2마디 염불을 선창하실 때 듣고 후렴에 맞춰서 '나무아미타불 나무아미타불' 2마디 염불을 하며 저의 3형제 부부가 도움염불을 시작하였습니다. 어머니는 도움염불을 하기 전에는 곧 임종할 것 같이 호흡이 가쁘고 입에서도 계속 피가 섞인 물이 넘어오더니 도움염불을 시작하고 얼마 지나지 않아서 점차로 숨이 편안해졌고 고통이 없는 것으로 보였습니다.

날이 밝자 스님께 전화를 드려서 도움염불을 부탁드렸더니 스님께서는 모든 일정을 취소하고 불자 2명과 함께 오셔서 방 앞쪽에 아미타 부처님 불화를 모시고 향을 올리고 삼귀의로 예불을 올린 후 바로 도움염불을 시작하였습니다. 스님께서는 도움염불을 하시며 중간에 저의 어머니가 사바세계의 모든 애착을 놓고 염불하여 극락왕생하시기를 권하는 법문도 해 주셨습니다. 법문을 들으신 어머니는 눈을 뜨거나 움직이지는 못하였지만, 눈물 흘리는 것을 보았다고 스님께서 말씀하셨습니다.

　스님께서는 오전 11시에서 오후 3시까지 저의 어머니를 위하여 지극한 정성으로 도움염불을 해 주시고 두 분 보살님이 일이 있어서 3시에 가야 한다고 하셨습니다. 나중에 보살님이 카페에 이렇게 글을 올렸습니다.

"저희가 첨에 뵈었을 때 창백한 모습이었는데 중간에 염불하다 보니 복수를 토혈하는 고통스러운 광경에서도 얼굴빛이 연분홍색을 띠며 본얼굴 색으로 되돌아와 있었습니다. 저는 그 모습이 얼마나 예뻐 보이는지 기쁨이 넘치고 신심이 넘쳐 염불하는 내내 부처님이 나투시어 계심을 느꼈습니다. 환희심이 솟구치어 지금 생각해도 구름 위에 앉아 있는 듯한 묘한 기분입니다."

4) 왼손으로 서쪽을 가리키고 운명하신 어머니

막냇동생 부부와 저의 처는 볼일을 보러 나가고 바로 아래 동생과 제수씨하고 셋이서 도움염불을 계속 하다가 방이 조금 더운 듯하여 어머니를 보니 땀이 나서 어머니를 이불 채로 윗목으로 이동하고 덮은 이불을 조금 벗겨 드리고 아궁이에 가서 타고 있는 장작을 꺼내서 물을 붓고 아궁이에도 물을 조금 뿌려서 불이 꺼지도록 하였습니다.

아궁이에 불을 끄고 나오는데 스님께서 전화가 와서 통화가 조금 길어졌습니다.

그사이 어머니는 호흡이 가빠지면서 왼손을 힘들게 들어 올려서 제수씨가 엉겁결에 어머니의 손을 잡아드렸는데, 어머니가 왼손을 들어 서쪽을 가리키자, 이 상황을 저에게 알리려고 나오다가 통화를 마치고 들어오던 저를 거실에서 만나 저는 바로 방으로 들어가서 어머니가 왼손을 들어서 서쪽을 가리키고 있는 장면을 목격하였습니다.

잠이 부족하여 졸려서 눈을 감고 염불을 하고 있던 동생도 제수씨가 알리는 소리에 눈을 떠 보니 어머니는 왼손을 들어서 서쪽을 가리키며 감고 있는 눈에서 눈물을 흘리고 있는 모습을 보았다고 하였습니다. 어머니는 눈도 뜨지 못하고 몸을 스스로 움직일 수 없는 상태였는데 왼손을 들어서 서쪽을 가리키고 있는 장면을 보고 저와 동생과 제수씨는 적이 놀랐습니다. 저는 염불하며 어머니를 보고 있었는데 숨은 멈춘 상태였습니다. 어머니의 임종도 지키지 못한 것이 아닌가 하여 가슴이 철렁하였습니다. 그런데 잠시 후 어머니가 '후우~' 하고 숨을 내쉬며 왼손을 내려놓았습니다. 그러고는 다시는 호흡을 하지 않으시어 마지막 임종의 순간이었습니다. 핸드폰의 시간을 보니 어머니의 임종 시각은 10월 23일(음력 9월 19일) 오후 6시 2분이었습니다.

5) 임종 이후의 도움염불 계속

저는 스님께 즉시 문자로 간략하게 상황을 알려 드리자 불자들과 함께 다시 오셔서 임종 후 조념이 시작되었습니다. 저의 처와 막냇동생 부부도 모두 돌아와서 같이 도움염불에 동참하였습니다. 새벽 3시에 조념을 마치고 아침이 되어서 가까운 친척분들에게 전화를 드려서 어머니가 23일 오후에 임종하셨다고 알려드렸습니다. 24일 아침 8시쯤에 구급차가 와서 어머니를 장례식장으로 모시기 전까지도 물이 나오거나 그런 문제는 전혀 없었습니다. 장례식장에서 오후 3시쯤 장례지도사가 어머니의 염을 해 드리는데 가족이 모두 동참하여 염이 끝날 때까지 염불해 드렸습니다. 장례식장이 조금 외진 곳이었고 마침 다른 일행이 없어서 염불하는데 눈치를 보지 않고 마음 편하게 할 수 있었습니다. 저녁에 장례지도사에게 저의 어머니 염하는데 어려움이 없었는지 물어보았는데 관절이 굳지 않고 부드러워서 아무 문제가 없었다고 하였습니다.

장례식장에서 어머니께 올리는 상식은 모두 채식으로 하고 술 대신에 음료수를 올렸습니다. 조문을 오시는 분들께도 모두 채식으로 하려고 하였지만, 가족들의 반대도 있고 채식으로 하면 조문을 오시는 분들이 먹을 것이 없다고 하실 것 같아서 어머니께 올리는 상식과 저만 채식을 하였습니다. 마침 25일에 김천의 시립 화장터가 수리 중이라고 하여 문경의 시립 화장터에서 화장하여 납골당에 임시로 모시고 49재를 모셨습니다.

스님께서 차를 대접하시며 말씀하시기를 "거사님의 어머니는 눈도 뜨지 못하고 몸을 움직일 수도 없었는데 임종 직전에 손을 들어서 서쪽을 가리키며 '지금 여기에 부처님께서 오셨다. 부처님께서 오셨다. 나는 서방정토로 간다.' 라고 알려 주시는 서상을 보여 주신 것은 2013년(불기 2557년) 한국 불교사에 획기적이고 불가사의한 사건입니다" 라고 하셨습니다. 아울러 임종 전의 사전 조념이 매우 중요하다고 하셨습니다.

나무아미타불! 나무아미타불! 나무아미타불!

서방정토 극락세계 아미타 부처님께 오체투지 하오며 감사의 삼배를 올리옵니다.

5. 2014년, 자식 위한 생명보험보다 자신 위한 극락보험 - 법령 스님

맑은 나라(普淨)

1) 법령(1938~2014) 스님 한살이

법령(속명 鄭鎭大) 스님은 범어사 대월 스님을 은사로 출가, 1967년 상근 스님을 계사로 사미계를 받았고, 1973년 월하 스님을 계사로 통도사에서 구족계를 받았다. 1981년 송광사 방장 구산 스님으로부터 건당받고 혜봉이라는 법호를 받았다.

진주 두방사, 청곡사를 비롯하여 부산 금강사 주지를 맡았다. 2009년 종사법계를 받았다.

1979년 6월부터 1989년까지 10년 동안 부산 사하구 당리동 관음사를 일으켜 세웠다. 1981년 작고 낡은 요사를 25평으로 증축했고, 1983년 12월 국가로부터 임야 677㎡(약 205평)를 사들여 사역을 넓혔다. 1983년에는 대한불교조계종 사찰로 등록하고, 1985년에는 원통보전(현 수광보전) 신축공사를 시작했고,

자성당(요사)과 오관당(현 공양간)을 새로 지었다. 이로써 현재 관음사의 기본 골격을 갖추게 되었다. 1987년 송광사 말사로 등록하고 모든 소유권을 송광사 말사 관음사로 이전하였다. (『관음사 80년사』, 67~73쪽)

1989년 주지 자리에서 물러나 거제도 양화리에 있는 바라밀 토굴에서 머물다가 거제도 연토면 피안정사(죽토리 885-4)로 옮겨 머물면서 15년간 깊이 신앙하며 공부했던 관세음보살 보문품을 정리하기 시작하였다. 법령 스님은 출가한 뒤 병치레를 하느라 수행을 하지 못하다가 1973년 제주도 법화사에서 무심코 관세음보살 〈보문품〉을 읽고 관세음보살 신앙에 집중하면서 건강을 되찾고 수행을 이어 갈 수 있었기 때문에 관세음보살 보문품은 수행의 길잡이가 되었다. 1992년 마침내 20년 신앙생활을 바탕으로 『관세음보살 보문품 강화』를 펴내게 된다.

적어도 1992년 이때부터 법령 스님은 죽음을 준비하기 위해 정토 행자가 되었다고 본다. 법령 스님은 피안정사에서 수행하는 동안 거제 현지 불자들의 모임인 '거제불교거사림회'와 '거제대우불교청년회'에서 『관세음보살 보문품』과 『아미따경』을 강의하였기 때문이다. 그리고 7년 뒤인 1999년 거사림회와 대우불교청년회에서 강의한 내용을 정리하여 『아미타경 강화』를 펴낸다.

법령法領『- 자신의 죽음을 조명해 보는 - 아미타경 강화』, 바라밀다, 1999(1판, 2판).[62]

바라밀다 (1999)　　　　　　성보문화연구원(2014)

1999년은 법령 스님이 나이 60이 넘은 때이다. 관세음보살 정근을 하던 스님이 말년에는 아미따불 정토문을 수행하게 되었다는 것을 알 수 있다. 관세음보살의 본디 스승(本師)이 아미따

---

62) 법령 스님이 입적한 해에 재판을 낸다. 법령(法領)『아미타경 강화』, 성보문화연구원, 2014.

불이니 당연한 일일 것이다. 스님이 책 이름에 '자신의 죽음을 조명해 보는'이란 제목을 붙인 것은 『아미타경 강화』 내용이 자신의 죽음을 준비하며 수행한 나름대로 체험을 토해낸 것이라고 할 수 있다.

마지막 정토법문을 편 산양사

그 뒤 나이 70을 바라보는 2006년쯤 자신이 가지고 있던 모든 자료를 거제에서 함께 정토법문을 폈던 오송암 굉송 스님에게 보내고 홀로 아파트토굴로 들어가 마지막 극락 갈 준비를 한다. 토굴 가운데 아파트토굴이 가장 조용하다는 이야기가 있다. 아무리 깊은 산속 토굴이라도 사람들이 찾아와 수행에 방해가 되는데 아파트토굴은 문을 열어 주지 않으면 누구도 방해할 수 없기 때문이다. 그 뒤 5~6년간 치열하게 수행하던 스님은 2014년 8월 17일 그렇게 그리던 고향 극락으로 돌아가셨다.[63]

2) 극락은 있다.

법령 스님은 『아미타경 강화』 머리글에서 이승에서 가장 중요한 것이 극락에 가는 것을 준비하는 것이라고 강조한다.

인간사는 연습이 없다. 두 번의 기회가 주어져 있지 않아 고쳐할 수가 없기 때문이다. 금생에 또 다시 지나친다면 왕생은 영영 멀어져만 갈 것이다. 볼 수 없는 세계이지만 선각자(佛陀)의 가르침을 따르는 것은 슬기로운 일이다. 왜냐하면 선각자가 지나간 길은 편안하기 때문이다.

이것이 바로 '자신의 죽음을 조명해 보는' 자신의 결심이고, 이런 결심을 통해 극락에 가겠다는 원願이 뚜렷하다는 것을 볼 수 있다. 그리고 한국 불교에서 참선을 중시하면서 극락을 못

---

[63] 대우불교청년회에서 법령 스님에게 배웠던 일연(정점호) 거사와 자비원(심명숙) 보살이 거제로 옮긴 뒤의 자취를 자세하게 알려주었다.

믿는 것에 대해 이렇게 이야기한다.

> 예나 지금이나 극락세계를 믿지 못하는 이유는 한 가지로 극락세계 그 존재 자체를 믿지 않기 때문이다. 그런데 극락세계의 존재는 믿지 않으면서 삼계, 즉 욕계, 색계, 무색계 하늘은 역시 극락세계와 같이 눈으로 보이지 않는 세계이지만 있다는 것을 믿고 있는 것이 한국 불교의 현실이다. 어찌하여 삼계의 존재는 믿으면서 극락세계는 믿지 않는지 모르겠다. (431쪽)

이러한 비판은 극락에 대한 확고한 믿음(信)에서 나온 것이다. 스님은 책에 극락 다녀온 관정 스님을 직접 만나 보고, 그 내용을 믿고 『아미타경 강화』에 간추려 싣는다. 그리고 이렇게 평가한다.

> 이상 중국의 관정 대법사께서 극락세계를 견문하고 오셔서 우리나라에서 대법회를 할 때 큰 스님을 친견하고 질문도 하여 보기도 했다. 이러한 사실도 서양의 학자들이나 종교인이 그처럼 하였다면 세계가 놀라운 일로서 크게 부각되었지만 요즘 사람들은 우리나라에서나 동양에서 일어난 일은 믿으려고 하지도 않고 알려고도 하지 않는 데는 크게 실망하지 않을 수 없다. (275쪽)

3) 한국 불교는 염불수행(行)을 생활화해야 한다.

스님은 현재 "한국 불교는 한국 불교의 신도들은 내세관이 없다고 해도 과언이 아니다. 어느 신도를 잡고 물어보아도 사후에 대해서는 한결같이 모른다고 대답하니 한심한 처사이다"라고 비판하며, 이런 보기를 든다.

"왜 불교를 믿습니까?"
"불교가 좋아서 절에도 나오고 불교를 믿습니다."
"그러면 참선이나 염불을 해 본 일이 있느냐?"
"글쎄요. 아직 참선도 염불도 해 본 일이 없습니다."
"너무 현실에만 치우친 나머지 내세는 관심 밖으로 밀려 종교 본래의 사명인 내생을 간과한다면 그 종교의 장래는 여지가 없다"라며 염불수행을 가르쳐야 한다고 주장한다.

지금부터라도 한국 불교에서는 늦지 않았으니 신도들을 위해 정토불교를 가르치고 염불수행을 장려해야 하며 신도님들은 배워야 한다. 목적지 없는 여행은 수고로울 뿐이지 가서 닿는 곳이 없다. 참선을 할 수 없는 신도들에게 참선만을 고집한다면 문제가 있다고 하겠으며 스님들도 어려운 참선을 생업에 쫓기는 신도들이 하는데, 어려움이 있다는 것을 알아야 한다. 안되는 것을 하려는 어

리석음보다 쉬운 것을 하는 슬기가 필요하다. (364쪽)

이어서 스님은 "이 아미타경을 읽게 되는 인연 있는 신도님들은 아미타불을 칭명하는 염불을 하여 모든 권속이 다 함께 왕생하여 다시는 어머니의 자궁을 괴롭히지 않게 하고 영원한 즐거움의 나라로 갑시다"라고 해서 칭명 염불하여 극락 가기를 적극적으로 권유한다. 그리고 이처럼 사후세계에 대해 완벽하게 일러 놓은 정토법문을 신도들에게 가르치지 않고 자신들만 수행하는 스님들을 비판한다.

우리 한국 불교는 참선에만 치우치다 보니 신도들에게 확실한 내세관을 가르치지 못하는 것이 아쉬운 현실이며 한국 불교의 실상이라고 하겠다. 출가한 스님들은 철마다 선방에서 만 가지를 다 놓아 버리고 참선에만 몰두할 수 있지만, 생업에 종사하는 신도님들은 본격적인 수행도 할 수가 없으니, 그들은 다음 생을 어디로 어떻게 인도할 것인지 난처한 처사가 아닐 수 없다. 만일 그들을 버리고 스님들만이 극락세계로 간다면 그들은 누가 있어 책임질 것인가. (363쪽)

부산 관음사 주지 시절(1979~1989) 신도들과 (『관음사 80년사』 72쪽)

4) 극락 가는 것 염려하지, 성불은 염려하지 마라.

『아미타경 강화』 마지막에 "모든 붇다가 보살피므로 위 없는 깨달음을 얻게 된다는 대목을 설명하면서 정토 불교의 우수성을 자세하게 설명한다.

(1) 혹자는 정토신앙은 아미타불의 염불만으로써는 견성성불見性成佛을 하지 못한다고 하지만 염불을 해도 마침내 정각을 이룰 수 있다는 것이 이 대목에서 설하고 있는 것이다.

(2) 옛 조사들의 말씀에 왕생을 염려하지, 성불은 염려하지 말라고 하신 말씀이 증명된 것이다. 정토 신앙은 바로 정등각을 이루는 것이 목표가 아니고, 먼저 왕생하여 일생보처나 정정취에 머물러 마침내 성불하여 부처가 된다고 했다.

(3) 만일 정토법을 만나지 못했던들 사생육도四生六道의 윤회 전생輪廻轉生에서 얼마나 더 큰 고통을 받아야 할 것을 생각하면 필자는 가슴이 저려 오는 것만 같다. 이제 태어나기 어려운 사람으로 태어나 만나기 어려운 부처님 법 만났으니, 그중에 정토신앙을 하게 되었으니 이 외에 더 좋은 행운이 또 있겠는가!

(4) 정토 신앙을 하게 되면 3가지 이익이 있다고 했다. ① 모든 부처님께서 염불 수행자를 보호하여 주시고, ② 반드시 왕생하고, ③ 먼저 왕생하고 나중에 성불하게 된다.

(5) 염불 행자의 왕생이 결정되어 있다면 사바세계에서의 생활의 폭이 얼마나 넓어지겠는가? 다시 말해 우리는 마음 놓고 편안하게 죽을 수 있으니 말이다. 요즘과 같은 산업 사회에서는 무엇이든 돈으로 계산하는 것이 상례이다. 죽

음에도 보험이 있어, 생명보험에 가입하게 되면 사후에는 많은 돈을 자손들에게 물려줄 수 있다는 것은 좋은 일이다. 물론 살아 있는 자손들을 위해서는 좋겠지만 정작 망자亡者 자신을 위해서는 아무런 도움이 되지 않는다. 자손들이 잘 산다는 것은 바람직하지만, 그보다는 정작 망자 자신을 위한 보험(염불)을 미리 넣어서 언제 어느 때라도 죽을 수 있는 염불을 하는 슬기가 필요하다고 하겠다. 자신의 다음 생을 위한 보험에는 보험료도 필요 없는 아미타불의 염불만 하고 아미타경을 독송만 하게 되면 언제 죽음이 다가와도 마음 놓고 죽을 수 있는 것이 극락왕생의 보험이다.

(6) 죽음은 반드시 늙어서만 찾아오는 것이 아니고 젊은 사람에게도 어린이에게도 남자나 여자도 언제든지 올 수 있다는 것이다. 불교에서는 죽음을 근본적으로 거론하고 있으므로 혹자는 불교는 허무주의나 염세적인 종교라고 하여, 쇼펜하우어 같은 이들도 무상을 거론한 연유로 해서 많은 사람은 염세주의자라고 하기도 한다. 불교는 염세주의나 허무주의가 아니다. 다만 잘 죽기 위해서 참다운 삶을 구가하는 종교일 뿐이다. 잘 살았을 때 잘 죽을 수 있으므로 철저한 삶을 강조하는 것이다.

5) 가장 만나 보고 싶었던 정토 법문 선지식

　이 글을 쓰는 엮은이는 법령 스님을 만난 적이 없다. 그러나 꼭 한 번 만나 보고 싶었던 선지식이었다. 2009년 9월 영월 만경사에 입산하여 정토선을 수행하며 정토삼부경 번역을 시작할 때 가장 먼저 대한 것이 법령 스님의 『-자신의 죽음을 조명해 보는- 아미타경 강화』였다. 제목에서 보는 것처럼 법령 스님은 '자신의 죽음을 조명해 보며 실제 수행을 통해서 얻은 많은 내용'을 이 책으로 후대에 전하고자 하였다.

　대부분 정토 관계 책이 중화권 논이나 소를 우리말로 옮긴 것인데 반해 이 책은 아미따경을 이해하고 설명하는데 티베트 『사자의 서』, 『우파니샤드』 같은 아시아 서적은 물론 스웨덴브르그 『나는 영계를 보고 왔다』, 브라이언 와이스 (Brian L. Weiss) 『나는 환생을 믿지 않는다』 같은 책의 내용과 비교하여 세계적인 범위에서 논하고 있고, 더구나 『나는 영계를 보고 왔다』는 『아미타경』의 극락과 너무 같다며 장마다 비교하고 있어 아주 신선하였다.

　다른 정토 관계 책은, 중화권 책들은 우리 사전에도 없는 말을 번역도 안 하고 그냥 한문 토만 달아 옮기는 식이었다. 보기를 들면 임종삼대요 臨終三大要라고 옮기면 요즘 젊은이는 무슨 뜻인지 모른다. 엮은이가 「목숨이 다할 때 해야 할 3가지 중요한 일」이라고 옮겼더니 편집자가 '목숨이 다할 때'는 '임종'으로 고치고, 전체 제목도 다시 한자로 임종삼대요臨終三大要라고 작은 제목을 달았다. 엮은이는 처음 한글로 '조념'이라고 해서 무엇인지 몰라 물었던 적이 있다. 그 뒤 도움염불(助念)이라고 옮겼으나, 아직도 일반화되지 않고 있다. 그런데 법령 스님은 가능한 한 중요한 용어의 산스크리트 원문을 밝혀 붇다가 말하고자 하는 본디 뜻을 전하고자 노력하고 있었다.

기존 정토 서적이 대부분 한문권 이야기를 보기로 드는데, 법령 스님은 우리나라 이야기를 많이 발굴해 쓰므로 해서 읽는 이들이 쉽고 친근감을 느끼도록 했다. 세조대왕과 상원사 문수보살, 천타불 만타불, 해파당 여순 스님의 환생 실화, 왕랑전, 전남 화순 유마사 창건기 같은 것으로 그 가운데는 다른 책에는 없는 아주 독특한 것들이 있다. 이 가운데 천타불 만타불이나 유마사 창건기 같은 이야기는 이 『극락 간 사람들』에 싣고 싶을 정도였으나 설화적인 면이 강해 참고 싣지 않았다.

2012년 하산하여 백방으로 스님을 찾았으나 찾지 못하다가 이번에 검색하는 과정에서 2014년 성보문화연구원에서 낸 『아미타경 강화』를 보고 2014년에 극락에 가신 것을 알았다. 최근 2022년 9월 13일 관음사(주지 지현)에 가서 2014년에 나온 저서와 『관음사 80년사』를 입수하여 스님의 행장을 좀 보강하였다.

만나서 밤새워 정토와 극락 이야기 해 보고 싶었던 선지식을 직접 뵙지는 못했지만, 스님이 극락 간 사실을 이 책에 싣는 것으로 아쉬움을 달래고 극락에서 만나 뵈려고 한다.

■ 2022년 6월 23일 홍인표 거사 자료 수집 문제로 야은 스님을 만났을 때 처음으로 법령 스님 이야기를 들을 수 있었다. "염불법을 배우기 위해 찾아갔다" "자기를 드러내지 않고 늘 염불 정진하시는 스님이었다"라고 회상하며 법령 스님이 돌리시다 직접 물려주신 염주를 꺼내 보여 주었다. 야은 스님의 증언을 듣고 법령 스님은 책에 쓴 내용과 본인의 수행이 일치  하다는 것을 확인하였고, 법령 스님은 극락 가서 태어났다는 확신을 굳게 가지게 되었다.

6. 2015년, 염불로 윤회 벗어난 선(禪)·유식(唯識) 통달한 동현 거사

김성우의 '염불각자열전' 『현대불교』 2017.12.15

"금생에 부처님 가르침을 의지해서 흩어진 마음 없이 간절하게 한 구절 '아미타불'을 염불하면 임종할 때 서방극락세계로 왕생하여 아미타부처님을 직접 뵙고 무생법인無生法忍을 깨닫게 된다."

『지관수행』 (송찬우 역해)

1) 아미타불 접인 받으며 좌탈입적

"저 위하여 아미타불… 저 위하여 아미타불… (아미타 부처님께서 오셨군요)"

2015년 1월 27일 새벽, 가족들이 지켜보는 가운데 "나무아미타불"을 염하며 좌탈입적坐脫入寂한 동현東玄 송찬우宋燦禹 (1951~ 2015) 거사의 최후법문이다.

동현 거사는 직장암 투병 중 기력이 소진한 상태에서도 지성으로 '아미타불'을 염하였다. 왕생하기 직전, 몸을 일으켜 달라고 손짓을 하여 앉혀드리자 천장 한곳을 응시하면서 "저 위하여 아미타불…"을 혼신의 힘을 다해 끊어질 듯 끊어질 듯 이어가며 반복했다. 호흡이 멈춘 이후 거사는 앉은 상태에서 순간 저절로 눈꺼풀이 사르르 감기며 편안한 모습으로 입적했다고 한다.

2) 정토법문 강의 발원하고 왕생

이는 임종 직전에 윤회를 벗어난 깨달음의 세계인 정토淨土를 감득感得하고 아미타부처님과 관세음·대세지보살 등 여러 성중聖衆의 인도를 눈앞에서 마주한 광경(阿彌陀佛 與諸聖衆 現在其前)의 전형이라 할 수 있다. 동현 거사는 투병 중에도 세친(바수반두) 보살의 『왕생정토론』을 마지막으로 강의했는데, 남은 생애는 정토법문을 강의하겠다는 의지를 불태웠다고 한다. 세친보살이 염불삼매에 들었을 때 극락세계를 친견하고 저술한 것으로 전해지는 『왕생정토론』은 극락정토에 화생化生하기 위한 염불수행법과 왕생의 공덕을 논리적으로 밝힌 정토문 최초의 논서이다. 동현 거사가 이 논서를 강의하겠다는 뜻을 피력한 것은 투병 중임에도 얼마나 치열하게 염불에 매진하며 왕생극락을 발원했는지를 알 수 있는 증언이기도 하다.

3) 생사자재의 수행력 보인 재가 선지식

평생 선禪과 유식唯識을 비롯한 가장 난해한 경전과 어록들을 번역하고 강의하면서 청빈과 탈속의 무애자재한 삶을 살다가, 말년에 염불수행에 매진한 거사는 오탁악세에서 보기 드물게 아미타 부처님의 접인接引을 받는 놀라운 회향을 보이니, 후학들에게 큰 감명과 함께 재발심의 기회를 선사했다. 수행풍토가 해이해진 오늘의 현실에서 그가 보여준 생사자재生死自在의 걸출한 수행력은 사부대중에게 신선한 충격과 자극을 주었다. 특히, 염불왕생의 성취는 많은 정토행자들에게 자신감을 고취하기에 충분했다. 불교계에 모처럼 신심을 불러일으킨 서상瑞祥을 보여 주고 고향으로 돌아간 그의 구도역정求道歷程이 어찌 우연히 이뤄진 것이겠는가. 치열했던 일생을 살펴보면 동시대를 산 한 거인의 족적足跡에 절로 고개가 끄덕여질 것이다.

4) 성수 · 탄허 스님께 선(禪)과 교(敎) 배워

1951년 전남 고흥에서 태어난 동현 거사는 16세에 불문에 입문할 때 이미 4서와 〈시경〉을 보았을 정도로 한학 실력이 출중했다. 동국대 불교대학을 졸업, 민족문화추진위원회 국역연수원을 수료하고 고려대 한문학과와 한국정신문화연구원 한국학대학원에서 강의하며 원전 독해와 강의 실력을 철저히 연마했다. 동국역경원 역경위원과 중앙승가대학교 교수를 역임하면서부터는 본격적인 역경 불사와 경전 강의의 외길을 걸었다. 조계종 원로의원을 지낸 성수 스님을 은사로 모시고, 20세에 당대 최고의 대강백이자 선사인 탄허 스님 문하로 들어가『서경』
『주역』『좌전』『노자』『장자』등 최고의 동양고전을 섭렵한 것
은 천재일우千載一遇의 기회였다. 13년 동안이나 유불선에 달통
한 탄허 스님 곁에서 선禪과 교教를 함께 닦았으니, 장년의 나이
에 이미 법사의 반열에 우뚝 서게 된 것이다.

5) 승조 · 감산대사 논서 읽고 심안 열려

1982년, 32세에 그는 16년간 머물렀던 절 생활을 청산하고 승
복을 속복으로 갈아입었다. 불교에 절망했다기 보다는 특정
한 형식에 구애되는 것이 체질에 맞지 않았기 때문이다. "옷
만 바꿔 입은 스님"이라는 평을 들으며 장자莊子와 같은 자유인
으로 살았던 그는 간경看經 수행과정에서 세 차례, 문자반야
를 통해 마음의 이치를 터득하는 계기를 얻는다. 30대 중반에
는 승조僧肇 법사의『조론肇論』과 감산憨山 대사의 여러 저서
를 통해, 40대 초반에는『기신론』과『유식론』을 통해 공부
의 큰 전기를 마련한다. 마치 감산 대사가『조론』의 '물불천론
物不遷論'과『금강경』을 간행하여 강의하다가 심안이 열려 활연
대오한 것처럼, 그 역시 경전을 보다가 공부의 깊이가 확연
히 달라진 것이다. 그에게 있어 경전 번역의 의지를 심화시

켜 준 인연은 승조 법사의 『조론』에 있었고, 거기에 주석을 단 감산 대사와의 만남은 단연코 그의 안목을 깊고 넓게 해준 큰 계기가 되었다.

6) 《선림고경총서》등 40여 경전 역경

탁월한 한문 실력과 불법에 대한 깊어진 안목을 바탕으로 그는 감산 대사가 해설한 『조론』을 비롯해 『대승기신론』 『금강경』 『장자』 『노자』의 주해서와 지욱 대사의 『금강경 파공론』 『종경록 촬요』 등을 잇달아 번역해 불교 내외의 지식인층에 큰 반향을 불러일으켰다. 특히, 감산 대사의 주해서들은 그간의 여러 주석서의 잘못을 시정하고 정법을 되살리기 위한 각고의 노력이 담긴 결과물이었다. 『뜻으로 읽는 금강경』 『법상유식학으로 풀이한 반야심경』 등의 저서를 통해서는 유식唯識을 바탕으로 한 독창적인 안목으로 경전 해석을 시도하기도 했다.

그가 문사철文史哲에 대한 해박한 지식과 선지禪旨를 갖춰야만 강의할 수 있는 『벽암록』을 비롯해 『종경록』 『능가경』 『육조단경』 『달마대사 혈맥론』 『이입사행론』 『전심법요』 등을 원문으로 강의한 것은 결코 범상한 일이 아니었다. 아울러 『전심법요』 『백장록』 『동산양개화상 어록』 등 23권의 선어록을 완역, 성철 스님의 '선림고경총서' 가운데 3분의 2 정도를 번역한 것은 선리禪理에 달통하지 않고는 불가능한 일이었다. 그야말로 선교禪敎를 함께 닦은 수행의 결과물인 것이다.

7) 역경사 양성 꿈 못 이뤄

그는 경전 강의를 할 때는 한자 원문과 토를 하나하나 새겨가면서 숨겨진 심오한 뜻을 드러내어 매 순간 공부인들이 자기를 되돌아보는 계기를 만들어 주었다. 경안經眼을 갖춘 뛰어난 인재를 길러내고 싶었던 그는 입적하기 전까지 동현학림에서 후학을 지도하는 등 열정적으로 활동했다. 강사급 정도의 역경사譯經師들을 양성하고 싶었던 그의 바램은 큰 아쉬움으로 남는다.

간경수행을 겸한 후학 양성에 전력을 다하던 동현 거사가 생의 마지막에 염불수행에 전력을 기울인 까닭은 무엇일까? 천태 대사와 의상 대사가 『법화경』과 『화엄경』을 각각 공부하면서도 수행법은 아미타 염불을 택하고, 영명연수·철오 선사 등은 선사이면서도 염불로 왕생했듯이 그 역시 암 선고를 받고 마지막 수행법으로 염불을 택하지 않았을까 추측해 본다. 실제로, 그의 유작인 『지관수행』에는 대승의 사마타(止)·위빠사나

(觀) 수행법을 '아미타불' 염불을 예로 들며 설명한 부분이 적지 않다. 염불수행으로 윤회를 벗어날 수 있다는 확신에 찬 다음 글에 그의 수행법이 엿보인다.

8) 지관(止觀)으로 염불수행을 하다

"지금 말법시대에 법을 펴고 중생을 이롭게 하려면 늙을 때까지 염불을 진실하게 하여 한 구절 아미타 명호를 부를 경우, 그 자리에서 아상, 인생, 중생상, 수자상 등 사상四相이 없어져 안으로는 신심을, 밖으로는 세계에 대한 집착을 잊게 되는데 이것이 바로 '지止' 공부이다. 또 소리소리 부처님 명호를 부를 때마다 부처님 상호가 더욱 분명해지는데 이것은 '관觀' 수행이다. 염불을 부르는 자와 부르는 대상인 부처님, 이 둘을 쌍으로 잃는 경지에 이르러 자타가 둘이 아닐 땐 이 경지에서 마음을 되돌려 허깨비와 같은 염불공부로 허깨비와 같은 중생을 교화하게 된다. 집착이든 병이든 논할 것 없이 단지 '아미타'라는 약으로서 중생을 다스려 중생들이 각자 허깨비와 같은 그림자 모습을 소멸하고 임종 시에 허깨비와 같은 극락에 왕생하게 해야 한다. 이와 같다면 이익이 절묘한데, 그 경지를 어떻게 언어로 설명할 수 있겠는가."

9) 경학과 심법 통달하고 염불법 선택

『지관수행』에서 동현 거사는 "지관으로 염불수행을 하는 것이 바로 여래행을 행하는 것이고 여래의 집으로 들어가는 것"이라고 밝히고 있다. 그리고 "아미타불 한 구절의 명호를 가지고 한결같은 마음으로 지극히 염불한다면 삼계 내 범부의 견혹見惑(사상적 미혹)과 사혹思惑(감정적 번뇌)에 요동하지 않고, 출세간 소승의 진사무명塵沙無明에도 요동하지 않는다"면서 "위없는 반열반般涅槃(완전한 깨달음)은 최후까지 항상 고요한 삼매이며, 이것이 바로 한 구절 아미타불이다"라고 강조하였다. 그의 염불수행은 경학과 심법을 완전히 통달한 데서 나온 순선純善의 결정체임을 알 수 있다.

종교의 위기, 불교의 위기가 회자되는 이 시대에 그는 오로지 불조의 혜명慧命을 잇는 경전 번역과 강의로 일생을 헌신하고 거룩한 회향까지 나타냈으니, 절망적인 한국 불교에 한 줄기 빛을 선사한 선지식임에 분명하다. 우리 후학들은 그의 치열한 구도정신을 본받아 어떻게 자기 혁신과 불교 중흥을 이룰 것인지, 진심 어린 반성과 각오를 다져야 하지 않을까.

7. 2015년, 단 15일 만에 스스로 극락 왕생하신 조영진 거사

법천 구술 〈카페 나무아미타불〉

나보다 20년이나 나이가 더 많은 큰댁 형님 조영진(1930년생)은 강원 평창군 대관령면 차향리 춘두목에서 농사를 짓고 살았다. 그 뒤 원주시 문막으로 이사하셨는데, 85세가 되는 2015년 중병에 시달리다가 곧 돌아가실 것 같은 기미를 보이기 시작했다. 가끔 병원에 들리는 나는 형님에게 이제 죽음을 맞이하시게 되면 저승사자가 형님을 맞으러 올 것인데, 잘못하면 지옥으로 떨어져 큰 고생을 한다고 하니 아미타불 염불을 하는 것이 어떻겠느냐고 물었다.

형님은 눈을 반짝이며, 관심 있게 되물었다. "정말로 그러냐? 어떻게 하면 되느냐?"고 물었다. 그래서 평소 준비했던 '크게 염불하면 얻는 10가지 공덕'을 말씀드렸다.

(1) 능배수면(能排睡眠) 졸음을 없앨 수 있다.
(2) 천마경포(天魔驚怖) 천마가 놀라서 두려워한다.
(3) 성변시방(聲遍十方) 염불 소리가 시방에 두루 퍼진다.
(4) 삼도식고(三途息苦) 지옥 · 아귀 · 짐승 되는 괴로움을 여읜

다.
(5) 외성불입(外聲不入) 다른 소리 못 들어오게 막아 준다.
(6) 염심불산(念心不散) 염불하는 마음이 흩어지지 않는다.
(7) 용맹정진(勇猛精進) 용맹스런 정진할 수 있다.
(8) 제불환희(諸佛歡喜) 모든 부처님이 기뻐하신다.
(9) 삼매현전(三昧現前) 삼매가 눈앞에 드러난다.
(10) 왕생정토(往生淨土) 극락정토에 가서 태어난다.

그 가운데 이제 목숨이 다하는 이 마당에서 가장 중요한 것은 극락에 가서 태어나는 것이라는 점을 강조하고 먼저 극락에 꼭 가서 다시는 윤회하지 않겠다는 바람(願)을 세우고, 염불을 마음이 흩어지지 않게 하면 누구나 극락에 갈 수 있다는 믿음(信)을 가지고 염불하라고(行) 간절히 말씀드렸다.

이렇게 간절히 말씀드렸으나 내가 옆에서 계속 지키며 도움을 드리지 못하기 때문에 형님이 얼마나 열심히 염불하는지 알 수가 없었다. 그래서 들릴 때마다 얼마나 열심히 하시는지 살펴보아도 염불을 그렇게 열심히 하시는 것 같지 않아 자주 물을 수밖에 없었다.

"형님, 이 괴로운 세계에 다시 윤회하면 안 됩니다. 그 방법은 오로지 극락에 가는 길밖에 없습니다. 그러니 열심히 염불하십시오."

그러면 형님은 마음속으로 아주 열심히 하신다는 것이다. 그리고 얼마 지나서 다시 들렸더니 이번에는 묻지도 않았는데 뜻밖의 말씀을 하셨다.

"나 요즈음 극락에도 가끔 가는데, 그곳은 모두 다 황금색으로 되어 있더라."

겉으로 드러내지 않아 알 수가 없었지만, 형님은 단순히 염불만 하시는 것이 아니라 극히 짧은 기간에 염불삼매에 들어가 극락을 오가고 있으셨다는 것을 정말 놀라운 일이 아닐 수 없었고, 한편으로는 이제 극락에 가시는 것은 정해져 있다고 생각하니 크게 안심이 되었다. 나는 형님의 감동적인 말씀을 듣고 뜨거운 눈물이 나도 몰래 뺨 위로 흘러내리는 것을 느꼈다.

그리고 내 이름을 부르기만 하면 극락에 왕생하도록 하시겠다는 아미타불의 말씀이 거짓이 아님을 증명하는 계기가 되었다.

8. 2015년, 15년 염불로 마지막 빛을 내며 극락 간 현정심 보살

서정(西定) 기록 〈카페 아미타불〉

현정심(賢靜心) 보살님의 왕생 영험

 현정심 이희순 보살님은 86세를 일기로 2015년 12월 24일 오전 8시 20분경 의왕시 부곡사(경기 의왕시 삼동 94-29) 근처의 자택에서 약 40분(새벽 3시 20분에서 4시까지)에 걸친 눈부신 방광의 영험을 보이시고 편안하게 극락으로 돌아가셨습니다.

 보살님의 본관은 전주이고, 슬하에 3남 4녀를 두셨으며, 3남 중 두 분이 출가 사문이 되었다. 보살님은, 보살님 연세 71세인 약 15년 전 보살님의 아들이자 스님이신 성오 스님(의왕시 부곡사 주지)의 인도로 정토 법문을 믿고 신행을 시작하셨다고 합니다. 보살님은 15년 내내 굳센 의지로 언제나 나무아미타불 6자 명호를 칭명함은 물론 한글 아미타경을 많이 할 때는 하루에 30번까지 독송하셨다고 합니다. 보살님은 식사 때를 제외하고는 언제나 염불과 독경을 할 정도로 대단한 수행을 하셨다고 합니다.

보살님은 왕생하시기 1주일 전부터 병상에 누우셔서 사바 인연이 다하게 되자, 성오 스님은 보살님의 따님 두 분에게 교대로 6일이 다 되도록 끊어지지 않게 조념 염불을 하게 하였습니다. 성오 스님은, 모친 왕생 전날 오전 이제 모친께서 곧 왕생하실 것으로 판단하고 오랜 도반인 전북 임실 상이암의 동효 스님께 급히 연락하여 조념 염불을 부탁하였습니다.

동효 스님은 12월 23일 저녁에 급히 의왕의 보살님 자택에 도착하여 9시 40분경부터 다음 날 새벽 3시까지 약 5시간 넘게 성오 스님과 부곡사 총무 보살님, 자녀 등 모두 10인이 정성스럽게 보살님의 왕생극락을 발원하며 조념 염불을 하였습니다.

일동은 장시간 염불한 후 스님들은 새벽 3시 조금 넘어서 근처 부곡사로 가시고, 다른 자녀분들과 지인분들도 가시고 따님 두 분만 남아서 이어 약 10여 분 조념 염불을 하던 중 보살님의 눈언저리에서 눈부신 광명이 시작되면서 머리 부분에서는 불꽃놀이 때 불빛이 확 퍼지는 것처럼 계속 반복하며 방광을 하였으며, 눈 주위의 흰 빛은 작은 연꽃 모양을 하고 있었다고 합니다. 대중 10인이 조념 염불할 때는 보살님의 눈언저리에 마치 눈물인 듯 보이는 약간의 반짝임이 있었는데, 나중에 크게 되어 연꽃 모양이 되었다고 합니다. 새벽 3시 20분쯤부터 약 4시까지 약 40분간 이러한 영험이 나타났다고 합니다.

보살님의 둘째 딸(불명:보덕심)과 셋째 딸이 이 영험을 목격했는데, 둘째 딸은 7일 동안 잠도 안 자고 모친을 위하여 조념 염불한 끝에 수면 부족으로 헛것이 보이는 것 아닌가 의심했으나, 아무리 다시 봐도 실제 보이는 현상이었다고 합니다. 보살님은 이렇게 약 40분간 방광을 마친 후 편히 계시다가 아침 8시 20분경 두 딸의 조념 속에 편안하게 서방정토에 왕생하였습니다.

보살님은 왕생 전 1주일 동안 앞의 약 3일간은 약간의 거동도 하시면서 조념을 따라서 소리가 나게 염불을 하셨고, 나중의 4일간은 병세가 깊어져서 숨을 가쁘게 쉬면서도 숨이 멎는 최후 순간까지 아주 미미한 소리로 입술을 움직여 6자 나무아미타불 조념 염불을 따라 하셨다고 합니다. 매우 높은 수행력이라 할 것입니다.

보살님이 왕생하신 다음 날(2015.12.25.) 오후 6시경 보살님의 평소 수행처였던 부곡사 마당에 한참 동안 불난 것처럼 붉고 환하게 방광한 것을 여러 사람이 보았다고 합니다.

보살님은 임종 다음 날 염을 마치고 나서도 정수리 부분에 따듯한 온기가 그대로 남아 있었고, 염할 때 법체가 매우 유연하여 염하시는 분이 오랜 기간 많은 분을 염해 보았지만 이렇게 살아 있는 사람처럼 부드러운 분은 처음 보았다고 말했답니다 (이 부분은 나무아미타불 카페 혜련 거사님이 확인한 사실입니다.).

　보살님은 왕생 약 1년 전 꿈에서 극락의 아름답고 청정한 장엄을 보신 다음 아들인 성오 스님께 이를 알리면서 보살님은 극락으로 갈 것이라고 말씀하셨답니다.

　이상은 2016년 2월 16일 제(서정)가, 성오 스님과 보살님의 둘째 따님 및 부곡사 총무 보살님과 장시간 전화 통화로 확인한 내용을 정리한 것입니다.

　보살님의 불퇴전의 치열한 정진 및 자재 왕생을 지극히 공경하며 찬탄 올립니다. 그리고 조념 사부대중께도 존경을 표합니다. 특히 보살님의 자녀분들이 7일 동안 잠도 제대로 안 자고 모친의 극락왕생을 발원하고 조념 염불, 독경한 것은 지극한 효심의 발로라 할 것이니, 후세에 아름다운 모범이 되기에 충분하다 할 것입니다.

※ 졸견 : 저의 관견으로는 보살님은 생시 대정진으로 조념 없이도 자재 왕생하실 수 있었지만, 인연 있는 분들에게 조념을 하게 하여 정토 인연을 굳게 맺어 주시고, 서상 왕생을 시현함으로써 염불법의 수승함을 알리려고 대자비로 짐짓 병든 모습을 보이신 것으로 보입니다.

2016.2.17.

9. 2016년, 고2 아들 출가시키고 염불하여 극락 간 백련화 보살

세종시 영평사 환성 스님 구술

2015년 행자 때 영평사에서 백련화 보살

2004년쯤 영평사에서 불자들 수련회를 하는데 7살짜리 김동규라는 아이가 참석하였다. 어른들 틈에 끼어 당차게 수련회 일정을 소화해 나가는 동규는 그 자세나 근기가 분명히 전생에 출가 수행자임이 분명하였다. 어린아이가 의젓하게 수행하는 것을 보고 물어보았다.

"너는 커서 무엇이 되고 싶냐?"

"저는 커서 큰스님이 되고 싶습니다. 그리고 우리 부모님은 부자가 되는 것이 소원입니다."

이 아이는 갓난아이 때부터 아주 남달랐다고 한다. 겨우 앉아서 재롱부릴 때부터 텔레비전에 스님이 목탁 치는 장면이 나오면 합장배례하고 따라서 목탁 치며 웅얼거려 주위를 놀라게 했고 유치원 때부터 희망을 물어보면 "큰스님 되는 것"이라고 망설임 없이 대답했다고 한다. 그리고 주말만 되면 부모님에게 절에 가자고 보채고, 그때마다 아이는 자기가 가고 싶은 절을 정했다고 한다. 그러므로 부모님은 절 다니는 아들 시중들다가 자연스레 불교를 믿는 신도가 되었다. 동규가 7살 때 우리 절 수련회에 참석하게 된 뒤부터는 주말이나 방학 때가 되면 늘 절에 와서 예불·기도·운력 등 스님들과 똑같은 생활을 하니 모두 큰스님으로 불렀다. 그렇게 중학생이 되고 고등학생이 되었다..

고등학교 2학년이 되었을 때 "내년 봄 방학에 계를 받게 해달라" 하여 고등학교는 졸업해야 되지 않느냐고 물으니 나에게 말했다.

"소년출가제도가 있고 동국대학교에 가면 종단 장학금으로 대학 공부를 할 수 있으니 허락해 주십시오."

이미 오랫동안 지켜봐 왔고, 나도 바라던 바였고, 동규 부모님도 출가를 당연시 하던 차이니 그대로 행자복을 입히니 그때가 2015년 고등학교 2학년 때였다.

이 당시 어머니 백련화 보살은 2014년 폐암 말기 진단을 받고 투병 중이었다. 백련화 보살은 1964년 음력 11월 27일생이고 세종 조치원 출신으로 해평 윤씨다. 시골 농촌 태생으로 부군 중산 거사 김영환과 결혼하여 두 아들을 두었고 동규는 막내다. 그런데 아직 나이 50세인 젊은 나이에 이미 많이 진행된 말기폐암 진단을 받아서 항암치료도 하고 열심히 투병했지만, 치유의 희망은 없었기에 본인도 가족도 부처님께 매달리는 실정이었다.

산승의 권유로 수년 전부터 염불수행을 해 왔지만 온 가족이 가행 염불하도록 독려하여 보살의 부모님을 비롯한 가족들이 환자를 도와서 함께 염불 정진을 했다. 임종이 임박한 1주일간은 모든 일을 전폐하고 전념 칭명염불로 환자가 염불을 놓치지 않도록 도와서 본인도 마지막까지 염불하여 목숨이 넘어가는 순간까지 입술을 움직이고 있었다. 그리고 잠들 듯이 아주 편안하게 눈을 감았다. 2016년 음력 2월 18일이었다.

사람들은 결코 길다 할 수 없는 그의 죽음을 아쉬워하고 안타까워했지만, 아들 출가시키고 그 아들 때문에 정토법문을 만나 불퇴전을 이룬 극락을 갔으니 어찌 박복하다고만 하겠는가?

영평사 아마타불 자비 미소 (단일 석재로는 한국 최대 불상)

　백련화 보살의 왕생을 믿게 된 일은 보살의 사촌 동생이 장례식장에 앉아서 잠깐 졸면서 꿈을 꾸었는데 자기 누님 결혼식이라고 예식장에 갔는데 예식장이 얼마나 으리으리한지 지금까지 본 어떠한 궁전보다도 크고 장엄함에 놀라 황홀경에 빠져 식장 안으로 들어가서 보니 내부 환경 또한 형언하기 어려운 광경에 정신이 아찔할 지경이었다. 누님(백련화보살)이 매형과 주레단쪽으로 걸어가다가 주례단 앞에서 잡았던 신랑의 손을 놓고 갑자기 주례 선생은 사라지고 주례단이 세상에서 보지 못한 휘황찬란한 광명으로 변하면서 그 속으로 들어가는 장면을 보았다고 한다. 사촌 동생은 불자도 아니고 특별한 신앙을 가진 사람이 아닌데 현실처럼 본 장면을 이야기해 듣는 사람들이 백련화 보살이 왕생극락한 것이 분명하다고 하나 같이 칭송했다.

그 뒤 2개월쯤 지나 행자 생활하던 아들이 꿈을 꾸었는데 어머니가 미소를 보이시며 깨끗한 면사포 같은 옷깃을 날리면서 오셨다. 아들이 엄마 지금 어디 계시느냐고 여쭈니, 두 번째 극락세계에 계신다는 말씀을 남기시고 역시 바람을 타고 가시듯이 옷깃을 날리며 서쪽으로 가셨다 하니 하품중생인지 중품중생인지 헤아려 본다. [무량수경에 상품(上輩)은 출가자만 간다고 했기 때문이다]

또한 살아생전 아들의 가장 큰 소원이 '큰스님 되는 것' 이었는데, 어머니가 극락 가신 뒤, 그해 사미계를 받고, 다음 해 동국대학교에 진학하였다. 동국대학교에서 한문불전번역학과를 전공하고 제2 전공으로 정토불교를 전공하였다. 2021년 동국대학을 졸업하여 구족계를 받아 당당하게 영관靈觀이란 법명을 받고 사문의 길을 걷고 있다.

나이도 어리고 일찍 출가했으니 내전 · 외전 모든 학문도 다

섭렵하라는 은사 스님의 고마운 분부를 따라 대학을 졸업하자마자 바로 대학원에 들어가 석사과정을 밟고 있다. 비록 출가만 보고 사미계와 구족계를 받은 아들을 보지는 못했지만, 어엿한 정토 행자로서 신실하게 수행하고 있는 것은 극락세계에서 이끌어주는 어머니의 바람이 아니겠는가? 아들이 행자 생활하며 어머니를 극락에 보냈으니 이제 극락에 계신 어머니가 아들을 큰스님으로 만들 차례다.

10. 2019년, 50년 넘게 염불하고 101살에 극락 간 보국 스님

맑은나라 보정(普淨) 기록

1) 100살 염불 스님의 큰 발원 · 오직 극락 가는 것

2018년 6월 2일 나이 100살에도 염불 놓지 않는 보국 스님을 만났다.

〈보정〉 올해 딱 100살 되셨죠? 그러면 몇 년부터 염불하셨어요?

〈보국 스님〉 아직 100살 안 되었어, 90 몇 살이지. (본인은 아직 100살이 아니라고 주장)

〈보정〉 염불한 지 50년은 되셨죠?

〈보국 스님〉 그 정도 되었지. 아픈 데도 없고 공양도 쉬는 일이 없고 부처님 원력이 그만큼 크죠. 아픈 데도 없고 잠도 잘 오고 음식도 먹으면 문제가 없고 아무 탈이 없어요. 누구 오면 반갑지만, 밖에 나가는 일도 없습니다. 나가면 너나 내나 쓸데없는 말이나 하니 앉아서 염불하는 것이 낫지. 두 시간 하다가 졸리면 자고, 또 깨면 염불하고… 염불을 배웠으니까 그렇지 안 그랬더라면 큰일 날 뻔했다. 하고 싶으면 언제든지 하고…, 천하의 보배라고 합니다. 아무 신경 쓸 일도 없고, 잘하거나 못하거나 다 맡겨 놓고…,

〈보정〉 그렇게 50년을 하셨으니 이제 극락에 가시는 일만 남았습니다.

〈보국 스님〉 원도 없고 한도 없고, 염불해서 극락세계 가는 것만 소원이라 믿고 있습니다. 신경도 안 쓰고 이래저래 해라고만 하고….

〈보정〉 이제 이래라 저래라 할 필요도 없고 염불만 하시면 되죠!

〈보국 스님〉 예 그래하면 됩니다.

〈보정〉 어쨌든 간에 50년간 염불하셨으니까 이제 갈 데가 한 군데밖에 없어요. 만일에 그렇게까지 50년을 염불했는데 극락에 못 가신다면 그것은 스님 책임이 아니라 아미타불 책임입니다.

〈보국 스님〉 공양하시죠.

출가 전부터 가진 믿음(信)을 바탕으로 50년 염불한 100살 스님의 극락에 가겠다는 바람(願)은 확고하다. 그리고 믿음과 바람은 스님이 100살이 되도록 염불할 수 있는 큰 원동력이었을 것이다.

2) 60살 다 되어 가는 나이에 출가하여 평생 외길 – 염불하여 극락 가는 길

보국 스님은 1919년 삼일운동이 일어난 해에 태어나 경산 압량면에서 자랐다. 초등학교를 일주일 다녔는데 백부님이 "여자가 무슨 학교냐"라고 호통을 쳐서 학교를 그만두어야 했다. 그래도 총명하여 담 넘어 훈장이 천자문 가르치는 것을 듣고 천자문을 다 외웠다고 한다.

일제강점기가 끝나고 해방이 되었지만 얼마 안 가 1950년 전쟁이 터지면서 한국은 폐허가 되고 사람들 살기는 어려워졌다. 결혼한 뒤 남편이 병환으로 세상을 뜬 뒤에도 가정을 위해 온갖 어려운 일을 다하고 부지런히 살았다. 자녀들을 출가시킨 뒤 50을 지나 60을 바라보는 나이에 평소 존경하던 수산 스님의 권유로 불가에 입문하여 극락왕생의 원을 세웠다. 그 출가 길에는 수산 스님의 인도가 절대적인 나침반이 되었다. 보국 스님은 스승인 수산 스님을 남지장사와 백련암에서 11년 동안 지극한 정성으로 모셨다. 그때의 기억을 늘 이렇게 이야기한다.

"남지장사에 가서 수산 큰스님을 처음에 뵈었을 때는 얼굴이 까맣고 너무 초췌하셨다. 그래서 늘 대구 서문시장에 가서 마, 추자, 두부를 사 가지고 와서, 산에서 주운 작은 알밤을 까서 시루에 쪄 함께 밥을 해 드렸더니 6개월 만에 얼굴이 하얗고 좋아지셨다."

80년대 들어서부터 가까운 가창면 옥분리 나지막한 산밑 시골집을 사서 인법당因法堂을 설치하고 조용히 염불에 집중하면서 열심히 불사하여 미타선원을 창건하고 1989년에는 현재의 극락전을 완성하였다. 미타선원에서는 수산 스님을 법 스승으로 높이 섬기셨기 때문에 늘 수산 큰스님의 가르침에 따라 법회 때 아미따경을 읽고, 아미따불 정근을 한 뒤, 법장비구의 48가지 바람(願)을 한 가지 한 가지 욀 때마다 한 번씩 절을 하여 모두 48번 절을 한다. 법회를 모두 정토의

식에 따라 한다. 그리고 늦게 시작했지만 100살이 넘을 때까지 40년을 이 터전에 자신의 극락 갈 씨앗(往生因)을 닦고 많은 사람에게 염불법문을 전했다.

1996년 가을 스승인 수산 큰스님께서 입적하시게 된다. 정토계에서 가장 큰 별이신 수산 큰스님이 입적하셨는데 1997년 '극락을 다녀오신 중국 스님이 한국에 오셨다'고 하여 3월 4일 함께 영주 약수암(경북 영주시 부석면 보계리)에 가서 직접 친견하였다. 보국 스님은 평생 염불수행을 하였기 때문에 극락을 다녀오신 이야기와 정토선 수행법을 들으시고 크게 환희심을 갖게 되었다. 이로써 다시 80이 다 되어 극락 다녀온 스님과의 인연을 맺어 확실하게 왕생인往生因을 심는 계기가 되었다.

3) 가실 날 미리 알리고, 손에 염주 놓지 않고 염불하며 극락 가신 보국 스님

2019년 2월 4일 입춘날 보국 스님은 입적할 날을 미리 밝힌다.

"이제 설 쇠고 가련다. 반듯이 살고 염불 열심히 하여라."

그리고 늘 하듯 염주를 돌리며 왕생가 한 구절을 읊었다.

아미타불 한소리에 팔십억겁

생사중죄 봄눈같이 녹아지고 하품왕생 한다하니 …

일생을 외워 온 왕생가이지만 죽음을 5일 앞두고 읊는 왕생가 한 구절은 이 세상 어떤 임종게보다 쉽고 마음에 와닿았으며, 확신에 찬 바람이었다.

스님의 임종게와 입적 예고에 상좌를 비롯한 신도들은 마음의 준비를 했다. 다음날이 바로 설날, 음력 정월 5일 정초 기도 다 보시고, 찾아온 신도들 다 만나 보시고, "음료수 들어라!" "떡 가져가라!" 하나하나 모두 챙기셨다. 그리고 저녁에 마지막 자리를 지키던 상좌와 신도들이 병원에 가시지 않겠느냐고 물었을 때 뚜렷한 의식을 가지고 단호하게 거절하시고 30분 뒤 편안히 마치 잠을 자듯이 극락으로 가셨다. 평소처럼 스님 손에 쥔 염주가 멈추었지만 '나모아미따불' 여운은 지금도 도량에서 이어지고 있다.

11. 2019년, 아들 출가 뒤 정토 염불하여 극락 간 천수화 보살

<다음카페 나무아미타불> 혜산 2019년 3월 31일

천수화 불자

오늘이 벌써 3월의 마지막 날입니다. 3일 전인 3월 28일 목요일, 저는 서울 종로에 있는 법련사에서 속가 모친(곽순영/천수화 불자)의 49재 막재를 마치고 오늘 새벽에 일어나 이렇게 글을 올리게 되었습니다. 제가 약 한 달 전에 이 카페에 첫 글을 올렸을 때 막재를 마친 후 제가 어떻게 모친의 임종을 지켰으며, 기도했는지 글을 올리겠다고 약속을 하였습니다. 그 약속을 지키기 위해서, 또 어머니의 극락왕생을 말씀드리기 위해 이 글을 올립니다.

먼저 간단히 천수화 불자를 소개하고 시작하겠습니다. 천수화 불자는 1955년 대구에서 태어나셨는데, 바로 위 친오빠(저의 외삼촌)께서도 출가하시어 30년 넘게 출가 사문의 길을 걷고 계십니다. 천수화 불자는 두 아들을 두었는데 그 가운데 막내아들인 저 역시도 2002년 출가하였습니다.

천수화 불자는 이러한 불연으로 인하여 돌아가시기 전까지 서울 능인선원에서 봉사활동을 하시는 등 투병 생활 전까지 늘 인연이 닿는 절에서 신행 생활을 이어 가셨습니다. 제가 출가한 뒤 틈틈이 정토 불교와 관련한 좋은 책과 자료 등을 모친께 보내드리어 정토 불법을 알려 드렸으며, 모친께서도 정토 불교에 귀의하시고, 궁금한 점을 여쭈어 오는 등 정토 왕생과의 인연을 이어오셨습니다.

경전에 나타난 극락 왕생의 씨앗(因)은 경전마다 꽤 다릅니다. 그러나 마지막 목숨이 다하는 순간이 가장 중요하다고 하는 점은 모든 경전들이 설하고 있고, 많은 선사들이 임종 때 밀려오는 업보 때문에 평소 쌓은 공덕을 잃지 않도록 옆에서 도와야 한다는 점을 누누이 강조하셨다. 그러므로 어머니의 임종을 맞이하여, 자식 된 도리로, 더 나아가 정토를 수행하는 사문으로 가능한 모든 방법을 다 하여 어머니의 극락 왕생을 돕기로 마음먹고 제가 지금까지 공부한 방법으로 실천하고, 그 결과를 많은 도반들에게 보고 드리려고 합니다.

1) 임종 전(前)

(1) 모친께서는 서울대병원에서 약 1년간 백혈병 투병을 하셨습니다. 저는 2017년 가을 '티베트 사자의 서'를 그림

으로 그려서 쉽게 풀이한 '죽음에 부치는 편지'를 엮어서 책으로 내면서 죽음이 임박하여 어떠한 마음가짐을 가져야 하는지 등의 그 중요성을 알고 있었습니다.

(2) 작년 가을 의료진으로부터 치료가 힘들다는 진단이 나오자 저는 무의미한 연명치료를 하지 말고 극락왕생에 마음을 집중해야 한다고 모친과 속가 부친 및 형을 설득하여 '사전연명의료 의향서'를 작성하고 임종이 다가올 때 중환자로 옮기는 등의 조치는 하지 않기로 의료진에게 서약했습니다.

(3) 그리고 그때 저는 모친께 극락왕생의 이미지를 심어 주고 쉽게 설명하는 방편으로 대학원(동국대 불교미술) 수업과 간병을 제외한(부친과 형, 그리고 제가 교대로 간병하였습니다) 모든 시간을 그림 작업에 몰두하여 10점의 그림을 완성하였습니다.

(4) 그리고 10개 그림이 완성되는 대로 하나하나 간략한 설명(정토로 가는 열 걸음)과 함께, 왕생자가 지녀야 할 마음가짐에 대해 강조하였습니다. 모친께서는 금생의 마지막 힘을 다하여 발원문을 따라 하고 염불하는 등, 저와 함께 극락왕생의 정업淨業을 쌓았습니다.

(5) 이와 더불어 모친께서 믿음과 발원을 일으키는 데 큰 힘이 된 것을 대표적으로 꼽자면 가장 먼저 인광 스님의 가

르침인 '임종삼대요'의 가르침, 그리고 이 카페의 여러 자료(왕생담, 영상, 음악 등)를 말씀드릴 수 있습니다.

(6) 특히 광흠 스님께서 연꽃을 나투신 서상과, 2017년 5월 1일 중국 항저우 미타촌에서 서서 왕생하신 노보살님의 이적. 그리고 유소청 보살님의 임종 시 왕생을 증명하신 영상(특히 마지막에 손으로 연꽃을 만드시는 모습과 손을 흔들며 인사하는 모습)이 어머니께 큰 환희심을 불러일으켰습니다. 또한 아름다운 영상과 음악들(극락세계는 내 집, 아미타 부처님 접인 하시니, 아미타 부처님께 올리는 참회가 등)은 모친께서 매우 좋아하셨습니다.

2) 임종 시(時)에 대해 말씀드리겠습니다.

(1) 작년 가을 이후와 연말을 힘겹게 넘기시고 올해 초 이제는 정말로 임종을 준비해야 함을 느낄 수 있었습니다. 서울대병원 내 호스피스 상담실을 가서 물어보니 일반 병실(모친께서는 1년 내내 6인실에서 투병 생활을 하셨습니다.)에서는 사망선고 후 1시간 이내에 영안실로 보내진다는 사실을 확인하였습니다.

(2) 사망선고 후 최소한 8~12시간 정도 망자를 움직이지 않고

조념염불 등 임종자를 극락왕생으로 인도하는 것은 몇 번을 강조해도 지나치지 않을 만큼 매우 중요합니다. 이는 인광 스님의 '임종삼대요' 등에서도 잘 드러납니다.

(3) 이에 저는 1월 말부터 모친께 조금이라도 상태가 안 좋아지면 1인실이나 특실로 이동해서 그곳에서 임종을 맞이해야 한다고 강조하였습니다. 그래야지만 사망선고 후 영안실로 바로 보내지는 것을 막고 최대한 조념염불의 시간을 충분히 확보할 수 있기 때문입니다.

(4) 그리고 지금도 어제 일처럼 선명한 2/8 금요일. 저는 밤새 간병하신 아버지와 교대하기 위하여 오전에 병실에 도착하였고, 의식이 분명한 모친과 점심 무렵에 단둘이서 꽤 오랜 시간 동안 속에 있는 모든 이야기를 다 하였습니다. 모친께서는 이미 사바세계에 대한 미련을 놓으시고 마음의 준비를 하신 상태였습니다.

(5) 이때 특히 중요한 사실 한 가지를 꼭 말씀드리고자 합니다. 이것은 호스피스 상담사로부터 조언을 받은 것인데, 투병 끝에 임종하는 환자들은 대개 자신도 모르게 무력해지고 지쳐가게 됩니다. 이때 가족들로부터 "어머니(혹은 아버지, 형, 누나 등)의 삶은 너무도 훌륭했고 가치 있었으며, 우리 가족 모두 당신으로 인해 행복했습니다."와 같은 말을 통해 임종자의 자존감을 높여 주는 것이 매우 중요

합니다. 저 역시 이러한 말을 모친께 들려드렸을 때 모친께서 행복해하신 얼굴과 제게 하신 말씀을 잊을 수가 없습니다!

(6) 모친께서는 저와 마지막으로 대화(사실상 이 대화가 유언이었습니다.)를 나누시고 제게 병실을 옮겨달라고 요청하셨습니다. 오늘을 넘기지 못하실 것을 예견하신 것입니다. 그리고는 핸드폰을 달라고 하시더니 그중에서 영정 사진으로 이 사진을 하라며 직접 골라 주셨습니다. 1인실이 만실이어서 특실 가운데 가장 싼 병실로 오후 3시경 모친을 모시게 되었습니다.

(7) 특실로 옮긴 후 모친은 '사자의 서'에서 설한 임종 중음의 단계에 들어가게 되었습니다. 모친은 처음에 덮여 있던 이불을 걷어 달라고 하셨습니다. 그러고는 얼마 지나지 않아 이제는 돌연 춥다고 이불을 덮어 달라고 하셨습니다. 이렇게 이불을 덮고 걷고를 반복하였는데, 나중에 알고 보니 이것이 사대(지수화풍)가 소멸할 때의 증상이었습니다.

(8) 즉, 지대가 소멸할 때 몸이 압박감을 느끼기 때문에 이불을 걷으라는 것이었고 다음 단계에서 수대(水大)가 분해될 때는 몸이 추워지므로 이불을 덮어 달라는 것이었습니다. 이 부분은 조념염불 때 제가 만든 책(죽음에 부치는

편지)을 모친의 귀에 대고 읽어 드릴 때 해당 페이지(정확히 47페이지)에서 깨달을 수 있었습니다.

(9) 그 순간에 부친과 의료진은 계속해서 산소 수치를 높이고 이불을 덮거나 걷는 등의 조처를 하고 있었으나, 저는 마침내 때가 왔음을 직감하였습니다. 급히 근무 중인 형에게 무조건 오라고 연락을 하였고, 30~40분 후 형도 병실로 도착하였습니다. 모친은 도착한 형의 얼굴도 알아보시고 고개를 끄덕이셨습니다.

(10) 이처럼 모친은 추위와 압박을 느끼시고는 곧 호흡이 약해지고 이내 더욱 깊은 임종의 단계에 접어들게 되었습니다. 그리고 모친의 생전 마지막 육성은 지금도 잊을 수가 없습니다. 마치 꼬마 아이가 산수 문제를 풀다가 막히면 선생님을 빤히 보면서 "이 문제 어떻게 풀어요?"라고 묻듯이 저를 보면서 딱 네 마디를 하셨습니다. "나, 어떡해?!"

(11) 극락왕생할 수 있도록 제게 도움을 청하는 그 음성을 듣는 순간에 저는 정신이 번쩍 들었습니다. 지금이 '모친 일생일대의 가장 중요한 순간'이라는 것을 깨달은 순간 슬픔이나 당황 등의 감정이 한순간에 사라지고 제가 그린 그림 중에서 모친께서 가장 좋아하셨던 그림(연화생)을 모친께 보여 드리며 오직 정토왕생만을 기억하라고

강조하였고, 모친은 그 그림을 응시한 채 눈을 스르륵 감으셨습니다. 이후 눈의 초점이 이제는 움직이지 않음을 확인하고 저는 그림을 모친의 머리맡(정수리)으로 옮기고 모친의 귀에 대고 오직 "나무아미타불"만을 염불하였습니다.

「연화생」 혜산(2019)

(12) 임종의 순간 부친께서도 이미 마음의 준비를 하신 상태였기에 체념한 듯이 멍한 상태로 멀찍이 서 계셨고, 형은 눈물을 참지 못하고 특실 안의 화장실로 몸을 피한 상태였습니다. 주치의는 간단한 확인 후 사망선고(18시 04

분)를 하고는 병실을 나갔습니다. 부친과 형도 장례식장 준비 등의 일을 진행하기 위해 병실을 나갔고, 이제 병실에는 오직 저와 모친의 시신만이 남은 상태였습니다.

3) 조념(助念) 염불

(1) 지금 생각해 봐도 그날 오후에 6인실에서 특실로 옮긴 것은 가장 잘한 결정이었습니다. 주치의에게 사정을 말하고 18시부터 다음날(2/9 토요일) 06시까지 12시간 동안 아무도 병실에 들어오지 않을 것을 강력히 요구하였습니다. 그렇게 제가 12시간 동안 모친의 시신을 눈앞에 두고 행하였던 일들을 말씀드립니다.

(2) 우선 극락왕생을 발원하는 발원문을 읽었습니다. 이 발원문은 모친께서 투병 중에 제가 직접 간략하게 만들어서 함께 낭송했던 발원문입니다.

(3) 나무아미타불 염불을 계속해서 귀에 들려드렸습니다. 염불의 운율 역시 투병 중에 가장 좋아하신 운율을 중심으로 염송하였으며, 부득이 화장실을 가거나 할 때는 핸드폰 유튜브 속에 염불을 틀어서 한순간도 귓가에서 염불 소리가 끊이지 않도록 하였습니다. 나무아미타불 염불을

장시간 한 후에는 모친께서 생전에 좋아하신 광명진언을 중간중간 하기도 하였습니다.

(4) '티베트 사자의 서'의 가르침 가운데 임종 중음의 내용과 망자를 위한 기도문 등을 읽어 드렸습니다. (이 부분을 읽으면서 앞서 말씀드린 것처럼 어머니께서 보이셨던 증상 - 이불을 덮고 걸었던- 이 임종에 들어온 순간이었음을 뒤늦게 깨닫게 되었습니다). '티베트 사자의 서'와 더불어 '아미타경'을 독송해 드렸습니다.

(5) 즉, 정리하자면 우선 A.극락왕생 발원문 후에 B.염불 및 광명진언 C.사자의 서 및 아미타경 독송입니다. 12시간이라는 충분한 시간을 확보하였기 때문에 B와 C를 반복해서 할 만큼 여유가 있었습니다. 이제는 이러한 기도를 통하여 12시간 동안 모친의 몸에서 제가 직접 체험한 서상을 말씀드리겠습니다.

(6) 우선 모친께서는 (대개 그러하듯이) 임종의 순간 숨을 입으로 얕게 쉬셨기에 사망선고의 순간 입을 살짝 벌린 상태였습니다. 처음에는 그 모습이 안쓰러워서 입을 닫게 해 드리기 위해 턱에 살짝 힘을 주었는데 움직이지 않기에 이내 포기하고 마음을 두지 않았습니다. 그리고 귀에 대고 위에서 말씀드린 기도만을 오직 일념으로 행하였는데, 3~4시간 정도가 지나 무심결에 입을 보니 미소 지은

모습으로 스스로 다물고 계셨습니다.

(7) 다음으로 체온의 변화에 대해 말씀드리겠습니다. 임종자를 사망선고 후 즉시 움직이지 않고 최소한 8~12시간 정도를 두고 염불만을 해야 한다는 가르침은 그 시간 동안 임종자 몸 안의 숨이 서서히 몸 밖으로 빠져나가기 때문에 흔들거나 이동하거나 하는 등의 방해를 하지 않아야 하기 때문입니다. 그리고 이렇게 빠져나갈 때 중요한 것이 바로 나가는 장소입니다. 이에 대한 자세한 내용은 '티베트 사자의 서'에 기술되어 있습니다.

(8) 이처럼 망자의 '근본적인 아주 미세한 숨', 이것을 흔히 마음, 영혼, 또는 불성이라고 해도 됩니다. 지금 여기서 그러한 것을 상세히 따지지는 않겠습니다. 이처럼 그 '숨'이 나갈 때 최상의 출구가 바로 '정수리' 입니다. 그리고 그 반대는 발바닥과 항문, 소변 구멍 등입니다. 대체로 나가는 방향이 아래에서 위(정수리)로 나갈수록 좋다고 하고, 위에서 아래로 나갈수록 좋지 않다고 합니다.

(9) 모친의 시신에 손을 대고 아주 조심히 체온을 느껴 보았습니다. 가장 먼저 식은 곳이 발바닥과 무릎, 손바닥 등이었습니다. 이윽고 배, 심장, 이마 등이 식었고, 가장 최후까지 정수리에 열기가 머무름을 확인하였습니다.

(10) 이때 또한 신기한 것은 정수리의 열기가 자칫 식어 가는

것이 느껴질 때, 모친의 귀에 대고 "몸 안의 모든 의식과 숨을 정수리로 보내세요. 정수리에 어머니께서 좋아한 그림이 있어요. 정수리로 나가셔서 제가 그린 그림 그대로 정토에 연꽃 속에서 왕생하세요"라고 간절히 속삭이면, 실제로 정수리에 다시 열기가 올라오는 것을 느낄 수 있었습니다.

(11) 모친은 아침 6시까지도 오직 정수리에만 열기가 살짝 남아 있었습니다. 이렇게 12시간이 마치 찰나와 같이 지나가고 아침 6시가 되자 문이 열리고 영안실 직원이 이제는 영안실로 옮기셔야 한다고 하였습니다. 저는 이제는 충분히 잘 인도했다고 확신하였기에 알았다고 동의한 후 자리에서 일어나 이동식 침대가 들어올 수 있도록 하였습니다.

(12) 바로 그때, 제가 12시간 동안 귀에 대고 기도할 때 지금까지 멀쩡하던 귀와 코에서 노란 액체(황수)가 흘러내렸습니다. 정말 기도가 끝나길 기다렸다는 듯이 흘러내리는 황수를 보고 저는 소름이 돋았습니다. 왜냐면, '티베트 사자의 서'에서 임종 중음에 해당하는 부분에 다음과 같은 구절이 있습니다.

(13) "당신(임종자)의 몸에서 누런 액체가 흘러나올 때까지, 첫 번째 청정한 빛을 일깨워 주는 이 경전의 가르침을 반

복해서 정성껏 독송해 드리겠습니다."(제 책의 38페이지 번역문) 그 경전의 가르침 그대로 행할 수 있었다는 사실이 지금 생각해도 부처님의 가피라고밖에는 설명할 수가 없습니다.

(14) 이렇게 12시간의 조념염불을 마치고 제가 직접 직원과 함께 모친의 시신을 이동식 침대에 옮긴 후 영안실로 이동해서 서울대병원 장례식장 11번 영안실에 모셔 드리고 확인 서명까지를 마쳤습니다. 그 시간이 정확히 2/9일 토요일 06시 30분입니다.

4) 49일 극락왕생 기도

(1) 2월 9일 토요일 9시쯤 빈소가 마련되고 저는 꼬박 밤을 새운 상태로 조문객들을 맞이해야 했습니다. 하지만 대부분이 모친의 인연들 및 부친과 형의 문상객이었기에 저는 저와 인연 있는 스님들과 신도분들이 오실 때를 제외하고는 빈소 구석에서 기도하거나, 기도하기 힘든 상황에서는 빈소 한편에 노트북을 놓고 항상 염불 등을 틀어서 월요일 아침까지 한순간도 빈소에 염불 소리가 끊이지 않게 하였습니다. (이는 12시간의 조념염불과 마찬가지의 원

리입니다.)

(2) 특히 문상객들이 오지 않는 23시 이후부터 아침 6시까지 마치 하루 전 모친의 주검을 앞에 놓고 조념염불을 하였던 것처럼 홀로 (부친과 형은 뒷방에서 쪽잠을 자고 있었습니다) 빈소에서 간절히 기도하였고, 2월 10일 일요일 아침 6시경 1시간 남짓 너무도 피곤하여 의도치 않게 살짝 잠이 들었는데, 모친께서 투병하실 때의 삭발을 하시고 아픈 모습이 아닌 예전의 건강하신 모습 그대로 하얀 옷을 입으신 채 공중에 살짝 뜬 상태로 벽 혹은 나무 같은 것에 기대신 채 누워 있는 저를 지긋이 바라보는 모습을 꿈속에서 보게 되었습니다.

「오세암」 혜산(2019)

「일상관」 혜산(2019)

(3) 꿈에서 깨어난 순간 그동안 참아 왔던 눈물을 혼자서 텅 빈 빈소에서 한참을 흘렸습니다. 지금 생각해도 임종의 순간부터 12시간의 조념염불까지 단 한 방울의 눈물이나 슬픔 등의 감정이 없이 어떻게 그렇게 집중할 수 있었는지 신기할 따름입니다. 가장 중요한 순간(사망 후 8~12시간 이내)에 간절히 극락왕생을 발원하면 다른 생각과 감정 등은 사라지는 것이 분명합니다.

(4) 정신을 차린 후 모친께서 차디찬 영안실의 그 몸뚱이 속에 계시는 것이 아니라 몸뚱이를 벗어 버리시고 극락으로 가시기 전에 빈소에서 저를 보고 또 제가 하는 모든 기도를 듣고 계신다는 확신이 들었습니다. 이에 월요일 아침에 고향의 납골당으로 가기 전까지(발인) 또다시 밤새 기도를 하였습니다.

(5) 그리고 월요일 새벽 5시경 발인 전에 짐을 싸야 하는 시간이었습니다. 저는 이미 밤을 새운 상태이고 쪽잠을 자고 나오신 부친과 형님도 짐을 싸기 시작하였습니다. 빈소의 영정 위에 평소 제가 그린 그림 가운데 모친을 떠올리며 그린 '연화생'을 포함하여 모친께서 좋아하셨던 3점의 그림을 놓았습니다. 다른 짐들보다도 가장 먼저 그림을 정성스레 포장지로 싸는데 제 왼쪽 어깨 뒤에서 앞쪽으로 서늘한 기운이 몸을 통과하여 지나가는 것이 느껴지면서

왼쪽 귀에 약간의 사투리가 섞인 모친의 음성이 들렸습니다. 지금도 생생한 그 다섯 마디. "잤나, 안 잤나?"

(6) 제가 또다시 잠을 자지 않고 기도하자 염려가 섞인, 그러나 아주 평온하고 낮은 음성으로 분명히 말씀하셨습니다. 금요일 밤부터 월요일 아침까지 딱 1시간 눈 붙이고 기도한 것을 내내 지켜보시고 빈소에서 짐을 싸는 그 순간에 바로 그 말씀을 하신 것입니다.

(7) 49재를 모시기로 한 서울 종로에 있는 법련사의 스님들이 오셔서 월요일 아침 발인제를 마치고 모친의 관을 운구차에 싣고 모친의 고향인 대구의 화장터로 향했습니다. 처음에는 대구까지 3~4시간 동안 잠깐 눈을 붙일까 하고 생각하였습니다. 그런데 이때 신기한 경험을 하였습니다.

(8) 이번에는 오른쪽 귓속에서 계속 염불 소리가 들리는 것입니다. 입 밖으로 염불을 하지도 않았는데 그냥 저절로 귓속에서 염불 소리가 정말 이어폰을 끼고 듣는 것처럼 생생하게 계속 맴도는 것이었습니다. 그것도 다른 염불 소리도 아니고 투병 중에 저와 함께 염불하고, 가장 좋아했던 그 염불 소리가 말입니다. 저와 함께 화장터로 가고 계신다는 생각이 나자 도저히 잠들 수가 없어서 버스에서 이동하는 내내 귓속에서 들리는 염불을 마음의 귀로 들으며 염불을 하였습니다. 이런 경험은 지금껏 10년 넘게 나

름 정토 행자라고 염불을 해 왔지만, 그때가 처음이었습니다.

(9) 그렇게 화장을 마치고 저는 3월 28일 막재까지 매일 법련사에서 기도를 하였습니다. 기도는 조념염불을 했을 때와 마찬가지로 A.극락왕생 발원문 이후에 B.염불 및 광명진언 C.사자의 서 및 아미타경 독송. 이것을 시간과 체력이 버티는 한 영정사진 앞에서 쉼 없이 하였습니다.

(10) 아미타불께서 감사히도 제 기도에 응답해 주시어 저는 49재 동안 모친을 총 7번 동안 꿈속에서 만나는 희유한 체험을 하였습니다. 2002년에 출가하였으니 올해로 출가한 지 17년 정도가 되었는데, 지난 2018년까지 약 16년 동안을 통틀어도 모친의 꿈을 꾼 것은 다섯 손가락에 꼽을 정도입니다. 그런데 49일 동안에 앞서 말씀드린 빈소에서 꾸었던 꿈속에서 뵌 것을 포함하지 않더라도 초재(2월 14일, 목) 이후 막재 당일(3월 28일, 목)까지 7번이나 보았다는 것은 지금 생각해도 아미타불의 가피라고밖에는 설명할 길이 없습니다.

(11) 하지만 저의 기도와 수행력이 부족한 탓으로 꿈이라는 것을 깨닫지 못하고 하고픈 말은 전혀 하지 못한 채 깨고 나서야 후회하고 또 후회했습니다. 그리고 3월 27일 수요일 저녁, 즉 막재 전날이었습니다. 여느 때처럼 저녁까

지 기도를 마친 후, 문득 종로(안국역)에 위치한 법련사에서 멀지 않은 혜화역에 있는 서울대병원을 가야겠다는 느낌이 들었습니다. 모친께서 1955~2019년까지 약 64년을 사시면서 마지막 1년을 보낸 곳이 바로 서울대병원이기 때문이었습니다.

(12) 암병동 10층에 도착해서 백혈병 환자의 병실은 보호자 외에 면회금지 구역임을 익히 알고 있기에 저는 모친과의 마지막 추억이 깃든 병원 10층 복도를 하염없이 걸으며 나무아미타불 염불과 광명진언을 외웠습니다. 그리고 속으로 발원하였습니다. "어머니, 이곳은 이제는 머물 곳이 아닙니다. 내일이 막재인데 혹여라도 마지막 숨을 거두신 이 병원 그 어디에라도 애착이 있거나 나아가 이 사바세계에 미련이 있다면 부디 다 놓아 버리시고 반드시 극락왕생하십시오."

(13) 그렇게 병원에서 49재의 마지막 기도를 회향한 후 수요일 밤, 아미타불께 발원을 올린 후에 잠이 들었고 그날 꿈속에서 7번째 마지막 꿈을 꾸게 됩니다. 꿈속에서 모친은 신기하게도 제가 기도한 서울대병원 그 병실 침대에 편안히 앉아 계시었고, 병실에는 오직 모친과 저, 그리고 의사 이렇게 세 사람만 있었습니다. 장소만 병실 침대일 뿐 침대 주위에선 밝은 빛이 나고 있었으며, 모친께

서는 건강한 모습으로 새하얀 옷을 입고 계셨습니다.

(14) 지금도 눈에 보이듯이, 귀에 들리듯이 생생히 기억합니다. 의사가 모친께 이렇게 물었습니다. "더 치료하고 싶으신지요?" 이에 제가 모친께 "어떻게 하시겠어요?"라고 의견을 여쭈니 모친은 천천히 손사래를 치면서 "저는 이제는 치료할 필요가 없습니다"라고 분명하게 답하였습니다. 그리고 저를 보시고 환히 웃으시며 손으로 인사를 하시고 기쁜 음성으로 이렇게 말씀하셨습니다.

"이제는 갈 때가 되었네요."

혜산 스님 (2012.6.12)

「원왕생」 혜산(2019)

5) 마무리 글 - 속가 모친을 극락정토로 보내 드리며

막재 날 아침에 깨어나 꿈속에서 모친께서 전해 주신 마지막 말을 한참을 다시 떠올리며, 기쁜 마음으로 막재에 임하였습니다. 멀리 불일암에서 제 은사 스님께서도 참석하시고 또한 49일 동안 세심히 살펴 주신 법련사 주지이신 진경 스님의 정성스러운 집전 속에서 여러 신도분의 기도와 함께 막재를 여법하게 모셨습니다.

지금 생각해 봐도 아미타 부처님께 매일 밤 잠들기 전 간절히 기도를 올려서 그 기도에 감응해 주시어 7번이나 기회를 주시고 마침내 정확히 49재 당일 모친을 현몽하여 꿈에서 대화를 나누고 정토에서 반드시 다시 만날 것을 기약하는 작별의 인사를 한 것은 결코 잊을 수가 없습니다!

저는 전생의 인연으로 인해 고등학교를 마친 해에 일찍 출가(2002년)하였고, 출가 후에도 비교적 일찍(2007년) 정토 불교에 귀의하였고, 이후 줄곧 나무아미타불을 놓지 않았습니다. 입으로는 나무아미타불을 염하고, 한 손은 정토를 그리고, 다른 한 손은 정토 책을 만드는 것이 제 수행의 전부이고 이 밖의 다른 수행에는 조금도 관심이 없습니다.

이러한 원력을 가지고 2017년 가을에 『죽음에 부치는 편지 -

그림으로 엮은 티베트 사자의 서』라는 책을 출간하였는데, 이 책에 담긴 가르침을 임종의 순간부터 49일 동안 간절히 독송해 준 첫 망자가 바로 모친이라는 사실이 제게는 참으로 뜻깊게 다가옵니다.

또한 예전부터 정토 그림 전시회를 계획하면서 모친의 막재 전후(3월 20일~4월 2일)로 영정을 모신 법련사 내의 불일미술관에서 첫 개인전을 하게 될 줄은 꿈에도 생각해 본 적이 없습니다. 막재를 마치고 이렇게 돌이켜 보면 이 모든 것이 아미타 부처님의 뜻이라고 생각합니다.

이상의 글을 올리는 것이 당연히 누구도 알 수 없는 저 혼자만의 체험이기에 조금은 조심스럽습니다. 하지만 좋은 자료들을 정성스레 올려 주신 이 카페의 여러 정토행자분들께 받은 은혜를 저 역시 나누기 위해서 지금껏 말씀드린 일들을 알리는 것이 마땅한 도리라는 생각을 하였고, 아미타 부처님과 이제 극락에 계시는 모친께서도 이해하시리라 믿기에 글을 올리게 되었습니다.

저는 진실로 이 모든 것을 제가 직접 겪고서 쓴 것이며, 혹여라도 본의 아니게 제가 지은 허물이 있다면 참회하도록 하겠습니다.

12. 2021년, 다라니 내려놓고 '나무아미타불'로 극락 간 시영 스님

세종시 영평사 환성(幻惺) 스님 구술

우암당牛庵堂 시영始寧 스님은 경북 상주 출신으로 1941년 6월 25일 경주 이공 희우를 부친으로 김해 김씨 달분을 모친으로 8공주 가운데 둘째로 태어났다. 단명하다는 어른들의 말씀에 얼마 못 산다면 차라리 중이 되어 부처님 시봉이라도 하다 죽을 각오로 10대에 동학사 옥봉 스님을 은사로 출가하였다. 승가대학을 수료하고 제방 선원에서 수행하였고 평생 신묘장구대다라니 수행을 해서인지 "인생팔십고래희라는 80년이나 살았으니 부처님 덕이다"라고 늘 노래처럼 말씀하시던 스님이셨다.

시영 스님은 당신보다 세납이나 승납으로 한 참 어리지만 받기 미안할 정도로 산승을 존중하고 영평사 창건 불사에 물심양면으로 지원을 아끼지 않았다. 그렇게 도움을 받아 오던 중 얼마나 더 살지는 모르지만, 영평사에 작은 건물이라도 하나 남길

겸 집 한 채 지어 여생을 영평사에서 회향하고 싶다는 말씀에 기꺼이 모셔서 수행하실 수 있게 하였다.

그렇게 2년쯤 노후를 보내던 중 평생 처음으로 받은 건강검진에서 대장암 말기 판정을 받았다. "내 나이 이미 77세, 내일모레 80인데 너무 많이 살았다"며 모든 치료를 거부하시는 스님께 항암이나 수술은 하지 않더라도 의사 소견을 따라 복약이라도 하시도록 권장하였다.

그리고 은근히 염불수행을 권장했다. 본래 육식은 물론 오신채도 안 드시는 계행 청정한 율사이시고 깔끔한 성정에 다라니 수행을 오로지하신 분이시다. 그러한 스님이 순순히 염불수행을 하시겠다 하신다. 이미 대교를 마친 이력종 장이요 60년을 이런 저런 수행을 해오셨으니 어찌 정토를 모르시겠나 싶어 염불이 어떻고 극락이 어떠니 하는 말들은 하지 않았다. 다라니 수행에서 염불 수행으로 갈아탄 스님은 이전 다라니 수행할 때보다 더 열심히 염불하기 시작하였다. 일생을 다라니 수행을 한 내공이 있으므로 과목만 염불로 바꾸자 보통 한번 시작하면 2시간씩 끄떡없이 정진하였다.

그 뒤 3년 동안 쉬지 않고 열심히 염불하던 스님은 80세가 된 2021년 2월부터는 건강 상태가 눈에 보이게 악화되었다. 견디시기 어려울 테니 통증 완화 처방받을 수 있는 병원에 입원하시라는 의사의 권고에도 "중이 절에서 죽어야지 어딜 가느냐"며 아랑곳하지 않으시고 정진하시는데 간간이 통증을 보이셨으나 큰 문제는 없으셨으니 이 또한 염불공덕이라 믿어졌다. 특히 불기 2565년(2021) 4월을 못 넘길 거라는 의사의 진단을 비웃기라도 하듯이 "중이 부처님 생신을 코앞에 두고 죽으면 얼마나 박복한 일이고 얼마나 큰 죄인이 되겠는가, 초파일은 지나고 가야 도리"라며 정신을 다잡아 염불하시더니 과연 부처님오신날까지 문제없이 오히려 초롱초롱하게 버티셨다.

시영 스님이 머무시던 영평사 전경 (탑은 내영도를 조각한 "부처님 진신 사리탑")

그리고 부처님오신날 다음날부터 기운과 정신이 주변에서 모두 느낄 정도로 급속히 스러져 가셨다. 평소 스님께서 아끼시던 영관 스님, 원타 스님 그리고 속가 형제들과 영평사 염불회 연우들의 일주일간 계속된 조념염불 속에 통증 없이 아주 평온하고 편안하게 극락으로 가셨다. 스님은 왕생 몇 분 전까지도 금강염불(입술염불)을 하시다가 일주일 만에 왕생하셨으니 음력 4월 16일 밤 10시였다.

비록 말년에 정토를 알고 수행을 시작했지만, 극락을 가겠다는 발원과 믿음이 강했고 또 절박했으므로 열심히 염불하여 마지막 편안히 극락으로 가셨다. 49재 날 스님들이 의식을 집전하시는데 신심이 별로 없어 평소에 스님께 야단 맞던 속가 여동생이 법당 지장 보살님과 아미타 부처님 사이에 언니 스님이 부처님과 같은 가부좌로 앉아 미소 지으시며 스님 앞으로 오라는 듯이 손짓하시는 모습을 보았다 하니 극락 왕생하였음을 전한 것이 분명하지 않겠는가? 신심 박약한 동생에게 보인 것은 아마도 깨우침을 주기 위한 자비이셨으리라.

13. 2021년, "나모아미따불을 해라" 한 마디에 나를 찾고 극락 간 도관 스님

공원(空圓, 사천 대성사)

1) 고등학교 졸업하고 19살에 석남사로 출가

도관道觀 스님(속가 이름 徐成香)은 1953년 진주에서 태어났다. 1953년은 한국전쟁(1950)이 일어나 3년간 전국이 황폐되고 겨우 휴전상태로 들어간 혼란의 시기였다.

도관 스님은 중학교 때 독실한 불교 신자인 할머니의 영향을 많이 받았다. 아침은 물론 저녁에 일하고 돌

도관 스님 (대성사 영정)

아오신 할머니는 손을 씻고 봉창문 앞에서 반드시 부처님에게 기도하고 저녁을 먹었다. 도관 스님도 어려서부터 불교책을 즐겨 읽고 할머니에게 전생 이야기에 관한 책이나 경을 읽어 드리면 할머님은 늘 기뻐하셨다.

스님은 진주여자중·고등학교 다닐 때 특히 그림그리기를

좋아하여 두각을 나타냈고, 학교에서도 선생님이 특별히 원효대사를 조사·발표하라고 해서 역사적인 사실과 종교적인 면에서 잘 준비된 발표를 하여 칭찬을 받은 적도 있었다. 스님은 학교 다닐 때부터 벗들에게 "나는 출가할거야!"라고 이야기했고, 누가 시키지 않았지만 고기를 먹지 않았다. 닭·토끼와 뛰어놀던 모습이 생각나서 고기를 먹을 수 없었다고 한다. 당시 그림 그리는 벗들과 음식점에 가면 벗들이 먼저 "고기 빼고 야채만 넣어 주세요!"라고 할 정도로 남다른 면이 있었다.(화정애 보살 회고)

이런 어린 시절과 학창 시절을 보낸 도관 스님은 1971년 졸업하자마자 19살 나이에 출가하게 되었다. 이런 이른 출가는 집안에서 출가한 스님들이 있었기 때문에 자연스럽게 받아들여졌다. 출가한 집안 어른을 찾아갔다가 출가를 결심하고, 비구니 수도처로 많은 비구니가 정진하고 있던 석남사에 가서 백졸 스님을 은사로 득도得度하였다. 당시 석남사 주지 인홍 스님에게 "저는 가장 열심히 수행하시는 백졸 스님을 은사로 모시고 싶습니다"라고 당돌하게 간청하여 그 문하에 들어가게 되었다.

사미계를 받고 시작한 석남사 생활은 농사일하고 기와를 이는 등 고달팠지만, 출가 생활 자체가 큰 목적이고 보람이었기 때문에 늘 즐거웠다. 그리고 몇 년 뒤 본사인 통도사에서 조계종 합동 비구니계를 받았다.

2) 본격적인 화두 참구와 포교

석남사에서 수행하고 있던 어느 날 성철 스님으로부터 전갈이 왔다.

"만약 계속 그림을 그리거나 글씨를 쓰면 10촌을 넘었다."

집안 스님들 인연 때문에 학교 다닐 때부터 성철 스님을 가끔 뵈었고, 그때마다 출가하라고 하셨지만 "저는 그림 그리는 것이 좋아 훌륭한 화가가 되는 것이 목적이라 출가할 수 없습니다"라고 하였는데, 석남사에서 서예를 배우고 있다는 소식을 들으시고 보낸 소식이다. 성철 스님은 그림에 빠져 시간 가는 줄 모르는 도관 스님의 습을 알고 있어 늘 "너는 그림을 많이 그리면 쟁이밖에 안 된다"라고 하셨는데 다시 붓을 들었다는 소식을 듣고 경책한 것이다.

"그럼 저는 언제쯤 그림을 그릴까요."

"후제 해라."

"후제는 해도 됩니까?"

"그러면 된다."

여기서 '후제' 란 '뒷날 어느 때' 란 뜻으로, 도관 스님은 그 '후제'를 '자신의 욕망을 다스릴 수 있게 되었을 때' 라고 이해

하고 붓을 놓은 뒤 수행에 전념하였다. (64)

　석남사에서 수행하던 중 어떤 큰스님이 "마하반야바라밀다는 마하반야바라밀다가 아니고, 다만 이름이 마하반야바라밀다이다"라고 하는 설법을 듣고 크게 발심하게 되었다. 바로 금강경의 고갱이가 화두가 된 것이다. 석남사에서 수행을 위한 기초를 닦은 도관 스님은 몇 년 뒤 본격적인 공부를 하겠다는 일념으로 경남 어느 지역에 토굴을 짓고 4년 6개월간 한결같이 묵언정진하였다. 4년 묵언하며 오로지 화두에만 매달리던 도관 스님은 이때 일생 수행할 자량資糧을 확보하게 되었다.
　혼자 수행하던 도관 스님은 늘 잠이 올 때 깨워 줄 도반이 그리웠다. 그리고 자리自利만이 아닌 이타행이 대승불교의 고갱이라는 것을 깨닫고 토굴에서 나와 어느 산중에서 불사를 했다. 길이 좁아 큰 차가 들어갈 수 없는 곳이라 가까운 마을 앞에 기와·모래·시멘트 같은 건축자재를 내려놓고 가면 작은 운반

---

(64) 그 뒤 어느 정도 마음을 다스릴 수 있게 되자 수행과 그림을 병행하며 정진하는 옥봉 스님으로부터 사군자를 배워 상당한 경지를 이루었다. 그림을 그릴 때는 늘 성철 스님의 죽비를 생각하며 정도를 지나면 붓을 놓았고, 명예를 위해 전시에 출품하지 않았으며, 자기 작품에 낙관을 찍지 않았다. 왕생한 뒤 남은 작품 가운데 10편을 족자를 만들어서 평소 스님을 존경하던 신도들에게 8장을 주고 2점만 도반 스님이 간직하고 있다.

수단으로 산골짜기 안까지 옮겨 도랑에서 물을 퍼다가 새로운 도량을 만들어 가는 것 자체가 큰 수행이었고, 이때도 화두를 놓치지 않으려는 정진은 계속되었다.

창건주를 도와 불사가 끝나자 스님은 미련 없이 그 절을 떠났다. 그리고 인연 따라 유행하면서 수행을 계속하였다. 그리고 이젠 어딘가 자리를 잡고 수행과 동시에 법을 펼 때가 되었다고 생각하였다. 그래서 사천의 한 산자락을 뒤로한 곳에 불사를 시작했다.

3) 말년에는 돌아갈 고향을 찾았다.

대승사 대웅보전 (주지 천강 스님 제공)

인적이 드문 사천 산자락 불사는 몇 년 가지 않아 끝이 나고 크지 않지만 안정된 대성사 불사가 끝났다.

도관 스님은 대성사에 선방(금당)을 마련해 화두 참구를 이어가며 지도하였으며, 한편으로는 중생 제도를 위해 신도들에게 부처님 말씀을 전하는 데 전념하였다.

그리고 말년이 되어 가면서 스님은 늘 주위에 이야기하였다.

"나는 69세에 간다."

60대 중반에 이르자 천천히 고향에 돌아갈 준비를 하였다. 바로 염불을 시작한 것이다. 40년 이상 화두에 매달렸던 스님은 이승에서 확철대오할 시간이 없다는 것을 아시고 이런 생각을 한다.

'초지보살 경지에 이른 원효 성사도 말년에 무애無㝵 박을 치고 전국을 돌면서 「나무아미타불」을 외쳤고, 천태종을 다시 세운 고려시대 요세 스님도 천태정토를 펴고 마지막에는 극락발원을 했다. 서산대사는 법안종과 임제종을 이어받은 선사지만 「나무아미타불」 6자 법문은 반드시 윤회를 벗어나는 지름길이라고 말씀하셨다. 특히 『선가귀감』의 다음 말씀이 마음 깊은 곳을 때린다.'

"마명이나 용수는 다 (대승의 종지를 세운) 조사지만 모두 '극락 가서 태어나라' 고 뚜렷하게 말씀하셨고, 마음 깊이 권하셨는데, 내가 누구라고 감히 (극락) 가서 태어나길 바라지 않겠는가?"

4) 모든 수행과 포교를 염불로 바꾼 도량

  정토도량으로 바꾼 스님은 정토 법문의 3가지 밑천(資糧)인 믿음(信)·바람(願)·염불(行) 3가지를 마련하여 스스로 정진하며 대중을 이끌어 갔다.

  (1) 아미타경으로 믿음을(信)

  도관 스님은 정토삼부경 가운데 가장 짧으면서도 ① 극락은 어떤 모습인가? ② 극락은 왜 가야 하는가? ③ 어떻게 하면 극락에 갈 수 있는가? 하는 것을 가르쳐 주는 아미타경을 믿음의 뿌리를 만드는 경전으로 모셨다. 그래서 이전에 천수경이나 다른 경을 읽었던 법회 순서는 모두 아미타경으로 바꾸었다. 그리고 자기는 물론 모든 신도들에게 평소 아미타경을 읽도록 독려하여 믿음의 뿌리를 단단하게 하였다.

■ 유튜브 「아미타경 독송 및 염불 (도관 스님과 대중들)」첫머리 참조
  https://www.youtube.com/watch?v=XkvFOMqAyfI

(2) 아미타부처님을 찬탄과 발원(願)

아미타경에 보면 부처님은 "사리뿌뜨라여, 이 말을 들은 중생들은 마땅히 그 나라에 태어나길 바라는 마음을 내야 한다." "사리뿌뜨라여, 나는 그런 사실을 보았기 때문에 하는 말이니, 이 말을 들은 중생은 마땅히 그 나라에 태어나길 바라는 마음을 내야 한다"고 강조하였다.

극락 가겠다는 바람(願)이 있어야 극락을 갈 수 있기 때문이다. 그래서 도관 스님은 다음 같은 발원문을 만들어 자신은 물론 모든 인연 있는 이들에게 수시로 외도록 하였다.

> 아미타부처님은 광명의 부처님이시고
> 아미타부처님은 생명의 부처님이시고
> 아미타부처님은 진리의 부처님이시고
> 아미타부처님은 항상 우리와 함께 하시며
> 아미타부처님은 시방삼세 모든 부처님 가운데
> 아미타부처님이 제일이시니
> 제가 이제 크게 귀의하여 신·구·의 삼업 죄를 참회하나이다.
> 지극한 정성으로 아미타부처님을 염송하여
> 아미타부처님을 뵈옵고,
> 아미타부처님 같이 무상대도를 성취하여

아미타부처님 같이 일체중생 제도하기를 발원하옵니다.

부처님 감사합니다. 부처님 감사합니다. 부처님 감사합니다.

돌에 새긴 발원문 (신도 채순희 제공)

■ 유튜브 「아미타경 독송 및 염불 (도관 스님과 대중들)」 끄트머리 참조
https://www.youtube.com/watch?v=XkvFOMqAyfI

(3) 염불 - 정토선 염불(행)

아미타경으로 믿음을 다지고, 발원문으로 극락을 가겠다고 마음먹었다면, 극락을 가는 유일한 방법이 바로 부처님을 마음에 새기는 염불이다. 그렇다면 염불을 어떻게 할 것인가? 도관

스님은 염불하는 절과 스님들을 직접 찾아가서 배우고 직접 해 보는 과정에서 정토선염불을 접하게 되었다. 『극락과 염불』이라는 책(129~130쪽)에 극락에 간 관정 스님이 직접 관세음보살에게 배워온 염불이 소개되었다.

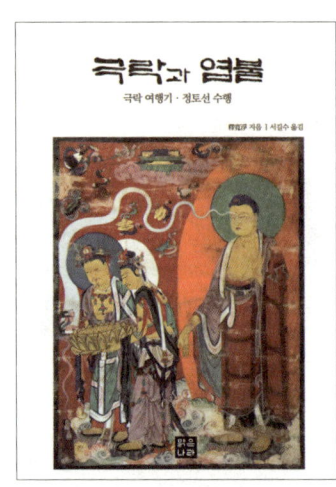

『극락과 염불』

"그러면 어떻게 염불하는 것이 가장 좋고, 수행하여 가장 빨리 이룰 수 있습니까?"

"선禪과 정토淨土를 함께 닦으며 (禪淨雙修), 한마음으로 염불하고, 염불하면서 참선하는 것을 '정토선淨土禪' 이라 한다."

"정토선을 어떻게 닦아야 할지 가르쳐 주십시오."

"사람들을 2반으로 나누어 염불하되, A반이 아미따불을 2번 염불하면, B반은 소리 없이 (속으로 따라서) 염불(黙念)하며 듣고, 이어서 B반이 아미따불을 2번 염불하면, A반은 소리 없이 (속으로 따라서) 염불(黙念)하며 듣는다. 이렇게 수행하면 힘들지 않고, 또 염불이 끊어지지 않는다. 이근耳根은 가장 영민하기 때문에 (계속 들으면) 귓속에서 저절로 염불소리가 나게 되는데, 바로 마음이 염불하는 것이다. 마음과 (염불하는) 입이 하나가 되면 불성이 스스로 드러나게 되고, 고요해지면 선정(定)이 생기고, 선정에 들어가면 지혜(慧)가 생기느니라."

스님은 정토선을 수행한다는 서방사에 직접 가서 염불 소리를 들어 보고, 염불 CD를 받아와서 실제 신도들과 실제 해 보니 그 이전에 했던 염불에 비해 확실히 신심이 나고 정진이 잘되었다. 그래서 그때부터 도량에 정토선염불이 끊이지 않았다.

■ 유튜브 「정토선 염불(도관 스님과 대중들)」

　　https://www.youtube.com/watch?v=dl5Z4tkcmOE

5) 불교는 수행하는 종교 - 모두 생활 속의 염불수행

정토를 닦기 시작하면서부터 그 절 4부 대중이 모두 수행자가 되었다. 모든 매주 토요일(오후 2시~4시) 아미타 기도를 하였고 초하루, 보름 법회 때도 언제나 아미타경 독송으로 시작하고 아미타경 독송으로 끝났으며, 나머지 대부분 시간은 정토선염불에 전념하였다. 그리고 끝에 가서 잊지 않고 극락 가는 발원을 하였다.

신도들에게는 절에 오지 않을 때도 집에서 하루 적어도 20분 이상 염불할 것을 강조하고, 시간이 없고 잘되지 않을 때는 10

번 염불하는 십념염불十念念佛을 권했다. 모두 인사할 때 '나무아미타불'이라고 하는 것은 물론이고 전화할 때도 '나무아미타불'이었다. 근기 따라 다르지만 대부분 20분 이상 염불하고, 날마다 1~2시간씩 하는 신도들도 있었다. 아이들 있는 집은 나무아미타불 유튜브를 자장가로 들려주었다.

도량에는 젊은 신도들이 많이 왔다. 법당 안에서 기도할 때도 아이들이 마음대로 뛰어놀도록 놓아 두었기 때문이다. 책을 보아도 되고, 누워도 좋고, 놀이를 해도 괜찮고, 찰흙으로 무엇을 빚어 만들어도 된다. 아이들은 그렇게 크는 것이고, 결국 염불 소리 속에서 큰 아이들은 자신도 모르게 염불하게 되며, 고등학교, 대학교 가서도 똑같이 염불하고 기도하였다.

다만 재齋를 지낼 때는 아이들을 달랬다.

"재 지내고 나면 맛있는 것 많이 줄 터이니 재 지내는 동안에는 조용히 하자."

실제로 재가 끝나면 아이들에게 자기가 원하는 것을 마음대로 집어 가게 했다. 그러면 작은 아이들은 자기도 하고, 속이 든 아이들은 나무아미타불을 따라서 하는 기특함을 보였다.

도관 스님은 이처럼 모든 대중이 함께 정진하였는데, 이미 참선을 통해 높은 수행력을 터득한 스님은 염불한 지 얼마 되지 않은 때부터 꿈에 극락세계 다녀오고, 사방에서 염불 소리가 들려오는 경지에 이르러 때때로 극락에서 본 칠보 다락과 여덟까지 공덕의 물을 이야기해 주어 많은 사람이 신심을 갖게 해 주었다.

6) 제천보살을 극락에 가도록 이끌고 도움 염불까지

도관 스님은 표현하지 않고 주변 일들을 맡아서 자기 일처럼 하고, 또 남을 도와주는 일이 많았다. 스님이 주변 사람들을 위해 자비를 베푼 가장 대표적인 일을 들자면 수행 도반으로 평생을 함께한 공원空圓 스님 모친을 10년 넘게 보살피며 마지막에 극락 가도록 최선을 다한 일이다.

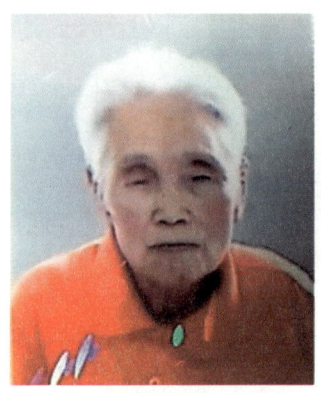

제천 보살 (1999년)

80이 넘어 몸이 불편한 제천보살(이은남 보살을 절에서는 그렇게 불렀다)은 눈이 거의 안 보여 자식들이 돌보기 어렵게 되자 절에 와서 지내게 되었다. 같은 절에 딸이 있지만, 그냥 스님이고, 도관 스님이 '우리 스님'이 될 정도로 제천보살 말년을 극락 가도록 이끌어 주었다. 옛날부터 속가에서도 "나이 들면 남새밥 먹고 염불한다"라고 했다. 제천보살은 처음 절에 와서는 라디오를 들었지만 '우리 스님'의 인도로 염불에 전념하게 되었다. 보이지 않는 세상을 쉽게 여윈 제천보살은 그 뒤 하루 내내 1,000념 염주를 돌리며 염불에 집중한 나머지 어떤 때는 2~3일씩 고요(靜)에 머물 정도로 경지가 높아졌다. 이 모든 것이 도관 스님의 부드럽지만 단호하게 이끌어 준 덕분이었다.

마지막 가실 때는 천념염주가 무거워 돌릴 수가 없자 108염주로 바꾸어 돌리고, 그것도 힘에 부치자 그 염주를 목에 걸어 드렸더니 염주를 쓰다듬으며 염불을 이어 갔다. 어느 순간 마지막이 중요하다는 것을 잘 아는 '우리 스님'이 갑자기 소리쳤다.

"보살님 무엇하십니까?"

이 죽비소리에 제천보살은 다시 정신을 다잡아 "나무아미타불"을 이어 갔다. 그리고, 그렇게, 목에 걸린 108염주를 만지며 염불하다가 93세의 나이로 2008년 극락으로 갔다.

7) 연꽃자리(蓮花臺) 타고 극락 간 도관 스님

(1) 죽음을 미리 준비하고 모든 것을 회향하다.

스님은 「연지대사 극락세계 발원문」 가운데 다음 부분을 좋아해 늘 염하였다.

> 이 목숨 마칠 때 갈 시간 먼저 알아
> 여러 가지 병고액난 이 몸에서 사라지고
> 탐진치 온갖 번뇌 씻은 듯이 없어져
> 육근 화락하고 한 생각 분명하여
> 이 몸을 버리옵기 정에 들 듯하여지이다.

2021년 목숨 마칠 때 갈 시간 먼저 알아 차분히 고향으로 돌아갈 준비를 하였다.

먼저 스승 옥봉 스님 유물로 간직하고 있던 그림 1점을 기증하였다. 옥봉 스님은 근대 최고의 묵죽墨竹 화가 일주一洲 김진우金振宇(1883~1950)의 제자였다. 옥봉 스님은 스승의 작품 2점을 가지고 있다가 제자 도관 스님에게 물려주었다. 도관 스님은 그 그림을 일주 선생이 1944년 여운영 선생과 건국동맹을 함께 했던 인연을 생각해 몽양 여운영 기념관에 기증하였다.[65] 좋은 작품은 많은 사람이 볼 수 있어야 한다는 스님의 의견 때문이었다.

---

65) 강법선 제주국제협의회장에게 부탁해 KBS TV 진품명품에서 진품이고 2천만 원 가치가 있다는 전문가 감정을 받고 그 자리에서 여운영 기념관에 기증할 것을 밝혔다. (2022.4.25 방영)

선 수행처 금당(金堂) (주지 천강 스님 제공)

8월 9일(음력 7월 2일) 생일, 도반과 함께 나가 커피숍에서 커피를 마시고, 연못에서 연꽃도 보고 절로 돌아온 뒤 말했다.

"나 이제 가야겠다."

올해가 바로 자신이 늘 69세에 가겠다는 바로 그해였다. 그리고 그 뒤 한 달 정도를 소파에서 눕지 않고 하루 22시간을 생활하셨다. 도반 스님이 물었다.

"염불하고 계십니까?"

"노력하고 있다."

먼저 유품으로 갖고 있던 스승 옥봉 스님 그림을 정리해서 따르는 신도들에게 나누어 주었다. 3형제에게 줄 때는 맏언니에게 1점을 주며 동생들과 따뜻하게 잘 지내라는 당부로 화목하게 하는 방편으로 삼기도 했다. 보름 전부터 살면서 고마운 분들께 인사를 하고, 오래된 스님들에게 통화하고, 신세 진 분에게 용돈도 드리고, 불편했던 분께 "유감없다", "고마웠다"고 하나하나 회향하고는 완전히 세상일을 놓아버렸다.

9월 15일 수요일, 목욕 삭발하고 그때까지도 스스로 몸을 움직이다 마지막에는 휠체어에 의지하였으나 16일까지도 차 타고 외출도 하고 공양도 하시면서 마지막까지 염불에 골몰하였다. 모든 것을 놓고 마음에 걸림이 없으니(心無罣碍) 두려움이 없이(無有恐怖) 편안해 보였다.

9월 17일 금요일 지병이 막바지에 이르면서 다리가 너무 많이 부었다. 그래서 병원에 가서 도움을 받아야겠다는 생각이 들어 도반이 스님에게 말했다.

"스님, 아무래도 병원에 가서 도움을 받아야 하겠습니다."

이 말을 듣자 스님 눈에서 갑자기 번쩍 빛이 났다. 평소 10년간 지병이 있었지만 약 먹는 것을 즐겨하지 않고 병원에 가는 것도 달가워하지 않던 스님 눈에 나온 섬광은 무슨 뜻일까? 그러나 입원한 뒤 그런 뜻을 물을 겨를도 없었다. 당시 코로나가 크게 유행해 보호자는 한 명만 가능했고, 보호자는 한 번 들어가면 나올 수 없었다. 도반 스님은 만일의 경우 일 처리를 해야 했기 때문에 함께 할 수 없는 것이 안타까웠다. 그러나 이런 안타까움도 걱정도 오래가지 않았다. 그 일요일(19일)인 다음날 하루 지내고 월요일인 9월 20일(음력 8월 14일) 스님은 조용히 혼자서 극락으로 가셨기 때문이다. 세속 나이 69살, 법랍 50년이었다.(66)

병원의 통지와 함께 스님은 잊지 않고 극락 간 소식도 전해 주었다. 평소 스님 따라 열심히 정토선 염불하였으나 깊이 교리를 공부하지 않았던 신도에게 전화가 왔다.

"작은 스님, 꿈에 큰 스님이 아주 큰 연꽃 타고 올라가시면서 손을 흔들며, '나는 전혀 아프지 않다' 라고 하고 너무 환하게 웃으시면서 가셨어요."

입관한 뒤 스님들과 대성사 신도분들이 꽤 많이 와서 스님의 마지막 모습을 볼 수 있었다. 스님들과 신도들은 "큰스님 얼굴이 마치 살아 있으신 듯 색이 전혀 변하지 않아 신심이 났다"고 했고, 어떤 신도는 "밥을 못 먹었는데 큰 스님 얼굴 뵙고 신기하게 밥을 먹을 수 있었다"고 하였다.

---

(66) 돌이켜보면 스님 눈에서 나온 빛은 "나 혼자 갈 수 있으니 걱정하지 마라"는 뜻이고 병원에서 추석 연휴인 화요일(21일)이 지나면 연명치료 같은 의학적 문제가 발생할 수 있다는 것을 미리 다 셈하고 일찍 떠나시며 주변의 어려움을 덜어 주었던 것이다.

도관 스님은 임종게도 없었고, 마지막 남긴 말씀도 없었다. 평소에 다 하고, 할 말을 하나도 남겨 놓지 않았기 때문이다. 지금도 대성사 신도들은 평소 이끄시던 말씀 따라 날마다 유튜브 틀어놓고 '나무아미타불'을 생활화하고 있다.

貂 보정의 꼬리말

1. 정토선이 무엇이고 어떻게 수행하는 것입니까?

엮은이가 처음 도관 스님으로부터 전화를 받은 것은 확실하지 않지만 2019년 말인가 2020년 초로 기억한다. 진주에서 엮은이가 지은 『극락과 염불』이란 책을 샀는데 정토선은 어떻게 수행하고, 염불은 어떻게 하는 것인지 알고 싶어 전화했다고 하였다. 정토선에 대해서 설명하고 대화를 나누다 보니 1시간이 넘었다. 스님은 무언가 하나라도 더 찾으려는 에너지가 목소리에 베어 마치 학술 토론을 하듯이 법담을 나누었던 기억이 난다. 정토선 염불에 대해서는 가까운 서방사를 추천하였다. 그 뒤 서방사에 직접가서 염불소리를 들어보고 염불 CD를 받아와서 신도들과 실제 정토선염불로 염불수행을 시작하였다. (앞에서 본 유튜브 참조)

그 다음 통화에서는 정토선에서 가장 중요한 수행단계인 자성염불에 대해서 이야기를 나누었다. 그리고 실제 자성염불이 된 굉수 스님을 소개해 드렸다. 자주 연락을 못했지만, 전화하면 보통 1시간이 훌쩍 지나가곤 했다. 그래서 2020년 6월 첫째 주 일요일 서방사에서 열리는 관정 스님 다례재 때 만나서 더 깊은 이야기를 나누기로 약속하였다. 그러나 2000년 3월부터 코로나 대유행 사태가 벌어져 행사가 취소되고 그다음 해도 이어지면서 스님과 직접 만날 수 있는 기회가 없었다.

2. 원력(願力)이 업력(業力)을 이겼다 - 나를 찾아 준 '나무아미타불'

2020년 12월 엮은이가 두 번째 하는 "살아서 하는 장례식" 안내장을 보냈더니 12월 18일 전화를 해 주셔서 다시 한 시간 통화가 이어졌다. 이때 스님은 "나무아미타불을 하라"는 붇다의 말씀을 듣고 다시 태어난 이야기를 해 주셨다.

"지병 때문에 병원에서 일주일밖에 살지 못했다고 했습니다. 그런데 어느 날 꿈인지 생시인지 모르지만 나를 완전히 잃어버리는 희한한 경계를 경험했습니다. 내가 나를 보니 나는 분명히 살아 있는데, 내 이름이 무엇이고, 내가 누구인지, 내가 무엇을 하고 있는지, 아무것도 알 수 없었습니다. 나를 완전히 잃어버리고 빈 껍데기만 남았습니다. 그리고 주변에 있는 사람들에게 물었다. '여기가 어디입니까?' '내가 누구입니까?' 이처럼 '왜 내가 없지?' 하고 어찌할 줄을 모르고 있었습니다. 그때 '나무아미타불을 하라'는 말씀이 뚜렷하게 들렸고, '나무아미타불' 한마디 하자마자 깨어나서 원래 나로 돌아왔다. 부처님이 아니면 누가 그런 능력이 있겠습니까? 나는 깨어나서 물었습니다. '내가 얼마나 아팠는가?' '3주 동안 아팠습니다'." (2020년 12월 18일 오후 3시 녹음파일 가운데서)

그 당시 10년을 앓았던 지병이 막바지에 이르러 병원에서 "입원하면 6개월을 입원 안하면 1주일도 넘기기 어려울 수도 있다."라고 해서, "병원에서 무의식에 가느니 절에 가서 마지막을 맞이하겠다"라고 하고 썼던 입원서를 주어 버렸다고 한다. 그런데 3주 동안 자신을 잃어버린 것은 분명히 지병 때문이 아니었다. 지병 때문이라면 일주일 안에 죽었어야 했기 때문이다.

그렇다면 그것은 무슨 상황이었을 것인가? 우리는 전화로 꽤 길게 토의했다. 그리고 그것은 '죽음의 문턱에서 염불하는 자신에게 감당하기 힘든 업이 한꺼번에 몰려왔고(업력), 그에 대비한 스님의 원력願力, 곧 마지막까지 염불하여 극락에 가야 하겠다는 원력과 부딪혀 죽음까지도 어찌하지 못한 상태로 들어가서 자신을 잃어버렸다'는 결론에 이르렀다. 스님이 다시 '나무아미타불'을 붙잡을 수 있었던 것은 곁에서 한시도 떠나지 않고 염불을 했던 도반의 도움염불이었다.

"당시 스님의 상태를 보고 운명하는 것보다 더 슬픈 것이 자신을 알아차리지 못하는 것이 슬펐습니다. 우리가 할 수 있는 것은 오로지 나무아미타불을 계속해서 하는 것뿐이었습니다." (공원 스님 회고)

전생부터 쌓인 엄청난 업이 몰려와 6도를 윤회하는 길로 끌어갔고, 스님은 이제 더 이상 윤회를 하지 않고 극락에 가겠다는 원력으로 막아 가는 과정이 3주가 갔고, 마지막 도반의 도움 염불(助念)을 합쳐 한마디 '나무아미타불'을 하므로 해서 한꺼번에 80억 겁의 업을 녹여 버렸던 것이다.

『무량수경』에 "붇다 이름을 듣고 기뻐 뛰며 (아미타불을) 단 한 번만이라도 염念하면 이 사람은 큰 이익을 얻고 위 없는 공덕을 갖춘다는 것을 알아야 한다(其有得聞 彼佛名號 歡喜踊躍 乃至一念 當知此人 為得大利 則是具足 無上功德)"라고 했고, 『관무량수경』에는 "그 사람이 괴로움에 눌려 붇다를 염념할 경황이 없어, 길동무(善友, 道伴)가 다시, 그대가 만일 그 붇다를 염念할 수 없으면 '무량수불께 귀의합니다(나모아미따불)' 라고 불러야(稱) 한다. 이처럼 마음 깊이 소리가 끊어지지 않게 10번 '나모아미따불'을 부르면, 붇다의 이름을 불렀기 때문에 염하고 염하는 사이 80억 겁의 나고 죽는 죄를 여읜다.(彼人苦逼, 不遑念佛. 善友告言: 汝若不能念彼佛者, 應稱皈命無量壽佛, 如是

至心, 令聲不絕, 具足十念 稱南無阿彌陁佛. 稱佛名故, 於念念 中, 除八十億劫生死之罪)"고 했다.

다시 태어난 스님은 붓다가 더 주신 삶을 살면서 목숨을 걸고 열심히 수행하는 한편 염불 보급에 온 힘을 다 쓰고 있다면서 이렇게 말했다.

"거사님도 이번 장례식 때 참석자들에게 꼭 염불하도록 권하십시오. 나무아미타불 보급하는 것이 장례식보다 더 중요합니다."

3. 내가 염불해야지 남의 염불 소리를 듣는 것은 질이 다르다.

2021년도 코로나 때문에 모임이 불가능했으므로 올 불교 강의는 온라인으로 했다. 2월 28일부터 3월 1일까지 '동북공정 백서 발표회'를 마치고 이어서 3월 20일부터 6월 19일까지 토요일에 3개월간 12강을 하는 일정이다. 이때 보낸 안내서를 보고 다시 스님이 전화를 걸어왔다. 1시간 동안 많은 이야기를 나누었는데 염불수행에서는 '자성염불'에 대해 길게 논의하였다.

〈도관〉"굉수 스님에게 자성염불이 어떤 것이냐고 물으니 염불 소리를 하루 내내 듣는다고 했습니다. 내가 생각할 때는 염불이란 내가 해야 다른 염불 소리를 듣고 있다는 것은 질이

다르다고 봅니다."

〈보정〉 "자성염불은 남의 소리가 아니고, 스스로의 자성이 염불하는 것입니다. 염불이라는 것도 방편이기 때문에 정토선에서는 자성염불이 되면, 스스로는 염불을 하지 않고, 몸속에서 나는 염불을 찬찬히 들으면서 그 염불 소리가 어디서 나는지 봐내야 합니다. 이는 '염불하는 놈이 누구냐' 라는 화두와 같은 것으로 진짜 의정을 내는 것입니다."

〈도관〉 "사실 나도 염불한 지 얼마 안 되어 아주 맑고 아름다운 염불소리가 들렸다. 그런데 내가 염불하는 소리를 뺀 다른 소리는 모두 번뇌라고 생각해서 일부러 무시하고 내 염불만 했다."(2021년 3월 16일 16시 녹음파일 가운데서)

자성염불 단계에서 보통 먼저 다른 곳에서 염불소리가 들리거나 귀에서 들리고, 오래 듣다 보면 단전에서 들린다. 그리고 사람의 자성이란 바로 자기이므로 스스로의 성품이 염불하는 것이지 남이 한 염불이 아니었다. 이 내용을 보면 스님은 자성염불을 통해서 모든 생각을 하나로 모으는 일념一念 단계에 이미 들어가고 있었다. 그 단계에서는 스스로 염불을 하지 않고, 더 깊이 들어가다 보면 무념無念까지 이르러 극락을 가기 전 깨달음을 얻을 수 있는 근기인데 극락 가서 공부하는 것을 선택하여 아쉬웠다.

우리는 그 밖에도 많은 주제를 가지고 1시간 이상 법담을 이어갔다. 처음 전화할 때는 목소리가 가라앉아 힘들어 했으나 오히려 시간이 지날수록 목소리에 힘이 들어가고 나중에는 온몸의 기운이 목소리에 실릴 정도로 본디 모습을 되찾았다. 그리고 이것이 이승에서는 마지막 대화였다.

4. 남에게 염불 권하면 한가지로 극락 간다 하시니라
(勸他念佛同生西方).

끝으로 스님이 자신이 있는 도량 식구들 모두에게 믿음(信)·바람(願)·염불(行)이라는 튼튼한 밑천을 대 주고 염불하도록 한 공덕과 90이 넘은 노보살을 극락으로 인도한 공덕이 얼마나 큰지 그 자료를 소개한다. 이 내용은 '아미타불' 카페지기 혜련 거사의 질문에 대답했던 자료이다.

1) 『현호경賢護經』에 사람이 억만금 재보財寶를 가져 모든 불보살과 사람에게 보시하면 비록 그 받은 복이 끝없이 크다고 하지만, 어떤 사람이 다른 사람에게 한번 '나모아미따불'을 염念하게 권한 것만 못하다고 하였다. 또 대자보살大慈菩薩은 두 사람에게 염불을 권하면 스스로 염불하는 것과 같고, 10명 넘게 권하면 복덕이 헤아릴 수 없이 크다고 했다. 만약 어떤 사람이 아미따불에게 등과 초를 이바지하면 모든 붇다가 기뻐하여 목

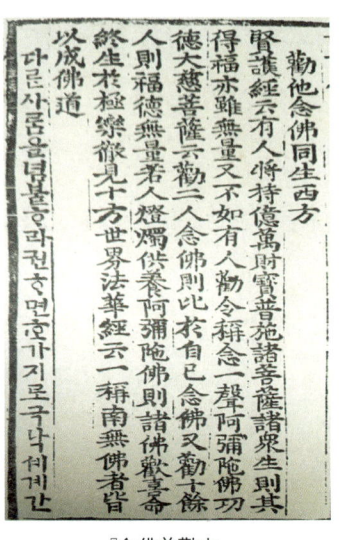

『念佛普勸文』

숨이 다해 극락에 태어나 시방세계를 환하게 본다고 하였다. 『법화경』에 '나모 붇다(붇다에게 귀의합니다)'라고 한 번 부르면 모두 불도를 이룬다고 하였다. (賢護經云 有人將持億萬財寶 普施諸佛菩薩諸衆生 則其得福亦雖無量. 又不如有人 勸令稱念一聲阿彌功德. 大慈菩薩云 勸二人念佛 則 比於自己念佛, 又勸十餘人則 福德無量. 若人燈燭供養阿彌陀佛則 諸佛歡喜 命終生於極樂 徹見十方世界. 法華經云 一稱南無佛者 皆以成佛道.)[67]

2) 『현호경』에 "가령 어떤 사람이 시방의 미진수 삼천대천세계에 가득한 일곱 가지 보석으로 보시하고, 또 모든 중생에게 옷과 먹을거리 같은 4가지 필수품을 보시하여 모두에게 아라한과를 얻게 하면 그 복이 많으냐 많지 않느냐?"라고 말씀하셨다. 현호가 말했다. "세존이시여, 그 복은 아주 많습니다" 붇다가 현

---

67) 『염불보권문(念佛普勸文)』, 「권타염불동생서방(勸他念佛同生西方)」

호에게 말했다. "(그것은) 어떤 이가 다른 사람에게 한 번 아미
따불을 염하게 하는 공덕만 못하니라. 남을 권하는 것이 이럴
진대 더군다나 자기가 염불하면 어떻겠느냐! 한 사람에게 한 번
염불하게 하는 것이 이럴진 데 많은 사람에게 권하여 많은 사람
이 염불한다면 어떻겠느냐! (賢護經云, 假使有人以七寶滿十方
微塵數三千大千世界 以用布施 復以衣服飮食四事供養一切眾
生 皆令得至阿羅漢果 其福多不. 賢護白言世尊 其福甚多. 佛告
賢護 不如有人勸令稱念一聲阿彌陀佛功德 卽過於彼, 勸他旣爾
何況自念, 一聲尚爾 何況多耶.)⁽⁶⁸⁾

『현호경賢護經』은 CBETA에 실리지 않은 것을 보면 현재 전해
지지 않을 수도 있다. 그러나 규기窺基의 『아미따경 소』, 회감懷
感의 『석정토군의론釋淨土群疑論』, 가재迦才의 『정토론淨土論』에서
인용한 것을 보면 당나라 때는 존재했던 경이다.

---

(68) 卍新纂大日本續藏經 第 74 冊 No. 1467 《禮念彌陀道場懺法》

14. 2022년, 곡기 끊고 8일 만에 극락 간 연관 스님(1949~2022)

스님 『왕생집』 이어 『한국 왕생집』 엮는 보정(普淨) 짓다

1) 집필 마지막 날 새벽에 날아든 '극락 간 소식'

엊저녁 청화 스님, 청담 스님 극락 간 이야기에 사진 다듬어 붙이는 작업을 하고 2시가 넘어 잤기 때문에 오늘은 오랜만에 늦잠을 자려고 하였다. 그런데 웬일인지 아침 6시가 되자 다시 눈이 떠져 『극락 간 사람들(한국 왕생전)』 최종 마무리 작업을 하고 있는데 7시 좀 넘어 카톡이 울린다. 옥천사 청련암 원명 스님이 신문 기사를 보내온 것이다.

전 실상사 화엄학림 학장이며, 봉암사 태고선원 선덕인 연관 종사가 6월 15일(수) 저녁 7시 55분 부산 관음사에서 입적했다. 세납 74세, 승랍 54세.

스님의 법구는 부산 관음사에 모셨다. 발인은 17일 오전 10시 30분 부산 관음사에서, 다비식은 12시 양산 통도사 다비장에서 엄수한다. 통도사 주지 현문 스님이 연관 스님 입적 전 부산 관음사를 찾아가 다비식을 통도사 다비장에서 봉행하도록 했다.

연관 스님은 입적 전 일주일 전부터 일체의 곡기를 끊었고, 사흘 전부터는 물도 마시지 않으면서 수행자의 삶을 여법하게 회향하기 위한 준비를 한 것으로 알려졌다. 전 불교환경연대 상임대표 수경 스님과 전 봉암사 주지 함현 스님 등이 입적 당시 자리를 지켰고, 통도사 주지 현문 스님, **명진 스님 등이 입적 전 연관 스님을 만나 치료 등을 권했지만, 스님은 "나뭇잎이 떨어지면 뿌리로 돌아가는 것"이라며 생사의 경계를 넘어선 초탈한 자세로 수술과 항암치료 등 연명치료 부탁을 거절하고 사바와의 이별을 준비한 것으로 알려졌다.** (불교닷컴, 2022.06.17. 「전 실상사 화엄학림 학장 연관 스님 입적」)

2) 연관 스님의 행장과 마지막 가는 길

오늘 『극락 간 사람들(한국 왕생전)』 집필을 마감하는 날 새로 극락 간 스님의 소식이 날아든 것이다. 부산 관음사에 전화해서 오늘 행사 안내장을 하나 부탁했더니 바로 메일로 보내 왔다. 장례위원회에서 낸 안내장에는 간단한 행장과 신문에 나지 않은 사실들이 있었다.

① 1949년 8월 4일 경상남도 하동군 진교면에서 아버지 황학용 어머니 한여자 님을 인연으로 출생하였습니다. 속명은 황민화黃民和.

② 1969년 1월 15일 금강사에서 우봉 스님을 은사로, 병채 스님을 계사로 사미계를 수지하고 이어 같은 해, 통도사에서 월하 스님을 계사로 구족계를 수지하였습니다. 재적 본사는 조계종 제8교구 본사 직지사입니다.

③ 1981년에서 1984년에 걸쳐 직지사 황악학림에서 관응 대강백을 강사로 경율논 삼장을 연찬한 이후 경학에 매진하며 수행정진하였습니다.

④ 1989년부터 1994년까지 직지사, 김용사 승가대학 강사를 역임했습니다.

⑤ 1995년부터 2002년까지 조계종 최초 승가전문교육기관 실상사 화엄학림 학장을 역임하였습니다.

⑥ 2002년 희양산 봉암사 선원을 시작으로 기기암, 칠불사, 벽송사, 백양사, 대흥사, 태안사 등 제방 선원에서 40안거

를 성만하였습니다.

⑦ 2000년 환경단체 〈풀꽃세상을 위한 모임〉에서 시상하는 제6회 풀꽃상을 수경, 도법 스님과 공동 수상하였습니다.

⑧ 2001년 2월, 생명평화를 위한 백두대간 1,500리 종주를 하였습니다. 이어 2008년 한반도 대운하 반대 순례단 '생명의 강을 모시는 사람'들에 참가하였습니다.

⑨ 1991년 운서 주굉 스님의 『죽창수필』을 번역한 이후 참선 정진과 함께 번역에 매진하였습니다. 대표적인 번역서는 『금강경간정기』, 『선관책진』, 『선문단련설』, 『왕생집』, 『불설아미타경소초』, 『용악집』, 『학명집』 등 다수가 있습니다.

⑩ 2007년부터 2009년까지 『조계종 표준 금강경』 편찬에 참여하였습니다.

⑪ 2022년 6월 15일 관음사에서 입적하였습니다. 세수는 74세 법납은 53세입니다.

행장에 이어지는 영결 법어에는 조사들의 법거량이 소개되고 한 시인은 조사에서 "다시 북두칠성 그 여섯 번째 별인 문창성으로 가시는지요?"라고 스님이 가신 곳을 궁금해 하였다. 글 가운데 장의위원장인 관음사 지현 스님의 글이 연관 스님의 마지막 길과 스님에 대한 바람이 가장 절절하게 묻어난다.

연관 스님!

스님은 코로나바이러스로 격리 중 말기암이라는 진단을 받고는 죽음이 벼락처럼 확연하게 마음에 와닿는 깨달음이 왔답니다. "코로나여! 암이여! 참으로 고맙고 감사합니다!"라며 임종의 때가 온 것을 기꺼이 받아들이니 한 포기의 풀과 한 그루의 나무 그리고 도량에 나온 뱀들도 귀하고 아름답게 보인다고 평생 뜻을 함께한 도반 수경 스님께 토로했다니 차원을 뛰어넘은 수행자 상을 보이셨지요. 수경스님, 도법스님처럼 훌륭한 도반들과 뜻을 함께 했으며, 마지막까지 정성스럽게 간병한 고담 스님 같은 시자의 시봉을 받은 것은 스님의 큰 덕행 덕분이었습니다.

연관스님!

스님처럼 수행력을 두루 갖춘 스님께서 관음사에 오셔서 고요히 원적을 보이심은 저희들의 복운입니다. 그러나 **이 세상에는 스님의 교화를 기다리는 고통스러워하는 중생들이 너무나 많으니 스님께서는 정토의 즐거움에만 안주하지 마시고 속히 저희들의 곁으로 돌아오시기를 간절히 정성 다해 간청합니다.**

3) 연관 스님과 엮은이의 인연

　연관 스님을 뵌 적은 없지만 엮은이에게는 한두 가지 각별한 인연이 있다. 2008년 엮은이가 정토에 입문했을 때 국내에서 발행하는 모든 관련 책을 모아 닥치는 대로 읽어 가는 도중 대구 자운사에서 법보시한 주굉의 『왕생집』을 읽게 되었다. 정토 행자는 물론 모든 불자들의 마지막 바람이 극락에 가서 불퇴전을 얻고 성불하는 것이다. 그런데 『왕생집』에는 이미 극락에 간 수십 명의 이야기가 소개되어 있었고, 그런 『왕생전』은 엮은이에게 극락에 갈 수 있다는 믿음(信), 극락에 가겠다는 바람(願)을 단단하게 세워 주었다. 그리고 그때 '그런데 왜 『한국 왕생전』은 없지? 라는 생각과 함께 『한국 왕생전』을 쓸 발원을 하고, 동대문 밖 안양암, 진주 연화사를 가서 자료를 수집하기 시작하였다. 그러나 당시 『왕생집』을 우리말로 옮긴 '하청'이란 스님은 누구인지 전혀 알지 못했다.

　2009년 입산하여 3년 염불수행 하고(行) 2012년 하산하여 정토 관련 책을 쓰고 있을 때, 자운사 혜명 스님이 『아미따불 48대원』이란 책을 기획하였다며 나에게 원고를 부탁했다. 나는 산사에서 이미 정토삼부경을 번역해 놓았고 『아미따경』은 이미 전자책을 냈으므로 그 원고를 그대로 쓰고, 『무량수경』 앞부분

을 정리하여 『아미따불 48대원』을 정리하였다. 그때 혜명 스님이 『아미따불 48대원』에 원관 스님의 「정법개술淨法概述」도 함께 낸다고 하여, 그때 처음으로 원관 스님을 알게 되었다.

그리고 아침에 자운사 혜명 스님에게 전화해서 "오늘 원관 스님이 입적하셨는데 마지막으로 『극락 간 사람들』에 꼭 넣어야겠다"라고 하며 원관 스님에 대해 이야기하는 도중 혜명 스님이 "원관 스님이 바로 주굉의 『왕생전』을 번역하신 '하청' 이시다"라는 사실을 말하면서 자기도 2000년도 초반에야 알았다고 했다.

2000년대 초반에 『왕생집』 번역하신 '하청'이란 분을 수소문하다가 『화두놓고 염불하세』란 책을 쓰신 보적 김지수 교수가 알고 있다 하여 함께 지리산 실상사에 가서 수경 큰스님, 도법 큰스님, 연관 큰스님을 처음으로 친견하게 되었습니다. 연관 큰스님은 그 자리에서도 수경 큰스님과 도법 큰스님과의 대화에서도 염불에 강론을 펴시었고 염불하기를 권하셨습니다.

주석하시는 암자로 자리를 옮기셔서 차를 내어 주시면서도 오랜 시간 정토 법문을 해 주셨고,「정법 개술」에 대하여 환희심을 갖고 있던 저에게 정토법문 포교하라 하시면서 번역하신「정법 개술」원본을 법공양으로 내어 주셨습니다. 그 정법개술을 책으로 인쇄해서 법보시 해 오다가 이후에 제가 출가해서 전화 드렸더니 반가워하시며 많이 칭찬해 주셨습니다.

2015년 『아미타불 48대원』을 책으로 내면서 「정법 개술」을 함께 넣겠다고 전화 드렸더니 다시 다듬은 걸로 쓰라시며 출판 대표에게 직접 보내 주시기도 하셨습니다.

그러니까 연관 스님과는 이미 크게 두 번의 인연이 있었으며, 특히 주굉의 『왕생전』을 통해서 엮은이가 『한국 왕생전』을 쓰게 하셨는데, 그 원고를 마치는 날 입적하여 새벽에 원명 스님을 통해 알리는 것은 "『한국 왕생전』 마지막에 넣을 사람이 있다"라는 것을 알린 것이 아닌가!

혜명 스님도 "『한국 왕생전』을 올리는 이 시점에서 바로 오늘 큰 스님 왕생하신 사실은 우리 『한국 왕생전』 불사가 우리 힘이 아닌 불보살님의 뜻임을 느끼게 합니다"라고 감격해 하였다.

4) 연관 스님의 극락 가는 씨앗(往生因)

오전 일과가 시작되자 엮은이는 국회도서관에 가서 『죽창수필』 초간본을 비롯하여 3번의 출판본의 서문과 『往生集 죽음 너머』 서문을 복사하고, 조계종출판사에 가서 『불설아미타경 소초』를 사서 연관 스님 왕생인을 쓴다.

스님은 『죽창수필』, 『왕생집』, 『금강경 간정기』, 『선관책진』, 『선문단련설』, 『용악집』, 『학명집』, 『불설아미타경 소초』, 『정법개술』 등을 번역, 출간하였다. 그리고 『조계종 표준금강경』 편찬위원장을 역임하고 경전 번역 및 정진에 매진해 왔다. 주로 정토 관련 책, 특히 운서 주굉의 책을 중점적으로 옮겼다는 것을 알 수 있다.

(1) 1991, 운서 주굉 저, 연관 역, 『竹窓手筆』(불광, 1991)
　　2005, (운서 주굉 『죽창수필』 선역), 연관 옮김 『山色』, (호미 2005)
　　2014, 운서 주굉 저, 연관 역, 『죽창수필』(불광출판사, 2014)

원관 스님이 정토관계를 가장 먼저 낸 것이 1991년 1월 『죽창수필』이고, 4월에 『왕생집』을 낸다. 그러므로 이 두 책을 준비하려면 적어도 1년에서 몇 년 전에 이미 정토와 인연을 맺었다고 볼 수 있다. 원관 스님은 정토와 처음 인연을 맺은 연유를 이렇게 돌아본다.

양산 금강대는 소금강이라고도 불리는 곳이다. 주인 일장 스님이 … 어느 날 내게 한 권의 책을 꺼내 놓으며, "내용이 간솔하고 좋은 책이니 스님도 한 번 읽어 보오"하였다. 죽창수필과의 만남은 이러한 인연으로 이루어졌다.

연관 스님은 『죽창수필』을 읽고 주굉의 설득력 있는 논리에 빠졌고, 이어서 주굉의 다른 책도 읽어 가고 있다는 것을 알 수 있다.

아무 비판없이 전통적으로 익혀 온 구습이나 시폐를 지적한 점에도 귀를 기울여야 한다. '스님이 무엇이길래 부모에게 절을 하지 않는단 말인가! 부처가 된 후에 부모의 귀의를 받아도 늦지 않다' 하였다. 이러한 비판적 문제에 대해서는 스님의 다른 저서인 『정와집集』에서 집중적으로 다룬 것을 볼 수 있다. 세상에 흔히 전하는 사람 사는 얘기나 기담 따위도 재미 이상의 되씹을 맛이 있다.

스님의 필봉은 노고추老古錐 바로 그것이다. 원숙하면서 날카롭다. 상相에만 편집하지 않고, 성性에도 골몰하지 않았다. 거산居山이

발을 오므린 것이라면, 행각(行)은 발을 뻗은 것이다.

　마지막에 "아! 스님은 송나라의 영명 화상이 다시 오신 것일까. 어찌 그다지도 행리가 흡사하신가! 감산 덕청憨山德清은 아미타불 후신이라고 칭송하신 적도 있다"라고 주굉을 크게 기리고 있다. (이상『죽창수필』「역자 서」)

　이 죽창 수필의 서문을 통해서 연관 스님은 나이 50을 바라보는 1990년 언저리에 정토에 입문했다는 것을 알 수 있다. 15년이 지난 2005에 450개쯤 되는『죽창수필』에서 140개 남짓 가려 뽑아서 묶은 것이『산색山色』, 9년 뒤 2014년에 낸 개정판도 일장 스님이 세운 남원 황매암에서 썼다

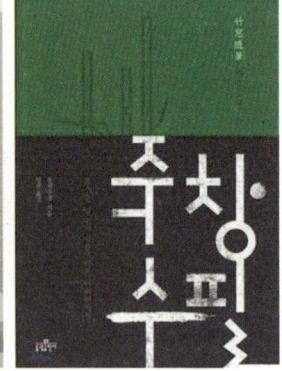

⑵ 주굉 모음, 방륜 지음, 하청 풀어 씀, 『왕생집 · 정법개술』, 여래, 1991.

주굉 모음, 방륜 지음, 하청 풀어 씀, 『왕생집 · 정법개술』, 여래, 2008.(자운사 법보시)

운서 주굉 엮음, 연관 옮김, 『往生集 죽음 너머』, 호미, 2012.9.

『왕생집』은 『죽창수필』보다 4개월 늦게 나왔는데, 역자 후기에서 이렇게 말한다.

고백하건대 역자는 돈독한 정법 행자淨法行者도 아니고, 정법 교의淨法 敎義에 대한 지식도 천박하다. 따라서 출판에 앞서 이른바 법을 아는 자가 두렵기도 하고, 흘깃 남의 집을 엿보듯 한 자괴심도 없지 않다.

두 권의 책을 번역해 냈으나 아직 돈독한 정법 행자가 아니라는 것을 넌지시 말하고 있다. 그러나 13년 뒤 개정판을 낼 때는 이미 회갑이 넘은 나이가 되었고, 그 동안 정토 경전까지 깊이 연구하며 스스로의 정토관을 세운다.

 스님은 머리말 「옮긴이가 들려주는 「왕생집」 들여다보기」에서 『왕생집』 각 편마다 담고 있는 내용을 여섯 가지로 나누어 살펴보았다. 그리고 이것이 연관 스님의 정토관이 되었다고 볼 수 있다.

 첫째, 부모에게 효도하고 자비로 보시를 행하며 계율을 청정히 지키고 10선을 행하며, 도리에 충실하고 각자의 직분을 다하는 것이 정토에 왕생하는 본바탕 [이것을 정토와의 정인正因이라 한대이 됨을 누누이 강조하였다. 불효하며 염불하는 이는 없고, 인색하고 욕심 많이 부리며(慳貪) 염불하는 이는 없으며,

울분을 참지 못하면서 염불하는 이는 없고, 10악을 저지르며 염불하는 이는 없으니, 청정한 6자 명호六字名號인 '나무아미타불'에는 6바라밀이 완벽하게 갖추어져 있음을 짐작하기 어렵지 않다.

둘째, 많은 이들이 왕생을 위해서 어떤 수행을 하였는지 알 수 있다.

정토종의 초조라 일컫는 혜원 스님은 여산에서 고승과 선비 일백사십여 명과 함께 정토 모임(淨社)을 만들어 날마다 선송禪誦,「관무량수경」에 의해 정토의 16가지 경계를 관상하며 경전을 독송하는 염불법을 그치지 않았다고 한다. 어떤 이는 촛불을 잡고 탁자에 기댐으로써 생각을 집중하여 흩어지지 않게 하였다고 하며, 어떤 이는 미타와 관음 두 경전을 지니고 독송하며 정토왕생을 발원하였으며, 또 방등참方等懺이나 법화참法華懺 같은 예참법을 행하며 왕생을 발원하였으며, 경전의 소를 지어 발원했다거나, 대승 경전을 독송하고 찍어 내어 왕생을 발원했다고도 하고, 반주삼매般舟三昧[반주는 불립佛立]라 한다. 부처님이 공중에 서 있는 모습을 관하여 얻은 삼매를 닦아 왕생을 얻기도 하고, 주력呪力에 의지해 왕생을 발원하기도 하였다.

이러한 것을 작관作觀이라고 하는데, 실상념實相念 · 관상념觀

相念·칭명염稱名念으로 크게 나눌 수 있다.

먼저, 실상념은 제일의심第一義心에 들어가서 법신의 실상을 관하는 것이다. 이것으로 얻은 삼매를 진여삼매 또는 일행삼매一行三昧라고 한다. 이 법문은 본래 선에 속하는 것이지만, 선심으로 나타난 경계가 바로 정토이므로 역시 정토법에 포함시킬 수도 있다. 이 법은 상상근기가 아니면 능히 깨닫지 못하므로 중근기와 하근기에게는 적합지 않다. 그러므로 정토법에서는 이 법을 제창하는 이가 드물고 선문에 맡겨 둔다.

관상념의 「관무량수경」에서 말한 아미타불 극락 국토의 의·정 장엄依正莊嚴을 관조하는 16가지 관법을 말한다. 이 관행觀行이 깊어지면 눈을 감든지 뜨든지 극락 아닌 곳이 없어서 그대로 사바세계가 변하여 정토가 되니 죽을 때를 기다리지 않고 그 자리에서 몸이 극락국에 노닐게 된다. 따라서, 공덕과 효과의 크기로 말하면 무엇과도 비교할 수 없다. 이것으로 얻은 삼매를 반주삼매般舟三昧 또는 불입삼매佛立三昧라고 한다. 다만 관법이 미세하고 깊어서 실로 실행하기 어려운 법문이다.

칭명념稱名念은 부처님 명호를 부르는 염불법이다. 이것은 위에서 말한 두 가지 염불법에 견주어 실행하기 쉬워서 상·중·하근기를 막론하고 능히 부처님 명호를 부를 수만 있으면 성공하지 못할 이가 없고, 염불을 일심불란하게 만하면 금방 삼매를 얻게 된다. 이렇게 하여 얻은 삼매가 염불삼매다.

「왕생집」에서는 여러 염불 작관 가운데서 "칭명 염불" 법을 가장 두둔하며 제창하고 있다. 이 염불법은 아미타 부처님의 전신인 법장비구의 48원에서 비롯된 것이다.

"설사 내가 부처가 될지라도 시방 중생이 지극한 마음으로 믿고 즐거워하여 나의 나라에 태어나고자 하면, 10념十念만을 하고서도 만일 태어나지 못하면 정각을 이루지 않겠나이다."

이 경문은 "시방 중생이 10념만 하더라도 반드시 이 나라에 태어나기를 바라는 원"에 의한 것이다. 법장 비구의 48원 가운데 이것이 가장 중요하므로 이 원願을 "원의 왕"이라 부른다. 칭명염불은 수많은 대덕이 끊임없이 제창하고 실행하여 여염에도 널리 파급된 염불법이다.

셋째, 염불수행의 극치는 '일심불란一心不亂'이다.

'일심불란'은 염불 수행할 때 지극한 마음으로 미타의 명호를 지송하여 마음이 흐트러지지 않고 자기 몸과 '나무아미타불'이 합일하는 것으로, 어느 편에서나 거의 보인다. 이 '일심불란'은 「불설아미타경」에서 부처님이 직접 보이신 것이다.

"사리불이여, 만일 선남자 선여인이 아미타불에 대해 설한 것을 듣고 그 부처님의 명호를 굳게 가지되 하루나 이틀이나 사흘이나 나흘이나 닷새나 엿새나 이레 동안 일심불란하면

……."

'일심불란'이야말로 수행의 극치임은 말할 나위가 없다. 이 책 다음으로 출간하게 될 주굉 스님의 저술을 자세히 풀이한, 「석가불이 아미타를 설한 경(佛說阿彌陀經疏)」에서는 수십 쪽에 걸쳐 이 "일심불란"에 대해 설명하고 있다. **이 '일심불란' 이 곧 선문의 '일념**一念**'이라고 말하면 눈을 부라리며 팔을 걷어붙이고 따질 자도 있을 것이다. 심천이 다르다는 뜻일 것이지만, 아! 부처님이 "나의 설법은 마치 제호의 맛과 같아 가장자리나 중간이 같으니라"라고 하신 말씀을 듣지 못했는가?**

넷째, 정토왕생을 발원한 이들이 죽음에 이르면 부처님께서 관음과 세지 등 여러 보살과 함께 어김없이 맞이하신다.

이것은 법장비구의 48원에 따른 것이다. "설사 내가 부처가 될지라도 시방 중생이 보리심을 발하고 모든 공덕을 닦아 지극한 마음으로 발원하여 내 나라에 태어나고자 하되, 목숨이 다할 때 만일 대중에 둘러싸여 그 사람 앞에 나타나지 않으면 정각을 이루지 않겠나이다" 곧 '시방 중생이 발원하여 이 나라에 태어나고자 하면 임종할 때에 반드시 와서 영접하려는 원'이다. 죽음을 맞는 이를 위해 부처님이 와서 맞이하는 내영來迎은 죽음의 문 앞에서 속수무책인 인간에게 큰 위안이다. 얼마나 크게 위안이 되었으면 악인이면서도 왕생한 웅준이라는 자가 "아, 마침 이런 것이 있었구나!' 했겠는가!

다섯째, 간화선문의 최후 목표점이 견성성불에 있듯이, 염불정토의 마지막 목적지는 왕생정토다.

극락정토는 법장비구가 세자재왕불의 가르침에 따라 중생을 제도하기 위한 도량을 만들기로 하고서, 처음 설계한 뒤에 오백 겁 동안 사유하고 불가사의한 힘을 더한 뒤에 이윽고 이룩하였다. 그리고 청정 불토를 다 만든 뒤에, 다시 세자재왕불 앞에 나아가서 이곳에서 중생을 제도할 48가지 큰 원을 세웠으니, 곧

마지막 목적은 왕생이다.(법보신문)

"설사 내가 부처가 되더라도 나라 가운데 지옥·아귀·축생이 있으면 정각正覺을 이루지 않겠나이다. 비록 내가 부처가 되더라도 이 나라의 천인天人이 목숨을 다한 뒤에 다시 삼악도에 떨어지는 자가 있으면 정각을 이루지 않겠나이다"는 원이 한 예이다. 극락정토는 아미타 부처님이 중생을 제도하기 위해 만드신 의보와 정보가 매우 장엄한 곳이라서 이곳이야말로 최고의 이상향이라 할 것이니, 정토 행자로서는 이곳에 태어나는 것을

최고의 목표로 삼지 않을 수 없다. 그러므로 왕생집에서는 온갖 수식을 다하여 이 왕생의 정경을 보이고 있는 바, 실로 화려하기 이를 데 없다.

그러나 왕생은 사후의 일이라, 정定에서 극락을 여행하고 돌아와서 알려 주었거나 꿈속에서 왕생의 정상을 보았거나 임종의 거룩한 정상으로 왕생을 가늠할 수밖에 없다. 왕생뿐만 아니라 왕생 품위도 정에서 본 것이나 꿈속에서 본 것이나 임종의 거룩한 정상이 잣대가 될 수밖에 없다. 어느 염불 수행자는 죽음에 다다라 단정히 가부좌하고 앉아 부처님 명호를 부르더니, 염불 소리가 차츰 낮아지면서 숨소리도 차츰 잦아들었다 하였으니, 이를 보고 누가 왕생을 의심하고 정토교의 우수성을 의심하며 이를 본받고 싶어 하지 않겠는가?

누가 이런 말을 했다. "왕생은 극락이라는 학교에 입학하는 것이다. 시방 삼세에서 가장 훌륭한 스승인 아미타 부처님을 직접 뵙고 가르침을 받고 위 없는 깨달음을 얻은 뒤에 사바세계로 다시 돌아와서 수많은 인연 있는 중생을 제도하고자 하는 것이 왕생의 본래 뜻이다. 번뇌를 다 녹이지 못한 중생이면 누군들 후신後身을 다시 받아 나지 않겠는가? 그렇다면 정토왕생에 뜻을 두고 정토에 왕생할 수 있다면 어떤 것이 이보다 더 나은 것이 있겠는가?" 이것이 바로 정토 수행자가 왕생을 최후 목표점으로 삼는 까닭이다.

여섯째, 시방 국토에도 수많은 정토가 있으니, 예컨대 동방에는 아촉, 약사, 수미등왕 등의 부처님이 계시고, 남방에는 명등, 상방에는 향적불이 계신다. 이와 같이 부처님은 제각기 정토가 있어서 모두 넓고 장엄하며 먼지와 때가 끊어진 곳이다. 그러나 「왕생집」에서는 유독 서방의 극락세계만을 선택하여 이곳에 왕생하기만을 강력히 주장한다. 「왕생집」은 그 까닭을 밝히지 않았으나, 「자세히 풀이한, 석가불이 아미타를 설한 경」(근간)에서는 그 까닭을 열 가지로 설명하고 있다.

칭명염불稱名念佛**(부처님 명호를 부르는 불법), 일심불란**一心不亂**(생각이 한곳에 전념하여 흩어짐이 없는 것), 왕생정토**往生淨土**(정토에 왕생하는 것), 이 세 가지를 나는 정토종의 세 솥발(三鼎)이라 부르고자 한다.** 이 세상에 몸을 의탁한 이상 그 누구도 죽음이란 문을 피할 수는 없다. 그러니 누구라도 이 정토 법문에 의지하여 저 아미타 부처님의 내영을 입어 서방정토에 왕생하여 부처님을 뵙고, 가르침을 친히 듣고, 무생법인無生法忍을 깨달아서 인연이 오면 다시 이 사바로 돌아와 인연 있는 중생을 제도하기 바란다.

여기서 우리는 연관 스님의 정토관을 뚜렷이 알 수 있고, 스님은 30년 이상 이를 실천했다고 본다.

⑶ 운서 주굉 지음, 연관 옮김,『불설아미타경소초』, 불광출판사, 2015.04.22.

1990년대『죽창수필』과『왕생전』을 옮겨 나누며 자신의 극락 가는 길을 닦은 스님은 2013년부터 정토경전 연구에 뜻을 두고『불설아미타경 소초』를 옮겨서 펴낸다.

 720여 쪽에 달하는 <u>이 책의 요지는 칭명염불, 일심불란, 왕생정토이다. 칭명은 왕생의 인因이요 왕생은 일심의 과果이며, 일심은 앞과 뒤를 아우르는 이 경 전체의 골자다.</u>
 방행放行이면 마음이요 비로자나요 아미타며, 파정把定이면 마음도 아니요 비로자나도 아니요 아미타도 아니다. 방행이 옳은가, 파정이 옳은가? 옳고 그르고는 잠시 그만두고, 연관은 틈틈이 2년여 만에 이 일을 회향한다. (『불설아미타경 소초』해제)

『왕생집』의 고갱이를『아미따경』을 통해서 다시 확인하고 있는 것을 보면, 이미 정토에 대한 완벽한 관이 서 있다는 것을 알 수 있다.

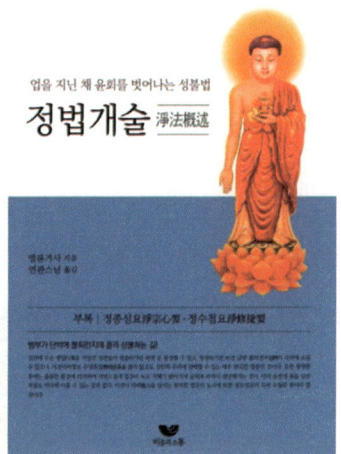

(4) 방륜 거사 저/연관 스님 역, 『업을 지닌 채 윤회를 벗어나는 성불법 정법개술』(비움과소통, 2017년 10월 27일)

『정법개술』은 이미 앞에서 보았듯이 『왕생전』과 함께 1991년 발표하였다. 그 뒤 여러번 법보시품으로 발행되는 동안 고치고 손보아 2017년 책으로 냈다. 이 책에는 황염조黃念朝 거사가 쓴 『정토 고갱이(淨宗心要)』와 하련거 거사의 『정토 수행의 지름길(淨修捷要)』이 함께 실려 있다. 이 책은 정토 수행자들이 구체적으로 실천할 수 있는 길잡이 역할을 하도록 펴낸 것이다.

5) 연관 스님이 극락에 간 것을 기리며

이 글을 쓰면서 무량수여래회 자항 거사에게 전화했더니 두 가지 사항을 더 알려 주었다. 첫째 스님은 이미 『만선동귀집萬善同歸集』을 번역하여 출판 준비 중이었다고 한다. 『만선동귀집』은 송나라의 영명 연수延壽(904~975)가 지은 책으로 모든 선善은 궁극적인 진리로 돌아간다고 설하고, 선禪과 염불을 함께 닦을 것을 권장하여 염불선念佛禪의 터전을 확립한 저술이다. 스님이 그동안 선을 중시하고 염불을 경시하는 한국 불교계에 『만선동귀집萬善同歸集』으로 자신의 불교관을 보여 주려는 임종게라고 본다.

또 2달 전 스님이 무량수여래회에 『왕생집』 300권을 보내 법보시 해 달라고 부탁했다고 한다. 조용히 마지막을 준비하고 있었던 것이다.

엮은이의 불교 카톡방에 연관 스님이 곡기를 끊고 간 기사를 실었더니 이런 질문이 있었다.

"연관 스님께서 입적을 일주일 앞두고 미리 곡기를 끊으신 이유가 궁금합니다."

"첫째, 이미 갈 곳이 정해져 있기 때문입니다. 그 스님은 『죽창일기』,『왕생전』,『정법개론』 같은 책들을 번역하여 적어도 30년간 준비해 오셨습니다. 죽음을 준비한 사람에게 죽음은 두렵지 않습니다.

둘째, 마지막 육체가 스러지는 과정에서 겪는 고통을 여읜 것입니다.

셋째, 태어난 것은 마음대로 안 되었지만 가는 것은 자기가 결정할 수 있다는 것을 보여 준 것입니다.

넷째, 주변 사람들 병 간호하고 병원비 쓰는 쓸데없는 낭비를 미리 막은 것입니다. 사람들은 죽을 준비 안하고 두려워만 하고 있을 때 스님은 꾸준히 준비하여 내공을 쌓은 것입니다."

이처럼 자기 죽음을 스스로 결정해 가는 관습은 현재도 인도 자이나교에는 전통이 되어 내려오고 있다. 불교와 함께 생겨나고 교리가 비슷하여 서양 사람들이 불교로 오인하는 자이나교에서는 고승들이 공개적으로 곡기를 끊어 삶을 마무리한다. 그러면 그 마지막 가는 길을 신도들이 가마에 모시고 행진하는 모습을 볼 수 있습니다. 우리나라 스님들 전기에도 나옵니다. 『극락 간 사람들(韓國往生傳)』 상권에 1872년, 「한 글자에 3번 염불, 3번 돌기, 3번 절한 아미따경 사경 - 남호당 영기」 편에서 소개했습니다. "스님이 그 일을 마친 뒤 병이 생겼는데 한숨 쉬며 말하기를, '허깨비 몸뚱이가 병이 많고 세상에 사는 것도 이익이 없으니 곡기를 끊겠노라' 하고 9월 22일에 돌아가시면서 잠깐 문인에게 "숲속 짐승에게 (내 몸뚱이를) 던져 주어라"라고 했다는 기록입니다.

불교 스님이 아닌 미국의 한 환경운동가도 만 100살이 되자 곡기를 끊고 부인 무릎에 누어 조용히 삶을 마감한 이야기도 있다.
(헬런 니어링,『아름다운 삶, 사랑 그리고 마무리』)

원래 어제『극락 간 사람』하권을 탈고하려고 했으나 연관 스님 편을 새로 쓰느라고 하루를 더 썼다. 스님의 행적과 저서를 보면서 스님은 30년간 일관되게 극락 가는 길을 벗어나지 않고 흔들리지 않는 믿음(信), 그 믿음을 바탕으로 한 바람(願), 그리고 정토 수행(行)과 마지막 회향까지 완벽하게 마무리하셔서 그 증과(證果)는 극락 윗동아리(上輩)에 가실 수 밖에 없다는 결론을 얻었다.『한국 왕생전』을 쓰게 해 주신 스님이 마지막 날 직접 본인의 이야기를 책의 끝에 넣도록 해 주셔서, 조금이라도 은혜에 보답할 수 있게 해 주셔서 감사드리며, 가벼운 마음으로『극락 간 사람』하권을 마무리한다.

6) 연관 스님의 마지막 모습이 주는 교훈 - 도움염불이 필요하다.

앞에서 연관 스님의 극락 가는 씨앗(往生因)에 대해서 자세히 보았다. 그런데 연관 스님 장례가 끝난 뒤 마지막을 지켜본 50년 도반 수경 스님이 엮은이가 알고 싶었던 마지막 순간 이야기를 대중에게 전했다.

집 정리하러 봉암사 갔다 오니까, 병원 안 가고, 연명 주사라든지 이런 거 일체 안 쓰고, 벌써 곡기를 딱 끊었어. 곡기를 딱 끊고 이틀 뒤 물만 마시고, 이틀 있다가 4일 후에는 물까지 딱 끊었어요.

다른 사람들은 몰라, 정신이 없는 줄 알아, 의식이 없는 줄 알아. 누가 오던 쳐다보지도 않고 눈도 안 떴어요. 눈도 안 뜨고 쳐다보지도 않고 들은 척도 안했어. 누가 와도 '스님 저 왔습니다' '누구 왔습니다' 해도 반응을 안 했어 그런데 저녁에 살짝 나한테 '야 지금 어떻게 된거냐?' 물었다. (웃음)

"아무 걱정하지 마라, 송원장이 그러는데 너 정신이 굉장히 맑고 몸 상태가 굉장히 봉암사 있을 때보다 좋아졌단다. 맑은 정신으로 갈 수 있는 조건이 다 갖추어 졌다고 그런다. 그러니까 너는 다른데 신경쓰지 염을 지어서 염을 지어서 밝은 정신으로 제 죽음의 문제를 네 스스로 받아들이고 순응할 수 있는 거기에 전념해라"라고 했다.

옆에 있던 시자가 "염불하세요! 염불 돼요?" 하니까,

"어렵다. 임종시 목숨이 딱 끊어질 때, '나무아미타불' 10번만 하면 극락세계에 왕생한다는 것 나 그거 믿는다. 그러나 지금 나는 한 번도 안 된다."

이건 난 무서운 말이라고 생각 합니다. 아주 솔직하고 자기 있는 그대로 드러낸 것이거든, 죽기 10분 전에, 스님들이 곧 돌아가실 것 같다고 5명이 '나무아미타불' 염불을 하고 있었어요. 그런데 급히

나를 오라고 해 가니까, 이 사람이 숨을 쉴 수가 없으니까 입을 벌리고 아~ 아~ 이러고 있었는데, 그 순간에 '아미타불' 소리는 안 나오지만 의식이 또렷한 거야. 나를 빨리 오라고 한 것은 스님 목소리로 연관스님한테 (염불을) 들려주라 이거야. 내가 가서 내 목소리 있는 힘을 다해서 '나무아미타불' 염불했다. 같이 5분 내지 10분간 (얼마인지는 모르겠지만, 10분이라는 사람도 있고 5분이라는 사람도 있는데) 계속 연관 스님 입이 따라서 염불하다가, 보니까 멎었어. 맥 짚어 봐라 하니까 손목에 맥은 벌써 없어졌고 사타구니 하고 다른 쪽 맥을 짚어 봐야 하는데 의사들이 와서 보고 맥이 끊어졌다는 거야."[69]

극락 가는 씨앗을 그리 많이 심었지만 마지막 가는 길에 도움염불(助念)이 얼마나 크게 도왔는지를 아주 잘 보여주는 본보기다.

첫째, 스님은 마지막까지 맑은 정신을 가지고 스스로 염불하는 마음을 관하고 있었다는 것을 알 수 있다.

둘째, 그런 스님도 마지막에 업이 한꺼번에 몰려오면 10념이 쉽지 않다는 것을 알려 준다. 이는 우리가 평소 쉽게 '죽을 때 10념만 하면 되는 것' 이라고 염불수행을 게을리해서는 안 된다

---

[69] 무량수여래회, 「수경스님의 연관스님 자재왕생담과 정법개술 법공양」, 자운사 혜명스님 녹취. https://www.youtube.com/watch?v=olNTbuVj0nI

는 큰 교훈을 준 것이다.

　셋째, 앞으로 염불행자들은 도움염불의 중요성을 알고 어떻게 이런 도움염불을 제도화해야 하는지 고민이 필요하다는 것을 알 수 있다. 앞에서 중화인민공화국에서 극락에 간 보살에 대한 이야기할 때 그곳에서는 병원에 도움염불하는 도우미들이 제도적으로 활성화되었다는 것을 보았다. 우리에게도 이러한 준비가 꼭 필요할 것이다.

15. 2022년, 32년 동안 하루 1만 번 염불하고 극락 간 만불심

백련(성불사 주지)

2022년 8월 5일 (음 7월 8일) 저녁 8시 30분 별세.

만불심 (2020년)

　　만불심(이규임) 노보살님은 1932년 4월 15일 강원도 발왕산 근처에서 2남 2녀 가운데 장녀로 태어나 18세에 결혼하여 자식을 8명을 낳았으나 6명은 죽고 2명은 남편이 40대에 별세 후 흩어졌다가 73세 때 큰딸은 찾아서 만났다.

　　오랫동안 남의 집 일을 봐 주며 품도 제대로 못 받고 어렵게 살아가고 있었는데, 이를 멀리서 지켜본 어떤 분이 서울 화곡동에 있는 관음정사에 데려다주어서 그때부터 절에도 처음 가 보고 부처님도 처음 봤다고 했다. 관음정사에서 허드렛일을 하며 살고 있었는데 저하고 형제(언니) 스님인 만덕 스님을 만나 법장 큰스님이 계신 미타사로 와서 살게 되었는데 1991년 59세 때였다.

법장 큰스님께서 매일 한 번의 108배와 매일 1만 번의 나무아미타불 염불을 하도록 하셨다. 108배는 73세 때 동국대에서 폐암 판정을 받기 전까지 하셨고, 염불은 91세까지 날마다 1만 번의 염불을 하였는데 힘든 날에도 밤을 세우면서까지 거르지 않고 하셨다.

그리고 2015년 백련 스님을 따라 성불사로 옮겨 와서는 하루 3만 번 염불을 1년 정도 하신 적도 있다. 평소 몸에 원인 모를 두드러기가 2~3일에 1번씩 자주 나서 약을 달고 사셨는데 돌아가시기 3달 전에 두드러기가 없어지더니 다시는 나지 않았다. 그리고 왼쪽 눈을 실명한 지 5년 정도 되었는데 돌아가시기 3주 전에 눈에서 고름 같은 것이 며칠 나오더니 갑자기 밝아져서 멀리까지도 보였다. 이 두 가지는 현생에 이루고 싶은 소원이었는데 이루어지니 노보살님도 너무 신기해 하며 좋아하셨다. 어딜 가든 항상 염주를 손에서 놓지 않고 염불하셨으며 "연꽃 타고 금대 타고 극락세계 왕성하길 원합니다"라는 발원은 천주 돌린 후나 수시로 자주 하셨다. 또 평소에 잡념 망상이 적고 탐심 욕심이 거의 없으셨고, 본래 식탐도 없으셨으며, 잠자는 것도 낮에 주무시면 밤새 앉아 염불하셨다.

노보살님 방이 조금 떨어져 있는데, 돌아가시기 하루 전에는 거동이 조금 불편하고 기력이 좀 없으신 거 같아서 저의 방에 자리를 펴 드렸더니 하룻밤 주무시고, 다음날(5일)은 몸에 기력이 없어서 일어나지 않고 누워 계셨다. 아침에 드시는 가루 주스를 타서 드리니 두 모금 드시고는 안 드신다고 하셨다. 10시경 요양 목욕차가 왔길래 휠체어를 타고 가서 목욕하시고는 계속 누워 계셨다. 오후에는 물을 드리니 두 모금 드시고는 안 드신다고 하시다 가끔 나무아미타불을 두 번씩 소리 내 하시는 듯했다.

염불기를 계속 틀어 놓고 지켜보고 있는데, 오후 3시경 옆으로 누워 계시다가 '옆으로 누운 채 돌아가시면 어떡하나' 하고 생각하고 있는데, 갑자기 팔과 다리를 아래로 가지런히 펴고 똑바로 누우시더니 나무아미타불을 2번 하는 소리를 들었다. 몸에 기운은 없어도 정신은 있는 듯 느껴졌다. 저녁 8시 25분경 숨이 멎으셨다.

그러고는 옆에서 조념을 해 드렸는데 2~3시간 이상 정수리가 따뜻하고 열이 식지 않았다. 아침까지 주무시는 듯 평안해 보였다. 장례식장에 신고하고 다음 날 아침 6시경 모시러 오라고 하였는데, 6시가 조금 넘어서 모시고 갔다. 장례식장은 전날까지 빈자리가 없었으나 그날은 전체가 다 비어 있었다. 7명의 스님이 큰소리로 염불을 하며 장례를 치렀다.

만불심 보살님은 평생 글도 모르고 사셨지만 염불하면 극락세계에 왕생해 다시는 사바에 태어나지 않는다는 것은 분명히 아셨다. 어찌 보면 "왕치두" 같은 분이었다. 그래서 염불만큼은 정말 열심히 하시고 또 왕생 발원도 하루 몇 번은 꼭 하셨다. 그만큼 간절하고 반드시 왕생하겠다는 의지는 너무도 분명하였다.

91세가 되니 혹시나 돌아가실 때 고생하실까 걱정이 되었다. 73세 때 폐암 판정을 받고 폐를 3분의 1 정도는 못 쓰고 사셨기 때문에 좀 많이 걸으시거나 하면 항상 숨이 찼다. 그래서 늘 조심하며 사셨다. 들으니 만불심 보살님은 친가와 시가를 다 합쳐서 가장 장수하셨다고 한다. 보살님을 보면서 염불하는 사람은 건강해야 잡념이 적고, 오래 살아야 좀 더 많이 염불해서 업을 닦고 왕생할 수 있다는 생각이 들었다. 예전에 법장 큰스님께서 늘 "하루 1만 번 염불하면 반드시 왕생한다."라고 한 말씀을 잘 실천해서 왕생하신 거 같다. 만불심 노보살님은 요즘 정토 수행자가 할 수 있는 가장 좋은 모습으로 반듯하고 깨끗한 모습으로 왕생하셨다.

법장 스님 부도 앞에서 (2022.5.24.)   건봉사 순례 (2018.6.6)

옮긴이 : 보정 서길수(普淨 徐吉洙)

단국대학교에서 박사학위를 받고, 서경대학교에서 30년 넘게 경제사 강의하고, 고구리연구회 창립하여 30년간 고구리사 연구에 힘썼으며, 세계에스페란토협회 임원 맡아 140개국을 여행하였다.

(현) 고구리·고리연구소 이사장,
　　　맑은나라불교연구회 이사장,
　　　고구려발해학회 고문,
　　　세계에스페란토협회 명예위원.
세계 에스페란토불자연맹 (전)회장 (현)부회장

〈전공 저서와 논문〉

① 『에스페란토』 초급 강습서, 1973. ② 『에스페란토』 중급 강습서, 1976. ③ 『시베리아 횡단열차』, 1989. ④ 『동유럽 민박여행』 I (불가리아 · 유고슬라비아 · 폴란드) 1989. ⑤ 『동유럽 민박여행』 II (헝가리 · 체코슬로바키아 · 동독), 1989. ⑥ 『고구리 성』, 고구리특별대전 도록, 한국방송공사, 1994. ⑦ 『고구리 역사유적 답사』, 사계절, 1998. ⑧ 『살루톤! 호주 · 뉴질랜드』, 경세원, 2001. ⑨ 『대륙에 남은 고구리』, 고구리연구회, 2003. ⑩ 『유적 유물로 보는 고구리』, 미디어채널, 2003. ⑪ 『세계유산 고구리』, 동명, 2004. ⑫ 『시베리아횡단열차로 가보는 유라시아문화』(1~5), 미디어채널, 2004. ⑬ 『동북공정 고구리사』(번역), 사계절, 2006. ⑭ 『중국이 쓴 고구리 역사』(번역), 여유당, 2007. ⑮ 『한말 유럽 학자의 고구리 연구』, 여유당, 2007. ⑯ 『동북공정과 한국 학계의 대응 논리』(공저), 여유당, 2008. ⑰ 『고구리 축성법 연구』, 학연문화사, 2009. ⑱ 『백두산 국경 연구』, 여유당, 2009. ⑲ 『아시아의 진주 알타이』, 학연문화사, 2009. ⑳ 『알타이의 자연과 문화』, 학연문화사, 2009. ㉑ 『우리집』(1 · 2 · 3 · 4 · 5 · 6), 1987 · 1989 · 1992 · 1995 · 2009 · 2009. 〈가족지〉. ㉒ 『엄두를 낸 것은 할 수 있다』, 도서출판 솔과 숲, 2009. 〈수필집〉. ㉓ 『대한민국 대학교수』, 여유당, 2009. 〈서길수 교수 65년 개인사〉. ㉔ 『맑은나라 사람들』, 여유당, 2009. 〈192명이 쓴 정년퇴임 기념문집〉. ㉕ 『고구려 본디 이름 고구리(高句麗)』, 여유당, 2019. 12. ㉖ 『장수왕이 바꾼 나라이름 고리(高麗)』, 여유당 2019. 12. ㉗ 『세계 속의 고리(高句麗) - 막북(몽골)초원에서 로마까지』, 맑은나라, 2020. 12. ㉘ 『실크로드에 핀 고리(高句麗)의 상징 닭깃털관(鷄羽冠)』 여유당, 2020. 12. ㉙ 『사마르칸드에 핀 고리(高句麗)의 상징 닭깃

털관(鷄羽冠)』여유당, 2020. 12. ㉚『동북공정 백서』, 맑은나라, 2022.

논문은 「공자의 경제사상」, 「율곡의 경제사상」, 「일본 법륭사(法隆寺) 불상 대좌에 그려진 고구리(高句麗) 인물상 연구」 같은 100편 남짓.

〈불교 공부〉

1990년부터 '늘 놓치지 않고 보는(體禪)' 공부하다가,
2009년 정년퇴직하자마자 모든 것 내려놓고 망경대산 산사에 들어가
3년간 산문 나오지 않고 관법과 염불선을 수행했다.
2012년 하산하여 현재 맑은나라 불교연구회를 만들어
계속 닦아나가며, 틈나는 대로 강의·집필을 통해 회향하고 있다.

〈책〉

(1) 『정토와 선』, 맑은나라, 2014. 05. 30.
(2) 『아미따경』(전자책), 맑은나라, 2014. 05. 30.
(3) 『극락과 정토선』, 맑은나라, 2015. 09. 30.
(4) 『극락 가는 사람들』, 맑은나라, 2015. 12. 25.
(5) 『만화로 읽는 아미따경』(번역), 맑은나라, 2015. 09. 30.

(6) 『아름다운 이별 행복한 죽음』(공역), 비움과 소통, 2015.

(7) 『조념염불법』(공역), 비움과 소통, 2016.

(8) 『아미타불 48대원』(공역), 비움과 소통, 2015.

(9) 『극락과 염불』, 맑은나라, 2016. 04. 08.

(10) 『한국왕생전 · 극락 간 사람들』, 비움과 소통, 2022.

(11) 새 세대를 위한 산스크리트 대조 해설 『모든 붇다가 보살피는 아미따경』, 맑은나라, 2022.

〈논문〉

(1) 「寬淨의 淨土禪 수행법에 관한 연구」, 한국정토학회 『정토학연구』, 2015.

(2) 「반야심주 소릿값(音價)에 관한 연구」, 한국불교학회 『한국불교학』 (96), 2020.

(3) 「'南無阿彌陀佛'의 소릿값(音價)에 관한 연구」(1), 『정토학연구』(34집), 2020.

(4) 「'南無阿彌陀佛'의 소릿값(音價)에 관한 연구」(2), 『불교음악연구』(2), 2021.

2022년 6월 22일 맑은나라 집에서

극락 간 사람들(증보 판) 하

초판 2022년 08월 12일
증보판 2022년 11월 30일

펴낸곳 도서출판 맑은나라
발행인 이은금
등록 2014년 4월 28일 제 105-91-93194
주소 04056 서울 특별시 마포구 신촌로2안길 47(맑은나라불교연구소)
전화 02-337-1661
이메일 kori-koguri@naver.com

편집인 김윤희
편집·제작 맑은소리맑은나라
출판등록 2000년 7월 10일 제 02-01-295 호
본사 부산광역시 중구 중앙대로 22 동방빌딩 4층
지사 서울특별시 용산구 한강대로 259 고려에이트리움 1613호
전화 051-255-0263　**팩스** 051-255-0953
이메일 puremind-ms@hanmail.net

ISBN 979-11-87305-17-0 03220
가격 27,000원

ⓒ 이 책의 저작권은 이 책을 읽는 모든 이들에게 있습니다. 따라서 누구나 이 책의 일부 또는 전부를 옮겨쓸 수 있습니다. 다만 꼭 출처를 밝혀주십시오.